U0530506

多极亚洲中的唐朝

[加] 王贞平 —— 著　贾永会 —— 译

TANG CHINA
IN MULTI-POLAR ASIA
A HISTORY OF DIPLOMACY AND WAR

谨以此书纪念崔瑞德教授

(Denis Crispin Twitchett, 1925—2006)

目　录

中译本序　1

致　谢　3

导　论　1
  亚洲国际政治中的多极与相互依存 / 1
  国际政治中的软实力 / 4
  硬实力及其局限性 / 8
  唐代战略思维的新视野：实用多元主义 / 9

第一章　与骑马民族共舞：唐、突厥和回鹘　13
  骁勇善战的突厥人 / 16
  李渊与东突厥 / 19
  向可汗称臣 / 21
  收买敌人为己所用 / 26
  突厥对唐及其他割据势力立场的转变 / 27
  为贿赂颉利而上演的一出外交大戏 / 32
  从被动防御到战略进攻 / 36
  太宗对突厥的战略战术 / 40

"天可汗"及其对突厥的融合政策 / 42

东突厥汗国的复国与最终覆灭 / 43

西突厥的兴起 / 45

争夺绿洲国家 / 46

攻灭高昌国 / 47

唐廷捍卫自身在西域的利益 / 49

回纥:令人恼怒而又不可或缺的搭档 / 52

借助回纥平定内乱 / 54

对回纥不得已的姑息 / 56

回鹘汗国的衰落 / 58

第二章 在朝鲜半岛再造往日的辉煌:唐与高句丽、新罗、百济、渤海国 61

唐朝战略思维中的朝鲜半岛事务 / 63

讨灭高句丽的计划 / 65

以失败告终的第一次高句丽之役 / 68

夭折的第二次高句丽之役 / 75

新罗拉拢唐朝的外交策略 / 76

变百济为唐军的前进基地 / 81

白江口海战 / 86

高句丽的最终覆灭 / 87

唐罗联盟的瓦解 / 89

唐与统一新罗 / 91

渤海国的兴起 / 95

唐与渤海国的摩擦 / 97

渤海国向辽东扩张 / 99

与唐修好并和平共处 / 101

第三章 后院养虎:唐与南诏 107

唐在云南的势力扩张 / 110

吐蕃和唐在云南的利益冲突 / 113

借助唐的力量一统云南 / 113

走向冲突 / 115

战争爆发 / 117

与唐和解 / 121

联手打击吐蕃 / 126

边境摩擦与和平共处之间 / 128

激烈的军事对抗 / 132

成都之役 / 135

由战转和 / 139

第四章　角逐西域，争夺高原：唐与吐蕃　147

与吐蕃联手降伏吐谷浑 / 150

六四〇年的和亲 / 152

禄东赞摄政期间吐蕃的领土扩张 / 154

变青海为吐蕃的前哨基地 / 156

巩固唐对西域的统治 / 158

吐蕃在西域的反击 / 161

从缓和到和亲 / 163

再度反目成仇 / 165

重回谈判桌 / 171

赤岭会盟 / 173

尝试收复九曲地区 / 174

唐军全线反击 / 175

对吐蕃的领土要求让步 / 177

德宗与吐蕃修好 / 184

清水会盟 / 186

平凉劫盟 / 188

孤立吐蕃 / 191

外交和战争的双重手法 / 193

长庆会盟 / 196

唐朝重新控制河西地区 / 199

第五章　二马拉车：唐代对外关系的双重管理体系　203

朝见中的情报收集 / 205

唐中央官员搜集的异域情报 / 207

唐地方官员搜集的域外情报 / 211

所得信息的真实性 / 214

唐廷的决策 / 214

集体决策 / 216

常参决策 / 217

与皇帝非正式会见时做出的决策 / 218

门下省的政策审议 / 221

嗢没斯案例 / 222

乌介案例 / 224

唐地方官员在对外关系中的作用 / 226

外交往来中的协调人 / 227

对外事务的积极参与者 / 229

素质参差不齐的唐地方官员 / 230

唐廷与边将之间的利益冲突 / 233

吐蕃、南诏边境上的唐朝将领 / 235

唐将与党项 / 237

唐将与回纥 / 239

第六章　在变化的世界中制定合宜的政策：唐代外交和对外政策思想　243

古代的中国中心性 / 245

早期外交思想 / 248

德与义：两个互补的概念 / 250

了解外部世界 / 252

汉代朝廷中的鸽派、鹰派和中间派 / 253

高祖对"宜"的追求 / 258

太宗采取攻势 / 260

魏征的外交"供求"论 / 261

羁縻政策 / 264

百姓福祉是治国之本 / 268

　　"德""义"意味着"功效""合宜" / 270

　　由从善如流到我行我素的君主 / 276

　　太宗与高句丽 / 281

　　从谥号看唐人对太宗治绩的评价 / 286

　　高宗时期的战略再定位：从东北到西北 / 287

　　从遏制到谈判：武则天对吐蕃政策的演变 / 290

　　运用建设性模糊策略 / 292

　　狄仁杰的战略：消极军事反应、积极巩固防务 / 293

　　玄宗的"吞四夷之志" / 294

　　反战的声音 / 297

　　玄宗战略中的软实力 / 298

　　肃宗、德宗借外力平定内乱 / 300

　　接受"不常之势"为对外关系的常态 / 301

　　陆贽对世界"三种格局"的分析 / 302

　　杜佑的安边策与华夷观 / 304

　　白居易的生存权论与和解论 / 305

　　维州事件和李德裕处理对外问题方法的转变 / 306

　　文化：一个没落帝国的外交手段 / 309

结　论　亚洲的多极性与唐代对外政策中的合宜性　311

参考文献　317

　　史料及二十世纪以前著作 / 317

　　当代研究论著 / 322

译后记　364

出版后记　366

中译本序

今日的国际社会是个多极世界,这大概已经成为一种共识。但是,二十几年前,当笔者取得博士学位时,世界似乎正在向单极发展。苏联解体,美国成为唯一的超级大国。苏联的加盟共和国、东欧国家、俄罗斯乃至中国都先后开始了以市场为主导的经济改革。一时间,许多西方领袖、学者认为,以私有制、市场为主导,以多党制为特色的西方政治、经济制度,已大获全胜。以至日裔美国学者佛朗西斯·福山在《历史的终结与最后的人》(1992)一书中声称,美国的自由、民主制度已成为世界各国效仿的楷模,历史的发展将就此终结。

笔者正是在这样的历史背景下,开始构思一部综合讨论唐代对外关系史的著作。用何种理论框架、观念解释这段历史是首先需要考虑的问题。一种选择是借鉴福山这类学者的西方政治学说,从单极(古代中国)的视角观察亚洲国际关系的历史。实际上,当时的一些东西方学者,早已在研究中采用了类似的方法,以朝贡/册封体制解读古代中国的对外关系。他们在搜集、梳理、解读史料,描述中国古代外交关系运作,论述外交思想的特征、对外政策的实施,构建理论体系方面做了许多可贵的先行研究。但他们的视野受到中国原始资料的限制,较少注意外国君主接触中国的动机、方法;所提出的"朝贡体制论"带有"中国中心论"的色彩,认为外国统治者亲自或遣使来访是对中国宗主国地位的承认。

但是，笔者在做博士论文研究时就已经注意到，汉唐时期的中日关系虽然以朝贡/册封的形式进行，实质却不是"君主—外臣"的政治从属关系。笔者在研读日文原始资料时逐步认识到：日本历代朝廷不过是利用"朝贡"这一官方交往渠道，借鉴、吸收中国的政治经济制度、意识形态和文化，加以改造后为己所用；同时努力构建"日本中心论"的政治理念，并试图在与朝鲜半岛政权（高句丽、百济、新罗）以及位于今东北三省的渤海国的交往中，建立一个以日本为中心的区域性国际秩序（日本学者称之为"小帝国论"）。由于日本列岛远离亚洲大陆，历代日本朝廷免于受到中国的直接军事压力，得以在政治上保持独立，拒绝成为中国的"卫星国"。在汉唐时期的中日关系中，并非中国一家独大，操控双边关系。

循着这一思路，笔者进一步研究了唐与主要邻居——东北方的高句丽、百济、新罗、渤海国，北方和西北方的突厥、回鹘，西方的吐蕃，西南方的南诏国——的关系，得出了唐代亚洲是个"多极"世界的结论。具体而言，在这个世界中，有"数个国家为扩大各自势力范围而相互竞争。这些国家有时为对抗第三国而结成联盟，有时又为实现各自目标而自行其是。实力在各个国家的分布呈分散而不均匀状，没有任何国家能够永远独霸天下。这些国家之间的关系因此复杂多变，难以预测"。

笔者愿在中译本出版之际，对后浪出版公司和陈顺先生表示感谢。他们率先与夏威夷大学出版社联系，取得了出版中译本的授权。

笔者也要向译者贾永会女士的辛勤劳作表示谢意。她是在攻读博士课程、撰写博士论文之际，欣然同意翻译此书的。她不仅译笔流畅，还不辞辛劳，对原书引用的中文原始资料从卷数、页数到正文都一一加以核对、校正，保证了译文的质量。

本书涉及唐代亚洲多个国家，要比较全面、准确地把握其中任何一个国家的历史都需要穷尽一生的精力，而笔者为给读者提供唐代外交关系的全景，不得不一一有所涉猎。其力不从心，可想而知；谬误之处，必然不少。恳请读者不吝赐教。

王贞平
2017年年末于狮城

致　谢

　　本书源于崔瑞德（Denis C. Twitchett）教授 1994 年 9 月 11 日发来的一封传真。他在传真中约我为《剑桥中国史》(*The Cambridge History of China*) 第四卷撰写一章，讨论唐代中国的对外关系："我希望你就下述问题发表意见：互利及朝贡制度；哪些国家是不同时期对外政策的主要目标，它们与长安的关系和受到的对待如何变化；哪些国家被视为潜在的对手或盟友；哪些是重要的贸易伙伴——可以讨论一下'市舶使'，你对此已有研究（此处指作者发表的英文文章 Wang Zhenping, 'T'ang Maritime Trade Administration', *Asia Major* (3rd series), 4, part 1 (1991), pp. 7—38。——译者注）；还有边市。最重要的是外交的实际运作机制，不仅包括长安如何接待外国使团，还有唐廷如何向外国派遣使节……以及外交文书。我希望你能以此为开端，最终完成一部有关唐朝对外关系的综合性著作。"

　　这番话大体确定了我今后十五年学术研究、写作的范围。这期间，崔瑞德教授帮助我拟定了这一章的草稿，从学术上对文稿严格审阅，提出了很多修订意见。与他一起撰写这一章，我感觉仿佛是在他的指导下撰写另外一篇博士论文，这极大拓展了我的学术视野。但该章完成后，我没有立即雄心勃勃地开始将它扩展为关于唐代对外关系的书稿；而是着手进行一个较为力所能及的项目：修改、出版我的关于汉唐时期中日关系的博士论文。在这一过程中，我再次得到崔瑞德教授宝贵的指导和一如既往的支持，使我能够探讨他在1994年提出的一些问题。这项工作的成果是夏威夷大学出版社在2005年出版的《长生不老岛来的使者：汉唐时期的中日关系》（*Ambassadors from the Islands of Immortals: China-Japan Relations in the Han-Tang Period*）。崔瑞德教授收到新书十分高兴，立刻催促我着手撰写有关唐代对外关系的综合性著作。但是，他在2006年突然辞世，使我再也不能为他呈上他一直期望我完成的著作。现在，我谨以此书献给崔瑞德教授，由衷地感谢他的谆谆教导和深情厚谊。

本书的出版离不开中国、日本、新加坡和美国诸多友人、同事慷慨无私的帮助。日本关西大学亚洲文化研究中心主任松浦章教授、龙谷大学木田知生教授是我在20世纪80年代初结识的朋友，他们为我搜集了在新加坡得不到的日文资料。我感谢他们在学术上的帮助，更感谢他们的热情好客。每当我有机会去日本，他们都让我感到像回到了家中。香港理工大学的何冠环教授、复旦大学的韩昇教授在搜寻中文资料上给我很多帮助。在关西大学文化交涉学教育研究中心主任陶德民教授的安排下，我以访问教授的身份在关西大学度过了2008年的最后一个月，有机会利用该校丰富的馆藏。我要感谢亚洲文化研究中心的陈赟博士、薄培林博士花时间带我参观图书馆，帮我获取需要查阅的资料。在关西大学逗留期间，我还有机会向姬路独协大学的石晓军教授介绍了我的研究，他的批评帮助我修改了本书的一些论点。

当我为最后向出版社提交书稿做准备时，普林斯顿大学东亚图书馆的曹淑文女士、何义壮先生为我提供了急需的参考文献方面的帮助，使书稿得以按时提交。

学术写作是一项高强度且费时的活动，需要一个有利于研究的工作环境。我想感谢新加坡国立教育学院人文与社会科学教育系主任安成观教授。他卓有成效的领导创造了这样一个环境。若非如此，我还要花费更多的时日才能完成这部著作。

我要向夏威夷大学出版社的帕特里夏·克罗斯比女士、安·卢德曼女士和编辑苏珊·斯通女士的出色工作表示衷心感谢。

最后，我要对在普林斯顿大学就读期间认识的朋友拉尔夫·迈耶先生表达谢意。他一丝不苟地校订了全部书稿，提出了很多质疑，对提高本书论述的条理性和可读性极有助益。

读者会注意到，本书没有论及唐朝对外关系中的所有重要问题，尤其是缺少对"外交的实际运作机制"的详尽论述。因此，我准备再写一部书，题为《唐代的对外事务管理》(*The Administration of External Affairs under the Tang Dynasty*)。只有在这第三本著作最终完成后，我才能报答崔瑞德教授对我的学术指引，并对他说："教授，我完成了你希望我做的事情。"

导 论

本书考察了唐（618—907）与四邻的关系。唐王朝在将近两百九十年的统治期间，与高句丽、新罗、百济、渤海国、突厥、回鹘（原名回纥，788年改为回鹘）、吐蕃及南诏的关系跌宕起伏，经历了从和平共处到公开交战的种种变化。这些政权相继崛起，除了回鹘，其他转而成为唐朝的主要对手。

亚洲国际政治中的多极与相互依存

本书以"多极"作为研究唐朝复杂对外关系的分析工具。[①]"多极"是指数个国家为增强各自实力而相互竞争的国际环境。这些国家有时为对抗第三国而结成联盟，有时又为实现各自目标而自行其是。实力在各个国家的分布呈分散而不均匀状，没有任何国家能够永远独霸天下。这些国家之间的关系因此复杂多变，难以预测。

六世纪末七世纪初的亚洲就是这样一个变化莫测的世界。短命的隋朝（581—618）土崩瓦解，多股地方割据势力在中国北方和西北蜂拥而起，为

[①] 狄宇宙在研究古代中原王朝与周边游牧民族的经济关系时也采用了"非两极化"方法，见 Nicola Di Cosmo, *Ancient China and Its Enemies: The Rise of Nomadic Power in East Asian History* (Cambridge, 2002), p. 1095. 笔者也曾探讨过亚洲的多极体系，见 Wang Zhenping, *Ambassadors from the Islands of Immortals: China-Japan Relations in the Han-Tang Period* (Honolulu, 2005), pp. 226—228. 关于中世纪欧亚大陆东部各国、各部落之间多极政治关系的讨论，见 Jonathan Karam Skaff, *Sui-Tang China and Its Turko-Mongol Neighbors: Culture, Power, and Connections, 580—800* (Oxford, 2012), pp. 280—283.

称霸中原相互征伐。李渊及其追随者便是其中之一。尽管李渊最终建立了唐朝，但此时他的实力和对手相比并不占优。北方草原上各游牧部落的宗主突厥，同样也是李渊及其对手的宗主。突厥支持或打击其中任何一方，都可能成全或打破其称霸中原的美梦。为了获得突厥的协助和保护，这些相互竞争的地方势力纷纷向突厥统治者称臣。李渊也不例外。

李渊在618年建立唐朝后，未能立即将多极亚洲变成由唐主导的世界。他在位只有八年多，其间致力于消灭地方割据势力，但未能完成任务。直到他的儿子太宗（627—649在位）继位后，唐才在628年铲除了西北最后一股割据势力。

630年，唐灭东突厥，在亚洲取得优势地位，整个亚洲都感受到了崛起的唐朝的巨大影响力。中国北方和西北的游牧部落纷纷奉太宗为"天可汗"，许多政权定期向唐廷遣使朝贡，以示效忠。

然而，唐朝与其他政权的君臣关系基本上名大于实。[①] 它们看似顺从，却常常设法操纵双边关系。它们设法在唐朝设定的世界秩序之外为自己保留了很大的自由行动空间。向唐廷称臣纳贡实际上是它们的一种外交策略，目的是自我保护，增强自身实力和从唐朝获取经济、文化利益。四邻以这样的权宜之计处理与唐的关系，兼顾到了唐和它们自身的利益——在礼仪层面满足了唐朝皇帝"君临天下"的虚荣心，四邻则能够获得实质利益。唐代的朝贡体系因而得以长期维持。[②]

朝贡体系维持了唐朝至高无上的表象，却掩盖了亚洲的多极本质。唐的四邻原来大多是没有文字、社会组织松散的游牧民族，但随着与唐接触的增加以及由此带来的对唐文化的吸收和自身文化的发展，他们取得了长

[①] 当代学者用"契约忠诚"来形容这种效忠关系。它的存在"取决于双方是否履行各自的义务"，而且"双方在判断对方是否信守承诺时有很大的主观随意性"，见 Jonathan Karam Skaff, "Survival in the Frontier Zone: Comparative Perspective on Identity and Political Allegiance in China's Inner Asian Borderlands during the Sui-Tang Dynastic Transition（617—630）", *Journal of World History*, 15, no. 2（2004）, p. 134; Charles A. Peterson, "P'u-ku Huai-en and the Tang Court: The limits of loyalty", *Monumenta Serica*, 29（1970—1971）, p. 445.

[②] 崔瑞德注意到"唐朝的朝贡体制……在很大程度上依赖四邻的自愿参与，后者的目的是从一个比自身富裕得多的社会谋求经济利益"，见 Denis C. Twitchett, "Tibet in Tang's Grand Strategy", in *Warfare in Chinese History*, edited by Hans van de Ven（Leiden, 2000）, p. 147.

足进步。①位于东北的高句丽、新罗、百济和位于西南的南诏，均发展为以农耕或半农耕为经济基础、政治制度初步成型的稳定政权。其自身的发展对其与唐朝的交往方式产生了深远影响。各政权除了与唐廷往来，彼此之间也有密切联系。②亚洲地缘政治因此变得比以前更为复杂，层次更多。③

亚洲各政权权力关系的特征是多样性和不稳定性，而不是由唐朝主宰。总体来看，从620到750年期间，唐朝政治稳定，经济繁荣，军事强大，在与四邻的实力对比中占优势。相比之下，四邻因制度尚不健全，内斗不止，自然灾害频仍，彼此间冲突不断而处于劣势。④但当唐朝和它的某个主要对手均不受内部政治纠纷困扰之时，它们就会转变为对等关系，而且双方各自的野心常常导致边境冲突或大规模战争。但是，如果任何一方因内乱或其他原因衰弱，实力天平就会倾斜，双边关系就会发生重大变化。统一、强盛的唐朝可以轻而易举地击败一个深陷内乱而不能自拔的对手；如果唐廷有意，还能强迫对方称臣。反之，一个四分五裂的唐朝会发现自己很难让四邻俯首帖耳。处于弱势地位的唐很快就不得不放弃让对方称臣，转而以屈辱的姿态与颇具威胁的新对手打交道。

755年爆发的安史之乱标志着唐朝开始由盛转衰。随着战乱的蔓延，唐廷急需借助外部援助化解内部危机。唐在回纥的帮助下最终平定了叛乱，但回纥的介入意味着亚洲各势力之间权力的再分配。唐廷发现自己越来越难以在对外事务中维持影响力，它的实力仍不可小觑，但已不再是亚洲大陆唯一的权力中心。此后，唐与吐蕃、南诏的竞争愈演愈烈。实际上，许

---

① 吉娜·L. 巴恩斯指出，东亚各政权是独立发展的，并不总是与外界互相关联，也不是唐高层次文化单向传播的结果，见 Gina L. Barnes, *China, Korea and Japan: The Rise of Civilization in East Asia* (New York, 1993), p. 8。唐朝时的契丹和奚就是很好的例证。这两个游牧部落活跃在今辽宁省。在该地区发掘的墓葬显示，从初唐到704年左右，当地墓葬习俗受到当地文化和中原文化的双重影响。此后，当地的汉式墓葬逐渐减少，八世纪五十年代以后更是完全消失。这些变化表明，当地游牧部落的势力及文化影响力在稳步增强，而唐朝在辽东的影响力则在逐渐减弱，见辛岩：《辽西朝阳唐墓的初步研究》，《辽海文物学刊》1994年第2期，385—386页。
② 这一现象早在汉代就已经出现，见 Nicola Di Cosmo, "Ancient Inner Asian nomads: Their Economic Basis and Its Significance in Chinese History", *The Journal of Asian Studies*, 53, no. 4 (1994), pp. 1094—1095, 1116。
③ Denis C. Twitchett, "Sui and T'ang China and the Wider World", in *Sui and T'ang China 589—906*, vol. 3, pt. 1 of *The Cambridge History of China*, edited by Denis C. Twitchett (Cambridge, 1979), pp. 33, 37. 还可参考他的 "Tibet in Tang's Grand Strategy", pp. 145—146。
④ 陈寅恪：《唐代政治史述论稿》，上海：上海古籍出版社，1982年，129页。

多政权从不认为自己是朝贡体系的一部分。唐朝即便在鼎盛时期也时常不能完全令这些政权的君主听命于己，现在它们则公开与唐为敌。唐在亚洲逐渐被边缘化，很多唐朝大臣却视而不见，假装一切依然故我。不过，尽管情势如此，唐与四邻仍然无可避免地紧密联系在一起。唐廷需要盟友和外部军事援助来解决自身内政、外交难题，而四邻也希望维持与唐朝的文化、经济交往。双方为了自身的生存和发展，都需要与对方维持有意义的关系。双方为谋求各自利益，在接触对方之前，都会先务实地评估对方。它们之间的往来不是零和游戏，而是"复合相互依赖"的游戏。由于唐与四邻的命运密切相关，"多极"成为亚洲权力关系的显著特征。

国际政治中的软实力

多极亚洲的复杂性促使各政权——无论其疆域大小、实力强弱——都必须借助软实力来处理对外事务。软实力是指通过非暴力手段引导出相关各方均能满意的结果的能力。这些手段需要上述各方付出有形和无形的代价。[①]

在古代亚洲，弱势一方向强势一方表示政治效忠是其运用软实力的主要方式。初唐统治者就曾以这种方式处理与突厥的关系，并成功地创造了一个有利于唐朝建立、发展的外部环境。一些亚洲政权在与唐或其他政权交往时也采用了类似策略，目的是创造一个能让它们顺利实行对外政策的良好外部环境。政治效忠通常只是名义上的。对于弱小的政权来说，向强权宣誓效忠不失为一种良策，可以避免与强权发生冲突，获得其军事援助，从双边关系中获取文化、经济利益。不仅如此，这个举措并不简单地使一方成为赢家，另一方成为输家，它是一场能使双方通过不同的方式同时受益的"非零和"游戏。名义上的宗主国可以通过接受朝贡来提升自身在国际舞台的政治声望，而朝贡国则能获得军事援助、保护和物质回报。唐与新罗之间的君臣关系就是最好的实例。

新罗地处朝鲜半岛东南，在地理位置上比高句丽和百济距长安更远。

[①] 小约瑟夫·奈将现代外交中的软实力定义为"无须借助有形的威胁和回报而达到预期结果的能力。这种实力是团结他人而非胁迫……用行为学术语来说，软实力就是吸引力"，见 Joseph S. Nye Jr., *Soft Power: The Means to Success in World Politics* (New York, 2004), pp. 5—7, 44, 111。但笔者认为，在前近代，软实力必须结合有形的回报和利益才能发挥作用。

高句丽和百济与新罗为敌，时常阻拦新罗派往唐廷的使节，意图干扰新罗通过引进唐朝的文化和制度以自强的计划。但新罗还是设法与唐建立起了紧密的政治关系。新罗在名义上承认唐的宗主国地位，并苦苦抱怨高句丽和百济阻挡了新罗派往长安的朝贡使。新罗巧妙运用软实力，最终使唐廷相信，在唐征服高句丽的大计中，新罗将是忠实的盟友。唐廷决定支持新罗，介入朝鲜半岛的纷争。唐远征军在660和668年先后消灭了百济和高句丽，为新罗统一朝鲜半岛铺平了道路。新罗面对强大的唐朝，巧妙运用软实力，实现了自身的利益。

"多重效忠"是弱小势力运用软实力的另一种方式。它们夹在区域强权之间，不得不设法限制和平衡对自身威胁最大的势力。为了自保，它们往往审时度势改变效忠对象。最终在云南建立南诏国的南诏部落就是一例。

从七世纪五十年代到710年前后，唐和吐蕃激烈争夺云南地区的控制权。当地主要部落大都站在吐蕃一边。但六大部落——六诏——中实力最弱的南诏却选择坚定不移地支持唐朝。南诏的忠心终于在712年为其带来丰厚的回报，当年第四代南诏首领被唐廷封为"郡王"。他和他的继承人在唐的默许和支持下吞并了其他部落，在735年建立了南诏国。但是，南诏和唐不久之后就反目成仇。南诏企图向云南东部扩张，而该地区已经部分处在唐廷的控制之下。激烈的战事随之而起。南诏君主害怕遭到唐朝的报复，遂在751年与吐蕃结盟。他接受了吐蕃封号，并正式宣布南诏成为吐蕃的一部分。

唐朝在全盛时期拥有一种与众不同的软实力，它由多种要素构成，包括成熟的机构，完备的法律、官僚制度，发达的文化，以及由繁荣的经济带来的上层的奢华生活方式。唐廷决定培养其他政权统治阶层对唐朝生活方式的仰慕之情，期望他们能出于对唐朝文化的认同支持与唐廷维持亲密的政治关系。[①] 为达到这个目的，唐廷允许在长安的外国使节或地方政权

[①] 汉斯·摩根索称这类政策的"目的是以征服和控制人们的思想为手段，改变国家之间的实力关系"。但这一政策并不是灵丹妙药。例如，西班牙曾对拉丁美洲进行文化渗透，但这种渗透对实现其帝国主义的目标并没有重要的政治意义。这是因为，西班牙缺乏必要的军事手段，无法按照自己的意愿改变与拉丁美洲的权力关系，见 Hans J. Morgenthau, *Politics among Nations: The Struggle for Power and Peace*, Brief edition, revised by Kenneth W. Thompson (Boston, 1993), p. 75, p. 82.

的朝贡使接触唐文化。他们能够得到汉文典籍，前往国子监观摩儒学讲授，在市场购物，参加国宴、新年聚会、皇帝诞辰庆典等盛大的宫廷活动。不仅是外国使节，其他外国人也有机会体验唐朝博大丰富的文化、物质生活。经唐廷批准后，朝鲜半岛和日本的僧侣、留学生可以在中国长期停留，学习各种知识，融入中国的生活。外国商人则可以在首都、边境市场或港口经商。

唐朝独特的软实力在亚洲受众很广，对高句丽、新罗、百济、渤海国、日本更是产生了深远的变革性影响。它们效仿唐朝建立起自己的政治制度，使用汉字作为书面语言，将唐朝的许多因素植入自身的文化和宗教之中。甚至连一些游牧、半游牧社会的统治者和知识界、政界精英也受唐朝软实力影响，渐染华风。① 唐与四邻之间似乎并不存在无法逾越的文化隔阂。

然而，四邻虽然推崇、引进、吸收唐朝的价值观念和制度，却未必因此在政治上服从唐朝或支持唐的地缘政治目标。借鉴唐朝的文化和制度只是一些政权推进自身体制建构的手段，一些从唐朝引进的观念还常常唤醒或强化了其他政权统治者自身的政治意识。例如，唐廷常以华夷观念为自己的对外政策辩护。其他政权的一些君主不仅拒绝承认唐廷的这一论调，还发展出以自己为中心的政治意识，否定了唐廷设想的以唐朝天子为中心的天下秩序。上述意识形态发端于四世纪末至六世纪末。当时一些游牧部落占领了华北，并建立了几个区域性政权。② 大致在同一时期，高句丽、百

---

① 例如，八世纪时回纥修建了一座有十二扇巨大铁门的城市作为牙帐。一份八世纪五十年代末写就的回纥文献也记载了两座回纥城市，见 Denis Sinor, Geng Shimin, Y. I. Kychanov, "The Uighurs, the Kyrgyz and the Tangut (Eighth to the Thirteenth Centuries)", in *History of Civilizations of Central Asia*, vol. 4, edited by M. S. Asimov and C. E. Bosworth (Paris, 1998), pp. 192—193. 还可参考 Minorsky, "Tamīm ibn Baḥr's Journey to the Uyghurs" p. 283. 汉文史料记载，回纥早在八世纪之前就开始建造城市，见萧子显：《南齐书》，卷 59, 1026 页；《资治通鉴》，卷 211, 6722 页，卷 226, 7282 页。关于古代在今蒙古国和中国内蒙古修建城市的研究，见 Nicola Di Cosmo, *Ancient China and Its Enemies*, p. 251。

② 川本芳昭：《五胡における中華意識の形成と『部』の制の伝播》，《古代文化》第 50 卷第 9 号，1998 年，4—7 页；《五胡十六国・北朝期における胡漢融合と華夷観》，《佐賀大学教養部研究紀要》第 16 号，1984 年，1—24 页。后来回纥也出现了类似的"权力中心论"。回纥统治者认为其权力来自"上天"，来自"月神"和"太阳神"，并"声称对一切民族享有统治权"，见 Colin Mackerras, "The Uighurs", in *The Cambridge History of Early Inner Asia*, edited by Denis Sinor (Cambridge, 1990), p. 326。隋代东突厥的沙钵略可汗以"天子"自称，认为自己是上天所生，统治"世界四方"。他还用"大""智""贤""圣"等字形容自己，见 Mori Masao, "The T'u-chüeh Concept of Sovereign", *Acta Asiatica*, 41 (1981), pp. 47—49, 50—58, 72—73。

济、新罗、①日本②也开始了争取地方统一的历史进程。以自身为中心的"权力中心论"的思想和表达方式应运而生。这是由于竞逐霸权的各方都需要借助"权力中心论"来证明自身权力的正统性，以彰显自己相较其他竞争对手的优越性。以高句丽为例，它在四世纪初开始扩张，至五世纪末，其势力范围已经涵盖朝鲜半岛北部、百济、新罗、扶余（位于松花江流域）和肃慎（位于今中国东北）。414年为高句丽君主和受命统治扶余的高句丽官员竖立的石碑上，刻有"恩洽于皇天""恩养普覆""天下四方"等体现"权力中心论"的字句。③此外，在"权力中心论"的引导下，一些政权视四邻为事实上或想象中的"属国"，构建起自己的"小帝国"。新罗即为一例。虽然它对日本和渤海国都没有实际控制权，但还是视其为自己的属国。④

"权力中心论"对这些政权的对外行为产生了深远影响。它们拒绝对唐言听计从，与唐的来往也主要是出于自身内政、外交的需要。例如，初唐时的高句丽、百济、新罗虽然向唐遣使纳贡，接受唐朝册封，但其真实意图是在朝鲜半岛争夺霸权时赢得唐朝的支持。他们从未在言辞上对唐的天下秩序表示异议，但绝不会执行任何有损自身利益的唐廷指令。新罗在七世纪六十年代成为朝鲜半岛的霸主之后，随即反对唐军继续在半岛驻扎，但同时依然维持着与唐的外交关系。新罗多次遣使赴唐，寻求机会加强文化联系，保持贸易往来。位于中国东北的渤海国曾一度与唐为敌，并在数十年间向突厥称臣纳贡。它后来恢复了自主地位，唐廷没有质疑，并与之建立了正常的外交、文化和经济联系。在日本，国家意识的觉醒和发展，

---

① 关于"权力中心论"在高句丽、百济、新罗、渤海国及日本兴起的综合研究，见酒寄雅志：《古代東アジア諸国の国際意識》，《歴史學研究 別冊特集》，東京：青木書店，1983年，25—34页。这一观念在渤海国（勿吉）出现的时间是五到六世纪，在新罗的出现则是在新罗完成朝鲜半岛统一之后的七世纪后半期，见酒寄雅志：《渤海と古代の日本》，東京：校倉書房，2001年，440—441页。

② 关于"日本中心论"的兴起，见酒寄雅志：《渤海と古代の日本》，451—459页；川本芳昭：《漢唐間における「新」中華意識の形成——古代日本・朝鮮と中国との関連をめぐって》，《九州大学東洋史論集》第30号，2002年，1—26页；朱云影：《中国华夷观念对于日韩越的影响》，《中华文化复兴月刊》1975年第8卷第11期，51—52页；Wang Zhenping, *Ambassadors from the Islands of Immortals*, pp. 136—138. 关于民族中心主义在东亚国家发展的讨论，见川本芳昭：《四一五世紀東アジアにおける天下意識》，载田中良之、川本芳昭编：《東アジア古代国家論》，東京：すいれん舍，2006年，277—297页。中译见川本芳昭著，汪海译：《4—5世纪东亚政治思想在东亚的传播与世界秩序》，《中华文史论丛》第3辑，2007年，179—200页。

③ 武田幸男：《高句麗史と東アジア》，東京：岩波書店，1989年，125—126页；酒寄雅志：《渤海と古代の日本》，437—438、450页。

④ 酒寄雅志：《渤海と古代の日本》，442—446页。

促使日廷努力提高自身的国际地位，摆脱唐主导的国际秩序。但日本也与朝鲜半岛的邻居一样，将国家利益置于国家意识之上，避免公开挑战唐的宗主国地位。日本在与唐交往时，试图把双边关系的政治、文化、经济层面区分开。为了保持政治独立，日廷巧妙运用外交辞令，淡化了呈递给唐廷国书的"中国中心论"色彩。尽管如此，日本并不想损害与唐朝的官方关系，而要尽一切可能最大限度地利用这一关系从唐朝获取经济、文化利益。[1]更有甚者，突厥、回鹘、吐蕃和南诏等强邻都曾要求唐朝不得以"属国"对待它们，而唐出于不得已，有时只能在交往中与它们平起平坐。

由此可见，文化、制度的借鉴是充满竞争的政治过程。唐试图利用文化吸引力影响四邻的对唐政策，而四邻作为文化的吸收者，则根据自身情况对从唐朝输入的观念加以改造，形成了自身的意识形态理念，抗拒唐朝把自己的意志强加于人。[2]四邻以自身的"权力中心论"为荣之时，就是唐廷丧失国际秩序话语垄断权之日。唐的追随者越来越少。八世纪五十年代之前唐朝是亚洲大陆的权力中心，此后却风光不再。亚洲国际政治的游戏规则已经改变。

硬实力及其局限性

新近崛起的亚洲强权总是力图改变亚洲原本就错综复杂的现状。它们要求改变与唐的关系，以反映其对唐的新立场。为达到这一目的，它们或运用审慎、和平的手段，或直接诉诸武力。唐廷面对拒不听命或抱有敌意的外国君主和地方政权首领，有时会使用硬实力，包括以武力威胁和直接出兵征讨两种方法。若是前者，唐廷会召见外国君主、地方政权首领或是他们的使者，要求其在朝见时解释自己的逾矩行为。这种情况下的朝见其实是以武力为后盾的胁迫手段，目的是对外国君主或地方政权首领施加心理压力，迫使其改弦更张，继续对唐朝贡，否则唐有可能会对其发动惩罚性的军事行动。

---

[1] Wang Zhenping, *Ambassadors from the Islands of Immortals*, pp. 220—226.
[2] 在军事文化领域也出现过类似的相互交流又相互竞争的过程，不过在这里唐朝是借鉴者，唐在战争中采用游牧民族的策略以对抗他们的骑兵，见 Jonathan Karam Skaff, "Tang Military Culture and Its Inner Asian Influence", in *Military Culture in Imperial China*, edited by Nicola Di Cosmo (Cambridge, 2009), pp. 165—170. 另见氏著：《何得"边事报捷"？》，载柯兰、谷岚、李国强编：《边臣与疆吏》，北京：中华书局，2007年，11—30页。

武力固然是国际政治的固有要素，但唐在真正诉诸武力阻止不利于己的国际事态发展之前，必须首先仔细考虑一些棘手问题：唐是否拥有足够资源发动、赢得战争？在战事初步告捷之后，唐军能否有效控制并最终将对手的领土纳入唐朝版图？如若不然，唐廷能否扶植一位本地傀儡，委托他代行统治权？事实上，唐廷官员需要对这些问题反复斟酌，恰恰说明仅依靠"硬实力"处理双边问题有明显的局限性。先发制人的军事打击不但不会一劳永逸地圆满解决问题，反而会给唐远征军带来难以应付的新难题。在新近获得的土地上重建、维持秩序，是一项耗时耗力的艰巨任务，唐廷及其军队对此往往缺乏足够的准备。唐征讨高句丽的战争便是一例。

唐代战略思维的新视野：实用多元主义

在多极世界中，直接以武力处理对外关系收效有限，而以软实力解决相关问题则有可能获得令人满意的结果。唐廷官员因此发展出了一套新的外交战略。他们将"知己知彼"作为首要原则，以反映唐与外部世界的变化。他们竭力避免前人因缺乏对外部世界的了解而犯下的种种错误，如想象而不是理解四邻，认为四邻不是敌视中原王朝的价值观，就是对其不屑一顾；把错综复杂的国际关系当成一出道德剧，舞台上只有拥护或反对中原王朝两种角色。

唐朝君臣在审视对外关系时，试图跨越文化隔阂，不带道德偏见地看待事实。高祖和太宗最先摒弃了对突厥的刻板印象。他们在了解了突厥的政治制度、各部首领间微妙的权力关系后意识到，突厥联盟本质上是流动、多变的，权力分散在各部首领手中，而非集中在可汗手里。因此，当突厥武力进犯中原时，各部多各行其是，缺乏步调一致的行动。虽然突厥可汗往往对中原抱有极大野心，但他无法向其他部落首领保证每次由他发起的军事行动都一定会取得成功。如果行动遭遇挫折或失败，他的领导地位就会动摇。由于无法犒赏和保护其追随者，[1]他很容易受到内部摩擦或内战的

---

[1] 杰勒德·查理安德注意到："每位新的游牧部族（联盟）首领维护自己权威的方法，是组织和发动成功的军事行动，使（自己与联盟其他部族之间的）实力对比向有利于自己的方向倾斜。（每次这样的军事行动之后，）他就能够以较从前更有利于己的条件，（与联盟中的其他部族）订立新的契约。"见 Gerard Chaliand, *From Mongolia to the Danube: Nomadic Empires*, Translated by A. M. Berrett（New Brunswick, 2004）, p. 23.

影响。唐廷重视突厥各部的细微差别，避免视其为一体，并充分利用突厥联盟的弱点，瓦解其阵营。① 唐廷曾数次离间突厥各部或是突厥与其盟友的关系，阻止其采取联合行动，从而化解了突厥的攻势。

　　唐代统治精英十分了解游牧民族和边疆社会。游牧民族四处迁徙，逐水草而居。他们根据自身与唐的实力对比，时而臣服唐廷，协助唐的军事行动，时而反叛唐廷或调整与其他游牧部落的关系。唐人与游牧民族杂居的边疆地区，情况更加复杂。那里的人比中原百姓受到的约束更少。他们相当自由地从一地迁居到另一地，经常对各个试图统治他们的政权都表示效忠。② 无序流动和多重效忠因而成为边疆社会及其民众的特点。③ 唐代统治精英非常清楚，流动性是边疆游牧社会物质生活和政治生活的常态，因为他们的祖先就出自那里。不过，他们常常以贬低性的言辞来表达对游牧民特有的流动性的认识。他们声称，游牧民贪婪、鲁莽，不知忠诚和友谊为何物，对礼仪更是一窍不通。

　　对辽阔边疆地区及其民众流动性的洞识成为唐朝防御战略的基础。唐朝官员清醒地认识到，游牧民的流动性和唐廷有限的资源导致唐无法永远维持对边疆地区的直接控制。与其划疆定界，不如对边疆地区实行松散管理，只在战略要地修城筑墙。④ 不过，修筑防御工事不是要将敌人拒于门外，

---

① 例如，突厥部落联盟即由十部（即所谓的"十箭"）组成。这些部族成员的身份认同的基础主要是政治而不是族群，见 Mackerras, *The Uighurs*, p. 320; David Sneath, *The Headless State: Aristocratic Orders, Kinship Society, and Misrepresentation of Nomadic Inner Asia* (New York, 2007), p. 108. 彼得·高登为大卫·斯尼思一书撰写了书评。他在书评第295页指出："当代有关欧亚大陆游牧民族的研究大都认为所谓'部落'和'氏族'是复杂现象。它们涉及多种要素的政治整合，而这种整合又多呈不稳定状态。"高登的书评还列举了与这一问题相关的其他重要著作。
② 马克林以西域的北庭及其他一些城市为例说明这一问题。这些地方看似"在回纥的势力范围之内，……但这并不排除他们可能近乎完全自治或是在唐的保护下"，见 Mackerras, *The Uighurs*, p. 328。
③ David Ludden, "Presidential Address: Maps in the Mind and the Mobility of Asia", *The Journal of Asian Studies*, 62, no. 4 (2003), pp. 1057—1058. 关于七世纪六十年代中亚地区民族迁徙的研究，见 Twitchett, *Tibet in Tang's Grand Strategy*, p. 118。
④ 在中世纪，边疆指地带或地区。"边疆演变的方向并不总是从带状到线状，相反，两者常常共存，服务于不同目的"，见 Nora. Berend, "Medievalists and the Notion of the Frontier", *The Medieval History Journal*, 2, no. 1 (1999), pp. 66—67。另见 Daniel A. Bell, "The Making and Unmaking of Boundaries: A Contemporary Confucian Perspective", in *States, Nations, and Borders: The Ethics of Making Boundaries*, edited by Margaret Moore and Allen Buchanan (New York, 2003), pp. 57—85; Ling, l. H. M, "Borders of our Minds: Territories, Boundaries, and Power in the Confucian Tradition", in *States, Nations, and Borders: The Ethics of Making Boundaries*, edited by Margaret Moore and Allen Buchanan (New York, 2003), pp. 86—102。

而主要是监视敌人的动向,并提醒朝廷可能的入侵。如果确实是入侵,唐军便退入城中固守,并伺机组织反击。①

这种防御战略预示着唐朝的对外关系会经常处于"不战不和"的不稳定状态。由于唐和它的敌人都既无力承担旷日持久的战争,也无法维持永久的和平,因此即便在唐占据相对优势时,双方也经常发生摩擦和冲突。唐廷为确保更大的外围地区的安全而设置了"羁縻州",由降附或被击败的部落首领担任都督、刺史等。这些部落首领依然保有对本部落的统治权,但须接受唐朝官员的监督。这是一种十分巧妙的间接统治策略,基于精明的计算——既然唐廷对边境部落的军事胜利和失败的部落首领的政治效忠都是暂时的,那么无论是将这些地区正式纳入唐朝的区划,还是用唐朝的行政管理体制取代当地的统治机构,都是不明智的。唐军虽然能取得一时的胜利,但未必可以永远取胜。而"羁縻"制度则可以使唐廷灵活应对任何可能发生的情况。即使投降的部落再次反叛,唐廷也能从容应对。

唐朝君臣按照"知己"的原则仔细评估自身的优势和拥有的资源,并据此确定了外交政策目标的优先次序。他们还得出结论,唐朝若对四邻的利益置之不理,则不可能有效促进自身利益,这就是所谓的"利益和谐",或称"相互的一己利益"。这一观念强调,唐朝官员必须对某个时期唐与四邻的实力对比有鞭辟入里的分析,并以此为基础制定出合宜的对外政策。这样的政策是最有效的,因为它可以带来相关各方都能接受的结果。这种强调"合宜""功效"的处理外交问题的方式,看似违背了唐廷一贯用来为自己的外交动机和行为辩护的"德""义"等普遍道德原则;但实际上,唐朝战略思维的"合宜""功效"和作为道德诫命的"德""义"是并行不悖的,因为适用于某时某地某个具体情况的对外政策正是"德""义"等抽象道德原则的表现。在这种政策指导下的国家行为本身就是道德行为,因为它体现了政治的最高道德——在行动之前审时度势,权衡利弊。毕竟,政

---

① Owen Lattimore, *Inner Asian Frontiers of China* (Boston, 1962), pp. 238—251; *Studies in Frontier History: Collected Papers, 1928—1958* (Oxford, 1962), pp. 108—110, 113—116, 257. 斯加夫将这一策略称为"纵深防御",见 Skaff, "Tang Military Culture and Its Inner Asian Influence", pp. 165—170。另见程存洁:《唐王朝北边边城的修筑与边防政策》,《唐研究》第 3 卷,1997 年,363—379 页。

治道德是以结果来评价政策的。

从上述讨论可见,唐朝对外政策的指导思想是实用多元主义,而不是某一位皇帝对世界的宏大道德构想,这种教条式的构想显然不足以成为观察多元世界的工具。尽管唐廷惯于用一种普世性的道德目的论来包装其对外政策,但这些政策实际上是以理想主义为表,以务实主义为里,是道德原则和实用主义的结合,是逐渐改变和调整的产物。这些改变与意识形态偏好无关,其本质是演进的,目的是使唐更好地适应不断变化的国际环境。因此,我们如果想要了解唐在处理与四邻复杂多变的关系时,如何制定出协调、均衡的对外政策,以达到双赢的结果,就必须从多极、相互的一己利益、相互依存、合宜的视角考察唐与四邻的关系。

第一章

与骑马民族共舞

唐、突厥和回鹘

鹦是一种羽毛淡黄的鸟，尾分叉，爪似鼠但无后趾，如鸽子一般大小。它们成群结队而飞，发出尖锐的鸣叫，严冬时南徙避寒，春暖后则返回北方沙漠栖息地。[1]鹦虽其貌不扬，却引起了素来严谨、认真的唐朝史官的注意。《旧唐书·五行志》通常只记录和阐释蕴含政治先兆的自然现象，却有关于鹦的记载。[2]史官称鹦为"突厥雀"，认为鹦鸟南飞是预示着突厥即将来犯的凶兆。史料记载："调露元年（676），突厥温傅等未叛时，有鸣鹦群飞入塞，相继蔽野，边人相惊曰：'突厥雀南飞，突厥犯塞之兆也。'"随后，史官又记下了鹦鸟可怖的死相："至二年（677）正月，还复北飞，至灵夏已北，悉坠地而死，视之，皆无头。"[3]

其实，鹦并不是什么邪恶之物，唐人甚至以其为美味佳肴。[4]无辜的鹦鸟和好战的突厥之间有如此令人不快的联系纯属不幸的巧合——鹦鸟大概在黄河结冰时南迁，而突厥恰好也在此时在黄河北岸的寺庙祭酹求福，厉兵秣马，准备渡河攻唐。[5]

---

[1] 慧琳：《一切经音义》，1737年本，卷73，5页下；卷99，3页上。关于鹦，见郭璞注、邢昺疏：《尔雅注疏》，《十三经注疏》本，台北：大化书局，1982年，卷10，2649页；许慎：《说文解字》，《四部丛刊》本，上海：商务印书馆，1919年，卷4上，8页下；丁度：《集韵》，693、694页；郝懿行：《尔雅郭注义疏》，卷5下，18页上一下。据郝懿行，鹦也被称为"沙鸡"。对鹦的相关讨论，见蔡鸿生：《突厥方物志》，《中外交流史事考述》，郑州：大象出版社，2007年，158—159页。
[2] 关于《旧唐书·五行志》的编撰和内容，见 Denis C. Twitchett, *The Writing of Official History under the T'ang* (Cambridge, 1992), pp. 223—224。
[3] 《旧唐书》，卷37，1368页。《宋史·五行志》也有关于鹦的记载，见脱脱编撰：《宋史》，卷64，1409页；《新唐书》，卷215上，6043页。关于"突厥雀"，见李昉：《太平广记》，卷139，1009页。在十七世纪的中国，也有一个类似的有关沙鸡的故事，见 Timothy Brook, *Vermeer's Hat* (New York, 2007), p. 121; p. 137。
[4] 慧琳：《一切经音义》，1737年本，卷73，5页下。
[5] 《通典》，卷198，1074页。对突厥起源这一复杂问题的相关考察，见 Peter B. Golden, "Some Thoughts on the Origins of the Turks and the Shaping of the Turkic Peoples", *Contact and Exchange in the Ancient World*, ed. Victor H. Mair (Honolulu, 2006), pp. 138—143; Yamada Nobuo, "The Original Turkish Homeland", *Journal of Turkish Studies*, 9 (1985), pp. 243—246; Peter A. Boodberg, "Three Notes on the T'u-chüeh Turks", *Selected Works of Peter A. Boodberg*, ed. Alvin P. Cohen (Berkeley, 1979), pp. 350—360。

骁勇善战的突厥人

如果说鹨鸟南飞是突厥进攻在即的预兆,品种优良的战马则是突厥人骁勇善战的标志。初唐君臣皆是骑马好手,经常对突厥马赞叹不已,他们对突厥马绘声绘色的描述,使我们得以一窥这些非凡之物。史料记载:"突厥马技艺绝伦,筋骨合度,其能致远,田猎之用无比。"太宗同样钟爱突厥马。647年,骨利干(部落名)遣使朝贡,献良马百匹,其中十匹尤骏,被挑选出来献给太宗。太宗对这些马极为惊叹,称之为"十骥",并为每匹马赐名。他在欣喜之余,更以笔墨详细描述了这些"特异常伦"的马匹的风姿,称它们骨骼强壮,眼圆如镜,头方如砖,腿长如鹿,颈细如凤,腹小而平,鼻孔粗大,即便在全速奔驰时仍然呼吸自如。① 正是这样的骏马使突厥能闪击敌人,并在对方组织反击之前就早早撤离。

突厥的另一项优势是"工于铁作",他们制造的铁兵器久负盛名。② 突厥人用黠戛斯(今吉尔吉斯斯坦)进献的铁打造刀剑、匕首、长矛、箭镞、盔甲和鞍具部件。③ 黠戛斯是突厥的附属部落,控制着富含金、锡、铁等矿藏的辽阔地域,在有些地方,矿脉非常接近地表,乃至暴雨冲刷之后就露出地面。黠戛斯人对大自然的这种特殊恩惠感激不尽,称之为"天雨铁",并把铁作为贡献给宗主国的重要物品。④ 在突厥制造的各种箭头中,"鸣镝"为突厥首领专用。这种响箭的设计别具一格,箭头有三个三角形平面,附有带孔的骨制圆珠。箭射出后,空气从珠孔中穿过,发出尖锐的声音,以此引导麾下的突厥骑兵攻击他们的首领意图打击的目标。因此,鸣镝是突厥首领在战场或狩猎场上发号施令的工具。⑤

---

① 《唐会要》,卷72,1302、1306页。
② 令狐德棻编修:《周书》,卷50,907页;魏征等编修:《隋书》,卷84,1863页。另见马长寿:《突厥人和突厥汗国》,桂林:广西师范大学出版社,2006年,7—12页。
③ 蔡鸿生:《突厥汗国的军事组织和军事技术》,首载《学术研究》1963年第5期,修订载林幹主编:《突厥与回纥历史论文选集》,北京:中华书局,1987年,268页。另见 Chauncey S. Goodrich, "Riding Astride and the Saddle in Ancient China", *Harvard Journal of Asiatic Studies*, 44, no. 2 (1984), pp. 279—306. 关于马鞍和马镫的讨论,见 Robert Drews, *Early Riders* (New York, 2004), p. 5, p. 162. 关于隋唐时期使用的武器,见 Yang Hong ed., *Weapons in Ancient China* (New York, 1992), pp. 246—259.
④ 《新唐书》,卷217下,6147页;乐史:《太平寰宇记》,卷199,13页下。
⑤ 汉代的匈奴首领在战斗中就曾使用过鸣镝,见《史记》,卷110,2888页。鸣镝在唐朝的使用情况,见《文苑英华》,卷459,3页上。有关鸣镝的讨论,见 Benjamin E. Wallacker, "Notes on the History of the Whistling Arrow", *Oriens*, 11, nos. 1—2 (1958), pp. 181—182.

突厥是游牧民族，生活方式独特，狩猎既是其主要的经济活动也是军事活动。突厥人通过狩猎磨炼了各种军事技能，如调遣移动队伍、协同攻击、骑术、射术等。不仅如此，他们经常佯装狩猎，实则发动军事进攻。[①]他们如此娴熟地将狩猎活动转变成军事进攻，往往使习于定居生活的唐朝军民猝不及防。七世纪二十年代末，唐朝僧人玄奘在前往印度途中经过中亚地区的素叶城（今吉尔吉斯斯坦托克马克附近）时，目睹了一次这样的狩猎活动。[②]玄奘尽管博学多识，却没能察觉其背后的军事意义。他和随行僧人似乎只注意到了突厥可汗古怪的发型，华丽的绸缎长袍，长长的头饰，以及大批身着皮毛、毡衣的骑兵，所以仅仅一带而过地记载道："达官二百余人，皆锦袍编发围绕左右。"[③]

玄奘目睹的其实正是突厥军队的基本阵型。这种阵型形同一支三叉戟，突厥可汗亲率中军，突厥各部首领及其麾下骑兵分别为左右翼，另有一支先头部队。[④]作战时，先头部队发起第一波进攻，左右两翼逐渐向中路靠拢，最后与中路会师完成作战。[⑤]突厥首领在运用这一战术时非常灵活。在全面快速的进攻中，如果首领断定战况对本方不利，就会当机立断，马上率部撤离。高祖曾对此评价道："（在军事行动中，突厥人）见利即前，知难便走，风驰电卷，不恒其阵。……胜止求财，败无惭色。"[⑥]

[①] 615和617年发生过这样的战例，见《旧唐书》，卷63，2399页；《资治通鉴》，卷192，6046页。
[②] 关于玄奘的英文研究，见 Sally H. Wriggins, *Xuanzang: A Buddhist Pilgrim on the Silk Road*（Boulder，1996）；Kahar Barat, *The Uygur-Turkic Biography of the Seventh-Century Buddhist Pilgrim Xuanzang*（Bloomington，2001）。
[③] 慧立、彦悰：《大慈恩寺三藏法师传》，卷2，27页。
[④] 突厥军队以组为单位，十人一组。中军的士兵为可汗的侍卫队（"侍卫之士"），左右翼的士兵来自突厥及其从属或被征服部落（"控弦之士"），先头部队的士兵主要是中亚人（汉文史料称之为"柘羯"）。有关突厥军事组织的讨论，见蔡鸿生：《突厥汗国的军事组织和军事技术》，259页。柘羯为精兵，在唐朝的军事行动中也起到了重要作用，相关讨论见 Edwin G. Pulleyblank, "A Sogdian Colony in Inner Mongolia", *T'oung Pao*, 41 (1952), pp. 317—356, p. 349；陈寅恪：《唐代政治史述论稿》，上海：上海古籍出版社，1982年，29—30页；张星烺：《中西交通史汇编》，1930年初版，北京：中华书局1977年修订重印，卷4，296—303页。有关突厥军事战术的简要讨论，见 Gerard Chaliand, *From Mongolia to the Danube*, translated by A. M. Berrett（New Brunswick，2004），p. 23。
[⑤] 有关突厥军队阵型和战术的更多细节描述，见《旧唐书》，卷56，2280页；卷195，5198页。
[⑥] 温大雅：《大唐创业起居注》，《四库全书》本，卷上，2页上。其他游牧民族，例如汉代的匈奴、南北朝的拓跋和鲜卑，也使用过同样的战术，见《史记》，卷110，2879，2892页；魏收：《魏书》，卷24，609页。对温大雅的研究，见 Woodbridge Bingham, "Wen Ta-ya: The First Recorder of T'ang History", *Journal of the American Oriental Studies*, 57 (1937), pp. 368—374。关于温书的成书时间和真伪问题，见罗香林：《〈大唐创业起居注〉考证》，（接下页）

突厥这种独特的战术源于其游牧生活方式,以及可汗组织的联合军事行动所具有的见机而作、便宜行事的特点。突厥人不像唐人那样惯于定居,他们的流动性非常高,既不执着于拥有自己固定的领土和边界,对他人的类似意愿也不屑一顾。突厥各部驰骋于草原之上,为了生存而争夺水源和牧场。他们的本性就是在移动中寻求优势,攫取利益。[1] 他们之所以会联合起来突袭唐朝的边境城镇,也是受这种本性的驱使。这种由突厥可汗组织的袭击,不仅仅是为了满足各部落对唐朝器物的需求。从本质上说,它是突厥统治者要求周边部落首领协同作战,以"中央"政治领袖的身份对他们发号施令的手段。[2] 然而,对唐朝的侵扰实际上是把双刃剑。一场失败的突袭将导致参与部落折兵损将,空手而归,突袭的组织者也会反受其害。它会削弱可汗的权力基础,威胁其领导地位,甚至会引发突厥其他部落首领对汗位的野心,招致激烈而血腥的争斗。[3] 初唐统治者很快意识到:突厥攻击唐朝意不在开疆扩土,而在敛财劫物;突厥政体缺乏有效的机制确保附属部落首领的政治忠诚,难以对他们实行集中控制;此外,为阻止突厥迫在眉睫的进攻或潜在的威胁,军事行动并不总是可行或最佳的方式,解决此类问题往往有事半功倍的办法——政治操纵。正是基于这样的认识,初唐统治者甚至在建立自己的王朝之前,就发展出了一套对付强敌突厥的柔性策略。他们会仔细评估自身与突厥的相对实力,当突厥实力更强时,他们或是向对方献上大量金银财宝,或是在突厥各可汗之间制造不和,加深本来就已经存在的矛盾;[4] 而当内乱或自然灾害大大削弱了突厥的力量时,

---

(接上页)《唐代文化史研究》,上海:商务印书馆,1946 年,15—46 页;福井重雅:《〈大唐创业起居注〉考》,《史观》63、64 合册,1962 年,83—88 页;Howard J. Wechsler, *Mirror to the Son of Heaven*(New Haven,1974),pp. 19—22;Denis C. Twitchett, *The Writing of Official History under the T'ang*, pp. 38—42。

[1] 王援朝:《唐代兵法形成新探》,《中国史研究》1996 年第 4 期,106 页。
[2] Andrew Eisenberg, "Warfare and Political Stability in Medieval North Asian Regimes", *T'oung Pao*, 83, nos. 4—5(1997),pp. 300—328, p. 300, p. 317。
[3] 这是因为在突厥政治体系的顶层,可汗的男性亲属与可汗分享权力,他们中的一些人有资格通过横向继承取得汗位。关于这一问题的讨论,见前引书,301、325 页。突厥可汗为了政体的稳定性,在 610 年后大幅减少了突厥部落首领中拥有"小可汗"头衔的人数,见 Michael R. Drompp, "Supernumerary Sovereigns", in *Rulers from the Steppe: State Formation on the Eurasian Periphery*, ed. Gary Seaman and Daniel Marks(Los Angeles,1991),p101;Andrew Eisenberg, "Warfare and Political Stability in Medieval North Asian Regimes", p. 310。
[4] 阙特勤碑文有关于唐朝这一策略的明确记载:"由于唐人的奸诈和欺骗,由于他们的引诱,由于他们使兄弟相仇,由于他们使官民不和,突厥人丧失了成为国家的国家,失去(接下页)

唐朝就趁机出兵一举摧毁了突厥汗国。[1]

李渊与东突厥

当未来唐朝的开国皇帝，时为唐国公的李渊在太原密谋反隋时，他在与突厥的关系中显然居于弱势。突厥自六世纪五十年代起，先后击败室韦（在今黑龙江）、北边的契丹和柔然[2]、吐谷浑（在今青海）、高昌（在今新疆吐鲁番地区），以及中亚的嚈哒，一跃成为北方草原的霸主。唐代史家在记载这个幅员辽阔的突厥汗国时称"其地东自辽海以西，西至西海万里[3]，南自沙漠以北，北至北海五六千里"，并拥有"控弦百余万"的庞大军队。[4]但到了六世纪末七世纪初，突厥汗国因内乱分裂为东突厥（599—630）和西突厥（603—658）。[5]东突厥因比邻隋地，对隋末几股互相竞争的地方割

（接上页）了成为可汗的可汗。"见耿世民：《古代突厥文碑铭研究》，122 页。此碑文的英译见 E. Denison Ross, "The Orkhon Inscriptions", *Bulletin of the School of Oriental and African Studies*, 5, no. 4（1928—1930）, p. 864. 这段文字的修订英译见 Chaliand, *From Mongolia to the Danube*, p. 30. 还可参考耿世民的中译，见氏著：《古代突厥文碑铭研究》，122 页。另见柴田武：《オルホン碑文の発見と研究》，《東洋學報》第 31 卷第 3 号, 1947 年, 79—103 页。关于碑文的详细研究，见 Even Hovdhaugen, "The Relationship between the Two Orkhon Inscriptions", *Acta Orientalia*, 36（1974）, pp. 55—82. 另见菅沼愛語：《唐玄宗「御制御書」闕特勤碑文考——唐・突厥・吐蕃をむぐる外交關係の推移》，《史窓》第 58 号, 2001 年, 329—339 页。

[1] 关于唐与突厥关系，见 Jagchid Sechin and Van Jay Symons, *Peace, War, and Trade Along the Great Wall*（Bloomington, 1989）, pp. 69—71; Thomas J. Barfield, *The Perilous Frontier*（Cambridge, 1989）, pp. 140—150; Larry W. Moses, "T'ang Tribute Relations with the Inner Asian Barbarian", *Essays on T'ang Society*, ed. John C. Perry and Barwell L. Smith（Leiden, 1976）, pp. 61—89; 傅乐成：《突厥的文化和它对邻国的关系》，《汉唐史论集》，台北：联经出版事业公司, 1978 年, 275—292 页; 護雅夫：《突厥と隋・唐兩王朝》，《古代トルコ民族史研究 I》，东京：山川出版社, 1967 年, 161—223 页; Chaliand, *From Mongolia to the Danube*. pp. 30—33; René Grousset, *The Empire of the Steppes*, trans. Naomi Walford（New Brunswick, 1970）, pp. 80—120; William Samolin, *East Turkistan to the Twelfth Century*（London, 1964）, pp. 59—71. 有关突厥的汉文史料的研究，参考杨圣敏：《〈资治通鉴〉突厥回纥史料校注》，天津：天津古籍出版社, 1992 年。

[2] 柔然，汉语也作茹茹。柔然也见于希腊史料中，有关希腊史料记载的突厥与柔然的交往，见 G. A. Macartney, "On the Greek Sources for the History of the Turks in the Sixth Century", *Bulletin of the School of Oriental and African Studies*, 11（1943—1946）, pp. 266—275.

[3] 一里大致相当于三分之一英里。

[4] 令狐德棻编修：《周书》，卷 50, 909 页；《通典》，卷 197, 1069 页；《旧唐书》，卷 194 上, 5153 页；《唐会要》，卷 94, 1687 页；《资治通鉴》，卷 185, 5792 页。

[5] 有关中国和突厥关系的记载见《旧唐书》，卷 194 上、下；《新唐书》，卷 215 上、下。其中唐与东突厥关系的相关章节有德文译文，见 Liu Mau-tsai, *Die Chinesischen Nachtrichten zur Geschichte der Ost-Türken（T'u-küe）I—II*（Wiesbaden, 1958）。有关西突厥及广泛的相关补充资料的法文翻译，见 Édouard Chavannes, "Documents sur les Tou-kiue（Turcs）Occidentaux", *T'oung Pao*, 5（1904）, pp. 1—110. 另见冯承钧译：《西突厥史料》，北京：中华书局, 2004 年。与西突厥相关的汉文原始文献资料的文本研究，见岑仲勉：（接下页）

据势力产生了重大影响。这些割据势力的首领已经占据了行将灭亡的隋朝的北部、东北和西北的一些与东突厥接壤的郡县。他们意识到,突厥既可能成为有力的外援,也可能是潜在的威胁。大多数割据势力首领向东突厥统治者始毕可汗(609—618 在位)[①]称臣,接受了突厥封号和狼头纛,以求能够得到这个北方强权的支持和保护。[②]

李渊十分谨慎地处理与东突厥和魏刁儿(一作魏刀儿)的关系,魏刁儿是一个活跃在太原以南,拥有十万从众的叛军领袖。在太原起兵的李渊正好被夹在突厥和魏刁儿之间,他必须尽全力避免腹背受敌这一最坏情形。李渊对儿子李世民说:"然历山飞(魏刁儿的绰号)不破,突厥不和,无以经邦济时也。"[③]因此,李渊的当务之急是与突厥修好,确保太原无虞。只有这样,他才能解除后顾之忧,攻打西南方向的隋都大兴城。[④]

616 年与突厥打交道的亲身经历,使李渊更加相信自己绝非多虑。这一年,隋炀帝命令李渊和马邑郡守北备边朔,阻止突厥南侵。这是一项无法完成的任务,因为自从 615 年隋炀帝及其随从在北巡途中被突厥骑兵围困在雁门(今山西代县)之后,隋廷的防御体系实际上已经瘫痪。突厥围困雁门一月有余,其间还洗劫了雁门郡四十一座城池中的三十九座。尽管突厥最终解除了包围,炀帝侥幸躲过一劫,雁门郡却从此成为反隋势力滋生的温床。[⑤]但是,李渊不能违抗圣旨。他在不得已赴命之际私下对部下说:"今上甚悍塞虏,远适江滨,反者多于蝟毛,群盗所在蜂起。以此击胡,将

(接上页)《西突厥史料补阙及考证》,北京:中华书局,1958 年。关于突厥汗国的分裂,见 Denis Sinor, "The Establishment and Dissolution of the Türk Empire", *The Cambridge History of Early Inner Asia*, ed. Denis Sinor (Cambridge, 1990), pp. 305—308; Peter B. Golden, *An Introduction to the History of the Turkic Peoples* (Wiesbaden, 1992), pp. 134—141。

① 关于突厥君主名号的详细研究,见 Volker Rybatzki, "The Titles of Türk and Uighur Rulers in the old Turkic Inscriptions", *Central Asiatic Journal*, 44, no. 2 (2000), pp. 205—292。
② 这些旗帜相当于唐朝的官印,表明持有者在突厥官僚体系中的地位,以及作为突厥君主之臣属的身份,见陈寅恪:《论唐高祖称臣于突厥事》,《寒柳堂集》,上海:上海古籍出版社,1980 年,100 页。有关突厥旗帜的讨论,见大原良通:《八世紀中葉における吐蕃の対南詔國政策》,《日本西藏学会会報》第 48 号,2002 年,110—116 页。
③ 温大雅:《大唐创业起居注》,卷上,3 页上一下。
④ Howard J. Wechsler, "The Founding of the T'ang Dynasty", *Sui and T'ang China 589—906*, vol. 3, pt. 1 of *The Cambridge History of China*, ed. Denis C. Twitchett (Cambridge, 1979), pp. 181—182;黄约瑟:《略论李唐起兵与突厥关系》,《食货月刊》第 16 卷第 11—12 期,1988 年,14—25 页。
⑤ 有关这一事件的讨论,见刘健明:《隋代政治与对外政策》,台北:文津出版社,1999 年,242—246 页。

求以济天,其或者殆以俾余。我当用长策以驭之,和亲而使之,令其畏威怀惠,在兹一举。"① 其实,李渊以当地反隋势力阻止突厥南下的设想根本不切实际,他在短期内也不可能扭转对突厥的弱势。尽管如此,李渊的这段话表明,他早在616年就构想出了应对突厥的策略,其核心是"和亲而使之"。但成功运用这一策略需要极大的政治智慧,是对李渊的一大挑战。

向可汗称臣

李渊生性谨慎,深谙政治。他与610年后起事的其他叛军首领不同,没有急着公开与隋廷为敌,以免过早暴露自己的真实意图,招来隋廷和其他竞争者的敌意。同时,李渊希望与突厥友好相处,以争取突厥对自己的反隋大业的些许帮助,或者至少要保证自己的根据地太原不受威胁。617年阴历五月的事件凸显了与突厥建立友好关系的急迫性。当时,数万突厥铁骑包围太原,寡不敌众的李渊不得不上演了一出空城计。突厥骑兵来到城下,却发现太原城门洞开,城墙上没有一面旗帜,也不见一兵一卒。此情此景令突厥骑兵大惑不解,他们进入外城北门后,旋即从东门退出。由于怀疑有诈,突厥决定收兵,没有进攻内城。② 这一出空城计虽然保住了太原,但李渊深知,与突厥和好已刻不容缓。倘若突厥再次兵临城下,李渊及众将都将性命不保。

李渊立即修书一封,遣使者送交始毕可汗。信中写道:"当今隋国丧乱,苍生困穷,若不救济,终为上天所责。我今大举义兵,欲宁天下,远迎主上还。共突厥和亲,更似开皇(581—600)之时。"李渊向突厥统治者提议:"若能从我,不侵百姓,征伐所得,子女玉帛,皆可汗有之。必以路远,不能深入,见与和通,坐受宝玩,不劳兵马,亦任可汗一二便宜,任量取中。"③ 这样,李渊就向始毕可汗提出了一项交易,以中原的钱财珠宝换取突厥的直接军事协助,或是至少让突厥承诺不干涉李渊统一中原。

突厥只部分接受了这一提议。他们对李渊许诺的财物很感兴趣,对可

---

① 温大雅:《大唐创业起居注》,卷上,1页下—2页上。
② 温大雅:《大唐创业起居注》,卷上,9页下—10页上;《资治通鉴》,卷183,5734—5735页。
③ 温大雅:《大唐创业起居注》,卷上,11页上—下;《资治通鉴》,卷184,5737—5738页。

汗与隋朝皇帝重修旧好的建议却嗤之以鼻。突厥视李渊为割据势力首领，在与他打交道时，要求他必须向突厥称臣。突厥达官贵人彼此议论说："唐公欲迎隋主，共我和好。此语不好，我不能从。"他们向可汗进言："唐公自作天子，我则从行，觅大勋赏，不避时热。"①突厥作为北亚的霸主，要求李渊首先俯首称臣，才会助他一臂之力。

李渊的使者在七天之内就带回了回信和始毕可汗的口信："唐公若从我语，即宜急报，我遣大达官，往取进止。"遗憾的是，书信的详细内容并没有被保存下来。不过，李渊读信后的反应为我们了解此信的内容提供了足够的线索。史料记载："帝开书叹息久之，曰：非有天命，此胡宁岂如此。但孤为人臣，须尽节。……本虑兵行以后，突厥南侵，屈节连和，以安居者。不谓今日所报，更相要逼。"显然，突厥来信要求李渊接受突厥的封号和旗帜，并提出派官员为其册封。李渊气愤地对臣下说："乍可绝好蕃夷，无有从其所劝。"②谋士们见李渊对突厥来信的态度消极，都缄默不语，但李世民显然与李渊意见相左。

李世民认为，接受突厥封号以换取突厥的帮助只是权宜之计，而且早有先例。隋朝开国之君隋文帝（581—604在位）就曾接受过莫缘可汗的称号。③ 610年后起兵的一些割据势力的首领也纷纷向突厥称臣，如马邑（今山西朔州）的刘武周被封为定杨可汗，榆林（今内蒙古十二连城）的郭子和被封为平杨可汗，④朔方（今陕西白城则）的梁师都被封为大度毗伽可汗，

---

① 温大雅：《大唐创业起居注》，卷上，12页下。
② 同上书，卷上，12页下—13页上。在这条记载中，李渊用"此胡"称突厥始毕可汗。这个词的英译是"this barbarian"，以表达李渊对始毕措辞强硬的来信的愤怒之意。除了"胡"，史料中也使用"夷""狄""戎""蛮""蕃"等字。不过，这些字并不总如英文的"barbarian"一词那样带有强烈的负面色彩。当代学者应该避免笼统使用英文"barbarian"。关于这个问题的讨论，见 Christopher I. Beckwith, *Empire of the Silk Road* (Princeton, 2009), pp. 320—355; Michael R. Drompp, *Tang China and the Collapse of the Uighur Empire* (Leiden, 2005), pp. 172—175. 尽管不加区分地使用"barbarian"一词有欠妥当，笔者却不会对这个词弃而不用。准确翻译上述六个称呼，应考虑使用这些称呼的具体语境。当唐朝与四邻和平相处时，唐朝君臣把这些称呼当作中性词用在书面语或口语中。在这种情况下，上述称呼最好根据情况翻译为"non-Chinese""foreigners""aborigines""aliens"。当然，唐朝官员有时会谴责其他政权君主的逾矩行为或无理要求，他们仍然会用上述六个词中的一个来指其他政权的君主及民众，但此时这个字显然就带有贬义。
③ 魏征等编撰：《隋书》，卷84，1873—1874页。相关讨论见吴玉贵：《突厥汗国与隋唐关系史研究》，北京：中国社会科学出版社，1998年，148—150页。
④ 这两个称号中的"杨"字指隋朝皇室姓氏，所以这两个称号的含义是"平定隋朝的可汗"，见陈寅恪：《论唐高祖称臣于突厥事》，97—99页；岑仲勉：《通鉴隋唐纪比事质疑》，（接下页）

离石（今山西离石）的刘季真被封为突利可汗，五原（今内蒙古五原）的张长逊被封为割利特勤，并州（今山西阳曲）的李仲文被封为南面可汗。①李世民不明白父亲为何不起而效之。毕竟，向突厥称臣并不等于永远成为其附庸。在这种臣属关系中，只有军事实力才能决定双方各自的地位，因此不稳定性是其显著特征。任何一方的实力变化，都会打破双方的实力平衡，从而改变已经达成的协议。②

李世民开始向父亲施压，要求他满足突厥的要求。很快就有人向李渊报告，李世民麾下驻扎在兴国寺的士兵议论纷纷，说如果李渊拒绝接受突厥的条件，他们就会发动兵变。这次事件的主谋其实是李世民的重要谋士裴寂和刘文静。他们向李渊解释说："且今士众已集，所乏者马。蕃人未是，急须胡马，待之如渴。若更迟留，恐其有悔。"③不过，谨慎的李渊一直等到他的另外两个儿子李建成和李元吉在617年阴历六月来到太原后，才给了裴寂和刘文静第二次机会，让他们详述推翻隋朝的计划。这一次，李渊以"事机相迫"为由同意了他们的计划，而"改旗帜以示突厥"和"以辑夷夏"是这个计划的两个关键部分。④

特定颜色的旗帜可以用来表明持旗人的政治归属。绛色是隋朝的官方颜色，李渊作为隋朝皇帝的臣子一直使用绛旗。⑤现在，他需要用其他颜色的旗帜来表明自己建立新王朝的决心。谋士们在占卜后建议用白色，这恰恰也是道家崇尚的颜色。二者当然不是单纯的巧合。这些谋士深受道教影

（接上页）香港：中华书局，1977年，22页。
① 渔阳（今天津蓟州区）的高开道、河间（今河北河间）的窦建德、金城（今甘肃兰州）的薛举、凉州（今甘肃武威）的李轨也都曾臣服于突厥，不过史料并未详细记载他们的突厥封号，见《隋书》，卷4，89页；《旧唐书》，卷54，2234—2243页，卷55，2245—2248、2251、2252—2256、2256—2257页，卷56，2280—2281、2282—2283页，卷57，2301—2302页；《新唐书》，卷85，3696—3703页，卷86，3705—3708、3711—3713、3714—3715页，卷87，3730—3732页，卷88，3745—3746页，卷92，3804页，卷251上，6028—6029页。关于这些突厥称号的讨论，见 Michael R. Drompp, "Chinese 'Qaghans' Appointed by Turks", *T'ang Studies*, 25（2007）, pp. 183—202。
② 吴玉贵：《突厥汗国与隋唐关系史研究》，150页。
③ 温大雅：《大唐创业起居注》，卷上，13页上—下；《册府元龟》，卷7，6页下；《资治通鉴》，卷184，5738页。陈寅恪认为，裴寂、刘文静二人与突厥合谋逼迫李渊反隋并向始毕称臣，见氏著：《论唐高祖称臣于突厥事》，104页。但是，没有文献证明他们此时曾与突厥有过直接接触，这样的接触当发生在刘文静作为李渊的使节出访始毕之后。
④《旧唐书》，卷57，2292页；温大雅：《大唐创业起居注》，卷上，13页下—14页上。
⑤《隋书》，卷1，15页。

响，其中一些人本身就是道士。为了使改朝换代合法化，他们一直在太原地区散播预言和歌谣，称"白衣天子"即将出现，他将拯救百姓于水火之中。① 突厥统治阶层同样推崇白色。② 他们视持白旗者为自己人。李渊权衡利弊后，同意改用白旗以示他有意改朝易代以及在名义上臣服突厥。但是，他考虑到自己刚刚起兵反隋，应该设法掩饰自己的真实意图，不应马上亮出全部底牌。于是，他命令将士混用绛旗和白旗，故意迷惑隋廷和突厥。③ 李渊在处理改换旗帜这个棘手问题上展现了过人的政治智慧。④

刘文静不久后便启程拜访突厥。他告诉始毕可汗，唐国公李渊"愿与可汗兵马同入京师，人众土地入唐公，财帛金宝入突厥"。⑤ 可汗听后大喜。但实际上刘文静有意歪曲了李渊的真实意图，李渊其实只打算在名义上臣属突厥，在确保太原无虞的同时，获得突厥最低限度的直接军事援助。刘文静想必还告诉始毕可汗，李渊愿意接受突厥封号，希望能够得到突厥的马匹。

欣喜的始毕可汗派康鞘利等高官前往太原。他们带来了数千匹战马，其中一千匹是给李渊的礼物，其余的则用于交易。康鞘利此行的主要目的当然不是卖马，他是向李渊递交一封有关始毕可汗授予李渊突厥封号的信件。突厥使者一行被带到晋阳宫东门外的侧舍，李渊对来使毕恭毕敬，谨守身为可汗臣属的礼节，恭敬地接受了突厥可汗的来信，并厚赐两位突厥使节。康鞘利许诺说，突厥骑兵将协助李渊攻打隋都，兵力由李渊自定。

---

① 初唐统治者曾通过道教崇拜来巩固自己的统治，相关讨论见丁煌：《唐高祖太宗对符瑞的运用及其对道教的态度》，《唐代研究论集》第 2 辑，台北：新文丰出版公司，1992 年，407—416 页；傅乐成：《李唐皇室与道教》，《唐代研究论集》第 4 辑，台北：新文丰出版公司，1992 年，95—100 页。
② 气贺泽保规认为，突厥统治者推崇白色是因为当时道教在突厥的传播，见氏著：《〈大唐創業起居注〉の性格特點》，《鷹陵史學》第 8 号，1982 年，64—70 页。即将造访李渊的突厥使者康鞘利即为一例。他在太原期间下榻兴国玄坛，每次经过殿堂时都会参拜老子像，见温大雅：《大唐创业起居注》，卷下，18 页上。
③ 温大雅：《大唐创业起居注》，卷下，14 页上—下。《资治通鉴》的校勘者，元人胡三省认为，混用绛旗和白旗表示李渊不再绝对忠于隋廷，见《资治通鉴》，卷 184，5738 页。陈寅恪不同意此说，认为李渊此举表明他并不绝对服从突厥，见氏著：《论唐高祖称臣于突厥事》，101—102 页。笔者认为，李渊此举是一种"模糊策略"。对此时的李渊来说，符合其最大利益的举措是，不公开反叛隋廷，同时诱使隋廷和突厥相信，他对双方至少还保持着部分的忠诚。有关李渊军队用白旗的记载，另见彭定求：《全唐诗》，卷 426，4689 页。
④ 费子智对李渊的刻画与此完全相反。他认为李渊"才智平庸，性格软弱"，见 C. P. Fitzgerald, *Son of Heaven* (Cambridge, 1933), pp. 32—33。
⑤ 温大雅：《大唐创业起居注》，卷上，13 页上—下；《旧唐书》，卷 57，2292 页。

不过，李渊只需要少量突厥骑兵，以示自己已经取得了突厥的支持，从而使刘武周打消从背后袭击太原的念头。李渊在派遣刘文静前往突厥请兵时告诫他说："胡兵相送，天所遣来，敬顺天心，欲存民命。突厥多来，民无存理。数百之外，无所用之。所防之者，恐武周引为边患。又胡马牧放，不烦粟草。取其声势，以怀远人。公宜体之，不须多也。"①

在刘文静与突厥交涉的同时，李渊挥师西南，在霍邑（今山西霍州）与隋朝精兵交锋，取得大捷。② 然后，李渊率军向龙门（今山西河津）挺进，此地在黄河东岸，距隋都以东仅一百多公里。617年阴历八月，刘文静带着两千匹良马与李渊在龙门会合，随行的突厥骑兵仅有五百。李渊见此满意地说道："马多人少，甚惬本怀。"③ 然而，刘文静没有告诉他的主人，他曾在突厥牙帐点烛焚香，以李世民的名义与突利可汗在神灵前发誓结成香火兄弟。④ 李世民因此与突厥建立起了密切关系。这种关系是李世民的软实力，日后他将以此阻止突厥的敌对行动。

---

① 温大雅：《大唐创业起居注》，卷上，19页上。关于李渊是否曾决定向突厥称臣，学界一直有争议。陈寅恪和薛宗正对此持肯定看法，但李树桐和牛致功持反对意见，见陈寅恪：《论唐高祖称臣于突厥事》，97—100页；薛宗正：《突厥史》，北京：中国社会科学出版社，1992年，203—205页；李树桐：《唐高祖称臣于突厥辨》，《唐史考辨》，台北：台湾中华书局，1965年，240页；牛致功：《唐高祖传》，北京：人民出版社，1998年，25—26页。笔者支持陈氏的看法。始毕可汗同意以兵马援助李渊，答应不再袭击太原，并命令其他割据首领效法的先决条件是，李渊承认其君主的地位。李渊除了向突厥称臣别无他选。争论的焦点在于，在做出称臣突厥的决定过程中李渊的实际作用。原始材料将李渊刻画成一个胁从者，做出该决定的首脑人物是李世民及其主要谋士刘文静。笔者认为这些描述切实可信，因为它很好地解释了事件的后续发展，刘文静在唐征服突厥后即被草草处决，而李世民则竭力将当初称臣突厥的决定归咎于自己的父亲，见《通典》，卷197，1069页；《旧唐书》，卷67，2480页，卷194上，5153页，《新唐书》，卷215上，6028、6035页；《唐会要》，卷94，1687页。另见谢保成：《贞观政要集校》，北京：中华书局，2003年，69—70页；刘肃：《大唐新语》，北京：中华书局，1984年，106页。
② 对此次战役的研究，见 David A. Graff, "The Battle of Huo-I", *Asia Major* (3rd series), 5, pt. 1 (1992), pp. 33—55。
③ 温大雅：《大唐创业起居注》，卷下，17页上—下；《资治通鉴》，卷184，5741、5749页。
④ 香火兄弟之间关系十分亲密，乃至当一方结婚时，其他兄弟不仅前来庆贺，还会与新娘共度一夜。而按照突厥的习俗，新郎不能因此妒忌他的香火兄弟。见崔令钦：《教坊记》，240—241页；《资治通鉴》，卷191，5992页。陈寅恪认为李世民和突利结为盟，"故突厥可视太宗为其共一部落之人，是太宗虽为中国人，亦同时为突厥人矣！其与突厥之关系，密切至此，深可惊讶者也"。陈氏进一步指出，结盟的时间是在李渊与李世民进军大兴城之时，而且李世民的母亲有游牧民族血统，这也是他能够建议与突厥结为香火兄弟，并被接纳的原因，见氏著：《论唐高祖称臣于突厥事》，107、108页。还可参考他的《唐代政治史述论稿》，1、13页。实际上李世民还能讲一口流利的突厥语，见 Chen Sanping, "Succession Struggle and the Ethnic Identity of the Tang Imperial House", *Journal of the Royal Asiatic Society* (3rd series), 6, no. 3 (1996), pp. 379—405。有关"点烛焚香"的其他记载，见李延寿：《北史》，卷6，213页，卷89，2944页；李百药：《北齐书》，卷32，430页；赵翼：《陔余丛考》，卷43，21页上。

收买敌人为己所用

阴历九月，李渊率军渡过黄河，与自己的三女儿平阳公主带领的七万人马会师。①阴历十一月，李渊攻下隋都大兴城。不过，另一支割据势力首领，较早之前已在金城建立西秦的薛举，此时也正从另一个方向逼近隋都。双方的决战一触即发，战争的结局将决定李渊是继续控制京畿，还是被迫撤回太原。

618年年初，唐军成功击退了薛举对扶风（今陕西凤翔，距隋都以西一百多公里）的攻势。薛举为重新赢得主动权，与突厥和梁师都取得联系，三方同意合力攻打隋都。②然而这一计划因薛举的突然辞世而未能付诸实施。阴历十一月，唐军在浅水原（今陕西长武，距隋都西北约一百五十公里）击败西秦军队，并活捉继位不久的薛仁杲，此人是去世不久的薛举之子。这次大捷不仅化解了西秦军队对大兴城迫在眉睫的威胁，更导致这个短命的政权寿终正寝，其广阔的领土也被置于唐军的控制之下。至此，唐军才首次在西北建立了稳固的根据地。

传统史家将浅水原的战略性胜利完全归功于李世民，对其军事领导才能赞不绝口。③不过，李世民扭转战局的决定性因素其实是外交和贿赂，而非足智多谋的军事策略。当618年年初薛举与唐的战事刚刚爆发时，李世民居于劣势，处境岌岌可危。西秦军的兵力几乎是唐军的三倍。李世民和其他唐将接连失利，兵力损失过半，被迫退回都城。生死攸关之际，李渊火速派遣都水监宇文歆出使突厥，劝莫贺咄设退兵。莫贺咄设即后来的颉利可汗（620—630在位），牙帐就设在五原郡正北。唐使带来大量金帛贿赂，并许诺将来突厥可以直接控制五原、榆林二郡。莫贺咄设因此转变了立场。他本来已与薛举约好在指定日期发援兵相助，此时却自食其言，反而命令部下在浅水原之战中与李世民并肩作战。④莫贺咄设的背信弃义使西秦军孤立无援，西秦和唐的实力对比也因此发生了决定性的逆转。西秦的

---

① 《旧唐书》，卷58，2315页；《新唐书》，卷83，3642—3643页。
② 《旧唐书》，卷55，2246页。
③ 《资治通鉴》，卷186，5822页；《新唐书》，卷86，3708页。
④ 《旧唐书》，卷55，2247页；卷194上，5155页；《新唐书》，卷215上，6029页；《资治通鉴》，卷185，5786—5787页。

命运在浅水原之战正式打响之前就已经注定了。①

同样是在 618 年，唐军还趁势向西南和东部扩张。到了 619 年年初，唐朝的版图已向西北延伸到甘肃和青海，向南扩展到四川，向东则覆盖了几乎整个湖北和河南。唐开始朝着统一全国的方向迈进。不过，在接下来的十多年间，唐与突厥的实力对比仍然对后者有利。在这段时间里，唐把全部精力都用在了消灭割据势力、控制战略要地、恢复秩序等艰巨任务上。这样的局势使唐很容易受到外部威胁，突厥趁机渔利。

突厥对唐及其他割据势力立场的转变

618 年以前，突厥的政策是煽动、支持反隋势力的活动，从中原的动荡和混乱中最大限度地坐收渔翁之利。突厥打着反隋的旗号，聚集了一批割据势力的首领，命他们向突厥称臣，并挑动他们互相厮杀。②618 年以后，突厥在操纵这些附庸进攻唐朝的同时，还试图通过复兴隋皇室来遏制崛起的唐朝。制定这一新政策的关键人物是隋朝的义成公主。

义成公主通过和亲在 599 年嫁给启民可汗。丈夫死后，她根据当地习俗改嫁启民可汗的儿子始毕可汗。③义成公主是一位有杰出政治才能的女性，④曾在 615 年促成突厥解除雁门之围，帮隋炀帝脱险。⑤619 年始毕可汗死后，她对突厥的决策有了更大的影响力。这一年，她派使者前去联络扣留了隋炀帝妻女萧皇后和南阳公主的割据势力首领窦建德，使者最终成功地将隋皇室成员迎回突厥。⑥这标志着突厥政治精英复隋政策的开端。突厥

---

① 有关这一外交斡旋的讨论，见吴玉贵：《突厥汗国与隋唐关系史研究》，154—161 页。
② 对这一时期突厥对外政策的讨论，见 Andrew Eisenberg, "Warfare and Political Stability in Medieval north Asian Regimes", p. 313, p. 319；林恩显：《唐朝对回鹘的和亲政策研究》，《边政研究所年报》第 1 期，1970 年，259—290 页。
③ 关于义成公主与几位可汗的婚姻，见魏征等编修：《隋书》，卷 84，1872—1873 页；《旧唐书》，卷 194 上，5154—5155 页；《新唐书》，卷 215 上，6029 页。
④ 依突厥传统，可敦可以参与军政事务，见《旧唐书》，卷 194 上，5177 页；《资治通鉴》，卷 182，5698 页；《册府元龟》，卷 990，20 页下。
⑤ 《旧唐书》，卷 63，2399 页；《新唐书》，卷 101，3949—3950 页；《册府元龟》，卷 990，20 页下。
⑥ 魏征等编修：《隋书》，卷 36，1113 页；《旧唐书》，卷 54，2239 页；《新唐书》，卷 85，3700 页；《资治通鉴》，卷 187，5853 页。反唐势力聚集在隋皇室，特别是萧皇后周围。630 年，当时唐朝已经立国十二年有余，仍有忠于隋朝的人与萧皇后秘密往来，见《新唐书》，卷 215 上，6035 页；《资治通鉴》，卷 193，6071 页；《册府元龟》，卷 41，11 页下—12 页上。

的目的当然不仅限于为隋皇室遗族提供保护,更重要的是,它要扶植一个以隋皇室成员为首的傀儡政权。突厥希望这个政权能聚集隋朝遗民,协调各地割据势力,对抗崛起中的唐朝。突厥立隋炀帝之孙杨政道为隋王,置百官,居于定襄(今内蒙古和林格尔)。①

但是,突厥改变立场奉行复隋政策,导致其与各割据势力首领的关系恶化。这些首领起兵反隋后,纷纷受封"可汗",互不统属,仅向突厥称臣,其中一些人还自称"皇帝"。②他们虽然在削弱唐朝上和突厥目标一致,但不愿意支持杨政道,更不要说向他效忠。诸割据势力首领与他们的突厥宗主产生矛盾,不仅削弱了突厥阵营对唐作战的能力,还为唐贿赂突厥以扭转不利局面提供了可乘之机。刘武周反唐失败后被其突厥宗主处死就是一例。

619年闰二月,始毕可汗到达夏州。他给刘武周配备了五百名突厥骑兵,命其攻打太原。但始毕可汗在当月病死,义成公主随即开始实施她的复隋大计。在诸割据势力首领中,刘武周对这样的政策转变尤为不满。杨政道的傀儡政权在定襄,恰好处于他的势力范围之内。不过,即便与突厥的关系出现裂痕,刘武周还是着手执行攻打太原的计划。作战初期(阴历四月到六月),他仍能得到突厥的支持。他屯兵黄蛇岭(今山西榆次)时,手下仍有突厥士兵。③他率军攻占了太原东面和西南的几座城池,进而包围太原。阴历九月,太原沦陷。刘武周一鼓作气,又连下黄河以东数城。此时的形势十分严峻,刘武周有可能渡过黄河进逼长安。李渊为保都城,甚至一度打算放弃黄河以东所有失地,但最终还是打消了这个念头。就在刘武周看似稳操胜券之际,他的攻势却突然崩溃。阴历十月,李世民率部渡过黄河,抢先一步阻止刘武周的军队继续西进。620年阴历四月,李世民追击并歼灭了因粮尽而退却的宋金刚。刘武周弃守太原,仅带着一百名骑兵

---

① 魏征等编修:《隋书》,卷59,1444页,卷84,1876、1884页;《通典》,卷197,1069页;《新唐书》,卷215上,6029—6030页;《资治通鉴》,卷187,5853页,卷188,5878页。对该傀儡政权的讨论,见石见清裕:《突厥の楊正道擁立と第一帝国の解体》,载《早稻田大学大学院文学研究科紀要》别册第10集,1983年,135—144页,137—140页。
② 窦建德即为一例,见《旧唐书》,卷54,2239页;《新唐书》,卷85,3700页;《资治通鉴》,卷187,5853页。
③《旧唐书》,卷55,2253页;《新唐书》,卷86,3712页;《资治通鉴》,卷187,5850页。

逃回突厥牙帐。

史料对这一戏剧性变化的细节语焉不详。但有记载说，当李渊收复太原时，随行的不仅有自己的人马，还有两千名突厥骑兵。[1]这表明，在刘武周与唐军作战期间，突厥改变了立场。突厥先是为刘武周提供士兵和马匹，随后又放弃了他，最后站到了李世民一边。刘武周惨败的原因，似乎只可能是因为他和突厥宗主的关系破裂，以及唐与突厥达成了某种协议。刘武周及其手下大将宋金刚不久后便被突厥处死，这正是他与突厥关系破裂的明证。[2]至于唐与突厥达成的协议，从下述事实中可以略见端倪——唐军后来并未占据刘武周的旧地，而是把它拱手让给了突厥。[3]

刘武周的失败以及随后唐的一系列军事行动，沉重地打击了各地的割据势力，他们无法继续担当攻唐主力。突厥只能亲自出兵攻打唐朝。至此，唐和突厥之间名义上的君臣关系已经变得毫无意义，双方进入公开对抗的新阶段。[4]突厥在620年制订的攻唐计划虽然夭折，但也能体现出这种新发展。

处罗可汗（619—620在位，系始毕可汗之弟）在听取了梁师都使者的建言后，确信有必要亲自率兵攻唐。梁师都是活跃在今内蒙古东北部的割据势力首领。他的使者劝处罗可汗说："比者中原丧乱，分为数国，势均力弱，所以北附突厥。今武周既灭，唐国益大，师都甘从亡破，亦恐次及可汗。愿可汗行魏孝文之事，遣兵南侵，师都请为乡导。"[5]

---

[1]《旧唐书》，卷194上，5154页；《资治通鉴》，卷188，5884页；《册府元龟》，卷973，10页下。
[2]《旧唐书》，卷1，11页，卷55，2254页；《新唐书》，卷1，14页；《资治通鉴》，卷188，5882—5883页。
[3] 处罗可汗为控制上述地区，命令他的儿子郁射设率领其从众一万余户迁徙到黄河河套以南地区，见《新唐书》，卷215上，6029页；《册府元龟》，卷990，20页下；《资治通鉴》，卷188，5885页。郁射设后代阿史那哲有碑文，见周绍良、赵超：《唐代墓志汇编续集》，上海：上海古籍出版社，2001年，493页。对此问题的进一步讨论，见吴玉贵：《突厥汗国与隋唐关系史研究》，157—161页。
[4] 例如，郭子和就是另一位与突厥交恶的反叛首领。张长逊也投降了唐廷，见《旧唐书》，卷56，2282页；《新唐书》，卷92，3804页；《资治通鉴》，卷188，5894—5895页。关于唐与突厥关系这一新发展的论述，见吴玉贵：《突厥汗国与隋唐关系史研究》，168—174页。
[5]《旧唐书》，卷56，2280页；《新唐书》，卷87，3731页；《资治通鉴》，卷188，5895页。孝文帝是拓跋首领，在493年从平城（今山西大同）迁都洛阳，在华北的中心区域建立起自己的政权。有关梁师都的生平，见 Jonathan Karam Skaff, "Survival in the Frontier Zone: Comparative Perspective on Identity and Political Allegiance in China's Inner Asian Borderlands during the Sui-Tang Dynastic Transition (617—630)", *Journal of World History*, 15, no. 2 (2004), pp. 117—153, pp. 126—127.

处罗可汗采纳了使者的建议，开始组织一次规模庞大的军事行动。包括他自己在内的突厥四名首领，将在梁师都、窦建德以及奚、霫（活跃在今内蒙古西拉木伦河以北）、契丹、靺鞨等的配合下，率本部骑兵从不同方向攻唐。这次行动的主要任务之一是夺取并州，然后将杨政道的傀儡政权迁到那里，从而进一步落实复隋计划。行动的最终目标是攻下唐都长安。①但是，处罗可汗在620年阴历十一月突然"疽发死"，整个行动计划随之终止。突厥中有人怀疑是义成公主毒杀了处罗可汗，也有人认为元凶是唐使郑元璹，后者曾试图利诱处罗可汗放弃上述计划，但未成功。②

处罗可汗的暴死成为突厥对唐政策的分水岭。他的继任者不但放弃了复隋计划，还将入主中原的野心束之高阁。620年以后，尽管突厥仍然不断袭扰唐境，但其主要意图是向唐廷勒索钱财。突厥的政策转变，使唐廷可以成功地实行"贿和"之策。不仅如此，雁门长吏降唐之后，突厥开始丧失在河套以东的战略优势。雁门位于太原东北约一百八十公里处，曾是突厥南下的跳板。621年胡大恩投降唐廷，雁门随即成为拱卫太原的屏障以及唐和突厥之间的缓冲带，日后更成为唐军进攻突厥的前哨。两年之后的623年，马邑长吏也归顺唐廷。马邑是位于雁门西北的战略要地，曾是突厥南下的后勤基地。唐廷在控制了雁门和马邑之后，开始在对突厥的战争中取得主动。③

作为回应，颉利可汗于622年集结三路大军攻唐。他亲率十五万精锐骑兵，在阴历八月大败守卫雁门的唐军，接着又包围了唐朝的发迹地太原。同时，另外两支突厥军队分头进攻甘州（今甘肃张掖）和原州（今宁夏固原），长安告急。

唐廷在仓促应战的同时，派郑元璹向突厥求和。郑元璹是处理突厥事务的老手，曾五次出使突厥。当时他正在为母亲守孝，为完成任务，他提前结束了本为三年的孝期。郑元璹劝颉利说："汉与突厥，风俗各异，汉得突厥，既不能臣，突厥得汉，复何所用？且抄掠资财，皆入将士，在于可

---

① 《旧唐书》，卷56，2280页；《资治通鉴》，卷189，5895页；《新唐书》，卷87，3731页。
② 《旧唐书》，卷62，2379页；《资治通鉴》，卷189，5912页；《唐会要》，卷94，1688页。
③ 《资治通鉴》，卷190，5968页；《册府元龟》，卷126，17页上。

汗，一无所得。不如早收兵马，遣使和好，国家必有重赍，币帛皆入可汗，免为劬劳，坐受利益。"①郑元璹的外交手腕和唐廷的钱财贿赂再次奏效，颉利同意撤军。

李世民对郑元璹的出使成果甚为满意。他致书郑元璹，称赞他有"和戎之功"。但是，靠每年向敌方提供大量贡物得来的和平难以持久。两年之后的624年，颉利可汗和他的侄子突利可汗再次引重兵来袭，兵锋直指距长安仅一百三十公里的豳州（今陕西彬州）。②一些唐廷官员建议迁都，他们认为首都应远离西北边地。在李世民的强烈反对下，迁都之议最后不了了之。③但是，要在短时间内扭转唐军的劣势绝非易事。唐军的兵力、装备均不如突厥，难以和敌军正面交锋。于是，李世民转而施展离间计，在颉利可汗和突利可汗之间制造不和，以破坏他们的军事行动。

颉利和突利是叔侄，但二人由于突厥独特的继承制度一直心存隔阂。突利是始毕之子，但619年始毕死后，他的两个叔叔处罗和颉利（620—630在位）先后成为可汗，他却无缘汗位。④这样的继承制度使突厥统治精英彼此争权夺势，互相倾轧。唐廷因而锁定突利作为分化瓦解突厥阵营策略的首要目标。

李世民仅带一百名骑兵来到敌军阵前，他试图以双方名义上的君臣关系为由，说服颉利退兵。他说："国家与可汗誓不相负，何为背约深入吾地？"随后，李世民提出与颉利决斗。他对颉利说："我，秦王也，故来一决。可汗若自来，我当与可汗两人独战。若欲兵马总来，我唯百骑相御耳。"李世民的惊人胆识使颉利不知该如何回应。他怀疑其中有诈，笑而不

---

① 《旧唐书》，卷62，2380页；《唐会要》，卷94，1688页；《资治通鉴》，卷189，5911页。其他史料记载，颉利可汗与唐军交战几次后便撤退了，见《旧唐书》，卷194上，5156页；《新唐书》，卷215上，6030页。《资治通鉴》，卷190，5955页的一条史料记载，郑元璹指太宗和颉利是"昆弟"，以此为由劝说后者弃战。但是，太宗似乎只与突利结成过这种兄弟关系。
② 《旧唐书》，卷1，15页；《资治通鉴》，卷191，5991页。
③ 《旧唐书》，卷2，29页；《资治通鉴》，卷191，5989页；《册府元龟》，卷19，15页上，卷57，7页下。
④ 《旧唐书》，卷194上，5154页；《新唐书》，卷215上，6029页。艾安迪称这种继承方式为"横向模式的继承方式"。他指出，这一模式的产生是出于在统治阶层不同派别成员间分配权力的需要，以便他们保持一定程度的团结，见Andrew Eisenberg, "Warfare and Political Stability in Medieval North Asian Regimes", p. 312。

答，未敢轻举妄动。① 李世民还派人给五年前曾与自己结为香火兄弟的突利传话，告诉他："尔往与我盟，急难相救；尔今将兵来，何无香火之情也？"使者还提出让突利与李世民一决雌雄，但突利拒不回应。太宗为故意误导颉利，作势要跨过两军之间的堑壕。颉利听说李世民与突利是香火兄弟，又见李世民如此轻举妄动，开始怀疑李世民和侄子突利欲合谋加害自己。不久后，一位突厥信使给李世民传话，说他的主人没有恶意，要李世民不要越过堑壕。颉利命令部队后撤，并决定派突利与李世民讲和。突厥最终不战而退。②

为贿赂颉利而上演的一出外交大戏

626 年阴历六月，李世民在玄武门发动政变，杀死了太子李建成和弟弟李元吉。不久之后，高祖禅位于李世民，李世民登基成为太宗。③ 唐廷内部不和给了突厥可乘之机，颉利和突利立即挥师南下，其骑兵据说有二十万之众。他们在阴历八月初九攻下泾州（今甘肃境内），④ 随后行军一百五十公里到达武功（今陕西武功西北）。突厥骑兵迅速推进，令唐廷大为震惊，宣布京师戒严。同月二十八日，突厥军队出现在长安以北仅数公里之外的渭水北岸。突厥的精锐骑兵一天数次在城墙外纵马驰骋，挑衅唐军出城应战。唐都危在旦夕。⑤

据大多数史料记载，太宗面对危机表现得英勇、睿智和雄辩。他仅带

---

① 《旧唐书》，卷 194 上，5156 页；《资治通鉴》，卷 191，5991—5993 页；《册府元龟》，卷 19，16 页上一下。对《旧唐书》这条史料的研究，见吴玉贵：《〈旧唐书〉勘误》，《中国社会科学院历史研究所学刊》第 3 集，北京：商务印书馆，2006 年，259 页。
② 《通典》，卷 197，1069 页；《旧唐书》，卷 194 上，5156 页；《新唐书》，卷 215 上，6031 页；《唐会要》，卷 94，1688 页；《资治通鉴》，卷 191，5989—5993 页。对《通典》所载此次事件的文本研究，见吴玉贵：《〈通典·边防典〉证误》，《文史》2005 年第 1 辑，173 页。
③ 对这一事件的最新研究，见 Andrew Eisenberg, "Kingship, Power, and the Hsüan-wu men Incident of the T'ang", *T'oung Pao*, 80, nos. 4—5（1994），pp. 222—259. 但是，崔瑞德不赞成作者的主要结论，见 Denis C. Twitchett, "How to Be an Emperor: T'ang T'ai-tsung's Vision of his Role", *Asia Major*（3rd series），4, nos. 1—2（1996），pp. 1—102, pp. 11—12, note 16。
④ 泾州太守罗艺是太子的亲信。李世民在长安发动政变，必定使罗艺对自己的命运提心吊胆，从而无法有效地在泾州组织备战防御工作。见 Andrew Eisenberg, "Warfare and Political Stability in Medieval North Asian Regimes", pp. 321—322。
⑤ 《旧唐书》，卷 2，30 页。刘䬯：《隋唐嘉话》，《唐五代笔记小说大观（上册）》，上海：上海古籍出版社，2000 年，94 页。这些精锐骑兵是柘羯的粟特人。关于柘羯，见《通典》，卷 197，1070 页。

六名扈从到渭水与颉利见面，并成功地化险为夷。①然而，这些记载大都是传统文人对太宗的歌功颂德之词。真相远没有那么富有传奇色彩。李世民在渭水岸边与可汗见面之前，已经从与自己关系密切的突厥人执失思力那里得知，颉利入侵的真实意图是攫取财宝，而不是占领长安。因此，李世民和颉利的会面其实只不过是做戏而已。

执失家族的成员（执失淹、执失武、执失思力）曾于617年阴历八月作为突厥援军随刘文静南下协助李渊攻打隋都。②他们因对李氏家族有功，在唐朝建立后得到了丰厚的回报。例如，执失武获封上大将军（这是唐廷为表彰军功卓著者而授予的最高军事荣誉头衔中的第三等）③、右卫大将军、上柱国和安国公。朝廷还命人在新城（今河北境内）为执失家族竖立功德碑。但与此同时，执失武还是突厥的中级官员，担任颉利发之职。④因此执失家族有双重身份，他们同时臣服于唐朝皇帝和突厥可汗。

当执失武和其子执失思力随颉利进逼长安时，突厥阵营内部已经出现了裂痕。太宗事后回顾当时的情形时说："当其请和之时，可汗独在水西，达官皆来谒我。"⑤正是突厥的内部分歧和执失家族的双重身份，促使执失武派儿子执失思力与太宗接触。太宗在大帐内与执失思力密谈，仅留一名贴身侍卫在侧。⑥史料中没有留下有关这次会面的详细记载，只略记为"太宗

---

① 《通典》，卷197，1070页；《旧唐书》，卷194上，5157页；《新唐书》，卷215上，6033页；《资治通鉴》，卷191，6019—6020页。有关太宗时唐与突厥关系的更多详情，见Howard J. Wechsler, "T'ai-tsung（reign 626—649）: The Consolidator", in *Sui and T'ang China 589—906*, vol. 3, pt. 1 of *The Cambridge History of China*, edited by Denis C. Twitchett（Cambridge, 1979）, pp. 188—241, pp. 219—224.
② 《旧唐书》，卷194上，5157页。以下对执失家族的讨论基于执失善光的墓碑碑文，见周绍良、赵超：《唐代墓志汇编续集》，489—490页。有关此碑以及初唐执失家族的研究，见石见清裕：《突厥執失氏墓誌と太宗昭陵》，载《古代東アジアの社会と文化——福井重雅先生古稀·退職記念論集》，东京：汲古書院，2007年，364—374页。
③ Charles O. Hucker, *A Dictionary of Official Titles in Imperial China*（Stanford, 1985），"上大将军"。
④ 关于突厥的官职体系，见《旧唐书》，卷194上，5153页。
⑤ 《资治通鉴》，卷191，6020页。关于此次谈判以及唐与突厥的停战协议，见牛致功：《关于唐与突厥在渭水便桥议和罢兵的问题——读〈执失善光墓志铭〉》，《中国史研究》2001年第3期，55—62页。
⑥ 此人为安元寿，系凉州粟特商人安兴贵之子。在七世纪初，粟特人多充当唐与突厥的中间人。617年以始毕可汗之名到太原与李渊谈判的康鞘利就是粟特人。相反，安氏家族成员则为唐效力。安兴贵在唐与突厥的战争中立下战功，受到唐廷嘉奖，被任命为右卫将军。他在李世民登上皇位之前就为其效力，在玄武门之变中发挥了积极作用，后来因此功被封为右千牛备身。安兴贵死于683年，特令陪葬昭陵，只有极少数官员曾经享有如此的皇恩与荣耀。安氏家族与突厥阵营中的粟特人关系密切，这使得安修仁在初唐对外关系中发挥了一（接下页）

嘉其诚节，取其谋效"。尽管如此，我们似乎仍可以推断，思力向太宗透露了颉利此役的真实目的，并建议贿赂可汗以化解这场看似严重的危机。

二人结束密谈后，在唐臣面前上演了一出双簧戏。执失思力故意虚张声势地说："颉利、突利二可汗将兵百万，今至矣。"太宗则愤然谴责道："吾与汝可汗面结和亲，赠遗金帛，前后无算。汝可汗自负盟约，引兵深入，于我无愧？汝虽戎狄，亦有人心，何得全忘大恩，自夸强盛？我今先斩汝矣！"思力佯装惊恐万状，乞求效忠太宗，以免死罪。大臣们不知道二人在做戏，力劝太宗依礼遣返思力。太宗回答："我今遣还，虏谓我畏之，愈肆凭陵。"他下令将思力囚禁在门下省。[①] 此举实际上是在保护思力，太宗对他一直宠信有加。后来，到了七世纪三十年代，思力还曾数次以中间人的身份帮忙处理唐和突厥之间的棘手问题。太宗为了嘉奖思力的功劳，特赐其铁券，准其享受特权，还赐婚九江公主，并加授驸马都尉、辅国大将军和安国公。[②]

太宗在得知自身及长安都没有真正危险后，才决定会见颉利。他和六名随从骑上马正待从玄武门出发之时，谏臣萧瑀突然跪在太宗马前，以危险为由劝说太宗放弃此行。太宗答道："吾筹之已熟，非卿所知。突厥所以敢倾国而来，直抵郊甸者，以我国内有难，朕新即位，谓我不能抗御故也。我若示之以弱，闭门拒守，虏必放兵大掠，不可复制。故朕轻骑独出，示若轻之；又震曜军容，使之必战；出虏不意，使之失图。虏入我地既深，必有惧心，故与战则克，与和则固矣。制服突厥，在此一举，卿第观之！"[③]

（接上页）定作用。625 年，突厥颉利可汗表达了归降唐朝的意愿，安修仁与鸿胪卿奉命前往可汗牙帐。见《旧唐书》，卷 67，2479 页；周绍良、赵超：《唐代墓志汇编续集》，272 页；昭陵博物馆：《唐安元寿夫妇墓发掘简报》，《文物》1988 年第 12 期，37—49 页。有关安修仁的研究，见山下将司：《隋·唐初の河西ソグド人軍団——天理図書館蔵『文館詞林』「安修仁墓碑銘」残卷をめぐって》，《東方学》第 110 号，2005 年，73—76 页；《新出土史料より見た北朝末·唐初間ソグド人の存在形態——固原出土史氏墓誌を中心に》，《唐代史研究》第 7 号，2004 年，67—69 页。安氏家族与突厥阵营中粟特人的关系似乎也使太宗认为，在自己与执失思力见面时应该让安元寿在场，见吴玉贵：《凉州粟特胡人安氏家族研究》，《唐研究》第 3 卷，北京：北京大学出版社，1997 年，324—325 页。
① 《旧唐书》，卷 2，30 页，卷 194 上，5157 页；《资治通鉴》，卷 191，6019 页。
② 例如，思力曾护送萧皇后到唐都。在唐击败颉利可汗后，思力作为唐朝使者，成功地说服了颉利的残部向唐投降。七世纪六十年代高宗发兵攻打高句丽时，思力率领突厥和薛延陀部落协助唐军行动。见《通典》，卷 197，1070 页；《新唐书》，卷 110，4116 页；《资治通鉴》，卷 193，6072 页。
③ 《通典》，卷 197，1070 页；《资治通鉴》，卷 191，6019 页。这段引文的英文释（接下页）

太宗这番言辞实际上主要是为了显示局势完全在他的掌控之中。他故意没有告诉萧瑀，自己打算贿赂突厥，而不是与之交战。而这一方案的制定，主要是基于执失思力提供的重要情报，还有名将李靖深谋远虑的建议，后者力劝太宗"倾府库赂以求和"。①

太宗带着随从来到渭水南岸，指责颉利可汗背信弃义。唐为展示实力命大部队随后赶到。颉利见自己的使者去而不归，太宗无所畏惧，身先士卒，唐军又耀武扬威，担心这一切都是圈套。此时，太宗示意唐军从岸边后撤列阵，独自上前与颉利对话。二人谈话的具体内容我们不得而知，但后续发展表明，二人约定互不相犯，定期互市。②阴历八月二十八日，太宗和颉利在长安城西的便桥杀白马祭天，宣誓结盟。突厥军队随即退回草原。③

回顾渭水事件，长安虽然受到突厥威胁，却从未面临真正的危险。颉利的主要目标是从唐廷获取财物，而不是攻占长安。唐都有重兵防卫，可以长期固守，而来犯的颉利士兵大都是轻骑兵，善于快速推进（泾州距离武功一百五十公里，突厥士兵只用了短短一天的时间便从泾州抵达武功），速战速决，但对旷日持久的攻坚战缺乏准备。④一般来说，在一次准备充足的长途奔袭中，如果士兵全副披挂，并让战马有足够时间吃草，部队每日的平均行军速度只有约二十二公里。⑤如果部队还携带着攻城器具和充足的给养，行军速度会更慢。颉利只为他的骑兵配备了额外的坐骑，而没有为他们提供足以攻打长安的充足的后勤保障和器械装备。颉利显然从未打算占领唐朝都城。

许多唐朝官员对渭水事件和平落幕惊讶不已。当初曾反对太宗与颉利

（接上页）义，见 Thomas J. Barfield, *The Perilous Frontier: Nomadic Empires and China, 221 BC to AD 1757* (Cambridge, 1989), p. 144. 关于这段文字的文本分析，见吴玉贵：《〈通典·边防典〉证误》，《文史》2005 年第 1 辑，149—184 页，174 页。
① 刘餗：《隋唐嘉话》，94 页。
② 后来发生的两次事件暗示二人之间确实有约定。626 年阴历九月，颉利献给太宗三千匹马及一万只羊。630 年阴历三月，颉利被活捉后带到长安，太宗以"自渭水曾面为盟，从此以来，未有深犯"为由赦免了他，见《旧唐书》，卷 2，30 页；卷 194 上，5159 页。
③《旧唐书》，卷 2，30 页。有关此桥位置的讨论，见程大昌撰，黄永年点校：《雍录》，北京：中华书局，2002 年，124—125 页。
④ "轻骑"身穿盔甲以保护自己，但是坐骑没有护具。
⑤ 对这一问题的研究，见 John Masson Smith Jr., "Áyu Jālūt: Mamlūk Success or Mongol Failure?" *Harvard Journal of Asiatic Studies*, 44, no. 2 (1984), pp. 307—345, pp. 335—336。

见面的萧瑀问太宗:"突厥未和之时,诸将争请战,陛下不许,臣等亦以为疑,既而虏自退,其策安在?"直到此时,太宗才在回答中首次承认他的策略是贿和:"吾观突厥之众虽多而不整,君臣之志惟贿是求,……故卷甲韬戈,啖以金帛。彼既得所欲,理当自退,志意骄惰,不复设备,然后养威伺衅,一举可灭也。将欲取之,必固与之,此之谓矣。卿知之乎?"萧瑀再拜答道:"非所及也。"①

太宗对渭水事件的处理,是巧妙利用敌方情报从而转危为安的绝佳事例。然而,四年之后的630年,在唐打败突厥,活捉颉利之后,太宗却开始以"渭水之盟"为"耻"。②他希望臣子们忘记自己在与突厥议和的过程中曾发挥过主要作用。太宗对他们说:"往者国家草创,太上皇以百姓之故,称臣于突厥。朕未尝不痛心疾首,志灭匈奴,坐不安席,食不甘味。"③他命负责为自己编撰实录的史官掩盖他在事件中的作用,把向突厥称臣完全归咎于父亲一人。④尽管如此,太宗无法否认,对突厥称臣和贿和曾是唐廷外交的两大基石。考虑到630年以前唐与突厥的实力对比,二者是唐在处理与突厥的关系时唯一合理可行的方式。太宗正是制定和实施这些政策的主角。

从被动防御到战略进攻

从唐朝建立到七世纪三十年代,唐西北边境的形势看起来相当悲观。唐廷因不能迅速扭转劣势,只得继续贿和。唐代史料忠实地记下了当时的情形:"及高祖即位,前后赏赐,不可胜纪。"⑤高祖仍然保留着突厥臣属的身份。619年始毕死后,他在长乐门为始毕举哀,痛哭流涕,还宣布废朝三日,命朝廷官员到突厥使者的下榻之处吊唁。同时,高祖还派遣使者带着

---

① 《旧唐书》,卷194上,5158页;《资治通鉴》,卷191,6020页。
② 《旧唐书》,卷67,2479页;《新唐书》,卷93,3814页。
③ 谢保成:《贞观政要集校》,70页;《旧唐书》,卷67,2480页。此段的英译见 Sechin Jagchid, and Jay Symons Van, *Peace, War, and Trade along the Great Wall: Nomadic-Chinese Interaction through Two Millennia* (Bloomington and Indianapolis, 1989), p. 70.
④ 《旧唐书》,卷82,2761—2765页;《新唐书》,卷233上,6335—6339页;《唐会要》,卷63,1093—1094页;《册府元龟》,卷556,14页下—15页上,卷562,8页下—9页下、14页上—下。
⑤ 《旧唐书》,卷194,5153—5154页。此句中的"赏赐"二字,实为高祖向突厥进献的贡物。另见《新唐书》,卷215上,6033页。

多达三万段的绢帛前往突厥，代表自己出席可汗的葬礼。① 实际上，每当飞扬跋扈的突厥使者造访长安时，高祖都百般忍让，并以厚礼相赠。②

尽管此时唐廷在对外关系上表现得相当弱势，但它在推动内部政治统一、恢复社会秩序方面取得了稳步进展。唐军在617年攻取隋都后，用了将近十年时间成功铲除了多股割据势力。至624年，除了陕西北部的梁师都，唐军已经消灭了绝大多数地方割据政权，唐廷因此有能力对突厥采取更为主动的策略。

早在625年，高祖已经暗示将改变对突厥的态度。他命朝廷官员将给突厥的外交文书改为诏敕。诏敕本是皇帝在给内臣、外臣颁布命令时使用的，现在用作给突厥的文书，暗指高祖不甘继续做突厥的臣属。③ 不过，文字游戏不足以抗衡强大的突厥。突厥的军事优势在于机动灵活，进攻快如闪电，后退迅疾如风。太宗意识到，只靠被动防御绝不能保证唐的边疆无虞。但他需要时间整备兵马，以期给予突厥致命一击。于是，太宗决意提高士兵的战斗技能，不达目的誓不罢休。从626年阴历九月开始，他带领侍卫在显德殿前的庭院中练习箭术。他每天都会召集几百名士兵，亲自指点、检验他们的军事技能，赐给表现出色的士兵武器和布匹。一些官员担心，大批手持兵器的军士自由进出皇宫，可能危及皇帝的安全。但太宗对此完全不以为意。他对士兵们说："兵士唯习弓马，庶使汝斗战，亦望汝前无横敌。"④

对唐廷来说幸运的是，东突厥的内部矛盾在七世纪三十年代进一步激化。629年，深谙突厥事务的代州（今山西代县）都督张公谨上书太宗，分析了突厥日趋恶化的局势。他认为唐如果征突厥必然会得胜，因为突厥有六大不利因素：第一，颉利昏庸无度；第二，薛延陀等部纷纷酝酿反叛；第三，突厥将士遭遇了军事挫败；第四，气候恶劣导致粮草匮乏；第五，颉利和其他突厥部落首领的关系日趋紧张；第六，先前投奔北地的汉人现在与突厥离心离德。⑤

---

① 《资治通鉴》，卷187，5858页。
② 《册府元龟》，卷991，11页下。
③ 《唐会要》，卷94，1688页；《新唐书》，卷215上，6032页；《资治通鉴》，卷191，5996页。
④ 《旧唐书》，卷2，30—31页。
⑤ 同上书，卷68，2507页；《资治通鉴》，卷193，6065页。

张公谨的分析可谓一针见血。颉利因任用汉人为谋士，采用汉地的治理方法，并重用粟特人和其他中亚人，而冷落了自己的部众；接二连三的自然灾害造成饥荒，导致突厥人和大量牲畜死亡，但是颉利为了保障财政收入反而加重了赋税，这些措施使一些活跃于今中国东北地区的部落归顺唐朝；薛延陀、回纥、拔野古（活跃在贝加尔湖以北的广阔地区）也都起而反叛颉利。①

在一些部落背弃突厥的同时，早在渭水事件中就已经表面化了的突厥统治阶层内部的矛盾也愈演愈烈。颉利把这些部落的反叛归咎于突利，因为突利的牙帐就在幽州（今北京）以北，负责监督位于广阔的突厥汗国东部的诸部落。颉利又命突利平定薛延陀和回纥的叛乱，但突利未能取胜，二人的关系更加恶化。颉利对突利施以鞭刑，将其囚禁十余天后才释放。②受辱的突利开始公开违抗颉利。628年，颉利向突利征兵，遭突利拒绝。恼羞成怒的颉利下令攻打突利。这一事件成为压垮二人关系的最后一根稻草。突利密谋反叛，于是派出信使寻求唐朝的军事援助，但太宗拒绝伸出援手。突利眼见与颉利摊牌毫无胜算，便在629年阴历十二月向唐廷投降。郁射设是另外一个背叛颉利的突厥首领。他是处罗可汗的儿子，在父亲死后的汗位竞争中输给了颉利，于是在628年率部进入河南。郁射设此举令颉利生疑，他派出骑兵追杀郁射设。颉利的军事行动彻底破坏了二人的关系。629年阴历十二月，郁射设决定投降唐朝。③突厥的内部倾轧，也使得其他一些突厥部落首领脱离突厥汗国，前往其他地方。④

突厥精英阶层的矛盾，还削弱了突厥对附属部落的控制，在突利的领地和突厥汗国其他地区引发了一连串的叛变。大行台苑君璋在627年阴历五月率先抛弃了他的突厥主人。⑤到了628年，契丹、奚、霫以及其他几十

---

① 《旧唐书》，卷62，2380页，卷194上，5159页；《资治通鉴》，卷192，6064页。
② 《通典》，卷197，1070页；《旧唐书》，卷194上，5159页；《新唐书》，卷215上，6034页；《唐会要》，卷94，1689页；《资治通鉴》，卷192，6037、6049页。
③ 《旧唐书》，卷61，2369页，卷69，2524页；《资治通鉴》，卷193，6067页。
④ 处罗之子阿史那杜尔就是一例，见《旧唐书》，卷109，3289页。其他的例子见《旧唐书》，卷57，2300—2301页，卷109，3290页；《资治通鉴》，卷193，6066页。
⑤ 《资治通鉴》，卷192，6035页。有关苑君璋的生平，见 Jonathan Karam Skaff, "Survival in the Frontier Zone: Comparative Perspective on Identity and Political Allegiance in China's Inner Asian Borderlands during the Sui-Tang Dynastic Transition (617—630)", *Journal of World History*, 15, no. 2 (2004), pp. 117—153, pp. 129—132.

个部落纷纷起而效仿。①629年阴历十二月，靺鞨首领遣使入唐朝贡。②在突厥汗国北部边疆的众多反叛部落中，回纥、拔野古、阿跌、同罗、仆固和奚等大约十五个部落改为效忠薛延陀，承认薛延陀的首领为他们的新主人。这些部落结成了一个强大的反突厥联盟，直接威胁到突厥的霸主地位。庞大的东突厥汗国开始崩溃。

唐廷抓住这一稍纵即逝的良机，在同突厥的几次关键战役中主动出击。628年，唐军击败梁师都，控制了河套南部。突厥曾以这里为跳板直接威胁长安，如今此地成了唐对突厥发动进攻的前哨阵地。③同年，唐廷再次采用经典的怀柔之策，授予薛延陀首领夷男"真珠毗伽可汗"称号和唐军旗。夷男大喜，于629年派其弟出访唐廷。太宗在朝见时赐给使者宝刀和马鞭，并对他说："卿所部有大罪者斩之，小罪者鞭之。"唐廷赏赐夷男之弟宝刀和马鞭，即表示承认夷男在漠北各部落中的统治地位。夷男在郁督军山（今杭爱山）下设牙帐，开始着手建立一个庞大的汗国，其疆域东至靺鞨，西达西突厥，西北到俱伦湖（今呼伦湖），南接大漠。④颉利现在被夹在两大强敌之间，北有薛延陀，南有唐。他意识到形势已经迅速变得于己不利，于是转而设法修复与唐的关系。629年他匆匆派使者到唐廷，表示愿意成为唐朝的外臣和太宗的女婿。不过，为时已晚。⑤

629年阴历十一月，唐以李靖为主将，分兵六路攻打突厥。颉利失去了突利和其他部落的援助，很快被唐军孤立、包围，随后在戈壁以南的两次小规模冲突中被唐军打得一败涂地。双方的第一次战斗发生在630年正月，当时李靖带领三千骑兵从马邑直奔定襄。唐军兵临城下，颉利的一位忠实追随者不得不带着隋炀帝的皇后萧氏和隋炀帝之孙杨政道投降。颉利避而不战，向北逃去。但他遭到另一支由李世勣率领的唐军的伏击，不得不进一步北撤，退入阴山一带。然而，前往北方的道路上有强敌薛延陀阻截。颉

---

① 《旧唐书》，卷194上，5160页，卷199下，5350页；《资治通鉴》，卷192，6049—6050页。
② 《资治通鉴》，卷192，6049页，卷193，6067页；《册府元龟》，卷991，4页下。
③ 《旧唐书》，卷56，2281页；卷69，2517页。
④ 《旧唐书》，卷199下，5344页；《资治通鉴》，卷193，6061，6065页。有关薛延陀的崛起及其在东突厥灭亡过程中所起的作用，见段连勤：《隋唐时期的薛延陀》，西安：三秦出版社，1988年，50—56页。
⑤ 《通典》，卷197，1070页；《旧唐书》，卷194上，5159页；《唐会要》，卷94，1689页；《资治通鉴》，卷193，6065页。

利自知走投无路，决定向唐投降。但太宗断然拒绝受降，下令唐军再次发动进攻。李靖率领一万精锐骑兵奔向颉利大帐。当先头部队逼近颉利营地时，突厥军队不战自溃。十几万突厥人向李靖投降，其余的或归降薛延陀，或向西逃走。颉利逃过一劫，但还是在同年阴历四月被擒，并被押往长安。东突厥汗国就此灭亡。[①]

回顾这一段历史可以看出，摧垮东突厥汗国的决定性因素并不是唐廷的军事行动，而是突厥的内部分裂和相互背叛。太宗在为大败突厥庆功时说："今者暂动偏师，无往不捷。"[②] 参与这两次作战的唐军分别只有三千人和一万人，数量其实不多。但指导这两次战役的战术和战略却十分重要，它们将对唐廷日后的对外政策产生深远影响。

太宗对突厥的战略战术

太宗面对游牧民族扰边，没有固守长城，被动防御，而是根据自身和游牧部落的实力对比，在静默外交和军事行动之间转换。唐处于弱势时，可以通过外交化敌为友，为自身赢得短暂的喘息之机，使自己可以在北部边疆建立起迫切需要的缓冲带，从而显著减轻突厥对长安的军事压力。一旦时机成熟，唐朝的君主就会毫不犹豫地诉诸武力，巩固、扩大缓冲地带，乃至一举歼灭敌人。唐廷在采取军事行动时，使用的是轻骑兵远程奔袭的战术。[③]

远程奔袭本是极具突厥特色的战术，自从高祖决定学习突厥人的游牧作战方式之后，唐军就采纳了这个战术。早在616年，李渊就遴选了两千名精锐士兵，命他们按突厥人的方式生活，练习突厥的战斗技能。这种做

---

① 《通典》，卷197，1070页；《旧唐书》，卷67，2479—2480页；《新唐书》，卷215上，6035页；《唐会要》，卷94，1689页；《资治通鉴》，卷193，6070—6072页。关于这次战役的讨论，见David A. Graff, *Medieval Chinese Warfare, 300—900* (New York 2002), pp. 186—188. 另见他的 "Strategy and Contingency in the Tang Defeat of the Eastern Turks, 629—630", in *Warfare in Inner Asian History (500—1800)*, edited by Nicola Di Cosmo (Leiden, 2002) pp. 33—71.
② 《旧唐书》，卷67，2480页；刘肃：《大唐新语》，106页。关于唐朝军事力量在东突厥汗国灭亡中起到的有限作用，见吴玉贵：《突厥汗国与隋唐关系史研究》，211—214页。
③ 关于唐朝战略战术的讨论，见王援朝：《唐代兵法形成新探》，《中国史研究》1996年第4期，104—114页；《唐初甲骑具装衰落与轻骑兵兴起之原因》，《历史研究》1996年第4期，50—58页。关于李世民使用骑兵追击的论述，见David A. Graff, *Medieval Chinese Warfare, 300—900*, pp. 174—178.

法在一定程度上体现了"以其人之道，还治其人之身"的传统智慧。[1] 远程奔袭因而成为唐朝战争艺术的一部分。它融合了春秋时期著名军事家孙武的思想和游牧民族的战斗方式，强调机动进攻与主动防御相结合。在典型的远程奔袭作战中，唐朝骑兵通过迂回包抄，从后方撕破敌人防线，进而继续追击逃跑的敌人，直至敌人被彻底消灭。626 年，李世民对臣子们解释这一战术时说："吾乘其弱，必出其陈后反击之，无不溃败。"[2] 具体来说，这种"穷追猛打"战术是对中原王朝传统战争艺术的革新。在传统战争中，中原王朝以步兵为主力，因此将领在与游牧民族对阵时一般会谨记"穷寇莫追"的原则，避免对溃败之敌穷追不舍，以免造成不必要的伤亡。[3] 但是，唐军用轻骑兵对突厥作战，却有可能以最小的伤亡夺取胜利。由于骑兵具有速度优势，溃逃之敌无暇重新集结阵型，因此难以发动有效反击或设置伏兵。李靖在定襄进攻颉利，取胜后穷追不舍，最终将其消灭在戈壁沙漠以南，就是远程奔袭战术的一个完美范例。

不过，唐采用突厥的军事策略也有其局限性。突厥逐水草而居，游牧生活方式是其采取完全机动化的军事策略的基础，因为他们完全不需要考虑如何防守固定的疆域。习于定居生活的唐朝百姓安土重迁，唐不可能完全放弃疆土的守御。对唐廷来说，远程奔袭和机动防御战术只适用于特定战役。唐对游牧民族的总体战略只能是持久战。

持久战的要旨是先消耗敌人，再伺机反攻，最后击败敌人或迫使其退兵。在持久战中，给养充足的唐军可以在坚固的城池中抵抗突厥的轻骑兵。轻骑兵虽具有快速、机动的优势，却不擅长攻打重兵把守的城池。[4] 在与突厥正面交锋时，唐将通常先派弓兵和长枪兵上阵，削弱敌军第一波攻势的冲击力，然后再命令轻骑兵反攻。[5]

不过，唐朝的统治精英很少能在战术和作战时机的选择上达成一致。

---

[1] 温大雅：《大唐创业起居注》，卷上，2 页下。
[2] 《资治通鉴》，卷 192，6022 页。
[3] 孙子曾说："穷寇勿追。"见吉天保：《孙子集注》，《四库全书》本，卷 7，42 页上。此句的英译见 Ralph D. Sawyer, *The Seven Military Classics of Ancient China*(Boulder, 1993), p. 171.
[4] 《资治通鉴》，卷 247，7971—7972 页。
[5] 有关采用这一策略的战役的记载，见《通典》，卷 148，776 页；《资治通鉴》，卷 200，6306 页。

两种战术的选择需要对敌我力量对比做出客观评估。一些人显然从未理解这两种作战方式之间复杂的辩证关系，[1]一有机会便急不可待地出兵袭击敌人。唐廷官员因此常常围绕着对四邻的军事战略和外交政策争论不休。朝廷中出现的各种分歧意见，实际上反映了游牧民族与中原汉人生活方式的差异，以及唐朝军事战略的双重起源。

"天可汗"及其对突厥的融合政策

东突厥汗国的灭亡，给亚洲北部和东北部的部落首领传达了一个明确无误的政治信号——唐王朝已取代突厥成为他们的新主人。亚洲地缘政治的这一根本性改变，促使许多部落首领亲自或遣使前往长安，向唐廷表示效忠。他们力劝太宗采用"天可汗"的称号，相当于承认他是所有草原游牧民族至高无上的统治者。太宗接受了这个称号，并深深地以此为傲。这意味着他摒弃了传统的华戎之间存在着不可逾越的鸿沟的观念，成功地同时成为二者的主人。

唐朝官员就如何安置投降的突厥人多次展开激烈、冗长的辩论。太宗最终决定采用融合政策。突利和其他主要突厥首领——连同他们的部队——被纳入唐朝军事体系之中。他们被任命为都督，负责管理投降的突厥人，其他部落首领也被授予唐朝军衔。大量突厥人迁入唐都，为唐廷服务。[2]其他的则被重新安置在河北和陕西北部。630年阴历五月，太宗在训诫突利时，道出了融合政策的意图，他想让突厥为唐廷守卫北部边境，"非徒欲中国久安，亦使尔宗族永全也"。[3]该政策在实施初期取得了一些进展。633年阴历十二月，太宗狩猎归来，为父亲举行酒宴。其间，颉利奉已经逊位的李渊之命起舞，南方某部落的首领奉命赋诗。李渊显然对这些部落首领的顺从

---

[1] 李靖或许是首位讨论这种辩证关系的唐将，见《通典》，卷154，813页。
[2]《旧唐书》，卷194上，5162—5163页；《新唐书》，卷215上，6037—6038页；《唐会要》，卷73，1311页；《资治通鉴》，卷193，6077页。唐代史料记载，一百余位突厥部落首领获得了"都督"称号，位列五品或五品以上，他们还享有参加朝会的特权，见《通典》，卷197，1070页；谢保成：《贞观政要集校》，503页。关于这一问题的讨论，见Pan Yihong, "Early Chinese Settlement Policies towards the Nomads", *Asia Major*(third series), 5, no. 2(1992), pp. 61—77；石见清裕：《唐の突厥遗民に对する措置》，《唐の北方問題と国際秩序》，東京：汲古書院，1998年，109—147页。
[3]《资治通鉴》，卷193，6077页。

满心欢喜,他对儿子说:"胡、越一家,自古未有也!"①

不过,融合政策的推进没有唐廷预期的那么顺利。如何合理、有效地管理内附的突厥人很快就成为棘手问题。居住在唐都的突厥人对自己的待遇颇有怨言,他们觉得自己被唐廷当成人质,因此常常骚扰当地居民以泄私愤。还有一些人无法适应农耕生活。639 年,当太宗在长安以西一百二十多公里的离宫九成宫避暑时,突利之弟甚至企图行刺他。②这一事件重新引发了唐廷关于应该如何安置突厥的争论。这次,大多数唐廷官员都认为,允许突厥居住在黄河以南会对唐廷构成潜在威胁。于是,唐廷在 641 年年初将十多万突厥人重新安置到黄河以北,允许他们在定襄城附近设立牙帐,并任命阿史那思摩为新统领。③

东突厥汗国的复国与最终覆灭

唐廷允许突厥自建牙帐,实际上相当于放弃了此前的政策。但唐廷自信有薛延陀从北方牵制突厥,他们不会给自己制造太大的麻烦。然而,这些北上的突厥人的新家园就在薛延陀以南,他们成了薛延陀首领夷男的心头之患。突厥和薛延陀这两个宿敌之间很快产生摩擦,双方开始相互牵制、攻讦。夷男上书唐廷,直率地告诉太宗,突厥对自己构成了严重威胁。唐廷对此充耳不闻,反而劝夷男与新邻居和平相处。④夷男试图控制突厥,命其朝贡,要求其首领到薛延陀牙帐充当人质。但突厥毫不让步,还不时骚扰薛延陀,偷盗他们的羊马。⑤小规模冲突随即爆发,薛延陀决定惩罚突厥。641 年阴历十一月,夷男率领部下以及其他北方部落的二十万骑兵进攻突厥,将他们一路驱赶到长城以南。

唐廷早已对薛延陀在北方草原的支配地位感到不安,于是插手干预其

---

① 《资治通鉴》,卷 194,6103—6104 页。
② 《旧唐书》,卷 194 上,5161 页;《新唐书》,卷 215 上,6039 页;《唐会要》,卷 94,1689 页;《资治通鉴》,卷 195,6146 页。
③ 《旧唐书》,卷 194 上,5161—5162 页,卷 199 下,5344 页;《唐会要》,卷 94,1689—1690 页;《资治通鉴》,卷 195,6148 页。有关阿史那思摩家谱的研究,见鈴木宏節:《突厥阿史那思摩系譜考》,《東洋學報》第 87 卷 1 号,2005 年,45—50 页。
④ 《旧唐书》,卷 194 上,5164 页;卷 199 下,5344 页。
⑤ 《旧唐书》,卷 199 下,5345 页;《册府元龟》,卷 996,15 页下—16 页上。

军事行动。李勣大举进攻薛延陀,将其赶回草原。①夷男从642到645年几次遣使求和,试图修复与唐廷的关系。他的叔叔也在642年来访,代表他请求与唐和亲。唐廷最初接受了和亲的请求,但一年后又以薛延陀聘礼不足为由突然取消了婚约。②645年,太宗还委婉地回绝了夷男出兵助唐攻打高句丽的提议。③

唐廷为了更好地掌控北方草原,实际上已经决定消灭薛延陀。但它一直等到在朝鲜半岛的军事行动结束,645年阴历九月夷男去世之后,才采取行动。646年年初,唐、突厥以及其他游牧部落组成联军,对薛延陀展开了长达八个月的大规模军事行动。薛延陀汗国被消灭,首领被生擒然后被押解到长安。④自七世纪四十年代起,唐北方边境除了零星冲突和小规模叛乱之外,一直安宁无事。

薛延陀的灭亡使东突厥有机会实现他们从未放弃过的复国梦。极具个人魅力的太宗于649年去世后,突厥渐生叛心,开始着手重建汗国。679年,山西的突厥部落反叛。七世纪八十年代中期,东突厥在阿史那骨咄禄(680—692在位)的带领下实现了统一。一个新的突厥汗国在鄂尔浑河上游崛起,对唐的山西、陕西和宁夏边界造成威胁。⑤但自七世纪末默啜可汗(692—716在位)掌权后,这个重建的突厥汗国开始由盛转衰。默啜在唐的西北边境挑起严重事端,⑥但是随后就将注意力越来越多地转向遥远的西方。

---

① 《旧唐书》,卷3,53页;《册府元龟》,卷125,14页下—15页上,卷985,11页下—13页下。
② 《旧唐书》,卷199下,5345—5346页;《资治通鉴》,卷196,6177页;《唐会要》,卷94,1696页;《册府元龟》,卷974,12页上,卷978,22页上—23页上。
③ 《通典》,卷199,1080页;《旧唐书》,卷199下,5346页。
④ 《旧唐书》,卷199下,5347—5348页;《资治通鉴》,卷198,6237—6239页。
⑤ 《旧唐书》,卷194上,5167—5169页;《新唐书》,卷215上,6044—6047页;《唐会要》,卷94,1691—1692页。更多讨论,见 Denis C. Twitchett and Howard J. Wechsler, "Kao-tsung (reign 649—683) and the Empress Wu: The Inheritor and the Usurper", in *Sui and T'ang China 589—906*, vol. 3, pt. 1 of *The Cambridge History of China*, edited by Denis C. Twitchett (Cambridge, 1979), pp. 242—289, pp. 286—287; Thomas J. Barfield, *The Perilous Frontier: Nomadic Empires and China, 221 BC to AD 1757* (Cambridge, 1989), pp. 145—150. 关于汉文史料中有关东突厥汗国资料的研究,见吴玉贵:《突厥第二汗国汉文史料编年辑考》,北京:中华书局,2009年。
⑥ 默啜的军队于713、714、715年袭击了唐朝在天山北麓的军事基地北庭,见《旧唐书》,卷103,3187页,卷194上,5172页;《新唐书》,卷105,4029—4030页,卷133,4543页;《资治通鉴》,卷211,6696页。有关这些袭击的论述,见内藤みどり:《突厥カプガン可汗の北庭攻撃》,《東洋学報》第76卷第3—4号,1995年,27—57页。

唐廷趁机建起一系列要塞，控制住了711年突厥进犯时的主要路线。[1]710年之后，突厥内部矛盾爆发。数年后的716年，默啜可汗被谋杀，各部首领之间血腥的权力斗争使突厥汗国分崩离析。最终唐军乘势在744年出兵干预，彻底击败了突厥军队。最后一位突厥可汗侥幸逃脱，但在一年后被回纥杀害。回纥曾助唐攻打突厥，现在则控制了突厥故地。[2]唐与东突厥之间持续了一个世纪之久的争斗终于落下了帷幕。

西突厥的兴起

西突厥在610年之后开始崛起。在射匮可汗（611—619在位）的领导下，他们像东突厥一样，趁隋朝迅速崩溃之际，开始了扩张的进程。西突厥势力在统叶护可汗（619—628在位）时达到顶峰，疆域涵盖西域广大地区，东北至阿尔泰山脉，西临咸海，南到天山山脉以南塔里木盆地的诸绿洲小国。[3]西突厥的扩张显著地影响到了周边政权，不过具体表现形式有所不同。在东方，西突厥视东突厥为宿敌和主要竞争对手。此外，西突厥还征服了绿洲国家焉耆（都城位于今新疆焉耆西南），为的是那里的盐、鱼等资源。但西突厥试图和高昌国（位于今新疆吐鲁番稍偏西的吐鲁番盆地）建立友好关系，高昌国控制着西域各国朝贡使节和商人前往长安的交通要道。在西方，西突厥征服了一系列中亚国家，包括石国、铁勒、拔汗那、米国，[4]甚至还攻打了西南方的波斯和吐火罗。[5]西突厥的目的是控制丝绸之

---

[1]《唐会要》，卷73，1310—1311页；李吉甫：《元和郡县图志》，北京：中华书局，1983年，卷4，113—114页；《旧唐书》，卷93，2982页；《新唐书》，卷111，4152页。
[2] Denis C. Twitchett, "Hsüan-tsung (reign 712—756)", In *Sui and T'ang China 589—906*, vol. 3, pt. 1 of *The Cambridge History of China*, edited by Denis C. Twitchett (Cambridge, 1979), pp. 333—463, pp. 435—437.
[3]《旧唐书》，卷194下，5181页；《通典》，卷199，1077页。有关突厥在西域扩张的讨论，见吴玉贵：《突厥汗国与隋唐关系史研究》，277—280页。另见内藤みどり：《西突厥史の研究》，東京：早稲田大学出版部，1988年，203—207页；嶋崎昌：《西突厥と唐朝の西方進出》，载江上波夫编：《中央アジア史（世界各国史）》，東京：山川出版社，1986年，391—398页；松田壽男：《古代天山の歴史地理學的研究》，東京：早稲田大学出版部，1970年，223—247页；大澤勝茂：《隋·唐初、西域少数民族の興亡——波斯·粟特·西突厥·大食の動向を中心として》，《アジア文化研究》第14号，2007年，91—106页。对西域绿洲国家相关汉文史料的研究，见李锦绣、余太山：《〈通典·边防七·西戎三〉要注（上）》，《文史》2006年第1辑，139—160页。
[4] 西突厥还攻击了拔悉密。对该事件的讨论，见内藤みどり：《突厥による北庭のバスミル攻撃事件》，《東洋学報》第81卷第4号，2000年，1—31页。
[5]《旧唐书》，卷194下，5181页，卷198，5312页；《通典》，卷199，1077页。

路,其策略是与东突厥竞争,同时尽量拉拢或对抗西域的一些国家。与此同时,西突厥与唐关系友善,以求唐朝不干涉他们的扩张活动。

争夺绿洲国家

不过,西突厥的活动势必使其与唐朝为敌,因为双方都认为控制绿洲国家对自身利益至关重要。对西突厥而言,控制了这些国家就能给国库带来可观的税收;对唐廷而言,绿洲国家位于中西商队来往路线上,是重要的补给站,如果唐朝想要把影响力扩展到更遥远的西方,就必须有效地控制这些地方。早在汉代便有官员把这些绿洲国家比喻为西北强敌匈奴的"右臂",认为要最终战胜匈奴,首先就要控制这些绿洲国家,"切断"敌人的这只手臂。①

唐廷官员沿袭了这个已被证明行之有效的策略,计划先争取绿洲国家的支持,在西域取得立足点,然后再与西突厥较量,最终将其摧毁。他们耐心等待,直到西突厥在七世纪二十年代被长期内斗严重削弱以后,才见机而作。627 年,突厥葛逻禄部叛乱。②628 年,统叶护可汗为伯父莫贺咄所杀,后者自立为新可汗。统叶护之子肆叶护发誓为父亲报仇雪恨,率部攻打莫贺咄。内乱削弱了西突厥对西域绿洲国家的控制。伊吾地区(今新疆哈密)的七个小国脱离西突厥的统治,在 630 年归顺唐廷。唐廷随即设立了西伊州管理这个地区。③

630 年,肆叶护击败莫贺咄成功复仇,并被突厥诸部共推为可汗。④但肆叶护在 632 年的新一轮内斗中成为被攻击的对象,被迫逃往撒马尔罕。

---

① 《史记》,卷 23,3168 页。还可参考 Yü Ying-shih, "Han Foreign Relations", in *The Ch'in and Han Empires, 221B. C. — A. D. 220*, vol. 1 of *The Cambridge History of China*, edited by Denis C. Twitchett and Michael Loewe (Cambridge, 1986), pp. 377—462, pp. 409—411. 有关汉代与匈奴关系的讨论,见 Thomas J. Barfield, "The Hsiung—nu Imperial Confederacy: Organization and Foreign Policy", *The Journal of Asian Studies*, 41, no. 1 (1981), pp. 45—61。
② 《旧唐书》,卷 199 下,5182 页;《新唐书》,卷 217 下,6143 页。对葛逻禄和西突厥之间关系发展、变化的讨论,见葛承雍:《西安出土西突厥三姓葛逻禄炽俟弘福墓志释证》,载荣新江、李孝聪主编:《中外关系史——新史料与新问题》,北京:科学出版社,2004 年,449—451 页。
③ 《资治通鉴》,卷 193,6061、6082 页。关于西伊州的设置,见薛宗正:《安西与北庭——唐代西陲边政研究》,哈尔滨:黑龙江教育出版社,1995 年,18—25 页。
④ 《资治通鉴》,卷 193,6086 页。

咄陆可汗（632—634在位）继位。他接受了唐廷的册封，却在634年突然死亡。咄陆之死进一步削弱了突厥对从属部落和政权的控制，更多的绿洲国家转变了立场。疏勒和于阗在632年向唐称臣，莎车于635年归附唐朝。

咥利失可汗（634—639在位）接任哥哥咄陆可汗成为新君主后，面临着因突厥部落内斗而导致的日益激化的政治动荡。他不得不作出新的政治安排，把楚河（古称碎叶水）南北两岸的民众划分为左（北）厢和右（南）厢，每厢五部。[1]然而，两厢不久后便各自拥立可汗，西突厥再次陷入内战。

唐廷在面对西突厥激烈的内部权力斗争时，一开始保持中立，直到630年擒获东突厥颉利可汗后才改变了策略。由于东突厥不再是威胁，唐廷能够调集人力、物力处理西域事务。唐廷的第一个举措是在632年将西伊州从羁縻州升为正州，[2]改名伊州，使其成为唐廷未来采取进一步行动扩大自身在西域影响力的跳板。[3]

攻灭高昌国

高昌国垄断着经其境内前往长安的商人的贸易活动，每年可以因此获得大量税收收入。它最先感受到了唐置伊州所带来的冲击。高昌国是一个中央集权王国，体制大体模仿中原王朝，文书以汉字书写，[4]一直与唐朝保持着友好关系。高昌王室麴氏曾与隋朝联姻，[5]现任国王麴文泰在630年曾亲自到长安朝见太宗。[6]但双方的关系自632年起开始恶化。当年，焉耆遣使入唐请求复开位于罗布泊以北、自隋灭亡后就闭塞了的商路，唐廷答应了焉耆的请求。此后，前往唐廷的西域商人和使者便开始绕过高昌。高昌王对焉耆和唐朝怒不可遏，出兵袭击、洗劫了焉耆，还开始拦截入唐的使节。不仅如此，麴文泰还与西突厥结盟。638年，他在新盟友的帮助下攻夺

---

[1]《旧唐书》，卷194下，5183页；《新唐书》，卷215下，6058页。
[2]"羁縻"是将统治边远地区的人比喻为驾驭牛马，意思是控制这些人就如同给牲畜系上缰绳（羁）、戴上辔头（縻）一般。对"羁"的解释，见史游：《急就篇》，《四库丛刊》本，48页上。
[3] 张广达：《唐灭高昌国后西州的形势》，《东洋文化》第68号，1988年，69页。
[4] 魏征等编修：《隋书》，卷83，1847页。
[5] 同上书，卷4，83页。
[6]《旧唐书》，卷3，41页；卷198，5294页；《资治通鉴》，卷193，6083—6084页。

焉耆五城，双方甚至还计划联手袭击伊州。①高昌国和突厥的联盟已经成为唐朝争夺西域控制权的一个严重障碍。

太宗的最初反应是在639年派使节谴责麹文泰，并威胁他说，如果不改弦更张，唐廷将兵戈相向。但是，肆无忌惮的高昌王不理唐廷的警告，还语带讽刺地对使者说："鹰飞于天，雉窜于蒿，猫游于堂，鼠安于穴，各得其所，岂不活耶？"②太宗决定在出兵高昌之前再给麹文泰一次机会。他又颁布了一道诏书，警告高昌王如果继续采取敌对行动，后果将不堪设想，并召高昌王入朝。③但麹文泰借口生病，拒不听命。这就为唐廷在640年讨伐麹文泰提供了充足的理由。

麹文泰最初得到唐廷出兵的消息时完全不以为意。他对手下说："唐去我七千里，沙碛居其二千里，地无水草，寒风如刀，热风如烧，安能致大军乎！往吾入朝，见秦、陇之北，城邑萧条，非复有隋之比。今来伐我，发兵多则粮运不给；三万已下，吾力能制之。当以逸待劳，坐收其弊。若顿兵城下，不过二十日，食尽必走，然后从而虏之。何足忧也！"④麹文泰显然不相信唐军能够穿过沙漠远程奔袭他的王国。他更不相信在国人之间广为流传，预言他将迅速垮台的童谣："高昌兵马如霜雪，汉家兵马如日月。日月照霜雪，回手自消灭。"⑤唐军迅速逼近高昌国的消息有如晴天霹雳，麹文泰惊慌失措，毫无应对危机之策，不久便暴病而死。唐军兵不血刃攻灭高昌，将麹文泰的儿子、臣僚及众多当地首领押回长安。⑥

唐廷改高昌为西州（治所在今吐鲁番东南），稍后在此设置了安西都护府。四年后的644年，唐廷将统治向西延伸到焉耆，并设置了焉耆都督府。648年，龟兹（今新疆库车）被纳入唐朝版图。唐军驻扎在吐鲁番和塔里木地区，使唐廷对天山南麓也能施加一定的影响力，有利于其在649年将安

---

① 《旧唐书》，卷198，5294、5301页；《册府元龟》，卷985，8页上—9页上；《资治通鉴》，卷195，6146页。还可参考Zhang Guangda, "Kocho (Kao-ch'ang)", in *The Crossroads of Civilization*, *A. D. 250—750*, vol. 3 of *History of Civilizations of Central Asia*, edited by Boris A. litvinsky and Zhang Guangda（Paris，1992），pp. 303—314。
② 《旧唐书》，卷198，5295页；《资治通鉴》，卷195，6146页。
③ 《资治通鉴》，卷195，6150、6156页。另见罗国威：《日藏弘仁本文馆词林校证》，北京：中华书局，2001年，247—248页。
④ 《旧唐书》，卷198，5295页；《新唐书》，卷221上，6221页；《资治通鉴》，卷195，6154页。
⑤ 《旧唐书》，卷198，5296页；《新唐书》，卷221上，6222页。
⑥ 《旧唐书》，卷109，3289页；《新唐书》，卷110上，4115页；《资治通鉴》，卷195，6146页。

西都护府迁往更西面的龟兹。同样在648年,突厥右厢击败左厢,左厢的首领之一阿史那贺鲁归附唐朝,唐廷因此能够沿着天山以北的通路扩展其影响力。唐置庭州(治所在今新疆乌鲁木齐以东)以安顿阿史那贺鲁所部,任命他为都督来管理投降的西突厥人。至此,唐朝牢固地控制了天山南北的一些战略要地。尽管西州以西新征服的王国还没有成为唐的正州,但突厥实际上已经失去了"右臂"。

唐廷捍卫自身在西域的利益

唐廷加强了在西域的驻防后,当地局势仍然极不稳定。651年正月,阿史那贺鲁离开庭州,向西进发。他击败了当地的西突厥部落,在双河(位于今新疆伊犁)河谷今伊宁附近建立牙帐,自立为沙钵罗可汗。位于其西北的处月、处密两部和一些绿洲小国向他称臣。他随后在651年阴历七月袭击了庭州的一些城镇,[①]对唐用以控制西域的西州和安西都护府构成了威胁。这一事件震动了唐廷。在回纥骑兵的帮助下,唐军对阿史那贺鲁先后发起三次大规模进攻,战事持续了七年之久。

651年冬天,大约三万唐兵和五万回纥骑兵奉命前去击退阿史那贺鲁的军队,但在652年遭到处月和处密的拦截。唐军不得不在打击西突厥主力之前先同两部交战。唐军最终击败了处月、处密,但粮草殆尽,被迫放弃直接攻击阿史那贺鲁。[②]唐廷在处月故地设立了金满和沙陀(今新疆阜康和米泉地区)两个都督府,作为唐军日后行动的基地。

655年,唐廷开始准备第二次远征阿史那贺鲁。[③]此时,西突厥内部爆发了新的矛盾,形势对唐有利。西突厥的最后一位统治者真珠叶护可汗与阿史那贺鲁势同水火。[④]真珠叶护可汗曾在653年袭击过阿史那贺鲁的大本营,杀死了一千多名士兵。他还数次向唐廷上书,表示愿意效忠唐帝,协助唐军夹击自己的宿敌。唐廷随即遣使前去和珍珠叶护可汗商议如何共同

[①]《新唐书》,卷215下,6060—6061页;《册府元龟》,卷119,15页上。
[②]《旧唐书》,卷4,70页,卷194下,5186页;《新唐书》,卷3,54页,卷110,4119页,卷281,6154页;《资治通鉴》,卷199,6277页;《册府元龟》,卷986,2页下,卷997,12页下。
[③]《旧唐书》,卷4,74页;《新唐书》,卷3,56页。
[④]《唐会要》,卷944,1694页;《资治通鉴》,卷199,6283页。

抗击双方共同的敌人。①

　　656年正月，高宗为了显示征讨阿史那贺鲁的决心，亲自设宴为唐军主帅饯行。②八个月后，唐军以骑兵在榆慕谷（位于今新疆吉木萨尔）击败了阿史那贺鲁的两个附属部落葛逻禄和处月，③控制了这个通往西域的交通要道。但唐军没有继续西进，倒不是因为敌人的抵抗，而是各位将领在战术上发生了分歧。他们在鹰娑川（今新疆开都河）的激战中战胜突厥部落后，对下一步行动各执己见。④最后，他们没有乘胜追击，而是收兵自守以加强防御。部队前进的速度因此大幅放慢。事后证明，这是一个严重的战略失误。行动缓慢的唐军难觅阿史那贺鲁主力的踪迹，迟迟无法开战。旷日持久的远征导致士兵筋疲力尽。第二次远征阿史那贺鲁同样无果而终。⑤

　　高宗立刻着手组织第三次远征。657年，他颁布诏书，命京畿和地方官员招募、推荐武艺出众者，组成新远征军的精锐部队。⑥唐廷派出两支军队，北路军由苏定方统帅，是攻击的主力；南路军由两位原突厥首领指挥，负责劝说反叛的突厥部落投降。唐将还设法争取到了阿史那贺鲁麾下各部中最强的阿悉结的支持，他们刚被阿史那贺鲁打败，还未对新主人心悦诚服。唐军在上一次战役中曾与阿悉结交过手，俘虏了一些部民及其首领的亲属。此时，唐军将领决定将他们全部释放，还厚礼相赠。⑦这个善意举动使阿悉结转变立场，归顺唐朝，并提议协助唐军攻打阿史那贺鲁。对西突厥发动新一轮进攻的时机成熟了。

　　阴历八月，唐北路军穿越沙漠，在博格达山北麓击溃了处月的军队。处月首领投降，带着一千多名骑兵加入唐军。⑧苏定方还成功招降了突骑施。随后，他率大军西进至额尔齐斯河，在这里遭遇阿史那贺鲁的主力。一场决定性的战役就此打响。阿史那贺鲁的骑兵数量是苏定方的两倍有余，他相信取胜犹如探囊取物，因此没有运用优势兵力从正面向唐军发起冲锋，

---

① 《册府元龟》，卷964，8页上；《资治通鉴》，卷200，6294页。
② 《旧唐书》，卷4，75页。
③ 同上书，卷4，75—76页。
④ 同上书，卷83，2777页。
⑤ 同上书，卷83，2777—2778页。
⑥ 《唐大诏令集》，卷102，473页。
⑦ 《旧唐书》，卷83，2781页。
⑧ 《册府元龟》，卷973，12页下。

而是不明智地命令骑兵分散包围唐军,还让他们首先攻击唐军步兵。唐军以长枪抵挡敌军骑兵的冲击,成功地守住了阵地。与此同时,苏定方命士兵反击,大破敌军。数万名突厥士兵或被俘,或被杀。

这一次,唐骑兵对阿史那贺鲁紧追不舍,不给他任何逃脱的机会。阿史那贺鲁的更多部属向唐军投降,他只带着几名亲属和两个部落向西逃窜。当时正值隆冬,大雪纷飞,地上的积雪厚达半米,唐军一些士兵请求停止行军。苏定方断然拒绝了他们的请求:"虏恃雪深,谓我不能前进,必当憩息,追之可及。缓以纵之,则渐远难追。省日兼功,在此举也。"唐军顶着纷飞的大雪和凛冽的寒风继续追击。同时,苏定方派出部队前往邪罗斯川(今新疆奎屯河),切断了阿史那贺鲁的退路。①

南路军也传来捷报。他们招降、改编、安置了其他西突厥部落。②南、北两军在双河会师,向位于博格达山附近的阿史那贺鲁牙帐发起了最后攻击。阿史那贺鲁没有料到唐军会突然来袭,正要率众出猎。苏定方在碎叶水将阿史那贺鲁及其大批部下团团围住,悉数击败,不过阿史那贺鲁本人带着几名侍卫侥幸逃脱。他们穿过伊犁河地区,逃往石国。饥寒交迫、筋疲力竭的阿史那贺鲁和他的随从来到石国西北的一个城市,但当地官员拒绝提供庇护,将他们抓住,移交唐军。③阿史那贺鲁被俘后向一名唐将坦言,他对自己的所作所为懊悔不已:"我本亡虏,为先帝所存,先帝遇我厚而我负之,今日之败,天所怒也。吾闻中国刑人必于市,愿刑我于昭陵之前以谢先帝。"658年阴历十一月,阿史那贺鲁被押解回长安。高宗看过他的供状后被他的真诚打动,赦免了他。但阿史那贺鲁不久后便病逝,被葬在长安颉利墓旁边。④

西突厥汗国最终灭亡了。唐廷为治理其故地,于658年重置庭州,还设置了昆陵和濛池两个都护府以加强对中亚广大地区的控制,不过后两者存在的时间不长。⑤702年,唐改庭州为北庭都护府,统管昆陵和濛池两都

---

① 《册府元龟》,卷986,5页上。
② 同上书,卷964,8页上;卷973,13页上;卷986,4页下—5页上。
③ 《旧唐书》,卷215下,6062—6063页;《册府元龟》,卷986,4页上。
④ 《资治通鉴》,卷200,6310—6311页。
⑤ 唐朝向这些地区的扩张,得到了吐火罗和萨珊波斯王朝遗族的帮助,相关讨论见马小鹤:《唐代波斯国大酋长阿罗憾墓志考》,载荣新江、李孝聪主编:《中外关系史——新史料与新问题》,北京:科学出版社,2004年,106—108页;林梅村:《洛阳出土唐代犹太侨民阿罗憾墓志跋》,《西域文明——考古、民族、语言和宗教新论》,北京:东方出版社,1995,100—105页。

护府，再加上早在七世纪四十年代就已经设立的安西都护府，现在唐廷不仅控制了天山南北，还将势力扩展到中亚。锡尔河南岸、阿姆河以南以及帕米尔地区的很多国家纷纷向唐称臣。

回纥：令人恼怒而又不可或缺的搭档

回纥活跃在今蒙古国色楞格河、鄂尔浑河、土拉河流域。[①]初唐时，大约有十个回纥部落首次组成联盟。七世纪四十年代，回纥协助唐军与薛延陀作战，当时后者已取代东突厥成为蒙古草原上对唐最大的威胁。646年薛延陀灭亡后，回纥一跃成为该地区的一支重要力量。唐廷为了更好地控制草原，建立了几个以回纥首领为首的羁縻府州，受燕然都护府（位于今内蒙古乌加河北岸）间接统辖。回纥首领吐迷度（646—648在位）被唐廷封为怀化大将军，他认为这意味着唐廷已经承认其为回纥诸部的可汗。[②]吐迷度手下的部落首领也接受了各种封号。[③]唐在回纥活跃的广大地域设置瀚海都护府。在一次唐廷为回纥各部落首领举行的酒宴上，他们异口同声地说："生荒陋地，归身圣化，天至尊赐官爵，与为百姓，依唐若父母然。请于回纥、突厥部治大涂，号'参天至尊道'，世为唐臣。"唐廷满足了他们的请求，下令开辟一条驿路，沿途置六十八个驿站，方便回纥使团赴长安朝贡。[④]

[①] 对回纥的民族构成及地域范围的讨论，见 Colin Mackerras, trans. and ed. *The Uighur Empire according to the T'ang Dynastic Histories: A Study in Sino-Uighur Relations*, 744—840 (Columbia, 1972), pp. 320—328；田村実造：《中国征服王朝の研究（上）》，京都：東洋史研究会，1964年，20—25页。对唐和回纥关系的研究，见 Colin Mackerras, "The Uighurs", in *The Cambridge History of Early Inner Asia*, edited by Sinor Denis (Cambridge, 1990), pp. 317—342; Thomas J. Barfield, *The Perilous Frontier*, pp. 150—161; Jagchid Sechin and Van Jay Symons, *Peace, War, and Trade Along the Great Wall*, pp. 156—161; Michael R. Drompp, "Late-Tang Foreign Relations: The Uyghur Crisis", in *Hawai'i Reader in Traditional Chinese Culture*, edited by Victor H. Mair et al. (Honolulu, 2005), pp. 368—370。另见羽田亨：《唐代回鹘史の研究》，《羽田博士史学論文集上卷（歴史篇）》，京都：東洋史研究会，1957年，157—324页；傅乐成：《回鹘马与朔方兵》，《汉唐史论集》，台北：联经出版事业公司，1978年，305—317页；Denis Sinor, Geng Shimin, and Y. I. Kychanov, "The Uighurs, the Kyrgyz and the Tangut (Eighth to the Thirteenth Centuries)", in *History of Civilizations of Central Asia*, vol. 4, edited by M. S. Asimov and C. E. Bosworth (Paris, 1998), pp. 191—197。
[②]《旧唐书》，卷195，5196页；《新唐书》，卷217上，6112—6113页。
[③] 有关回纥接受的唐朝头衔及自创的称号，见张广达：《有关西州回鹘的一篇敦煌汉文文献》，《西域史地丛稿初编》，上海：上海古籍出版社，1995年，226—232页。
[④]《新唐书》，卷217上，6113页。有关唐与回纥之间驿道系统的讨论，见严耕望：《唐通回鹘三道》，《大陆杂志》第1期，1985年，1—15页。

唐和回纥建立起了合作、互助的双边关系。在此后的历史发展中，双方虽时有摩擦，但回纥一直与唐保持着密切的政治关系。自747至840年的近百年间，多达十一位回纥统治者从唐廷接受了可汗的称号。回纥的亲唐立场源于其政体自身的弱点——回纥诸部及其附属部落的联盟相当松散，对任何一位回纥可汗来说，长期维持内部团结和对草原的有效统治是一项艰巨的任务。由于体制上的弱点，历代回纥统治者均积极寻求和唐建立合作共赢的关系，只不过方式截然不同。

648年，回纥统治者吐迷度遭其侄乌纥杀害。燕然都护府官员担心乌纥继任后放弃吐迷度的亲唐政策，于是用计将其诛杀。吐迷度的儿子婆闰被立为新的回纥首领，并被允许承袭其父的官职。婆闰受唐恩惠才取得首领之位，因此一直与唐亲善。他在七世纪五十年代初唐征东突厥和高句丽的战争中都曾出兵相助。[①]

661年婆闰死后，唐与回纥的关系进入动荡不安的阶段。662年，一些回纥部落骚扰唐朝边境，但唐廷以剿抚并用的策略使局势回归正常。继任的回纥统治者都清楚，与唐保持良好关系于己有利。对他们来说，要巩固自己在回纥各部落中的地位，唐的承认不可或缺。而当回纥部落联盟受外敌威胁时，唐的保护有时是至关重要的。694年，回纥试图摆脱682年复国的东突厥汗国的控制，但以失败告终，不得不背井离乡，暂居甘肃。710年后，他们再次遭到突厥的攻击。[②]

727年，唐与回纥的友好关系遭遇重大挫折。事件的始作俑者是河西节度使。他指控甘肃的回纥头领谋反，致使玄宗武断地将四名回纥首领流放到南方。回纥人大怒，起兵反叛，杀节度使，投奔东突厥。[③]对唐廷来说幸运的是，与东突厥结盟只是回纥的权宜之计。742年，东突厥因内斗而元气大伤，联盟遂告终结。回纥抓住这一时机，起而反抗突厥主人，并通过一系列的阴谋诡计和军事行动成功地消灭了其他对手。唐廷审慎地观察着回纥这颗草原上升起的新星。742年，回纥首领骨力裴罗访问长安，唐廷只授

---

① 《旧唐书》，卷195，5197页；《新唐书》，卷217上，6113页。
② 《新唐书》，卷217上，6114页。
③ 《旧唐书》，卷195上，5198页；《资治通鉴》，卷213，6779—6780页。

予他奉义王的头衔。三年后，回纥杀死了突厥最后一位可汗，将突厥故地全部纳入囊中，成为西北草原的新霸主。玄宗决定正式承认骨力裴罗的霸主地位，封他为怀仁可汗（744—747 在位）。[1]

借助回纥平定内乱

与回纥的友好关系对唐朝的防卫政策和内政产生了深远的战略影响。唐不需要再担心可能来自北方的侵扰，而且未来还将证明，回纥的军事援助对唐廷平定内乱也是必不可少的。唐和回纥的新关系的极端重要性很快就显现了出来。755 年，安史之乱爆发。[2] 长安和洛阳先后落入叛军之手，玄宗不得不在阴历七月逃往四川，不久便退位。危急关头，阴历九月刚刚即位的肃宗派敦煌王前去向回纥借兵平叛。回纥的第二位可汗磨延啜（747—759 在位）当即答应了唐廷的请求。为了与唐建立更紧密的联系以巩固自身权力，他还封可敦之妹为公主，把她嫁给敦煌王。[3] 756 年，磨延啜派长子葛罗支率四千骑兵与唐军合力收复长安。回纥骑兵继续追击，在潼关以东的鄴州大破溃退中的叛军。这个消息对不久前刚刚谋杀安禄山、在洛阳自立为帝的安庆绪犹如晴天霹雳，他弃城逃往河北。

757 年，肃宗终于重返长安。他在给磨延啜的诏书中表达了对回纥出兵协助平叛的感激之情："功济艰难，义存邦国，万里绝域，一德同心，求之古今，所未闻也。"[4] 回纥的军事援助虽然犹如雪中送炭，但唐廷也为此付出了高昂的代价。肃宗为了尽快收复长安，曾许诺城中金帛女子尽归回纥所有。如今葛罗支就在城中，要求肃宗兑现诺言。唐广平王（后来的代宗）不得不跪在葛罗支马前，乞求他约束回纥士兵："今始得西京，若遽俘掠，

---

[1]《旧唐书》，卷 195 上，5198 页；《资治通鉴》，卷 215，6856、6860 页。唐和回纥交往的编年史，见 Colin Mackerras, "Sino-Uighur Diplomatic and Trade Contacts（744—840）", Central Asiatic Journal, 13（1969）, pp. 215—240. 另见傅乐成：《突厥大事系年》，《汉唐史论集》，台北：联经出版事业公司，1978 年，227—273 页。
[2] 对此次叛乱发起者的研究，见 Howard S. Levy, Biography of An Lu-shan, Chinese Dynastic Histories Translation, no. 8（Berkeley and Los Angeles, 1960）.
[3]《旧唐书》，卷 121，3478 页；《资治通鉴》，卷 218，6998 页，卷 219，7005 页；《册府元龟》，卷 979，14 页上一下。对回纥助唐平叛动机的讨论，见 Ablet Kamalov, "Turks and Uighurs during the Rebellion of An Lu-shan Shih Ch'ao-yi（755—762）", Central Asiatic Journal, 45, no. 2（2001）, pp. 243—253.
[4]《旧唐书》，卷 195，5199—5200 页。

则东京之人皆为贼固守,不可复取矣,愿至东京乃如约"。[1]长安这才幸运地躲过了回纥士兵的烧杀抢掠。

东都洛阳没有长安那么幸运。回纥战胜叛军后,在洛阳剽掠三日,将府库一扫而空,还洗劫了市井村坊。他们得知许多妇女藏身在两座寺庙之中,便纵火焚寺。烈火持续了半月有余,死伤者数以万计。洛阳的长者答应献给回纥万余匹丝帛之后,回纥才停止抢掠。回纥士兵还袭击了都畿道的汝州(今河南汝州)和郑州(今河南郑州)。在当地盗贼的协助下,他们逐门逐户搜查、抢夺,使当地百姓一贫如洗,有些人甚至不得不以纸衣蔽体。[2]

不仅如此,肃宗还被迫答应每年向回纥输送两万匹丝绢,以求得葛罗支继续率骑兵协助唐军剿灭范阳(今北京)一带的叛军残部。[3]唐廷还被迫同意与回纥进行不公平的绢马贸易。[4]交易的条款对回纥更加有利,满足了他们对中原器物,尤其是丝绢的贪欲,不过唐廷也可以通过贸易获得大量战马,弥补了因丧失对甘肃、青海牧场的控制而产生的巨大需求。758年,唐帝同意与磨延啜和亲,而且史无前例地将自己的亲生女儿宁国公主嫁给可汗,此前的和亲公主通常都是宗室之女。[5]

回纥汗国的势力在第三任可汗移地健(759—779在位)统治时期达到巅峰。唐朝则因史思明及其子史朝义的叛乱依旧深陷内乱的泥潭。762年阴历四月,肃宗过世,代宗继位。年轻的皇太子雍王(李适,未来的德宗)

---

[1]《资治通鉴》,卷220,7034页。英译见 Colin Mackerras, trans. and ed. *The Uighur Empire according to the T'ang Dynastic Histories: A Study in Sino-Uighur Relations, 744—840*, pp. 18—20。
[2]《旧唐书》,卷195,5203页;《新唐书》,卷217上,6116页。
[3]《旧唐书》,卷195,5199—5200页。
[4]《新唐书》,卷51,1348页;卷217,6120页。还可参考 Christopher I. Beckwith, "The Impact of the Horse and Silk Trade on the Economies of T'ang China and the Uighur Empire: On the Importance of International Commerce in the Early Middle Ages", *Journal of the Economic and Social History of the Orient*, 34, no. 2 (1991), pp. 183—198; Sechin Jagchid, "The Uighur Horse Trade during the T'ang Period", in *Gedanke und Wirkung: Festschrift zum 90. Geburtstag von Nikilaus Poppe*, edited by Walter Heissig and Klaus Sagaster (Wiesbaden, 1989), pp. 174—188;马俊民、王世平:《唐代马政》,西安:西北大学出版社,1995年,157—171页; Herrlee G. Creel, "The Role of the Horse in Chinese History", in his *What Is Taoism? And Other Studies in Chinese Cultural History* (Chicago, 1970), pp. 160—186, pp. 179—181。
[5]《旧唐书》,卷195,5200—5201页;《新唐书》,卷217上,6116页;《资治通鉴》,卷220,7059页。有关唐与回纥和亲的讨论,见林恩显:《唐朝对回鹘的和亲政策研究》,《边政研究所年报》第1期,1970年,259—290页。

率使团抵达移地健牙帐,商议与他联手平叛。回纥知道自己的援助对唐廷不可或缺,因此表现得傲慢无礼。他们侮辱雍王,命他在可汗面前起舞。随行的一名唐朝大臣抗议说,雍王仍在为祖父守孝,不应舞蹈。回纥东道主怒道:"唐天子与登里可汗约为兄弟,今可汗即雍王叔,叔侄有礼数,何得不舞蹈?"唐官员反驳道:"元帅即唐太子也,太子即储君也,岂有中国储君向外国可汗前舞蹈。"双方都不愿意让步,回纥以唐使团中的四位大臣建议雍王拒绝起舞为由,拘捕、棒打了他们,其中两人第二天便因伤重而亡。①

在唐都,回纥人多次行为不轨或暴力行凶。763 年闰正月一个漆黑的夜晚,十五名回纥人冲破通往皇宫的西大门含光门,闯入鸿胪寺所在地,含光门侍卫不敢制止。② 771 年,一些回纥人未经鸿胪寺许可便前往市场购物,还掳掠了几名当地女子。市场官吏救出这些女子之后,愤怒的回纥人不单殴打了他们,还聚集起三百名骑兵冲击通往皇宫的金光门和朱雀门。唐廷不得不采取预防措施,在当天关闭了所有通向皇宫的大门。第二年,回纥人的卑劣行径在长安的集市再次上演。当长安令试图阻止时,回纥人沿街追打他,还抢走了他的坐骑。775 年阴历九月,一名回纥人在光天化日之下在东市将一名当地人刺死。东市官吏将他拘捕并关进监狱。他的部落首领得到消息后,竟然闯入监狱,砍杀数名狱卒,将他解救出来。③

对回纥不得已的姑息

唐廷对回纥的特殊待遇和丰厚奖赏并不总能使他们心满意足。他们间或用武力从唐朝勒索更多的财物。778 年他们袭击了太原,抢劫百姓,杀万人。④ 唐廷出于战略考量,不得不继续隐忍退让,因为回纥是唐朝平定内部叛乱时必不可少的帮手,一旦双方关系恶化,回纥不仅会拒派援军,还可能与吐蕃或唐北方边境上有谋反之意的节度使联手,给唐带来更大的麻烦。仆固怀恩事件就是一个例子。他来自铁勒部落,因战功显赫在 762 年被任

---

① 《旧唐书》,卷 195,5203 页。
② 《资治通鉴》,卷 222,7140—7141 页。
③ 《旧唐书》,卷 195,5207 页。
④ 同上书,卷 195,5207 页;《新唐书》,卷 217 上,6121 页。

命为朔方节度使。后来，一名宦官诬陷他谋反，唐廷处理不当，引发仆固怀恩的不满。他遂在764年反叛，引诱回纥和吐蕃袭击唐边境城镇。郭子仪不得不亲自前往回纥牙帐，劝说他们放弃军事行动，与唐军联手攻打吐蕃。回纥出师大捷，唐廷再次以大量丝帛报偿。①

唐廷的隐忍使移地健深信袭击唐地是获取财物的捷径。779年代宗死后，在回纥牙帐效力的粟特人建议移地健充分利用唐朝当前的弱势，大举攻唐。但移地健的宰相顿莫贺对此表示反对："前年入太原，获羊马数万计，可谓大捷矣。以道途艰阻，比及国，伤耗殆尽。今若举而不捷，将安归乎？"可是移地健对顿莫贺的意见置之不理。顿莫贺见大多数回纥人都不愿参加移地健新的军事行动，遂发动政变，杀移地健与其从众以及粟特人共两千人，自立为回纥汗国第四任可汗。②

780年，顿莫贺作为回纥新统治者接受了唐廷的可汗封号。但他需要唐廷更多的援助，以巩固自身的政治权威，镇压移地健的残党。他还想恢复绢马贸易，以振兴回纥汗国的经济。一位唐朝边吏在给朝廷的奏章中分析了顿莫贺脆弱的地位，他写道："回纥本种非多，所辅以强者，群胡耳。今闻其自相鱼肉，顿莫贺新立，移地健有孽子，及国相、梅录各拥兵数千人相攻，国未定。彼无财则不能使其众。"③顿莫贺深知他需要借助唐廷的支持来巩固自身地位，于是在787年遣使向唐廷请求和亲。可惜的是，这次出使的时机不佳。

刚刚在780年登基的德宗断然拒绝了回纥的请求。他还告诉大臣李泌，不要就任何有关回纥的政策进谏。他说："朕于卿言皆听之矣，至于和回纥，宜待子孙。于朕之时，则固不可。"李泌知道，德宗在做太子时曾遭回纥羞辱，一直对回纥心怀憎恨和猜疑。但他认为，自己身居高位，有义务提醒皇帝不能单凭个人好恶制定朝廷政策。李泌为了使皇帝回心转意，向

---

① 《旧唐书》，卷195，5205—5206页；《新唐书》，卷217上，6119—6120页；《资治通鉴》，卷223，7147—7150，7159—7160，7176—7177页。关于这次事件的讨论，见Charles A. Peterson, "P'u-ku Huai-en and the Tang Court: The limits of loyalty", *Monumenta Serica*, 29 (1970—1971), pp. 423—455. 另见他的"Court and Province in Mid- and late Tang", in *Sui and Tang China 589—906*, vol. 3, pt. 1 of *The Cambridge History of China*, edited by Denis C. Twitchett (Cambridge, 1979), pp. 490—491.

② 《旧唐书》，卷195，5208页；《新唐书》，卷217上，6121页；《资治通鉴》，卷226，7282页。

③ 《新唐书》，卷217上，6121页；《资治通鉴》，卷226，7288页。

德宗指出，自787年唐与吐蕃会盟失败以后，吐蕃对唐边境的军事压力就不断加大，而且已经占领了河西、陇右之地，切断了唐廷与西域残留的都护府之间的直接联系。他建议，为了遏制吐蕃并开辟经由回纥领地前往西域的通路，唐必须与回纥重修旧好。他力劝德宗放下对回纥的厌恶之情，批准与顿莫贺和亲。无论如何，顿莫贺并不是曾经羞辱过德宗的那位可汗。而且回纥还曾分别在757和762年帮助唐廷从叛军手中收复了两都。[①] 德宗最终同意与回纥和亲。他接见了回纥使者，交给他一幅咸安公主的画像，咸安公主是德宗的第八女。德宗还拿出五万匹丝绢，还清了先前在绢马交易中拖欠回纥的所有欠款，并同意将来重开互市。不过，这次新的和亲有五个前提条件：顿莫贺必须向唐称臣；称自己为德宗之"子"；今后回纥派往唐朝的使团人数不得超过两百人；交易的马匹不得超过一千；回纥必须停止在边境地区掳掠唐朝百姓和商人。[②]

回纥可汗对这一消息欣喜不已。788年，他派妹妹率领三千人赴长安，护送咸安公主前往回纥牙帐。[③] 顿莫贺为了向岳父表示忠诚和顺从，在789年请求唐廷允许他将回纥改名为回鹘，意思是其民众像鹘鸟一样强壮、雄健。[④]

回鹘汗国的衰落

789年以后，回鹘可汗频频换人，汗国开始走向衰落。第五任可汗多逻斯（789—790在位）当政仅一年就遭其弟杀害，多逻斯的儿子阿啜（790—795在位）被拥立为新可汗。在回鹘的政治风暴中，唐廷全力帮助回鹘统治者稳定局势。790年阴历四月，唐使携带着皇室的礼品、器皿和丝绢前往回鹘牙帐，将这些礼物分送给有权势的回鹘将领以安抚他们。结果，回鹘继续奉行亲唐政策，并分别于789和790年在北庭与吐蕃交战，但损失惨重。791年，回鹘成功击退了进犯灵州的吐蕃军队，使唐廷能够保持与西域各都

---

① 回鹘于814年立的石碑记录了他们在762年参与平叛的经过，见程溯洛：《唐宋回鹘史论集》，北京：人民出版社，1993年，108—110页。
② 《资治通鉴》，卷233，7501—7504页；《册府元龟》，卷979，16页下。还可参考Michael T. Dalby, "Court Politics in late T'ang Times", in *Sui and Tang China 589—906*, vol. 3, pt. 1 of *The Cambridge History of China*, edited by Denis C. Twitchett (Cambridge, 1979), pp. 608—610.
③ 《旧唐书》，卷195，5208—5209页；《资治通鉴》，卷233，7515页。
④ 《唐会要》，卷98，1746页；《册府元龟》，卷979，17页下。

护府的联系。①

795年，骨咄禄（795—805在位）接替阿啜成为可汗。他能言善辩、思维敏捷、勇敢无畏、足智多谋，曾作为大臣辅佐阿啜，策划过数次军事行动。尽管骨咄禄在其他大臣和部落首领中威信极高，但他不属于顿莫贺家族，在回鹘中缺乏牢固的权力基础。因此，他比前任更加依赖唐廷的政治支持。骨咄禄从唐使那里接受了可汗封号后，立即将顿莫贺家族所有男性成员召集起来，悉数送往唐廷，以防他们谋反。②

保义可汗（808—821在位）是回鹘的中兴之主。他同样请求与唐和亲。但唐廷由于财政困难，只得暂时回绝了他的请求。好在保义可汗对此表示理解，没有口出怨言。不仅如此，他还亲自率军从吐蕃手中收复北庭，维护了唐朝在西域的利益。

保义的继任者崇德可汗（821—825在位）再次提议和亲。穆宗同意将妹妹太和公主嫁给可汗。崇德为了避免公主在前来回鹘牙帐的途中遭遇不测，向北庭和安西各派出一万名骑兵，将吐蕃军队赶出该地区。这是回鹘在西域最后一次重大军事行动。

崇德死后，回鹘汗国因自然灾害和内部争权夺势而陷入混乱。在血腥的权力斗争中，一名回鹘将领向黠戛斯求助。840年，他作为向导，引黠戛斯十万骑兵攻打回鹘牙帐，杀死可汗，烧毁营地，将可汗的从众逐出家园。他们中的一些人向西逃到河西和龟兹，另一些人向西南逃往吐蕃，还有一部分人向南投奔唐朝。③

一些无家可归的回鹘人因走投无路袭击了唐朝边境地区，抢夺食物和钱财。841年，天德军（位于今内蒙古乌梁素海以东）节度使和监军认为这些边境事件是回鹘大举进攻的前兆，建议朝廷以武力还击。但是李德裕反对此议。他提醒武宗，回鹘曾多次出兵助唐，乘人之危是不当之举。他劝武宗命令唐军将领尽量避免与回鹘交战，并遣使安抚、赈济回鹘。李德裕

---

① Hilda Ecsedy, "Uighurs and Tibetans in Pei-t'ing (790—791 A. D.)", *Acta Orientalia Hungaricae*, 17 (1964), pp. 83—104.
②《新唐书》，卷217上，6126页；《资治通鉴》，卷235，7568页。
③《旧唐书》，卷195，5213页；《新唐书》，卷217下，6130—6311页；《资治通鉴》，卷246，7946—7947页。

的建议在朝廷中占了上风。841年,唐廷两次向回鹘提供谷物和丝绸,随后又在842年再次接济他们。①

从842年冬到843年初春,七个回鹘部落的大约三万人为了自保投奔幽州节度使。他们被安置在长城以内。另有三个回鹘部落和两名回鹘高官向振武军(治所在今内蒙古和林格尔)投降,这三个部落的首领获赐唐室李姓。847年,又有一个回鹘部落投奔幽州。其他回鹘部落则分别投靠了契丹、奚和室韦。至此,回鹘丧失了北方草原的霸主地位。②

唐朝与北方、西北游牧邻居的关系史表明,亚洲的地缘政治格局总是在不断构建和重构之中。它永远是变动的,从来都不是唐或其他某个政权按照自己的意愿塑造出来的最终产物。地缘政治格局的不稳定性决定了唐廷在处理与其他政权的关系时必然不会遵循同一种模式,它必须使用多种手段,从单一使用硬实力或软实力,到二者并用,再到运用综合实力。我们在解读这段历史时,不应将八世纪五十年代以前的唐朝视作亚洲的主宰力量,否则就会武断地把引发国际事件的多种实际因素和造成亚洲国际关系复杂现实的诸多原因单一化。

但是,我们同样不能过于低估八世纪五十年代以后唐朝在亚洲的影响力,认为唐的影响力在迅速衰退。当四邻试图削弱、挑战唐朝的权威以扩展自身利益时,唐廷总是竭尽全力、小心翼翼地维护自己的优势地位。不过,面对四邻的压力,唐廷不可能找到一劳永逸的对策。长城不能把其他民族拒于中原之外,联盟、和亲也不能确保边疆长治久安。与此同时,唐和它的邻居也意识到,竞争和冲突并不是处理对外关系的唯一手段,彼此之间有意义的关系会使双方在政治和其他方面受益。因此,唐和四邻的命运不可避免地交织在一起。

---

① 《新唐书》,卷217下,6131页;《资治通鉴》,卷246,7952—7955页。对此次事件的讨论,见 Michael R. Drompp, "The Uighur-Chinese Conflict of 840—848", in *Warfare in Inner Asian History* (*500—1800*), edited by Nicola Di Cosmo (Leiden, 2002), pp. 73—103.
② 《旧唐书》,卷195,5214—5215页。

第二章

在朝鲜半岛再造往日的辉煌
唐与高句丽、新罗、百济、渤海国

据说，大约从公元前一千年初叶开始，古代朝鲜半岛的诸部落就已经和中原政权有所接触。此后，秦消灭了包括北方燕国在内的各诸侯国，于公元前221年完成了统一。由于燕与古朝鲜接壤，大量燕国遗民便逃亡到古朝鲜。公元前109年，西汉征服了朝鲜半岛西北部，在当地设置了乐浪、临屯、真番和玄菟四郡，其管辖范围包括朝鲜半岛北部的大部分地区和辽东的一部分。此后，中原王朝和朝鲜各政权之间的接触变得更加频繁。[1]220年东汉灭亡后，中原王朝在朝鲜半岛西北部的统治受到挑战，当地豪族最终建立起了一个强大的政权——高句丽。[2]但是，中原王朝的一些皇帝始终认为朝鲜半岛西北部是尚未收复的"失地"，它天然是"王土"，必须重建在那里的统治。隋廷正是由于这种观念以及高句丽在辽东的扩张而四次大规模征讨高句丽，其中三次以失败告终，最后一次夭折。征高句丽给隋朝带来了灾难性的后果。[3]

唐朝战略思维中的朝鲜半岛事务

618年唐朝建立，朝鲜半岛各政权迎来了同中原王朝恢复正常关系的良

---

[1] 参见 Yü Ying-shih, "Han Foreign Relations", in *The Ch'in and Han Empires, 221B. C. — A. D. 220*, vol. 1 of *The Cambridge History of China*, edited by Denis C. Twitchett and Michael Loewe (Cambridge, 1986), pp. 446—451; Gari Ledyard, "Yin and Yang in the China-Manchuria-Korea Triangle", in *China among Equals*, edited by Morris Rossabi (Berkeley, 1983), pp. 313—318; Kenneth H. J. Gardiner, "Beyond the Archer and His Son: Koguryo and Han China", *Papers on Far Eastern History*, 20 (1979), pp. 57—82; Pai Hyung Il, *Constructing "Korean" Origins: A Critical Review of Archaeology, Historiography, and Racial Myth in Korean State-Formation Theories* (Cambridge, 2000), pp. 127—173; Susan N. Erickson, Yi Song-mi, and Michael Nylan, "The Archaeology of the Outlying Lands", in *China's Early Empires*, edited by Michael Nylan and Michael Loewe (Cambridge, 2010), pp. 137—145.
[2] 参见 Kenneth H. J. Gardiner, "The Kung-sun Warriors of Liao-tung (189—238)", *Papers on Far Eastern History*, 5 (1972), pp. 59—107；池内宏：《公孫氏の帶方郡設置と曹魏の樂浪帶方二郡》，《滿鮮史研究》上世第1冊，京都：祖國社，1951年，237—250页。
[3] 参见金子修一：《隋唐交代と東アジア》，载池田温编：《古代を考える唐と日本》，東京：吉川弘文館，1992年，15—41页。另见刘健明：《隋代政治与对外政策》，台北：文津出版社，1999年，259—264，274—280页；Victor Xiong, *Emperor Yang of the Sui Dynasty: His Life, Times, and Legacy* (Albany, 2006), pp. 197—200。

机。①朝鲜半岛北部的高句丽王高建武（即荣留王，618—642 在位），分别在 619 和 621 年遣使向唐高祖朝贡。新罗和百济也纷纷效仿。②高祖为了表示友好，在 624 年派道士回访高句丽，赠送老子像，道教从此在当地朝野流行开来。这位道士还为包括高句丽王在内的广大听众讲授《道德经》。③高祖在给高建武的诏书中宣称，他希望双方通力合作，将隋与高句丽的战争结束后仍滞留在高句丽境内的隋朝军民送回故土。据说高句丽遣还了一万多名隋朝遗民。④高祖在处理同高句丽的关系时非常稳健和务实。624 年，他对派往高句丽的册封使表示，自己无意让高句丽称臣，因为这样做只会提高高句丽在朝鲜半岛的地位。不过，唐朝大臣劝说高祖不要在给高句丽的诏书中公开表明自己的意图。他们提醒高祖，高句丽离唐太近，不能听任它在政治上自行其是。他们还警告说，如果唐廷不尝试收复汉四郡，唐在朝鲜半岛的地位将被削弱。⑤

和唐朝大臣一样，高句丽、新罗、百济的官员也迫切想要加深同唐朝的联系。不过他们的动机与唐朝的同僚截然不同，他们中的每一方都希望唐廷能支持自己实现统一朝鲜半岛的野心。唐廷企图从高句丽手中收回朝鲜半岛西北部，而朝鲜半岛各政权为了争夺霸权，想方设法拉拢唐朝。这样的局势必然导致唐廷越来越多地介入半岛事务。

626 年，新罗和百济的使者试图说服唐廷干预朝鲜半岛政治。他们抱怨高句丽阻断了其入唐的道路，使他们难以前来朝贡。他们还指责高句丽袭击新罗和百济的边境城镇。唐派官员调解纠纷。高句丽上书唐廷，为自己的行为道歉。⑥

---

① 关于唐与朝鲜半岛关系的概括论述，见 Lee Ki-baik, *A New History of Korea*, translated by Edward W. Wagner（Cambridge, 1984），pp. 45—48, 66—72。该书删节后被收入 Carter J. Eckert, et al., comps. *Korea Old and New: A History*（Seoul, 1990）。另见 Gari Ledyard, "Yin and Yang in the China-Manchuria-Korea Triangle", pp. 320—322；李德山：《唐朝对高丽政策的形成、嬗变及其原因》，《中国边疆史地研究》2004 年第 4 期，23—29 页。
②《旧唐书》，卷 199 上，5329 页、5334 页；《新唐书》，卷 220，6199 页。
③ 一然：《三國遺事》，東京：學習院大學東洋文化研究所藏本，1984 年，卷 3，220—221 页记载，第二年（625）另一位高句丽使节为深入学习道教和佛教造访唐廷。
④《旧唐书》，卷 199 上，5320—5321 页；《新唐书》，卷 220，6187 页；《资治通鉴》，卷 189，5922 页。
⑤《旧唐书》，卷 61，2360 页；卷 199 上，5321 页；《新唐书》，卷 220，6187 页；《唐会要》，卷 95，1705 页。
⑥《旧唐书》，卷 199 上，5321、5329 页；《新唐书》，卷 198，5647 页、卷 220，6187、6199 页；《资治通鉴》，卷 192，6030 页。

朝鲜半岛各政权，尤其是与唐近在咫尺的高句丽，始终密切关注着唐廷的意图。唐于七世纪二十年代末攻灭东突厥后，朝鲜半岛各政权的忧虑进一步加深，它们担心唐廷下一步可能会将注意力转向半岛。628年，高句丽荣留王首先匆忙遣使来到长安，祝贺唐军大捷。使者还向唐廷献上了高句丽地图，这意味着高句丽臣服于唐朝。①

讨灭高句丽的计划

唐朝新皇帝太宗对高句丽的态度远比父亲强硬。太宗出于对个人荣耀的渴求，以及一雪前朝隋朝所蒙受的历史耻辱的欲望，打算消灭只有意在朝鲜半岛建立霸权而对唐本身并不构成直接威胁的高句丽。唐朝的最终目的是控制朝鲜半岛北部。②631年，太宗以收集隋炀帝征伐高句丽时阵亡士兵的遗骸为名，派将士前往辽东城（今辽宁中部的辽阳）。唐军在收集尸骨时，拆毁了高句丽为纪念对隋战争胜利而建的"京观"（即战殁隋军士兵的骸骨堆），表明了唐帝收复朝鲜半岛北部的意图。荣留王惊恐万分，担心唐军可能来袭，命人沿从东北的扶余城（今吉林农安）到西南海岸（位于今辽宁营口）的边境线修筑长城。③双方的关系日趋紧张，唐朝的一些大臣主张立即对高句丽用兵，太宗没有采纳。④唐和高句丽的关系虽然暗潮涌动，但是表面上一切如常。640年，高句丽世子入唐进献方物，太宗对他礼遇有加。⑤

然而，与此同时，太宗不动声色地开始搜集高句丽的军事情报。他命

---

① 《旧唐书》，卷199上，5321页；《新唐书》，卷220，6187页。
② 蒲立本进而认为，唐廷对高句丽用兵的目的还在于平息山东的叛乱，若叛军与高句丽联手，唐朝的东北边疆乃至黄河平原将受到威胁，见 Edwin G. Pulleyblank, *The Background of the Rebellion of An Lu-shan* (London, 1955), p. 77.
③ 《旧唐书》，卷199上，5321页；《新唐书》，卷220，6187页。防御城墙于633年完工，将今天的怀德、昌图、开原、铁岭、沈阳、辽阳和鞍山等城市连成一线，见金富轼：《三國史記》，東京：學習院大學東洋文化研究所藏本，1984年，卷20，209页。另见韩昇：《唐平百济前后的东亚国际形势》，《唐研究》第1卷，1995年，231页。《三国史记》所记早期历史事件的时间，往往比事件的实际发生时间晚一年。高句丽史官采用中原纪年后，这个差异才消失。有关这一问题的讨论见 Jonathan W. Best, "Notes and Questions Concerning the Samguk sagi's Chronology of Paekche's Kings Chonji, Kuisin and Piyu", *Korean Studies*, 3 (1979), pp. 125—134. 贝斯特还翻译了《三国史记》中的"百济年表"（章节23—28），见 *A History of the Early Korean Kingdom of Paekche, together with an Annotated Translation of the Paekche Annals of the "Samguk sagi"* (Cambridge, 2007), pp. 205—418.
④ 《资治通鉴》，卷196，6181—6182页；卷197，6198页。
⑤ 《旧唐书》，卷199上，5321页。

兵部职方郎中陈大德负责接待高句丽世子,^①随后又在641年派其出使高句丽。陈大德此行的目的实际上是实地侦察。他每到一个高句丽城市,就给当地官员送上精美的唐丝帛,然后对他们说:"吾雅好山水,此有胜处,吾欲观之。"当地官员收下礼物后,大都欣然陪同他参观游览,全然不知他们已经让陈大德进入了在双方未来的冲突中可能具有战略意义的要地。641年阴历八月,陈大德从高句丽返回,向太宗做了详细汇报。他说:"其国闻高昌灭,大惧,馆候之勤,加于常数。"不仅如此,高句丽重臣大对庐(官职名)曾三次来使馆,高句丽王在接见使者时也在旁边布置了大批士兵。太宗回答道:"高丽本四郡地耳,吾发卒数万攻辽东,彼必倾国救之。别遣舟师出东莱(今山东莱州),自海道趋平壤,水陆合势,取之不难。"^②

这是太宗首次透露对高句丽的作战计划。他打算两面出击,以钳形攻势夹击高句丽。但他出于两点考虑,没有匆忙出兵。首先,当时的山东地区(包括今天的山东省、河北省以及河南省的一部分)尚未从隋朝的苛政中恢复元气,无力支撑一场对高句丽的战争。当年,一些人为避征戍甚至不惜自残。有的人砍掉一只手,有的人剁掉一只脚,他们称被砍掉的肢体为"福手""福足",因为作为残疾人,他们得以免除兵役。这种极端做法一直延续到唐太宗时期。^③

其次,太宗还希望等到高句丽因内乱而元气大伤之后再动武。机会终于在642年出现。当年,荣留王铲除高句丽东部的部落首领渊盖苏文的计划失败,后者为反制而发动了血腥的政变,杀死了荣留王和百余名大臣。渊盖苏文是个不得人心的首领,当初他继承父位时就曾遭到部民的反对,他不得不在众人面前鞠躬道歉,恳求他们允许自己暂代首领之职,并许诺如果玩忽职守,可以将其罢黜。众人这才勉强同意让他成为首领。但是,渊盖苏文掌权后,很快就暴露出了残酷无情、独断专行的一面。荣留王对渊盖苏文非常不满,和主要大臣商议如何除掉他。渊盖苏文听到风声后,集合部众制定了对策。不久后,他邀请高句丽诸位官员视察他的军队,并

---

① 《册府元龟》,卷621,7476页。
② 《新唐书》,卷220,6187页;《资治通鉴》,卷196,6169页。
③ 《唐会要》,卷39,708页;《资治通鉴》,卷196,6176页;《册府元龟》,卷159,1920页。

设宴款待。他们刚一到场，就悉数被杀害。随后，渊盖苏文带领属下冲进王宫，杀死荣留王，并碎尸数段，丢弃沟中。荣留王的侄子宝藏王（642—668在位）被立为傀儡君主。此后，渊盖苏文以铁腕手段树立个人权威，独揽大权。[1]

高句丽发生的一连串事件给了唐太宗动武的理由，他宣称要兴兵讨伐渊盖苏文。太宗对长孙无忌说："盖苏文弑其君而专国政，诚不可忍。以今日兵力，取之不难，但不欲劳百姓，吾欲且使契丹、靺鞨扰之，何如？"长孙料想高句丽可能已经对唐朝有所防范，告诫太宗不要轻举妄动。643年，唐廷首次对渊盖苏文事件做出反应，在遣使参加荣留王葬礼的同时，也承认了新的傀儡王。[2]但当年晚些时候，唐廷下诏威胁渊盖苏文，如果高句丽不停止骚扰新罗，唐将兴兵讨伐。渊盖苏文对唐廷的警告置之不理，声称将继续采取军事行动，直至从新罗手中收回所有失地。[3]

渊盖苏文直截了当的拒绝激怒了太宗，后者在644年宣布将亲征高句丽。太宗还以道义为名替这次干涉辩护——渊盖苏文有弑君之罪，又侵犯邻国，高句丽理应受到讨伐。唐朝皇帝御驾亲征是史无前例之事，很多大臣反对太宗的决定。但太宗认为，亲征对鼓舞士气是至关重要的，许多唐军士兵对隋征高句丽的失败仍然记忆犹新。

太宗曾询问李靖，高句丽之役当如何用兵。李靖答道，唐只需三万士兵就能取胜。太宗显然大吃一惊。他问道："兵少地遥，何术临之？"李靖给出了一个简单的答案："臣以正兵。"所谓"正兵"，就是按照传统的大规模正面进攻的方式部署兵力。与之相对的是"奇兵"，即以机动兵力从后方或侧翼攻击敌人。[4]就这样，征高句丽的军事策略在641年便确定了下来。

---

[1]《旧唐书》，卷3，54页，卷199上，5322页；《新唐书》，卷220，6187—6188页。关于渊盖苏文的流血政变，见李成市：《高句麗泉蓋蘇文の政变について》，《朝鲜史研究会论文集》31，1993年，189—202页。
[2]《资治通鉴》，卷197，6202页；《册府元龟》，卷964，11339页；《全唐文》，卷7，31页。
[3]《旧唐书》，卷199上，5322页；《新唐书》，卷220，6188—6189页；《资治通鉴》，卷197，6204、6207页。
[4]《李卫公问对》，《四库全书》本，上卷，1页上—下。这段文字的英译见 Ralph D. Sawyer, *The Seven Military Classics of Ancient China* (Boulder, 1993), p. 321. Sawyer 用 "orthodox troops" 翻译 "正兵"。有关他对 "正兵" "奇兵"（unorthodox）策略的论述，见同书427—528页。Victor H. Mai 选用 "conventional" "unconventional" 翻译上述两个策略，见 *The Art of War: Sun Zi's Military Methods*（New York, 2007), pp. 91—92。李树桐对李靖是（接下页）

唐军将对高句丽发动钳形攻势，步骑兵从北方的陆路发动正面攻势，水师在南方的高句丽都城平壤附近登陆，水陆并进，从两个方向夹击高句丽。①

以失败告终的第一次高句丽之役

644年深秋，唐着手为远征做准备。太宗为了试探敌人的反应，于阴历七月下令营州、幽州发兵攻打辽东。②阴历十一月，太宗封张亮为平壤道行军大总管，统领一支由五百艘战船和四万三千名士兵组成的远征舰队，从莱州启航，横越渤海，在辽东半岛南端登陆，兵锋直指东南方向的平壤。③

644年阴历十二月，太宗任命李勣为辽东道行军大总管，统率由六万多名步骑兵组成的远征军主力。④他们将从陆路向辽东推进，然后与张亮的水师在平壤附近会师。此外，太宗还下令新罗、百济、奚和契丹出兵增援唐朝大军。⑤

645年阴历二月，唐的大规模军事行动正式开始。当月，太宗离开东都洛阳前往辽东城，这座由重兵把守的高句丽城池是唐军的首个攻击目标。李勣在幽州集结起主力部队。然而，战役从一开始就不像太宗期待的那么顺利，他低估了高句丽军民抵抗唐军的意志，而复杂的地形和反常的天气也延缓了唐军的行动。

在唐军计划展开地面攻势的辽南地区，冬季通常从阴历八月下旬开始，一直持续到来年的阴历三月。短暂的旱季过后，从阴历六月开始，这里就

（接上页）此书的作者存疑，认为是后世学者的伪作，见《读〈李卫公问对〉书后》，《食货月刊》第16卷第3—4期，1986年，13—18页。
① 《资治通鉴》，卷196，6169—6170页。
② 同上书，卷197，6209页。
③ 同上书，同卷，6214页；《新唐书》，卷100，3941页。有关太宗远征的讨论，见Howard J. Wechsler, "T'ai-tsung (reign 626—649): The Consolidator", in *Sui and T'ang China 589—906*, vol. 3, pt. 1 of *The Cambridge History of China*, edited by Denis C. Twitchett (Cambridge, 1979), pp. 231—235. 另见 Robert M. Somers, "Time, Space, and Structure in the Consolidation of the T'ang Dynasty (A. D. 617—700)", *The Journal of Asian Studies*, 45, no. 5 (1986), pp. 981—982; David A. Graff, *Medieval Chinese Warfare, 300—900* (New York, 2002), pp. 195—198; 孙光圻：《中国古代航海史》，北京：海洋出版社，1989年初版，2005年重印，209—214页。
④ 李世勣在七世纪五十年代改名为李勣。
⑤ 《旧唐书》，卷3，56页；《新唐书》，卷220，6190页。

进入雨季。① 当地的气候条件决定了在该地展开的任何军事行动若想取得成功,就必须在冬季结束后立即开始,在雨季开始前结束。否则,冬天的严寒和夏天的暴雨将使行军变得非常困难,统军将领无法迅速调度和部署军队。②

唐军在到达辽东城之前,必须先向东北行进,穿过辽河平原。但是辽河平原被辽河及其众多支流一分为二,这些河流的走向基本都是自北向南。对唐军来说不幸的是,当年春天辽河泛滥成灾,唐军的行军受到了严重的阻碍。③ 唐军士兵不仅要渡河,还要穿过河流之间东西绵延一百多公里、被称为"辽泽"的沼泽地。这里曾是隋军的"死亡之地",很多隋军官兵殒命于这个几乎无法通过的地方,尸骨暴露在野外。太宗命士兵在搭设便桥之前先将这些骸骨掩埋。④

唐军行军的最大阻碍是高句丽利用"山城"组织的顽强抵抗。高句丽人在筑城时会采用一种独特的双城模式,即在平原筑城的同时,通常也会在附近的山上修建一座山城。人们在和平时期住在平原的城中,战争爆发时就退居山城自卫。山城的布局与平原的城池截然不同,既没有通常的居住区,也没有官府衙门,只有适合军队驻扎的砌有火炕的半地下石头建筑。此外,山城还有贮藏生活必需品的地窖和与水源相通的深坑。数座较小的山城环绕、拱卫着一座主山城,构成了一个山地军事城堡群。⑤ 平壤城就是

---

① Hook Brian and Denis C. Twitchett, *The Cambridge Encyclopedia of China*. 2nd edition (Cambridge, 1991) p. 23 写道:"(辽宁省)六成以上的降水集中在六、七、八三个月。"
② 陈寅恪:《外族盛衰之连环性及外患与内政之关系》,《唐代政治史论稿》,上海:上海古籍出版社,1982年,140页。
③ 《册府元龟》,卷985,11570页。
④ 《旧唐书》,卷199下,5323页;《资治通鉴》,卷197,6220页。北宋朝廷于1125年派往女真讲和的使者许亢宗也曾行经这一地区。当时记载许氏行程的资料对辽河平原有更为详细的描述:南北纵贯五百多公里,东西延伸一百公里;这个地区大部分是被茂密沼泽植物覆盖的低洼湿地,夏秋季节蚊虻肆虐;为应付蚊虫叮咬,旅行者不得不多穿衣服,并用布盖住马匹和牲畜的腹背;停下来休息时,他们还需要烧蒿草驱赶蚊虫,"地狱之苦无加于此"。见钟邦直:《宣和乙巳奉使金国行程录》,《靖康稗史七种》本,上海:上海书店,1994年,5页上;王成棣:《青宫译语》,《靖康稗史七种》本,上海:上海书店,1994年,2页下。对钟著的文本研究,见辛德勇:《〈宣和乙巳奉使金国行程录〉的一个被人忽略的抄本》,《古代交通与地理文献研究》,北京:中华书局,1996年,342—344页。关于营州和安东之间道路的讨论,见王绵厚、李健才:《东北古代交通》,沈阳:沈阳出版社,1990年,138—152页。另见赤羽目匡由:《いわゆる賈耽「道里記」の「営州入安東道」について》,《史學雜誌》第116卷第8号,2007年,39—59页。
⑤ 参考王绵厚:《高句丽古城研究》,北京:文物出版社,2002年,27—43页;田中俊明:《高句麗の山城》,载森浩一编:《高句麗の歴史と遺跡》,東京:中央公論社,1995年,331—404页;松波宏隆:《高句麗山城城壁の女墻後接方孔(柱洞)の構造と機能》,载徐光輝编:《東北アジア古代文化論叢》,北九州:中国書店,2008年,237—269页。

一个典型的例子。它修筑在大同江北岸的大城山上，于 427 年成为高句丽的都城。平壤城占地 2.7 平方公里，四周筑有 7218 米长的城墙。城内现已发掘出水塘、水井、地窖等遗址。唐代史料对平壤城有详细的描述："城内唯积仓储器备，寇贼至日，方入固守。王则别为宅于其侧，不常居之。"[①]

高句丽自六世纪七十年代开始扩张时，就着手修筑山城。高句丽的山城散布于今中国东北的辽宁省、吉林省和朝鲜民主主义人民共和国境内，其中很多在隋唐时仍在使用。[②] 山城不仅可以保护高句丽士兵，还可以被用作发动快速攻击的跳板。它们是高句丽持久战策略的基石，早在公元二世纪时就曾被用来抵御中原王朝的进攻。[③] 持久战的目的是使敌军的粮草消耗殆尽，将他们的军事行动拖延到冬天，到时零度以下的寒冷气温会让对手的战斗力大打折扣，因为敌军士兵大都来自长城以内气候较为温和的地方。然后，高句丽军队便会破坏敌人的补给线。持久战的最终目的是迫使敌军将领在不可克服的困难面前放弃作战。

645 年阴历四月，唐军抵达辽东城。太宗与李勣会师并亲自督战。士兵们搬运土袋填平城外的壕沟，皇帝也身体力行，亲自将一个土袋放到马背上。诸将受皇帝身先士卒的精神激励，纷纷效仿。壕沟很快被填平。紧接着，唐军开始用抛车攻城。抛车"以大木为床"，能将巨石抛向五百米外的目标。李勣命数架抛车一字排开。高句丽守军慌忙张开大网拦截石块，但徒劳无功。待飞石摧毁女墙后，唐军再推出撞车。撞车的底座立有支架，支架上悬挂着一根巨木。士兵推动巨木撞向目标，以巨大的撞击力毁坏目标。

唐军连续围攻辽东城十一天，但还是无法消灭高句丽守军。与高句丽结盟的百济，为守城士兵提供了漆成金、黑两色的盔甲。太宗也派出全副披挂的精兵前来增援。双方士兵聚在一起，人数众多，他们的盔甲闪耀的光芒如日光一般炫目。正当李勣绞尽脑汁思考更有效的攻城战术时，疾风骤

[①] 令狐德棻等编修：《周书》，卷 49，884 页。
[②] 参见徐秉琨：《鲜卑·三国·古坟——中国朝鲜日本古代的文化交流》，沈阳：辽宁古籍出版社，1996 年，85—86 页；東潮：《高句麗考古學研究》，東京：吉川弘文館，1997 年，578—583 页。关于山城的位置和分布，见《高句麗考古學研究》插图 117。另见王禹浪、王文轶：《辽东半岛地区的高句丽山城》，哈尔滨：哈尔滨出版社，2008 年，21—31 页。
[③] 金富轼：《三國史記》，卷 16，2 页下—3 页上。172 年，高句丽在商议击退汉朝军队的策略时，一位大臣指出："今汉人千里转粮，不能持久。若我深沟高垒，清野以待，彼必不过旬月，饥困而归。我以劲卒薄之，可以得志。"

然而起,从南面吹向辽东城。李勣立即下令火攻。唐军士兵从冲杆顶端一举登上城西南角的塔楼,将其点燃。烈火很快就吞没了塔楼。强风将燃烧着的塔楼碎片吹向城中,许多房屋起火,万余人葬身火海。辽东城终于在第十二天陷落。太宗大喜过望,下令用烽火台向太子报捷。①然而,太宗高兴得太早。当时已是阴历五月中旬,雨季将至,他速灭高句丽的计划将因此受挫。

李勣又攻克了辽东城东北的两座城池,然后挥师西南,兵临安市城(今辽宁海城营城子)下。唐军在那里遭遇了顽强抵抗。高延寿和高惠贞率领高句丽、靺鞨联军十五万人赶来救援。太宗希望阻止他们与守军会师;如若不然,安市城将成为一座坚不可摧的堡垒。太宗对手下的文武官员说:"今为延寿策有三:引兵直前,连安市城为垒,据高山之险,食城中之粟,纵靺鞨掠吾牛马,攻之不可猝下,欲归则泥潦为阻,坐困吾军,上策也;拔城中之众,与之宵遁,中策也;不度智能,来与吾战,下策也。卿曹观之,彼必出下策,成擒在吾目中矣。"②

高句丽阵中一位精通历史的老臣和太宗一样,也十分清楚高延寿应该采取何种策略。他建议说:"为吾计者,莫若顿兵不战,旷日持久,分遣奇兵断其运道;粮食既尽,求战不得,欲归无路,乃可胜也。"可惜的是,高延寿对此不加理会。他率军挺进安市城,在城外二十公里处安营扎寨。太宗为引诱敌军与唐军决战,派一千骑兵前去骚扰。高延寿以靺鞨精兵为先锋与唐军交战。战斗刚一打响,唐军骑兵就佯装不敌。高延寿见状道:"(唐)易与耳。"他误以为胜利唾手可得,于是一路追赶唐军骑兵,直至距安市城东南仅四公里处才停下脚步,依山势布阵。③

高延寿此举是严重的失误。他的部队没有安市城防御工事的掩护,直接暴露在唐军主力面前。但他对迫在眉睫的危机浑然不觉。太宗为诱使敌人放松警惕,又派使者谎称:"我以尔国强臣弑其主,故来问罪;至于交

---

① 《旧唐书》,卷199上,5323页;《新唐书》,卷220,6190—6191页;《资治通鉴》,卷197,6220—6221页。
② 《旧唐书》,卷199上,5324页;《新唐书》,卷220,6191—6192页;《资治通鉴》,卷198,6222—6223页。
③ 《旧唐书》,卷199上,5324页;《新唐书》,卷220,6192页;《资治通鉴》,卷198,6224—6225页。

战，非吾本心。入尔境，刍粟不给，故取尔数城，俟尔国修臣礼，则所失必复矣。"①与此同时，太宗连夜召集文武官员，商讨破敌之策，最后决定夹击高延寿。他命令李勣率步骑兵一万五千人在西面的山岭布阵，长孙无忌率一万一千名精兵潜入北面的山谷，从后方偷袭敌军。太宗本人则率四千步骑秘密行至高延寿营寨北面的山头，以鼓、角、旌旗指挥作战。太宗坚信自己的策略会取得成功。他命人张起受降幕，并对手下说："明日午时，纳降虏于此矣。"②

次日清晨，李勣的部队在嘹亮的号角声中展开阵型，将敌军注意力吸引到西面。高延寿的兵力远胜唐军，他自恃兵力占优，向唐军发起冲锋。此时，太宗正在山顶观察战情。他看到北方山谷中尘埃四起，知道长孙无忌的奇兵已经就位，于是命令士兵击鼓鸣角，在山顶竖起旗帜，示意各路唐军发起总攻。长孙无忌的部队突然出现，高延寿及其部将猝不及防。惊慌失措的高延寿连忙分兵抵抗来自两个方向的夹击。仓促变阵乃兵家大忌，高句丽军队阵脚大乱，士兵不知所措。他们短暂抵抗后便开始四散奔逃。唐军穷追不舍，杀死了两万多名高句丽士兵。高延寿带着残兵逃回营寨。太宗下令包围营寨，毁掉附近的桥梁，使高延寿无路可退。③

第二天，高延寿率领麾下三万多名士兵投降。高延寿和高惠贞踏进太宗大帐之后，向唐将下跪，乞求他们代为向太宗求情。太宗接受了高延寿和高惠贞的请降，训斥他们说："东夷少年，跳梁海曲，至于摧坚决胜，故当不及老人，自今复敢与天子战乎？"④

然而，高延寿和高惠贞的投降并没有导致高句丽溃败，安市城仍旧岿然不动。实际上，太宗和手下文武大臣在是否应倾全力攻下该城的问题上产生了分歧。太宗在攻打安市城之前曾告诉李勣："吾闻安市城险而兵精，其城主材勇，莫离支之乱，城守不服，莫离支击之不能下，因而与之。建安兵弱而

---

① 《资治通鉴》，卷198，6225页。
② 《旧唐书》，卷199上，5324页；《新唐书》，卷220，6192页；《资治通鉴》，卷198，6225页。
③ 《旧唐书》，卷199上，5328页；《新唐书》，卷220，6192页；《资治通鉴》，卷198，6225—6226页。
④ 《新唐书》，卷220，6192页；《资治通鉴》，卷198，6226页；《旧唐书》，卷199上，5325页记载，投降的高句丽士兵总数超过十五万。但司马光认为，李勣为夸大个人功绩，虚报了投降人数。

粮少，若出其不意，攻之必克。公可先攻建安，建安下，则安市在吾腹中，此兵法所谓'城有所不攻'者也。"但李勣以后勤保障为由表示反对："建安在南，安市在北，吾军粮皆在辽东；今逾安市而攻建安，若贼断吾运道，将若之何？不如先攻安市。"①随驾出征的江夏王李道宗对此有自己的看法，他为这次战役提出了最为得当的战略：唐军不应攻击建安城或安市城，而应该绕过不重要的高句丽城市，直取平壤。他向太宗请战道："高丽倾国以拒王师，平壤之守必弱，愿假臣精卒五千，覆其本根，则数十万之众可不战而降。"但太宗拒绝了他的请求，转而对李勣说："以公为将，安得不用公策？"②

唐军自阴历六月下旬开始围城，经过整个雨季，一直持续到阴历九月中旬的初冬。安市守军以兵器和粗言秽语加以反击。他们一看到唐皇室的旗帜和华盖，便登城高声谩骂。太宗在盛怒之下批准了李勣的请求，安市城陷落后，将城内男子悉数活埋。这个消息非但没有软化守城士兵的意志，反而坚定了他们战至最后一兵一卒的决心。面对唐军接二连三的猛攻，安市城依然固若金汤。太宗的辽东之役陷入僵局。

高延寿和高惠贞这两个已经接受了唐廷封号的高句丽降将向太宗陈情："安市人顾惜其家，人自为战，未易猝拔。"他们提出的建议与李道宗大同小异，即唐军应放弃攻打安市城，直接进军平壤，攻克沿途小城，一举夺下首都。太宗及群臣纷纷表示赞同，唯有长孙无忌反对，他争辩说："天子亲征，异于诸将，不可乘危徼幸。"他担心如果唐军直接向平壤城进发，可能遭建安城和安市城守军背后袭击，因此"不如先破安市，取建安，然后长驱而进，此万全之策也"。太宗接受了长孙无忌的建议，改变了主意，因而错过了扭转战局的最后机会。③

安市城的战斗空前惨烈。李道宗命士兵在城东南角筑土山，以便从那里观察城内高句丽军队的动向。高句丽守军则迅速加高城墙作为反制之策。与此同时，李勣指挥士兵从西南方用撞车和抛车攻城。一有女墙被毁，高句丽士兵便立即在该处立起木栅栏。双方每日交战五六个回合。唐军日夜

---

① 《资治通鉴》，卷 198，6228 页。
② 同上书，卷 198，6225 页。
③ 《旧唐书》，卷 199 上，5325 页；《新唐书》，卷 220，6193 页；《资治通鉴》，卷 198，6228—6229 页。

不停地加高土山，终于在两个月后完工。土山距城门外的瓮城仅数米之遥，可俯瞰城内。李道宗在山顶部署士兵备敌。不料，土山因山顶士兵的活动突然倾倒，这些士兵乱作一团，安市城的瓮城也被土山压出一个缺口。数百名高句丽士兵趁机从侧门一涌而出，控制了小山。他们在山顶挖好沟堑，把它变成前哨阵地。太宗大怒，下令处死李道宗的一名下属，命令诸将立即夺回土山。新一轮战斗整整持续了三天，但唐军未能如愿。[1]

此时天气越来越冷。初冬时节，草枯水冻，唐军的物资、粮草供给出现问题，太宗不得不决定是否撤军，否则所有人都可能死于饥寒。[2]

张亮指挥的唐军舰队也未取得太大的成果。他们从莱州启航渡过渤海后，夺取了辽南的卑沙城，然后挥师建安城，在城外安营扎寨。张亮曾多次上书太宗，反对用兵辽东，现在对执行太宗的计划并不热心。他未等士兵布置好兵营守备，便急着派他们出去寻找木柴，放牧战马。敌人突然来袭，唐军陷入恐慌，张亮吓得目瞪口呆，呆坐在床上，一言不发。可笑的是，他的部下竟然以为主帅是临危不惧。唐军士兵在张亮副将的指挥下才将敌人击退。[3]

唐两路夹击高句丽战略中的海路、陆路军事行动均以失败告终，太宗决定撤军。[4]他在接见一名特地从长安赶来献策的官员时，内心的沮丧溢于言表。他对这名官员说："安市不降，平壤尚远，我虑三军寒冻，已命班师。"[5]唐军在撤兵前先将高句丽三城的七万名百姓迁往中原，其中大部分将被贩卖为奴。太宗又命唐军在安市城前列队通过，最后一次展示军威。安市城大门紧闭，士兵躲在高墙之后。城主随后出现在城墙上，察看唐军是否真有意解围撤军。他向太宗鞠躬道别，太宗则称赞他守城时坚韧、顽强，并留下一百匹丝绢嘉奖他对高句丽王的忠心。[6]随后，唐军撤退。这时已是阴历十月下旬，唐军士兵在穿越辽泽时遭到暴风雪袭

---

[1]《旧唐书》，卷60，2356页，卷199上，5325—5326页；《新唐书》，卷220，6193页；《资治通鉴》，卷198，6229页；《册府元龟》，卷134，1618页。
[2]《旧唐书》，卷3，57—58页，卷199上，5323—5326页；《新唐书》，卷220，6189—6194页。
[3]《旧唐书》，卷69，2515—2516页。
[4] 同上书，卷199上，5322—5326页；《新唐书》，卷220，6190—6194页。
[5]《册府元龟》，卷97，1154页；卷662，7922页。
[6]《旧唐书》，卷199上，5326页；《新唐书》，卷220，6193—6194页；《资治通鉴》，卷198，6230页。

击，很多人死于饥寒。共有数千名士兵和八成战马死于归途，其余人侥幸回到营州。太宗为损兵折将懊悔不已，他叹息道："魏征若在，不使我有是行也。"①

太宗最终在 646 年阴历三月回到京师。他在和李靖谈话时问道："吾以天下之众困于小夷，何也？"李靖答道，只有李道宗能回答这个问题。他显然为"正兵"之略的失败感到惭愧。李道宗在答复太宗时再次提到自己曾经提议直接攻打平壤城。太宗尴尬地回答说："当时匆匆，吾不忆也。"②

夭折的第二次高句丽之役

高句丽不敢公开庆祝在辽东挫败唐军。646 年战事一结束，高句丽使者就来到唐廷，为双方的冲突赔礼道歉。但失败后的挫折感和征服高句丽的决心，使太宗对其近邻采取了强硬立场。高句丽使者献上两名美女作为礼物，以示和解，但太宗严词拒绝道："归谓尔主，美色者，人之所重。尔之所献，信为美丽。悯其离父母兄弟于本国，留其身而忘其亲，爱其色而伤其心，我不取也。"③唐廷还指责高句丽来信言辞失敬，而且还曾怠慢唐使。最令太宗恼怒的是，高句丽公然违抗旨意，拒绝停止骚扰新罗，高句丽和新罗边境上战事不断。太宗赐给渊盖苏文一张弓和一副盔甲，以示不悦。渊盖苏文当然明白太宗想要传达的信息——唐会再次对他用兵。渊盖苏文不敢拒收太宗的礼物，但是决定不承认收到过它们。这一举动想必让太宗更加恼火，他不准高句丽朝贡，很快便开始准备第二次出兵征讨高句丽。④

太宗下令征召更多士兵，在南方建造多艘大船，并把山东半岛北面的小岛乌湖岛变成兵站，储备了大量物资和武器装备。这一次，唐廷官员似乎就最佳军事策略达成了共识，他们决定以骚扰战削弱高句丽，最终控制鸭绿江以北地区。他们认为，高句丽的山城确实易守难攻，但太宗上次亲

---

① 《旧唐书》，卷199上，5326页；《新唐书》，卷220，6194页；《资治通鉴》，卷198，6230、6241页。
② 《资治通鉴》，卷198，6234—6235页。
③ 《旧唐书》，卷199上，5326页；《新唐书》，卷220，6194页。
④ 《旧唐书》，卷199上，5326页；《新唐书》，卷220，6194页；《资治通鉴》，卷198，6241页。

征时，高句丽的耕地因战事而荒废，唐军在夺取城镇后又缴获了大批存粮，再加上此后的大旱，高句丽出现大面积饥荒。因此，"今若数遣偏师，更迭扰其疆场，使彼疲于奔命，释耒入堡，数年之间，千里萧条，则人心自离，鸭绿之北，可不战而取矣"。① 647年阴历五月，身经百战的唐将李勣率军重新从陆路对辽东发起试探性攻击。两个月后，两名唐将从海上进攻辽东半岛南部。② 唐廷原本计划在次年大举出兵，但太宗在649年去世，唐朝的第二次高句丽之役随之夭折。③

新罗拉拢唐朝的外交策略

统治者的个人抱负并不是唐对高句丽用兵的唯一原因，这些军事行动在很大程度上是由新罗和百济促成的。两国都渴望借助唐朝强大的军事机器摧毁对手，从而实现各自统一朝鲜半岛的野心。④ 新罗为了实现这一策略，在名义上承认唐朝的宗主国地位，从而与唐结成了政治、军事联盟，并说服唐对新罗的宿敌动武。与此同时，新罗引入唐朝制度，吸纳中原文化，以图自强。十一世纪末十二世纪初的高丽史家金富轼进一步阐释了该策略："（新罗）以至诚事中国，梯航朝聘之使，相续不绝。常遣子弟，造朝而宿卫，入学而讲习，于以袭圣贤之风化，革鸿荒之俗，为礼仪之邦。又凭王师之威灵，平白［百］济、高句丽，取其地郡县之，可谓盛矣。"⑤

新罗拉拢唐朝策略的第一步是正式向唐廷抱怨高句丽和百济的领土扩张，强调高句丽正在酝酿或已成为事实的扩张，阻断了新罗通往中原的道

---

① 《资治通鉴》，卷198，6245页。
② 《新唐书》，卷220，6194页；《资治通鉴》，卷198，6247—6248页。
③ 《唐大诏令集》，卷11，61页。
④ Jonathan W. Best, "Diplomatic and Cultural Contacts between Paekche and China", *Harvard Journal of Asiatic Studies*, 42, no. 2 (1982), pp. 443—501. 对新罗史的研究，见滨田耕策：《新羅国史の研究——東アジア史の視点から》，東京：吉川弘文館，2002年。对唐代以前新罗外交的讨论，见木村誠：《古代朝鮮の国家と社会》，東京：吉川弘文館，2004年，308—333页。对唐代史料中有关百济的讨论，见张荣芳：《唐代史书对百济的记载与认识》，《唐史论丛》第8辑，2006年，151—167页。
⑤ 金富轼：《三國史記》，卷7，112页。从621到897年，新罗为请求军事援助、进献贡物、祝贺新年、呈递致谢国书等目的，共派遣126名使者赴唐。同时，有34名唐使访问新罗。关于新罗遣唐使人数的讨论，见滨田耕策：《新羅の遣唐使：上代末期と中代の派遣回数》，《史淵》第145輯，2008年，127—153页。关于新罗送交唐廷人质和贡物的论述，见严基珠：《唐における新羅の「宿衛」と「賓貢」》，《專修人文論集》第77号，329—349页。

路，将会或可能已经导致长安收不到新罗的贡物。①请唐廷仲裁邻国间的领土争端是非常精明的外交手段，因为这满足了唐以宗主国自居的虚荣心。如果唐廷能够正面回应新罗的求助，一场地域性冲突就会"国际化"，唐朝将插手朝鲜半岛事务。实际上，有时仅仅是新罗的上书和唐廷可能的介入，便足以震慑高句丽和百济，使它们不敢贸然采取敌对行动。②但是，唐廷考虑到自身在朝鲜半岛的目标，通常选择保持中立，以调停者而非仲裁者的身份说服各方恢复边境原状。③

新罗虽然极力拉拢唐朝，但同时又对唐廷在朝鲜半岛的企图忧心忡忡，唯恐自己受唐控制，甚至被唐吞并，而这种担心是有根据的。643年，新罗使者通知唐廷，高句丽和百济计划在当年阴历九月联手攻击新罗，新罗社稷难保，危在旦夕。太宗同情地说道："我实哀尔为二国所侵，所以频遣使人和尔三国。高丽、百济旋踵翻悔，意在吞灭，而分尔土宇，尔国设何奇谋以免颠越？"使者回答说："臣王事穷计尽，唯告急大国，冀以全之。"太宗告诉使者，他认为解决问题有四条可行之计。第一条计策是唐派出一支小部队，带领契丹和靺鞨士兵骚扰辽东，把高句丽的注意力从新罗引开，在一年之内缓解对新罗的军事压力。但太宗警告说："此后知无继兵，还肆侵侮，然四国俱扰，于尔未安。"第二条计策是将唐军数千副朱红色战袍及红色军旗赐给新罗，与来犯之敌交战时，新罗可以让自己的士兵穿上唐军战袍。太宗对使者说："彼见者以为我兵，必皆奔走。"太宗的第三条计策是派一支部队从海上攻打百济。这三条计策确实都会助新罗一臂之力，但太宗显然无意立即采用其中任何一条。他的第四条计策暴露了其真实意图。太宗说："尔国以妇人为主，为邻国轻侮，失主延寇，靡岁休宁。我遣一宗枝，以为尔国主，而自不可独往，当遣兵营护。待尔国安，任尔自守，……

---

① 《旧唐书》，卷199上，5321页；《资治通鉴》，卷197，6204页；金富轼：《三國史記》，卷28，207页。一个典型事例见于642年，当时新罗向唐报告说，高句丽和百济联军攻打党项城。该城位于朝鲜半岛西岸，是新罗的军事要塞，也是新罗使节启航赴唐前的最后一站。新罗使节前往唐朝的另一启航地点是唐恩浦（今韩国京畿道南阳州市）。见金富轼：《三國史記》，卷34，311页。
② 金富轼：《三國史記》，卷27，205页。
③ 朱子奢便是一例。他在626年被派去调解新罗、百济和高句丽之间的冲突。另一个类似的例子是643年的相里玄奖。见《旧唐书》，卷199上，5321、5330、5335页；《资治通鉴》，卷197，6204页。

尔宜思之，将从何事？"使者显然对太宗的最后一条建议感到震惊，唯唯诺诺，不能作答。太宗讥讽他说："非乞师告急之才也。"①

新罗僧侣也普遍担心唐廷可能控制新罗，慈藏就是其中一位。638年，他携十余名弟子入唐学习佛法。在唐期间，他对唐朝典章制度的兴趣不亚于佛法。643年返回新罗后，他推动新罗效仿唐朝移风易俗，呼吁国王让新罗官员改穿唐朝式样的官服。②但是，慈藏虽热衷唐文化，却不赞成在政治上唯唐廷马首是瞻。实际上，他非常怀疑唐朝对朝鲜半岛的意图。他曾向人讲起自己在中原与一位神人相遇的传奇经历，这个故事明显反映了他对唐朝的疑虑。他说，神人得知新罗所处的困境后，建议他立即回国效力。当他问起帮助新罗的具体方法时，神人答道："皇龙寺护法龙是吾长子，受梵王之命来护是寺，［汝］归本国成九层塔于寺中，邻国降伏，九韩来贡，王祚永安矣。"特别需要指出的是，慈藏用"九韩"喻指新罗的九大敌人，而唐是其中之一。645年，慈藏归国后不过两年，新罗便在黄龙寺内建成九层塔，希望它能够保佑新罗免受邻国之祸。塔有九层，象征着九个曾对朝鲜半岛动武的国家和政权，中华位居第二层，仅次于新罗最大的敌人日本。③

不过，新罗官员将自己的疑虑深埋心中，在与唐廷的正式交往中，给对方造成了新罗在政治上完全顺从唐廷的错觉。对于新罗和新罗的一些官员来说，唐的援助是必不可少的。新罗只有在唐朝的帮助下才能在对朝鲜半岛的争夺中占据上风，而新罗的一些官员也需要借助唐廷之力为自己的家族报仇雪恨。金春秋便是一例。金春秋是新罗国相，他在642年痛失女儿和女婿。当年百济攻陷新罗西境的大耶城（今韩国庆尚南道陕川郡），他

---

① 《新唐书》，卷220，6188页；《册府元龟》，卷991，11639页；金富轼：《三國史記》，卷5，43—44页。
② 道宣：《续高僧传》，《大正新脩大藏經》第50册，東京：大正一切经刊行会，1924年；上海：上海书店，1989年重印，卷24，639页。
③ 一然：《三國遺事》，卷1，38页；卷3，236—237页。根据上述记载，新罗所谓的"九韩"指日本、中华、吴越、托罗、鹰游、靺鞨、丹国、女狄和秽貊。对上述史料的英文释义，见Ha Tae-hung and Grafton K. Mintz, trans. *Samguk yusa* (Seoul, 1972), p. 38, pp. 207—208. "韩"的含义在古代日本史料中也有迹可循。该字的日语发音为 *kara*，被用来泛指外国。见澤瀉久孝等編：《時代別國語大辞典（上代編）》，東京：三省堂，1967年，"韓"。对这些史料的讨论，见森公章：《古代日本の对外認識と通交》，東京：吉川弘文館，1998年，247—248页；梁正錫：《新羅·皇龍寺九重木塔の造成に関する比較史的検討》，載《東北学院大学論集：歴史と文化》第40号，2006年，213—232页。

的女儿和担任城主的女婿双双被害。消息传来，金春秋深受打击。他倚柱而立，终日不动，呆视远方，即使有人在面前经过也无动于衷。他发誓说："嗟乎！大丈夫岂不能吞百济乎！"[1]正是像金春秋这样意志坚决的人，最终促使新罗朝廷适时地接受了唐廷的要求，出兵协助唐廷攻打高句丽。[2] 645年，新罗派出五万士兵攻占了高句丽南部的水口城。[3]

新罗同意合作后，太宗重新评估了其在唐与高句丽的战争中的战略重要性。他改变了对新罗的立场，不再主张派一位唐宗室亲王前往新罗。新罗因此对本国的安全更加放心，于是采取行动进一步改善与唐廷的关系。648年，新罗贡使抵达唐都，为金春秋来访做准备。太宗当时并不相信新罗已经在政治上完全臣服于唐。他派一名宦官询问来使，新罗国王既然已经宣称自己是唐朝外臣，为何仍然保有自己的年号。使者辩解说："曾是天朝未颁正朔，是故先祖法兴王（514—540在位）以来，私有纪年，若天朝有命，小国又何敢焉？"[4]太宗很满意这个解释，决定以高规格接待金春秋。同年腊月，唐光禄卿在长安郊外驿站迎接金春秋及其子，为他们举行了隆重的欢迎仪式。

金春秋不仅是新罗朝廷中的实权人物，也是一名老练的外交官。647年出访日本时，日本官员称赞他"美姿颜，善谈笑"。[5]如今他要竭尽全力以三寸不烂之舌赢得太宗对新罗的支持。金春秋很清楚，取悦太宗最好的方法是在口头上重申新罗已经臣服于唐，并强调百济蚕食新罗之地对唐的危害。他跪倒在地，用谦卑、顺从的语气对太宗说："臣之本国，僻在海隅，伏事天朝，积有岁年，而百济强猾，屡肆侵凌，况往年大举深入，攻陷数十城，以塞朝宗之路。若陛下不借天兵，翦除凶恶，则敝邑人民，尽为所虏，则梯航述职，无复望矣。"太宗被金春秋的诚恳打动，许诺再度对朝鲜半岛用兵。[6]

太宗总结了644年第一次远征失利的经验教训，为647年的第二次远

---

[1] 金富轼：《三國史記》，卷5，43页。
[2] 罗国威：《日藏弘仁本文馆词林校证》，北京：中华书局，2001年，252页。
[3] 《新唐书》，卷220，6203页；金富轼：《三國史記》，卷46，394页。
[4] 金富轼：《三國史記》，卷5，45页。
[5] 参见舍人亲王等编修：《日本書紀》，《新訂增補国史大系》，東京：吉川弘文館，1964—1966年，卷25，242页；W. G. Aston, trans. *Nihongi: Chronicles of Japan from the Earliest Time to A. D. 697* (Tokyo, 1972), 2, p.230.
[6] 金富轼：《三國史記》，卷5，46页。

征制定了新策略。该策略增加了一个新的关键环节——唐军将首先消灭百济,然后以此为前进基地与辽东的唐军一起对高句丽发动钳形攻势。这个新策略需要新罗发挥更大的作用。[1] 为了鼓励对朝鲜半岛有领土野心的新罗更加积极地配合唐军行动,唐廷不仅答应帮助新罗收复被高句丽和百济侵占的故地,还许下了更多的承诺。太宗以唐军即将攻占的百济领土为诱饵对金春秋说:"朕今伐高丽,非有他故,怜新罗,摄乎两国,每被侵陵,靡有宁岁。山川土地,非我所贪,玉帛子女,是我所有。我平定两国,平壤以南百济土地,并乞新罗,永为安逸。"[2] 然而,这只是太宗故意开出的空头支票,实际上无意兑现。他要的不仅是财物和俘虏,还有土地。唐军在645年的行动已经证明了这一点,日后在朝鲜半岛的军事行动将再次印证这一点。

金春秋此行虽然没有得到唐廷对新罗领土扩张的坚定支持,但在其他方面无疑都很成功。金春秋不仅获赐大量黄金和精美绢帛,还接触到了唐朝的先进文化。他参观国子监,观摩祭祀先圣先师的释奠礼,聆听学者讲授儒学。太宗还赐给他两篇亲笔撰写的文章,以及一部刚刚在648年编纂完成的《晋书》,太宗曾为其中的《宣帝纪》《武帝纪》《陆机传》《王羲之传》写下过四篇史论。这是皇帝的特殊恩典,只有金春秋和唐太子得到了这部史书的抄本。[3] 此外,金春秋还被授予荣衔"特进",其子被封为左武卫将军。为了进一步巩固双边关系,金春秋提出新罗将效仿唐制改换朝服。

---

[1] 金春秋早在642年便明确表示,自己的目标是"吞百济",见金富轼:《三國史記》,卷5,43页。

[2] 同上书,卷7,62页。这段引文出自671年新罗王写给负责太宗第二次征高句丽之役的唐将薛仁贵的一封信,信中提到了太宗在645年许下的承诺。朝韩学者认为,这些未兑现的承诺是七世纪七十年代唐和新罗公开交恶的主要原因。黄约瑟对此信的真实性持审慎肯定的态度,见黄约瑟:《薛仁贵》,西安:西北大学出版社,1995年,142—143页。但其他中国学者认为此信纯属捏造,见拜根兴:《七世纪中叶唐与新罗关系研究》,北京:中国社会科学出版社,2004年,6—7页;《新罗真德王代的对唐外交》,《大陆杂志》第102卷2期,2001年,8页;韩昇:《唐平百济前后的东亚国际形势》,《唐研究》第1卷,1995年,237—238页。他们断定,太宗不会做出同意新罗控制百济的承诺,因为唐与百济在648年仍保持着良好关系。笔者认为,他们对此信的否定未免失之草率。他们可能低估了太宗这位经验丰富的政治家和军事家。他们的断言暗示,太宗没有从第一次在朝鲜半岛的失败中汲取任何教训,对第二次征讨也没有合理、切实的构想,而且也没有意识到百济或新罗的领土野心。但笔者认为更有可能的是,太宗已经构想了一套对朝鲜半岛的新策略,高宗受此启发,进一步完善并成功地将这个策略运用到自己在朝鲜半岛的战争中。

[3] 《旧唐书》,卷3,62页,卷199上,5335—5336页;《新唐书》,卷220,6203页;《唐会要》,卷63,1091—1092页。其他史料认为《晋书》完成于646年。对此问题的讨论,见Denis C. Twitchett, *The Writing of Official History under the T'ang*, pp. 21—22,尤其是注释67。

太宗欣然应允，赐给金春秋及其随从唐朝官服作为样品。更重要的是，金春秋说服太宗接纳其子为保护皇帝的卫士。[1]这些卫士被称为"宿卫"，可以随时接近皇帝。这样，金春秋之子就可以方便地搜集有关唐廷对新罗及其对手的政策的情报。

金春秋回国后，新罗便开始全面引入唐朝的典章制度，既是为了增强自身实力，也是为了确保得到唐廷的支持。649年，新罗朝廷下旨改换朝服和朝冠。第二年，又下诏规定五品（大阿飡）及五品以上官员上朝时必须手执牙笏。同年，新罗开始使用高宗的年号"永徽"作为本国统治者真德女王的年号。[2]新罗在处理政务时采用唐朝年号，意味着它愿意进入唐的政治轨道。[3]这些努力得到了回报，唐朝的新皇帝高宗站到了新罗一边。百济和唐的关系开始恶化。

变百济为唐军的前进基地

导致唐与百济关系恶化的罪魁祸首是后者。百济比新罗更靠近亚洲大陆，因此在历史上与中原王朝的文化、政治联系一直比新罗更加紧密。[4]唐高祖统治时，唐与百济的关系十分融洽。621年，百济遣使向高祖进献马匹。624年，高祖为回应百济的善意，封百济君主为上柱国、带方郡王、百济王。[5]两年后，百济王又派使者携带一副铠甲及其他物品向高祖进贡。百济使者试图挑拨唐与高句丽的关系，向高祖抱怨说，高句丽切断了百济的朝贡之路。这很可能是不实之词，因为百济使者通常经海路入唐。[6]高祖此时正忙于进一步巩固内部统治，无暇插手朝鲜半岛事务。他知道，朝鲜半岛激烈的权力竞争已经使高句丽、新罗、百济势如水火，仅凭和平手段不足以解决半岛问题。[7]

---

[1] 金富轼：《三國史記》，卷5，45—46页。对金氏著作中相关段落的日文译注，见井上秀雄訳注：《三国史記》，東京：平凡社，1980年，卷1，146—148、169页。
[2] 金富轼：《三國史記》，卷5，46—47页。
[3] 公羊高：《春秋公羊传》，《十三经注疏》本，卷1，2196页进一步阐释说，采用相同历法意味着"大一统"。
[4] 徐秉琨：《鲜卑·三国·古坟——中国朝鲜日本古代的文化交流》，96—104页。
[5] 《旧唐书》，卷199上，5329页；《新唐书》，卷220，6199页；《唐会要》，卷95，1710页。
[6] 《旧唐书》，卷2，32页；《新唐书》，卷220，6199页。
[7] 新罗和百济的关系就是一例。一名新罗使者曾向高祖坦言，早些时候当高句丽和百济发生冲突时，新罗曾与高句丽联手攻击百济，导致新罗和百济反目成仇。此后，百济王被新罗抓住并杀害，双方的关系再也不可能修复了。见《旧唐书》，卷199上，5335页。

太宗即位后，比父亲更多地介入百济和新罗事务。他开始告诫百济停止骚扰新罗，但并未明显偏袒某一方。百济以两面手法加以应对。一名百济使者递交了谢罪国书，但百济军队仍然继续攻打新罗。这一伎俩似乎行之有效，百济和唐继续保持着友好关系。当百济的下一位使者携带着一副盔甲和一只雕花战斧前来朝贡时，唐廷对他礼遇有加，还赏赐给百济三千匹绢帛。① 641 年，百济国王去世，唐使出席了葬礼，并册封其子义慈为百济王。②

然而，百济在太宗第一次征讨高句丽期间的所作所为，破坏了它与唐朝的关系。百济对唐廷的出兵要求置之不理。这一失算的后果十分严重。太宗为使百济牵制高句丽，在调解百济与新罗之间的领土纠纷时一直保持中立。就在不久前的 645 年，太宗还对百济王说，他曾经怀疑百济与高句丽互相勾结，但"览王今表及问康信，王与高丽不为阿党。既能如此，良副所望"。百济使者说，百济王决心助唐攻打高句丽。太宗对此深感欣慰，告诉来使百济士兵将受张亮节制。太宗还批准了百济的请求，允许百济僧人自由出入唐境。他甚至还让百济出人、船将唐赴新罗的使团安全送达目的地。③

但是唐与高句丽的战争爆发后，百济未派出一兵一卒前来增援。相反，百济趁新罗出兵攻打高句丽南境，后防空虚的机会，夺取了新罗西部七座城池。百济王显然认为此时唐廷正忙于进攻高句丽，无法阻止他的入侵。不久之后，他又连克新罗十城。④ 唐军在辽东受挫，百济大受鼓舞，对自己入侵新罗的军事行动更具信心。尤有甚者，百济在 645 年之后的五年间，没有派任何一名使者入唐朝贡。⑤ 太宗意识到，百济先前的承诺一文不值，它的真实意图是从唐与高句丽的战争中坐收渔翁之利，扩张领土。太宗得出结论，他不能再把百济当成盟友。⑥

650 年高宗登基后，高句丽、新罗、百济立即遣使前往长安祝贺。新

---

① 《旧唐书》，卷 199 上，5329 页；《新唐书》，卷 220，6199 页。
② 《资治通鉴》，卷 196，6168 页。
③ 罗国威：《日藏弘仁本文馆词林校证》，250—251 页。
④ 《新唐书》，卷 220，6199 页；金富轼：《三國史記》，卷 5，44 页。
⑤ 《唐会要》，卷 95，1710 页。
⑥ 拜根兴：《新罗真德王代的对唐外交》，4 页。

罗使者献给高宗一份特殊的礼物——《太平颂》。这是一首赞颂中华盛世的五言诗,由新罗女王亲手绣在锦缎上。新罗使者借此机会告诉高宗,新罗军队最近击退了百济的进犯,杀敌九千余人,缴获战马一万匹。①高宗在接见这些来自朝鲜半岛的使者时,敦促他们抛下私怨,共同效忠唐朝。次年,高宗在给百济王的诏书中提出了一个解决方案,包括三点内容:第一,百济归还此前侵占的所有新罗边境城镇;第二,新罗释放百济战俘以示和解;第三,高句丽不得在百济与新罗的冲突中偏袒任何一方。这封诏书还清楚地表明,高宗同意了新罗的请求,如果百济拒不听从高宗的命令,新罗将以武力收复失地。他在诏书中写道:"朕以其言既顺,不可不许。……高丽若不承命,即令契丹诸蕃渡辽泽入抄掠。"②

虽然唐和新罗对百济的企图全然不同,但双方在七世纪六十年代都想削弱并最终消灭百济。这一共同利益让双方建立了非同寻常的密切联系,新罗人金仁问在唐廷的地位迅速提高便是明证。金仁问是金春秋次子,651年入唐任高宗宿卫,获封左领军卫将军,时年二十三岁。两年后,高宗筹划在朝鲜半岛展开军事行动时向金仁问咨询当地道路状况。金仁问一一说出每条道路的详情以及它们是否易于通行,还告诉高宗当唐军进入和撤出朝鲜半岛时可以利用哪些道路。皇帝对此非常满意。③654年阴历五月,高宗带着包括金仁问在内的众多高官出行万年宫(在今陕西麟游,在当时的都城长安西北约一百五十公里处),这座宫殿刚刚修缮一新并被重新命名。高宗为此题写了《万年宫铭》,还赐给三品以上官员一项特别的恩典——将他们的姓名、官衔与碑文一起刻在石碑上。金仁问是唯一获此殊荣的外国人。④

在此之前的650年,高句丽、新罗、百济均不愿接受高宗提出的和解方案。虽然新罗将是这个方案最大的受益者,但它并不打算在收复失地后

---

① 金富轼:《三國史記》,卷5,46页。另见李德超:《从新罗真德王〈太平颂〉与崔致远诗文看唐代与新罗之关系》,载朱雷主编:《唐代的历史与社会——中国唐史学会第六届年会暨国际唐史学术研讨会论文选集》,武汉:武汉大学出版社,1997年,175—178页。
②《旧唐书》,卷199上,5330—5331页;《新唐书》,卷220,6199页;《全唐文》,卷15,72页;《资治通鉴》,卷199,6277页。
③ 金富轼:《三國史記》,卷44,379页。关于金仁问,见拜根兴:《金仁问研究中的几个问题》,《海交史研究》2003年第2期,74—75页。
④ 王昶:《金石萃编》,1805年本,卷50,11页下;毛凤枝:《关中金石文字存逸考》,《清代稿本百种汇刊》本,台北:文海出版社,卷10,938—939页。

停止军事行动,而百济和高句丽也拒绝解散联盟。因此,即使高宗在诏书中威胁动用武力,也不能完全如意。百济对唐廷的强硬态度有所忌惮,在651到653年间停止了军事行动,但越来越不自安。从652到660年的九年间,百济不再遣使入唐,而是派使节到日本求援。① 朝鲜半岛的冲突现在已然国际化,一场重大军事冲突正在酝酿当中,唐、高句丽、新罗、百济和日本最终将全部卷入这场战争。②

655年,新罗再次遣使入唐。使者声称,百济、高句丽和靺鞨联手进犯新罗北境,攻陷了三十几座城池。这次,高宗派唐军,而不是契丹部众,渡过辽河攻打高句丽。高句丽的新城(今辽宁抚顺北部)守将低估了这支部队的作战能力。他没有按传统战术固守城池,反而令士兵与唐军正面交锋。唐军斩杀一千名高句丽士兵,摧毁外城,烧毁几个村庄后胜利而归。③ 不过,这次行动并没有改变朝鲜半岛各势力的力量对比。660年,百济、高句丽再次联手行动。百济军攻陷了新罗西南战略要塞大耶城,逼迫新罗军队退往洛东江东岸。紧接着,百济又吞并了双方争议边界附近四十多个据点。此时新罗的北部边境和西部边境同时受到巨大的军事压力,形势严峻。新罗王匆忙遣使入唐,寻求援助。高宗决定介入。

唐朝再次插手前景难料的半岛事务,实际上冒着很大的风险。但与七世纪四十年代末第一次征高句丽相比,此时唐朝的战略地位更加优越。唐与新罗结盟后,在半岛取得了立足点,可以一一击破半岛之敌。唐的首要目标是制服百济,这样高句丽便会陷入腹背受敌的不利境地。然后,唐和

---

① 早在631年,百济就已经送王子到日本充当人质。他在日本朝廷一直居留到650年。见舍人亲王等编修:《日本書紀》,卷23,180—181页,卷25,248页;古畑徹:《七世紀末から八世紀初にかけての新羅・唐関係——新羅外交史の一試論》,《朝鮮学報》第107号,1983年,1—73页。从七世纪初开始,新罗也定期向日本遣使求助,见濱田耕策:《新羅人の渡日動向: 七世紀の事例》,《史淵》第138号,2001年,80—91页;石井正敏:《東アジア世界と古代の日本》,東京:山川出版社,2003年,20—26页。另见鈴木英夫:《七世紀中葉における新羅の対倭外交》,《国学院雑誌》第81号,1980年,9—25页。
② 有关中国和日本在朝鲜利益冲突的讨论,见森公章:《朝鮮半島をめぐる唐と倭: 白村江会戦前夜》,载池田温编:《唐と日本(古代を考える)》,東京:吉川弘文館,1992年,42—69页;宋浣範:《七世紀の倭国と百済——百済王子豊璋の動向を中心に》,《日本歷史》第686号,2005年,7—12页。
③《新唐书》,卷220,6194、6200页;《资治通鉴》,卷199,6287—6288页。这支唐特遣队由李德武、韩仁楷率领,见周绍良:《唐代墓志汇编》上册,上海:上海古籍出版社,1992年,661页。

新罗就可以从南北两个方向发动全面攻势，彻底摧毁高句丽。① 为了避免百济的盟友日本提前得到唐即将进攻百济的消息，唐廷在659年扣留了日本遣唐使一行，把他们囚禁在长安。高宗下诏禁止他们归国，但并未明确解释原因。敕旨写道："国家来年必有海东之政，汝等倭客不得东归。"②

660年，唐出动十二万余名士兵和一千九百艘战船渡过黄海进攻百济。此时百济军队已在东津半岛北端结成马蹄形防守阵型。唐军为避免与百济正面交锋，绕到东津半岛东岸（今韩国全罗北道扶安郡附近）登陆。唐军士兵攻占了一座小山，在那里列阵，然后从后方攻击敌人，控制了附近地区。③ 与此同时，新罗援军越过百济东部具有战略意义的天然屏障炭岘，④ 向西挺进至大田（在今韩国忠清南道）。百济首都泗沘在唐军和南面的新罗军队的夹击下，不久即告陷落。百济王逃往北方，但最终决定和王世子一起向唐将投降。金春秋之子金法敏当时也在唐营，他让投降的百济王世子扶余隆跪在自己的马前，唾其面，辱骂道："向者汝父枉杀我妹，埋之狱中，使我二十年间，痛心疾首，今日汝命在吾手中！"扶余隆匍匐在地，以示顺从、谢罪，不敢口吐一言。⑤ 百济就这样灭亡了。唐廷在百济故地设立了五个都督府，下辖三十七个州，由百济地方首领在唐将的监督下管理。⑥

----

① 对隋、唐两朝征讨高句丽策略的比较研究，见于赓哲：《隋、唐两代伐高句丽比较研究》，载王小甫编：《盛唐时代与东北亚政局》，上海：上海辞书出版社，2003年，54—78页。
② 舍人亲王等编修：《日本書紀》，卷26，271页。另见 W. G. Aston, trans. *Nihongi: Chronicles of Japan from the Earliest Time to A. D. 697*, 2, pp. 262—263。
③ 《旧唐书》，卷83，2778页；一然：《三國遺事》，卷1，92—93页。学界对唐军在朝鲜半岛的具体登陆地点仍有争议。传统上被广泛接受的观点认为是锦江南岸。对这个问题各种见解的梳理，见全榮來：《百済滅亡と古代日本》，东京：雄山閣，2004年，15—18页。全荣来论证唐军在东津江东岸登陆。笔者认为他的结论是基于大量实地考察得出的，因此更为可信。
④ 百济一名高级官员在七世纪四十年代曾指出："若异国兵来，陆路不使过炭岘。"不过百济王并未理会这个建议。见一然：《三國遺事》，卷1，90—91页。英译见 Ha Tae-hung and Grafton K. Mintz, trans. *Samguk yusa*, pp. 82—83。
⑤ 金富轼：《三国史记》，卷5，49页。
⑥ 《旧唐书》，卷199上，5331页，卷220，6200页；《新唐书》，卷43下，1128页；《资治通鉴》，卷200，6321页。这些都督府和州的名称，见刘统：《唐代羁縻府州研究》，西安：西北大学出版社，1998年，171—174页。对高宗征讨高句丽的阐述，见 Denis C. Twitchett, and Howard J. Wechsler, "Kao-tsung（reign 649—683）and the Empress Wu: The Inheritor and the Usurper", in *Sui and T'ang China 589—906*, vol. 3, pt. 1 of *The Cambridge History of China*, edited by Denis C. Twitchett（Cambridge, 1979）, pp. 282—285；池内宏：《高句麗討滅の役に於ける唐軍の行動》，《满鲜史研究》第2卷，1979年，267—318页；Lee Ki-baik, *A New History of Korea*, pp. 66—67；拜根兴：《〈大唐平百济国碑铭〉关联问题考释》，《唐史论丛》第8辑，2006年，141—146页；Jonathan W. Best, *A History of the Early Korean Kingdom of Paekche, together with an Annotated Translation of the Paekche Annals of the "Samguk sagi"*, pp. 198—202。

白江口海战

在高宗对朝鲜半岛的整体战略中,控制百济至关重要。远征半岛的唐将刘仁轨对此曾有过说明:"主上欲吞灭高丽,先诛百济,留兵镇守,制其心腹。"[1]但事实证明,统治百济比征服它困难得多。百济遗臣对唐驻军心怀二意。百济王室成员鬼室福信在僧人道琛的帮助下,据周留城(今韩国忠清南道舒川郡韩山面)反叛。日本朝廷应他们的请求,将充当人质的百济王子扶余丰送回朝鲜半岛。[2]叛军迎扶余丰为王,声势越来越大。此时,唐军主帅苏定方已挥师北上,准备攻打高句丽首都平壤城,他留下副将负责巩固刚设置不久的都督府的统治。百济遗民决定充分利用这一时机。他们在661年成功夺回了一些据点,将唐军围困在熊津城(今韩国忠清南道公州市)。惨烈的攻城战随即打响,唐守军在新罗的协助下守住了城池,但伤亡惨重。[3]作为回应,唐军包围了周留城,并在城附近的白江(亦称白村江)下游部署了一百七十艘战船。[4]

扶余丰为了解围,同时向日本和高句丽求援。663年阴历八月,日本将军庐原君臣率领四百余艘日本战舰前来。同月二十八日,日本水师与唐朝水师遭遇,双方势均力敌,未分胜负。唐水师采取防守战术,保持阵型不乱。次日,日军将领和扶余丰没有充分评估形势,便匆匆制订了进攻计划。他们对彼此说:"我等争先,彼应自退。"不过,他们选错了进攻时间。日本舰队驶入白江口时恰逢退潮,日本水手难以在浅水中操纵船只。不仅如此,由于江口越来越窄,舰队的退路被切断,士兵陷入恐慌。唐军战舰趁

---

[1]《旧唐书》,卷84,2791页。
[2] 关于这位百济王子的论述,见胡口靖夫:《百濟豐璋王について——所謂「人質」生活を中心に》,《國學院雜誌》第80号,1979年,36—50页;Jonathan W. Best, *A History of the Early Korean Kingdom of Paekche, together with an Annotated Translation of the Paekche Annals of the "Samguk sagi"*, pp. 192—195。
[3]《旧唐书》,卷199上,5331—5332页;《资治通鉴》,卷200,6322—6324页。
[4] 学者对白江(中文史料作白江,日文史料作白村江)的位置意见不一,有的认为是在锦江下游,还有的认为在东津江下游,见王小甫:《白江口之战相关史地考论》,《盛唐时代与东北亚政局》,上海:上海辞书出版社,2003年,343—347页;全榮來:《百濟滅亡と古代日本》,90—94页;井上秀雄:《古代朝鮮》,東京:講談社,2004年,202页;福宿孝夫:《伎伐浦及び白村江の位置比定:百済滅亡に関する古戦場》,《宮崎大学教育学部紀要 人文科学》第80号,1996年,1—38页。有关唐、新罗及日本之间关系发展的论述,见韩昇:《白江之战前唐朝与新罗、日本关系的演变》,《中国史研究》2005年第1期,43—66页;森公章:《朝鮮半島をめぐる唐と倭:白村江会戦前夜》,42—69页。

势逼近，包围了日军船只，从两个方向发动攻势，将敌舰逼到一处，动弹不得。日本水师的命运很快揭晓。唐军决定发动火攻——在木船时代，火攻是最有效、最具杀伤力的战术之一——日本船只悉数被烧毁。[①]

唐军士兵在第一轮攻击中，利用风向，让载着引燃了的柴草的"火船"顺流而下，冲向敌船。接着，他们用"火箭"发起第二轮攻势，包括三个步骤：首先，唐军士兵先在劈开的葫芦里装上油，做成"油瓢"，把它们绑在箭头上，射向目标，让油泼洒在目标之上；随后，他们射出"火箭"，将油点燃；最后，他们用箭把更多的"油瓢"射向目标，确保其被完全烧毁。[②]唐军还用浸过油的芦苇和柴草制成"燕子炬"，将其点燃后射向敌船。[③]火攻使白江口成为日本舰队的炼狱。江面浓烟蔽日，江水被染成血色。日军士兵纷纷跳船逃生，但不是溺毙就是被杀。日水师将领朴市田来津誓言奋战至死。他高声咒骂唐军，杀死了数十名唐军士兵，最后自己也被杀。日军被全歼，所有战船均化为灰烬。[④]然后，唐与新罗联军径直扑向周留城。周留城的陷落严重打击了百济叛军的士气，反唐势力自此一蹶不振。唐军巩固了对百济的控制，开始集中精力消灭高句丽。[⑤]

高句丽的最终覆灭

661 年正月，高宗下令从中原的六十七个州征兵，并命诸部落首领派兵

[①] 舍人親王等編修：《日本書紀》，卷 27，286 页。英译见 W. G. Aston, trans. *Nihongi: Chronicles of Japan from the Earliest Time to A. D. 697*, 2, pp. 279—280. 对此次战役的研究，见瀧川政次郎：《日唐戰爭》，《皇學館論叢》4—3，1971 年，1—52 页；村尾次郎：《白村江の戰》，《軍事史学》第 7 卷第 1 号，1971 年，2—23 页；小林惠子：《白村江の戰いと壬申の乱——唐初期の朝鮮三国と日本》，東京：現代思潮社，1987 年，103—113 页。
[②]《通典》，卷 160，846 页；李筌：《太白阴经》，《四库全书》本，卷 4，9 页下。李氏对"火箭"的描述稍有不同。他的说法是，先将油点燃，再用能射出三百步远的弓把箭射向目标。
[③]《通典》，卷 160，846 页还提到了"火杏"。这是一种使用鸟雀对敌人发动火攻的武器。先把杏核掏空，填以干艾作为火绒，再绑在雀爪上，点燃之后，向目标放出鸟雀。不过，"火杏"似乎主要用于攻击陆上防御工事。
[④]《旧唐书》，卷 199 上，5332 页；《新唐书》，卷 220，6200—6201 页；《资治通鉴》，卷 201，6337 页；舍人親王等編修：《日本書紀》，卷 27，286 页；菅野真道等編：《續日本紀》，東京：吉川弘文館，1935 年，卷 3，28 页，卷 27，28 页；金富軾：《三國史記》，卷 7，63 页。对这次海战的讨论，见平井進：《アルタイ山と新羅・百済・倭——北アジアの視点による白村江の戰い》，《古代文化を考える》第 50 号，2006 年，94—120 页；鬼頭清明：《白村江》，東京：教育社，1981 年；熊义民：《从平百济之役看唐初海军》，载王小甫编：《盛唐时代与东北亚政局》，上海：上海辞书出版社，2003 年，89—90 页。对日船遗迹的考古学研究，见徐作生：《古百济国 400 艘倭船遗踪查勘录》，《海交史研究》2000 年第 2 期，114—119 页。
[⑤]《旧唐书》，卷 5，90 页。

前往唐军大营。高句丽之役正式拉开帷幕。唐军一共组成了三十五支远征部队,由三名行军大总管统领。高宗还令作为人质留在唐都的金仁问回国,要求新罗王出兵协助。① 高宗为了显示征服高句丽的决心,在唐都设宴款待大臣和外使时,特意命人为他们表演军舞。一百四十名士兵身披五彩甲,持槊随《大定乐》起舞。这支舞乐用大鼓、军锣演奏,乐声震天,据说远在五十公里之外的人也可听到。高宗消灭高句丽的意志十分强烈,甚至打算像父亲一样御驾亲征。武后和群臣反复谏阻,才打消了高宗的念头。②

高句丽之役的第一阶段进展顺利。661 年阴历八月,苏定方率唐军舰队驶入浿水(大同江),包围了位于西岸的平壤城。与此同时,大批唐军也从陆路攻入高句丽。阴历九月,渊盖苏文派儿子率数万精兵阻止唐军跨过鸭绿江。高句丽军一直顽强抵抗到鸭绿江结冰,随后才被从冰面渡江的唐军击溃。三万名高句丽士兵阵亡,其余人投降,渊盖苏文之子侥幸逃脱。但寒冷的天气也对唐军士兵产生了不利影响。唐军围困平壤城数月,但始终无法将其攻克。由于雪下得太大,到了 662 年阴历二月,苏定方决定撤军。③ 高宗的首次高句丽之役未能取得决定性胜利。

但是,高句丽的败局已定。讽刺的是,对高句丽的自卫能力造成致命打击的并不是唐朝的战争机器,而是高句丽内部激烈的权力斗争。666 年渊盖苏文过世后,他的几个儿子为了争夺权力而反目,高句丽官员也分裂为不同阵营。一些人支持渊盖苏文的长子男生,他继承了其父的莫离支(高句丽最高官职)之位;另一些人则支持男生的两个弟弟。男生离开首都出巡,委托两个弟弟代理朝政,两大阵营的矛盾在这段时期内加剧了。高句丽朝中流言四起。有官员告诉男生的两个弟弟:"男生恶二弟之逼,意欲除之,不如先为计。"二人对此将信将疑,没有理会他的建议。另一名官员试图挑拨男生和他的弟弟们之间的关系,他对男生说:"二弟恐兄还夺其权,欲拒兄不纳。"男生信以为真,于是派亲信秘密返回首都监视两个弟弟,但亲信被抓住了。这次,男生的两个弟弟认定之前听到的传言属实,决定采

---

① 金富轼:《三國史記》,卷 44,379 页;《资治通鉴》,卷 200,6324 页。
②《新唐书》,卷 220,6196 页;《资治通鉴》,卷 200,6323—6324 页。
③《册府元龟》,卷 373,4441 页;《新唐书》,卷 220,6196 页;《资治通鉴》,卷 200,6325—6326、6327 页。

取反制措施。他们以高句丽王的名义下诏，命男生立即返回。首都突变让男生惊恐不已，他拒绝听命。男生的弟弟男建以此为借口自封为莫离支，出兵讨伐男生。男生被迫逃往国内城（今吉林通沟）做最后抵抗。走投无路的男生只能派其子入唐表示臣服，以换取唐的保护。[1]

唐廷抓住这个千载难逢的机会，立即做出反应。667年阴历二月，李勣引兵攻打高句丽西北战略要地新城。在男生的协助下，唐军攻克了新城，接着又迅速占领了三十多座城池。高句丽试图在鸭绿江拦截唐军，但没有成功。高句丽的主要城市接连陷落，小城镇纷纷向唐军投降。668年阴历九月，唐军包围了平壤城。围城一个月后，男建的弟弟和九十八名大臣放弃抵抗，举白旗向李勣投降。男建坚决不降，决心死战到底。可惜一名心腹将军背叛了他。这名将军自知男建末日将近，便暗中与李勣取得联系，答应与唐军里应外合。五天后，紧闭的城门被从里面悄然打开。唐军鼓噪进城，登上城墙，将塔楼付之一炬。男建自杀未遂，和高句丽王一起被生擒。高句丽就此灭亡。[2]

战后，唐朝在高句丽建立起庞大、复杂的行政体系，将高句丽故地分为九个都督府，下辖四十二个州、一百个县，任命男生及其他高句丽降臣为都督、刺史、县令。此外，唐廷还在平壤设置安东都护府，驻军二十万，以确保能在高句丽实行有效统治。至此，高句丽和百济都被置于唐朝的直接统治之下。[3]

唐罗联盟的瓦解

然而事实证明，唐对朝鲜半岛的直接统治不过是昙花一现。669年，高句丽遗民反叛，唐以镇压和流放加以回应，七万八千多户被迁往江淮以南荒无人烟的地区，唯有贫弱者被允许留下来戍守安东都护府。[4]但唐廷镇压

---

[1]《旧唐书》，卷199上，5327页；《新唐书》，卷220，6196页；《资治通鉴》，卷201，6347—6348页。
[2]《资治通鉴》，卷201，6354—6356页。
[3]《旧唐书》，卷5，92页，卷199上，5327页；《新唐书》，卷220，6197页；《资治通鉴》，卷201，6354—6357页。还可参考日野開三郎：《唐の高句麗討滅と安東都護府》，《東洋史学論集》第8卷，東京：三一書房，1984年，21—55页。
[4]《新唐书》，卷220，6197页；《资治通鉴》，卷201，6359页。

与流放的两手策略没有使高句丽遗民屈服。从 670 到 673 年，他们每年都会掀起叛乱，最后一次持续了四年之久。不仅如此，百济被征服之后，新罗与唐的联盟便名存实亡，新罗转而支持高句丽遗民，或派兵协助他们叛乱，或为失败的叛军领袖提供庇护。①当初由于形势所迫而建立的唐罗联盟开始瓦解。

唐与新罗的矛盾源于高宗不允许新罗控制百济和平壤以南地区，而当初高宗之父太宗为了换取新罗出兵助唐征服百济和高句丽，曾把这些地区许诺给新罗。660 年，苏定方将俘虏的百济王扶余隆、一万多名百济百姓，连同"伪将五十八人等送于京师"，高宗在受俘时的表现显然说明他无意兑现其父当初许下的诺言。高宗在训斥扶余隆之后饶恕了他。尽管扶余隆是个声名狼藉的酒色之徒，而且还是亡国之君，但对高宗来说却是个有用的傀儡，唐朝可以用他来稳定刚刚被征服的百济。在这之后，唐廷一边准备彻底消灭在周留城负隅顽抗的百济遗民，一边致力于对百济和新罗做出政治安排。唐廷任命扶余隆为熊津都护府都督，交给他两项任务：首先，他要返回朝鲜半岛，辅佐留守百济的唐军统帅刘仁轨，监督唐军及给养运输等相关事宜；其次，他要与新罗议和，安抚百济遗民。后一个任务更为重要。②高宗起用扶余隆，表明他不打算把新征服的百济领土交给新罗，而是倾向于让双方和解。一年后的 661 年，唐廷设立鸡林大都督府，以金法敏（后来的新罗文武王，661—681 在位）为都督。③这种安排使金法敏和扶余隆在唐朝体制中平起平坐，为唐廷促成两者的联盟铺平了道路。更为重要的是，唐打算通过这项安排间接控制新罗，将整个朝鲜半岛置于自己的统治之下。

新罗希望由自己统一朝鲜半岛，因此对唐廷的安排颇为不满。不过老练的金法敏决定用两面手法应对唐廷。661 年，他接受了鸡林大都督府都督一职，但很快就组织了一系列军事行动与唐争夺对朝鲜半岛的控制权。同年，金法敏为了重申新罗的政治独立，故意违反唐朝的政治禁忌，以"太

---

① 《资治通鉴》，卷 201，6363 页，卷 202，6367、6370—6371 页；《新唐书》，卷 220，6196—6198 页。
② 《旧唐书》，卷 199 上，5333 页。对扶余隆的研究，见黄清连：《从〈扶余隆墓志〉看唐代中韩关系》，《大陆杂志》第 85 卷第 6 期，1992 年，9—27 页。
③ 《新唐书》，卷 220，6204 页。

宗"作为武烈王金春秋的庙号,与唐太宗李世民相同。① 不过,他没有直接回绝唐廷让其与宿敌百济结盟的要求,而是以时机尚不成熟为由请求推迟结盟的时间。② 唐廷对新罗的拖延和搪塞渐失耐心。664 年,唐对新罗发出严厉警告,敦促它尽快行动。③ 665 年阴历八月,金法敏和扶余隆终于在熊津会面。在隆重的结盟仪式中,二人杀白马以祭天神、山神、河神,然后以马血涂口发誓道:"故立前百济太子司稼正卿扶余隆为熊津都督,守其祭祀,保其桑梓。依倚新罗,长为与国,各除宿憾,结好和亲。恭承诏命,永为藩服。仍遣使人右威卫将军鲁城县公刘仁愿亲临劝谕,具宣成旨,约之以婚姻,申之以盟誓。刑牲歃血,共敦终始;分灾恤患,恩若弟兄。"④ 唐廷终于促成了新罗与百济的联盟,距其第一次提出该建议已经过了五年。但是,金法敏根本无意遵守誓言,因为它其实是刘仁愿起草的,金法敏不过是被迫接受。此外,朝鲜半岛各势力的实力变化,也很快使唐无力强迫新罗履行誓言。

唐与统一新罗

唐朝对朝鲜半岛的政治控制从一开始就不稳定,因为它只能依靠分散在各地的唐朝驻军来确保当地的治安,而唐军的兵力显然不足以担此重任。唐廷为了维持在朝鲜半岛的军事存在,必须保障海陆两条补给线通畅,这既困难,代价又高。七世纪六十年代末,朝鲜半岛的形势开始对新罗有利。当时唐廷迫于西方吐蕃的压力,不得不把注意力从东北转向西北,将朝鲜半岛的一些将领和士兵调派到西北边疆。⑤

---

① 一然:《三國遺事》,卷 1,89 页。此段的英译见 Ha Tae-hung and Grafton K. Mintz, trans. *Samguk yusa*, p. 82。
② 一些在朝鲜半岛的唐将也持此见。例如,杜爽以百济局势不稳为由反对百济和新罗结盟。见金富轼:《三國史記》,卷 7,63 页。关于杜爽,见《旧唐书》,卷 84,2791 页。
③《旧唐书》,卷 199 上,5366 页;《新唐书》,卷 220,6204 页;《唐会要》,卷 95,1711 页。对唐与新罗关系变化的讨论,见 John C. Jamieson, "The *Samguk sagi* and the Unification Wars", Ph. D. dissertation, University of California, Berkeley, 1969;古畑徹:《七世紀末から八世紀初にかけての新羅・唐関係——新羅外交史の一試論》,《朝鮮学報》第 107 号,1983 年,1—73 页。
④《旧唐书》,卷 199 上,5333 页;一然:《三國遺事》,卷 1,97—98 页。这段记载的英译见 Ha Tae-hung and Grafton K. Mintz, trans. *Samguk yusa*, pp. 87—89。
⑤ 薛仁贵和李谨行是从朝鲜战场抽调到西线对抗吐蕃的两位唐将,见《旧唐书》,卷 199 下,5359 页;《新唐书》,卷 110,4123 页;《资治通鉴》,卷 201,6364 页。对李谨行的研究,见马驰:《李谨行家世和生平事迹考》,载朱雷主编:《唐代的历史与社会——中国唐史学会第六届年会暨国际唐史学术研讨会论文选集》,武汉:武汉大学出版社,1997 年,30—44 页。

唐廷战略重心转移的影响，很快就在朝鲜半岛显现出来。七世纪六十年代末，高句丽故地叛乱蜂起。①新罗也和高句丽遗民取得联系，双方同意联手对抗唐朝驻军。驻朝鲜半岛的唐军将领认为新罗的行为是背信弃义，薛仁贵为此写信谴责金法敏，并在信中感叹道："呜呼！昔为忠臣，今乃逆臣。"金法敏在回信中提醒薛仁贵，太宗曾许诺将百济和高句丽的土地赐给新罗，暗指错在唐朝。②他的无礼激怒了高宗。高宗削去金法敏的所有官爵，扶持金仁问为新罗王，并于674年下令讨伐新罗。战争于675年爆发，唐军在七重城（今韩国京畿道积城）初战告捷。③新罗在军事上的失利迫使金法敏遣朝贡使入唐谢罪。高宗为了应对吐蕃的扩张，已经下令在朝鲜半岛的唐军做战略转移，他显然不希望新罗之役旷日持久，因此饶恕了金法敏，恢复了唐廷赐给他的官职和爵位。④但金法敏反而将军事行动升级。随着在朝鲜半岛的唐军兵力不断减少，更多的城市落入新罗手中，⑤唐廷不得不在676年将安东都护府从平壤城迁到较易防守的辽东城，一年之后又将其北移至新城。⑥这标志着唐廷对朝鲜半岛直接统治的结束和新罗统一进程的开端。统一的新罗东西横跨四百五十公里，南北纵深九百公里，有自己的行政体制。⑦但新罗统一朝鲜半岛违背了唐廷的意愿，新罗和唐的关系进一步恶化。高宗死前再次提起金法敏在661年以"太宗"为金春秋庙号的往事，遣使谴责他道："朕之圣考得贤臣魏征、李淳风等，协心同德，一统天下，故为太宗皇帝。汝新罗海外小国，有太宗之号，以僭天子之名，义在不忠，速改其号。"新

---

① 对668、671、672及673年高句丽遗民起义的史料记载，见《新唐书》，卷220，6197—6198页；《资治通鉴》，卷202，6367、6370页。
② 陆心源：《唐文拾遗》，台北：大华书局，1987年，卷16，4732页，卷68，4996—4997页；金富轼：《三國史記》，卷7，60—62页。
③《新唐书》，卷220，6204页；《资治通鉴》，卷202，6372、6375页；金富轼：《三國史記》，卷7，67页。
④《旧唐书》，卷5，100页；《新唐书》，卷220，6204页；《资治通鉴》，卷202，6375页；《册府元龟》，卷970，17页上；《唐会要》，卷95，1711页。
⑤ 金富轼：《三國史記》，卷7，67页。这段记载的英译见Lee Peter H., and Wm. Theodore de Bary, *Sources of Korean Tradition* (New York, 1997) vol. 1, p. 59. 根据史料，新罗军队驱逐了驻扎在买肖城（今韩国京畿道杨州）的唐军主力二十多万人，并虏获了三万多匹战马。这些数字都可能被夸大了。唐军并不是被击退的，而是主动撤退，这符合唐廷新的战略优先考量。对这个问题的讨论，见拜根兴：《七世纪中叶唐与新罗关系研究》，101—102页；《"唐罗战争"关联问题的再探索》，《唐研究》第16卷，2010年，107—111页。
⑥《旧唐书》，卷5，102页；卷199上，5328页；《资治通鉴》，卷202，6378、6383页。
⑦《唐会要》，卷95，1711—1712页。

罗奉上国书，小心翼翼地为此事辩解道："新罗虽小国，得圣臣金庾信，一统三国，故封为太宗。"① 但新罗对唐廷"速改其号"的要求完全置之不理。

七世纪八十年代初，唐和新罗各有新主当政，唐为武后（684—704 在位），新罗是神文王（681—692 在位），双方的关系开始改善。686 年，新罗使者造访唐都。武后应使者之请，颁赐有关吉、凶大事的礼仪规定及五十卷杂文。② 神文王去世后，武后遣使吊唁，册立继位的孝昭王（692—702 在位）为新罗王，并授予其相应的军衔。孝昭王在短暂的任期内，似乎仅在 699 年向唐朝派遣过一次使者。702 年孝昭王过世，武后宣布废朝两日，为其举哀，并正式册封其继任者圣德王（702—737 在位）为新罗王。

从 686 到 886 年的两百年间，新罗共向唐廷派出过六十五名使者，平均每三年一名。在 736 年以及 774 至 777 年，新罗每年都会向唐廷派出两名使者。③ 这种行为模式表明，尽管新罗历代君主都希望保持独立，避免被唐朝直接控制，但他们仍然维持着与唐朝形式上的朝贡关系。例如，在 665 年，虽然当时新罗与唐的关系日趋紧张，但新罗仍然遣使参加了高宗的封禅大典，颂扬唐王朝无与伦比的成就。无论双方的政治关系如何变化，新罗历代统治者为了本国利益均把自己当作中华文化圈和经济圈的一员。新罗留学生和僧侣入唐学习知识，购置书籍。④ 新罗海商在唐沿岸频繁活动，逐渐开始垄断东北亚海上航路。新罗定居点开始出现在长江以北的港口城市中。⑤ 新罗虽然是一个正在努力建立自身制度，发展自身文化的独立国家，但它对唐朝发生的一切仍然十分敏感，并深受其影响。

新罗在七世纪六十年代为确保自身的独立性而做的努力，也影响到了

---

① 一然：《三國遺事》，卷 1，102—103 页。英译见 Ha Tae-hung and Grafton K. Mintz, trans. *Samguk yusa*, pp. 91—92。
② 《旧唐书》，卷 199 上，5336 页；《新唐书》，卷 220，6204 页。关于武后对半岛政策的讨论，见黄约瑟：《武则天与朝鲜半岛政局》，载林天蔚、黄约瑟编：《古代中韩日关系研究》，香港：香港大学亚洲研究中心，1987 年，13—26 页。
③ 有关这些新罗使者的详细情况，见范恩实：《隋唐五代东北亚关系史大事年表》，载王小甫编：《盛唐时代与东北亚政局》，上海：上海辞书出版社，2003 年，495—512 页。
④ 《旧唐书》，卷 199 上，5337 页。唐诗生动描写了新罗客人和唐朝友人之间的情谊。具体事例可参考彭定求：《全唐诗》，卷 202，2113 页；卷 606，7001—7002 页；卷 638，7308、7312、7314 页；卷 763，8661 页；卷 813，9150 页；卷 947，9596 页。
⑤ 金文经：《唐代新罗侨民的活动》，载林天蔚、黄约瑟编：《古代中韩日关系研究》，香港：香港大学亚洲研究中心，1987 年，27—38 页。

唐对辽东的有效统治，当地的官署充斥着前高句丽官员。唐廷发现自己对该地区的控制力在慢慢减弱，于是在 667 年任命前高句丽王高藏为辽东都督，派他回去稳定局势。① 然而，他一回到辽东就与靺鞨谋划复兴高句丽。阴谋败露后，唐廷将高藏召回，流放到四川，然后又把身强力壮的高句丽人迁移到内地各州，仅留下体弱者。② 但是，人口迁徙并没有使唐对辽东的统治变得更加容易。697 年，契丹进犯河北，有官员上书建议废置安东都护府，允许前高句丽王族代表唐廷统治辽东。③ 这项提议当时虽被驳回，但后来唐廷也不得不逐渐接受现实。714 年，唐廷把安东都护府治所移到平州（今河北卢龙）。736 年，唐正式承认新罗对大同江以南地区的统治权。④ 743 年，安东都护府治所又被迁到营州。756 年，唐废安东都护府，⑤ 结束了对朝鲜半岛和辽东的直接统治。

唐朝在朝鲜半岛的军事失败，显示出一些最精明干练的大臣犯了若干令人震惊的战略错误。他们对攻占朝鲜半岛的计划没有提出任何异议，似乎忘记了就在不久之前，隋朝正是由于大规模对外用兵才迅速败亡。他们似乎将高句丽与七世纪二十年代末被摧毁的东突厥汗国相提并论，对征讨高句丽的目的和手段缺乏足够的认识。他们低估了军事行动的花费，以及击败高句丽后建立必要机制以确保对当地实施有效统治的难度。他们深信唐在朝鲜半岛的战争具有历史必然性，因而没有充分履行作为谏臣的两项重要职责——提醒皇帝谨慎使用武力，以及不要轻易变夷为夏。结果，征讨高句丽的战争不仅破坏了唐廷半岛政策的合法性和道德正当性，还给唐驻军带来了难以承受的恶果——备受屈辱的高句丽遗民产生了强烈的反唐情绪，促使他们起身反抗侵占自己家园的唐军。

高宗也从高句丽之役中得到了一个深刻的教训——军事行动可以摧毁一个政权，但不能彻底征服它的人民。唐廷的军事行动并不能算是完全的胜利，因为它未能在当地建立起一套有效维护自身统治的制度。高宗得到

---

① 《旧唐书》，卷 5，102 页。
② 同上书，卷 199 上，5327—5328 页。
③ 同上书，卷 89，2891 页。
④ 《册府元龟》，卷 971，11 页上—下。
⑤ 《新唐书》，卷 39，1023 页。

的另一个重要教训是，当轻率使用硬实力导致军事行动的开支超过自身所能承受的上限时，只能选择撤军。由于吐蕃对唐西北边境的威胁与日俱增，高宗最终不得不在676年命令唐军撤出朝鲜半岛。

渤海国的兴起

唐军撤出辽东后，东北各部落纷纷反叛，其中实力最强的是靺鞨。靺鞨在大氏家族的领导下于八世纪初崛起，最终效仿唐朝的典章制度，建立起了一个组织完善的国家——渤海国。渤海国的出现改变了该地区的政治格局，同时也使中原文化在包括今辽宁省北部、吉林省东部和黑龙江省的广大地区生根。[①]

靺鞨是一个部落联合体，各部落有自己的首领，与其他部落或邻国没有稳固的政治联系。他们中有的依附高句丽，有的投靠突厥，有的臣服于中原王朝。[②]隋炀帝征高句丽时，长期受高句丽威胁的靺鞨南部的部落首领大乞乞仲象[③]和大乞四比羽决定向隋称臣。隋廷将他们安置在柳城（唐时改名营州）。靺鞨北部各部落则一直是高句丽的臣属，唐太宗征高句丽时，他们与高句丽并肩对抗唐军。[④]高句丽的安市城陷落后，他们遭到唐军惨无人

[①] 关于渤海国的研究，见 John C. Jamieson, "The Manchurian Kingdom of Po-hai", Paper prepared for the Regional Conference on Korean Studies, University of British Columbia, 1978；新妻利久：《渤海国史及び日本との国交史の研究》，東京：東京電気大学出版局，1969 年；鳥山喜一：《渤海史上の諸問題》，東京：風間書房，1968 年；濱田耕策：《渤海国興亡史》，東京：吉川弘文館，2000 年；范恩实：《渤海国的建立及其与周边政治关系》，载王小甫编：《盛唐时代与东北亚政局》，上海：上海辞书出版社，2003 年，286—305 页；魏国忠、朱国忱、郝庆云：《渤海国史》，北京：中国社会科学出版社，2006 年。朝韩学者对唐和渤海国关系的性质持不同见解，见金贞姬：《渤海史的归属问题与唐代羁縻府州制度》，载韩国东北亚历史财团编、中国延边大学译：《东北工程相关韩国学者论文选》，首尔：韩国东北亚历史财团，2007 年，137—179 页。
[②]《旧唐书》，卷 199 下，5358—5359 页；《新唐书》，卷 219，6171—6178 页。有关活跃在东北地区各部落的汉文及朝鲜文的主要史料已被译为德文，见 Johannes Reckel, Bohai: Geschichte und Kultur eines mandschurisch-koreanischen Königreiches der T'ang-Zeit (Wiesbaden, 1995), pp. 18—169。另见 Norbert R. Adami, Bibliography on Parhae: A Medieval State in the Far East (Wiesbaden, 1994)。
[③] 汉文史料记其人为大舍利乞乞仲象。舍利是契丹称号，指掌管记录的官员，见柳得恭：《渤海考》，首尔：弘益出版社，2001 年，11 页。648 年，唐廷指派一名契丹首领主持营州军务，靺鞨部落也归其统辖，仲象因此得到舍利的称号。对渤海各部落首领的研究，见鈴木靖民：《渤海の首領に関する預備的考察》，载旗田巍先生古稀記念編：《朝鮮歴史論集（上）》，東京：龍渓書舎，1979 年，267—316 页。
[④] 靺鞨士兵在 645 年参与保卫高句丽安市城之战。655 年，靺鞨与高句丽联手入侵新罗北部。在 666、673 年高句丽与唐的冲突中，靺鞨站在高句丽一边。见《新唐书》，卷 109，3293 页；《资治通鉴》，卷 198，6222、6224 页，卷 199，6287 页，卷 202，6371 页。

道的对待，多达三千三百名靺鞨士兵被活埋。[1]高宗征服高句丽以后，靺鞨北部各部落，连同他们的首领大祚荣，以及高句丽遗民一起被迁往营州，与先前已经被安顿在这里的靺鞨部落合流。[2]靺鞨人在营州伺机东山再起。696年，机会终于到来。当时，一位契丹首领为反抗残暴的唐营州都督揭竿而起，并入侵河北。三名靺鞨部落首领趁乱率部众及高句丽遗民逃离营州，渡辽河向东而去。唐廷试图安抚反叛的大乞乞仲象和大乞四比羽，封前者为震国公，后者为许国公。但大乞四比羽拒不受封，不久就被唐军讨灭。[3]这时，大乞乞仲象已经过世，他的养子大祚荣（渤海国高王，698—719在位）成为叛众的新首领。

大祚荣是一位具有卓越军事才能的领袖。他决定离开辽河流域，迁移到东北更遥远的地区。唐军一路追至天门岭（吉林哈达岭）。[4]在那里，足智多谋的大祚荣大败唐军，迫使他们退兵。大捷之后，大祚荣率众来到东牟山，在此筑城吸引高句丽遗民和靺鞨部落前来投靠。这个位于敦化的据点，日后将发展为一个成熟的军事强权，拥有五京、十五府、六十多个州和数量庞大的定居人口。它所辖领土辽阔，南至新罗，西南接契丹、奚，东至日本海，东北连黑水靺鞨和越喜部。[5]

698年，大祚荣自立为震国王。这个新政权自诞生之日起便面临危险、复杂的国际环境，与唐及宿敌新罗的关系都不稳定。[6]大祚荣为了政权的生

---

[1]《旧唐书》，卷199上，5325页。
[2] 同上书，卷199下，5359页；《新唐书》，卷219，6177—6178页。另见日野開三郎：《高句麗國遺民反唐分子の處置》，《東洋史学論集》第8卷，東京：三一書房，1984年，56—78页。
[3]《资治通鉴》，卷206，6546页；卷210，6680页；马端临：《文献通考》，《十通》本，上海：商务印书馆，1935年；北京：中华书局，1986年重印，卷326，2567页。
[4] 对天门岭位置的考证，见谭其骧主编：《中国历史地图集释文汇编·东北卷》，北京：中央民族学院出版社，1988年，126—127页。
[5]《新唐书》，卷219，6179页；马端临：《文献通考》，卷326，2567页；王溥：《五代会要》，上海：商务印书馆，1938年，卷30，362页。另见日野開三郎：《渤海國の隆昌と小高句麗國の子國化》，《史淵》第93号，1964年，1—29页；陈青柏：《唐代渤海国上京龙泉府遗址》，载孙玉良编：《渤海史料全编》，长春：吉林文史出版社，1992年，429—432页。另见井上和人：《渤海上京龍泉府形制の再検討——古代都城造営と国際関係》，《東アジアの古代文化》第125号，2005年，37—55页；《日本古代都城制の研究：藤原京·平城京の史的意義》，東京：吉川弘文館，2008年，65—111页；Johannes Reckel, *Bohai: Geschichte und Kultur eines mandschurisch-koreanischen Königreiches der T'ang-Zeit*, pp. 222—392.
[6] 濱田耕策：《唐朝における渤海と新羅の争長事件》，載末松保和博士古稀記念会編：《古代東アジア史論集》，東京：吉川弘文館，1978年，339—360页。还可参考他的《渤海国の対唐外交——時期区分とその特質》，載佐藤信編：《日本と渤海の古代史》，東京：山川出版社，2003年，47—56页。

存，在和强邻交往时不得不实行"权宜外交"。他先向突厥称臣以求突厥的庇护，后来又在八世纪初接待了唐使。他还把儿子大武艺送到唐廷做人质，表示在政治上服从唐朝。对大祚荣来说幸运的是，震国西面好战的契丹和奚都已向突厥称臣，它们在震国西南形成了一个缓冲带，阻止唐直接对大祚荣的新政权用兵。同时，大祚荣在713年接受了唐廷颁赐的渤海郡王封号，并以渤海为正式国号。①

719年，大祚荣去世。渤海国在他雄心勃勃的儿子大武艺（武王，719—737在位）的领导下，开始开疆拓土。至九世纪初，除了黑水靺鞨，其他靺鞨部落均已被并入渤海国。②大武艺继位时虽然接受了唐廷的封号及赏赐，却公然在政治上我行我素。他未请示唐廷便追谥大祚荣为"高王"，并在720年采用自己的年号。这两项举措都是公然蔑视唐廷的政治权威。③

唐与渤海国的摩擦

唐廷忧心忡忡地关注着渤海国的事态发展。为了对东北地区的北部施加更大的影响力，唐廷在722年册封黑水靺鞨首领为勃州（亦作勃利州）刺史。④黑水靺鞨在渤海国以北今俄罗斯哈巴罗夫斯克地区，战略地位重要，可以同时牵制大武艺和突厥。三年后，安东都护府提议在这里驻军。唐廷在726年做出回应，批准在当地设置黑水都督府，隶幽州都督府。⑤唐廷赐当地一名有权势的部落首领国姓李氏，任命他为都督，黑水都督府的其他

---

① 《旧唐书》，卷199下，5360页；《新唐书》，卷219，6179—6180页；菅原道真：《類聚国史》，《新訂增補国史大系》第2—3卷，東京：吉川弘文館，1933—1934年，卷193，348页；古畑徹：《渤海建国関係記事の再検討——中国側史料の基礎的研究》，《朝鮮学報》第113号，1984年，1—52页；金子修一：《唐朝より見た渤海の名分的位置》，载唐代史研究会编：《東アジア史における国家と地域》，1999年；重载《隋唐の国際秩序と東アジア》，東京：名著刊行会，2001年，267—278页。对日文史料中有关渤海国史的讨论，见石井正敏：《日本渤海関係史の研究》，東京：吉川弘文館，2001年，233—259页。对"渤海"这一名称的讨论，见王禹浪、魏国忠：《渤海国号考》，《渤海史新考》，哈尔滨：哈尔滨出版社，2008年，19—33页。
② 《新唐书》，卷219，6179页。另见谭其骧主编：《中国历史地图集释文汇编·东北卷》，87页。
③ Pan Yihong, *Son of Heaven and Heavenly Qaghan: Sui-Tang China and Its Neighbors* (Bellingham, 1997), pp. 227—228.
④ 《册府元龟》，卷975，1页下。
⑤ 《新唐书》，卷43下，1127页。另见古畑徹：《大門芸の亡命年時について——唐渤紛争に至る渤海の情勢》，《集刊東洋学》第51号，1984年，21页。

职位由当地小部落首领充任,唐廷派长史前去监督。① 这种行政安排是为了更有效地控制偏远的黑龙江流域及勃利州,黑水都督府与一般的羁縻府州有明显区别。

唐与黑水靺鞨之间的密切关系改变了东北北部的战略形势,渤海国王对此极为不安。黑水靺鞨不通知他便径自遣使入唐,更加重了他的猜忌。黑水靺鞨的"秘密"外交打破了先前的惯例,当它和渤海国同时称臣于突厥时,它向来是先询问渤海国的意见,然后再一同遣使出访突厥。大武艺断定唐与黑水靺鞨密谋要对他两面夹击,他认为自己有必要先发制人。因此,他命令弟弟大门艺发兵袭击黑水靺鞨。②

但大门艺不愿听命。他曾以王子身份在唐都做过人质,深知兄长计划的严重后果——攻击刚刚接受唐朝册封的黑水靺鞨等同于公然背叛唐廷,必将招致唐廷的军事讨伐。他两度建议兄长放弃计划:"昔高丽全盛之时,强兵三十余万,抗敌唐家,不事宾伏,唐兵一临,扫地俱尽。今日渤海之众,数倍少于高丽,乃欲违背唐家,事必不可。"但是,大武艺对此完全不加理会,反而决定以弟弟抗命为借口,铲除这个权力竞争的对手。他打算将弟弟从军中召回,然后处死他。心生惧意的大门艺投奔唐廷,被唐封为左骁卫将军。

唐廷庇护大门艺,使唐和渤海国的关系更加紧张。不久之后的732年,渤海使者访问长安。他谴责大门艺,要求唐将其处决。唐廷一面把大门艺秘密送往安西都护府,一面派使者欺骗大武艺说,大门艺已被流放到岭南。为了不让大武艺得知真相,唐廷扣留了渤海使者。③ 尽管大门艺被流放岭南只是谎言,但唐廷给出这种说法本身就说明它默认大门艺的行为确实应该受到谴责。唐廷希望能以此平息与渤海国的争端。

但真相还是暴露了。大武艺勃然大怒,上书唐廷强烈谴责这种欺诈行为:"大国示人以信,岂有欺诳之理!"大武艺显然是提防唐廷利用大门艺来

---

① 《旧唐书》,卷199下,5359页;《新唐书》,卷219,6178页;《资治通鉴》,卷213,6774页。
② 《旧唐书》,卷199下,5361页。
③ 张九龄:《唐丞相曲江张先生文集》,《四库丛刊》本,卷9,9页下—10页上;《文苑英华》,卷471,2405页;《册府元龟》,卷1000,11736页。另见黄约瑟:《读〈曲江集〉所收唐与渤海及新罗敕书》,《东方文化》第26期,1988年,296—298页。

反对自己，毕竟唐曾用同样的策略摧毁了高句丽。他坚持要求处决大门艺。①

一名"外臣"竟然公开指责大唐天子不道德的外交行为，令唐廷倍感难堪。732年阴历八月，唐廷在敕书中承认大门艺一直在安西，而不是岭南；但同时坚称，唐朝接纳大门艺，允许他留下，不是想要庇护逃犯，而是为了帮助渤海君主维护兄友弟恭的声誉。这封精心撰写的诏书试图以道德光环掩饰唐廷不光彩的外交手腕。它还以威胁的语气提醒大武艺，虽然渤海国远离中原，但地理上的距离并不是安全的保障。他只有听从唐廷指令，接受唐廷对大门艺事件的处理，才能保全渤海国。②

渤海国向辽东扩张

但是，唐廷的外交文字游戏不能从实质上改善与渤海国的关系。敕书还没有送达渤海国王，唐廷便收到急报，渤海国水师进犯登州（在今山东北部沿岸），杀死了登州刺史。③登州是重要的港口和军事据点，此前从未受到过外敌攻击。唐廷对渤海国赤裸裸的敌对行为震惊不已，立即发兵击退了来犯之敌。登州之袭清楚地表明了渤海国水师的强劲实力，但这样的行动难以持久。渤海国水师很可能是由于后勤保障困难，在攻克登州后不久便被迫撤军。然而，渤海国的这次行动不是孤立事件，而是其频繁骚扰辽东沿海地区的开端。这说明渤海国在征服了北方的黑水靺鞨后，④开始将注意力转向南方。

唐廷为了阻止渤海国向南扩张，于733年命令在唐廷效力的新罗圣德王的从弟金忠信回国，想让他组织军队对渤海国南境发动全面攻势。金忠

---

① 《旧唐书》，卷199下，5361页。
② 山田英雄：《日・唐・羅・渤間の国書について》，载伊東信雄教授還暦記念会编：《日本考古学・古代史論集》，東京：吉川弘文館，1974年，343—366页；石井正敏：《張九齢作「勅渤海国王大武芸書」について》，《朝鮮学報》第112号，1984年，65—105页；古畑徹：《張九齢作「勅渤海国王大武芸書」と唐渤紛争の終結——第二、三、四首の作成年時を中心として》，《東北大學東洋史論叢》第3号，1988年，35—65页。
③ 《旧唐书》，卷8，198页；卷199下，5361页。《新唐书》，卷5，136页；卷219，618页。另见西嶋定生：《唐王朝と遣唐使》，载江上波夫编：《遣唐使時代の日本と中國》，東京：小學館，1982年，41—62页。
④ 从730到737年大武艺去世，黑水靺鞨没有向唐廷朝贡，这可以说明渤海已经征服了黑水靺鞨，见刘晓东等：《渤海国渤州考》，《北方文物》1987年第1期，43页。有关渤海和黑水靺鞨关系的论述，见酒寄雅志：《渤海国王権と新羅・黒水靺鞨・日本との関係》，《アジア遊学》第6号，1999年，35—44页。

信和圣德王关系密切，唐廷期望他能说服新罗与自己联手对抗渤海国。但是，金忠信委婉地拒绝了唐廷的要求，请求继续留在长安担任皇帝宿卫。于是，这项艰巨的任务便落到了以新罗王族身份入唐宿卫，被封为太仆员外卿的金思兰身上。① 唐廷估计新罗会同意合作，于是授予新罗王开府仪同三司、宁海军使两个显赫的头衔预为奖赏。② 与此同时，唐廷还派遣一手扶植起来的大门艺前往幽州，从河北招募士兵准备讨伐渤海国。③

不过，唐和新罗的军事行动尚未准备就绪，渤海国便再次来袭。733年阴历闰三月，渤海国的一支水师在辽东半岛南部登陆，攻陷马都山（今山海关西北），杀死了万余名唐兵。④ 在接下来的几个月中，辽河流域及辽东半岛沿岸的一些地区也遭到袭击和洗劫，很多人流离失所。当地官府匆忙组织修建大型防御工事，封闭主要道路，开挖壕沟，修建长达几百公里的石墙。⑤

733年阴历七月，唐遣金思兰返回新罗，唐和新罗终于展开了迟来的钳形攻势。但大军开始行动时已经入秋，天气越来越冷，减缓了行军速度。尔后突降暴雪，积雪盈尺，道路阻塞。十万唐罗联军士兵尚未与敌人交手，便已有过半死于严寒。⑥ 唐廷决定放弃行动。

但大武艺不肯就此罢休。他暗中派人到洛阳刺杀弟弟。几名刺客在光天化日之下试图在皇宫外的天津桥附近行刺大门艺，但没有成功。⑦

唐和新罗联合行动的失败完全在意料之中。唐廷从一开始就没有动用精锐部队，而是派大门艺招募士兵出征。此后，唐廷决定利用新罗打击渤海国。734年阴历七月，玄宗下旨，要求新罗王伺机攻打渤海国，并许诺消灭渤海国后必有重赏。但敕书也明确指出，唐军不会参与任何军事行

---

① 《旧唐书》，卷199下，5361页；《新唐书》，卷136，4597页；金富轼：《三國史記》，卷8，78页。
② 《旧唐书》，卷199上，5337页；《册府元龟》，卷964，18页下。
③ 《资治通鉴》，卷213，6800页。
④ 同上书，卷213，6802页。
⑤ 韩愈：《昌黎先生集》，《四库丛刊》本，卷26，5页下。另见古畑徹：《唐渤紛争の展開と國際情勢》，《集刊東洋学》第55号，1986年，20—23页。
⑥ 《旧唐书》，卷199下，5361页；《新唐书》，卷136，4597页；《册府元龟》，卷1000，16页下；金富轼：《三國史記》，卷8，77页，卷43，375—376页；陆心源：《唐文拾遗》，卷43，4879页。
⑦ 《旧唐书》，卷199下，5361—5362页。

动。①新罗似乎遵从唐廷指示，对渤海国施加了一些军事压力，但没有取得显著成效。735年春，新罗向唐廷上表，请求在大同江流域驻军。新罗的意图显而易见，它想利用唐与渤海国的冲突，实现自己向北方扩张的目标。唐廷明知如此，还是在当年晚些时候答应了新罗的请求，期望借助新罗在大同江流域的军事存在来遏制渤海国向自己的北境扩张的势头。新罗因此成为唐与渤海国冲突的最大受益者。它无须大动干戈就扩大了自己的疆土。

与唐修好并和平共处

随着时间的推移，辽东各方的实力对比有了变化，唐廷无须借助新罗之力便可化解与渤海国的矛盾。唐军分别在732年阴历二月和734年阴历六月大败契丹和奚，清除了唐与渤海国之间的缓冲地带。一位奚部落首领率五千骑兵投降。奚和契丹士兵摇身成为唐攻打突厥的先锋。②

战略形势向着有利于唐的方向发展，渤海国王不得不重新评估自己的对外政策。自渤海国臣服突厥以来，突厥的实力已经由于内部权力斗争而大受削弱。渤海国王决定改变先前反唐亲突厥的立场。735年阴历三月，渤海国遣使入唐，恢复了双方中断已久的联系。③大武艺为表明自己对旧主的态度已经转变，在735年秋下令扣押突厥使者，拒绝了突厥人提出的联手对抗奚和契丹的要求。736年春，渤海国向玄宗上表，通告这一新的外交立场。④737年冬，大武艺遣返了拘押在渤海国的唐水手和百姓。⑤一年之后，渤海国王为了使双方关系完全正常化再次遣使入唐。他请求得到《唐礼》和唐朝的官修史书。这是一个象征性的政治姿态，表明渤海国渴望在唐的势力范围内谋求秩序与和平。⑥

大武艺在735年以后的一系列外交运作，使辽东局势从738年开始出现缓和。就在这个关键时刻，大武艺于当年阴历闰八月去世，⑦距离他最后

---

① 张九龄：《唐丞相曲江张先生文集》，卷8，5页下—6页上。
②《资治通鉴》，卷213，6797页；卷214，6807、6813页。
③《册府元龟》，卷971，11页上。
④ 张九龄：《唐丞相曲江张先生文集》，卷9，10页下。
⑤ 同上书，同卷，11页上。
⑥《唐会要》，卷36，667页。
⑦ 石井正敏：《日本通交初期における渤海の情勢について——渤海武・文両王交替期を中心として》，《法政史学》第25号，1973年，56页。

一次遣使入唐仅仅过了两个月。不过，渤海国已经踏上了与中原王朝和解的道路。大武艺的儿子大钦茂（文王，737—793 在位）继位后也将忠实地奉行这一路线，并最终为唐和渤海国带来了持久的和平。①

不过，一开始的缓和是脆弱的，它只是唐廷无可奈何的妥协以及双方一时权宜之计的产物。八世纪三十年代末与吐蕃的边境冲突迫使唐廷把注意力更多地转向西北，调遣更多军队迎击吐蕃。这一转变导致唐廷从朝鲜半岛全面撤军，随后又在辽东采取守势。②唐廷虽然希望制伏渤海国，但不得不优先考虑西北的战事。唐战略重心的转移使其不可能再在东北发动大规模战争。加之新罗也一直不愿出兵相助。至此，唐已无力征服渤海国。于是，唐廷决定寻求与渤海国的和平。

但大钦茂似乎仍然对和平心存疑虑。他永远不能确定唐的下一步行动，而且新罗在渤海国东南边境的军事存在也使他感到威胁。他决定与唐和日本展开等距离外交，一如他的父亲曾同时周旋于唐和突厥之间一样。③

738 年，刚刚掌权的大钦茂就遣使向唐玄宗进贡了一千张貂皮。④但他认为同时寻找其他盟友才是明智之举。739 年，渤海国遣使出访日本，恢复了大武艺在 728 年开启的官方联系。⑤ 728 年的渤海使团由三名将军率领，目的是告知日方渤海国在战略和军事方面的关切。渤海国王在国书中表示，一旦与邻国发生冲突，希望日本能出兵援助。⑥ 739 年大钦茂派往日本的外

---

① 有关大钦茂即位与死亡的具体时间的讨论，见濱田耕策：《渤海国王の即位と唐の冊封》，《史淵》第 135 号，1998 年，75—85 页。
② 陈寅恪：《外族盛衰之连环性及外患与内政之关系》，150 页。日野開三郎：《安史の乱による唐の東北政策の後退と渤海の小高句麗国占領》，《史淵》第 91 号，1963 年，1—35 页。
③ 参见石井正敏：《日本通交初期における渤海の情勢について——渤海武・文両王交替期を中心として》，52—65 页；石井正敏：《初期日渤交涉における——問題・新羅征討計画中止との関連をめぐって》，載森克己博士古稀記念会編：《対外関係と政治文化：史学論集 1》，東京：吉川弘文館，1974 年，79—112 页；石井正敏：《東アジア世界と古代の日本》，26—31 页；上田雄：《渤海国——東アジア古代王国の使者たち》，東京：講談社，2004 年，84—122 页；上田雄、孫栄健：《日本渤海交涉史》，東京：彩流社，1994 年，84—100 页；Johannes Reckel, *Bohai: Geschichte und Kultur eines manschurisch-koreanischen Königreiches der T'ang-Zeit*, pp. 170—197.
④ 《册府元龟》，卷 971，12 页下。
⑤ 菅野真道等編：《続日本紀》，卷 13，155 页。
⑥ 同上书，卷 10，110—112 页；石井正敏：《初期日渤交涉における——問題・新羅征討計画中止との関連をめぐって》，79—112 页。

交使团成员也多为将军,他们向日方表达了类似的关切。

直到755年之后,唐和渤海国才从一时缓和走向真正和平。这一年,安史之乱爆发,唐廷失去了对东北大部分地区的控制,不得不撤走在辽东的驻军。虽然叛乱于763年结束,但河北东北部的实权仍然掌握在当地节度使手中。唐廷无法动用这些藩镇的人力、物力资源讨伐渤海国,只得像当年接受朝鲜半岛现状一样,接受了东北地区的既有格局。与渤海国议和成为唐唯一可行的政策。762年,随着代宗登基和安史之乱结束,唐廷如同当年承认新罗一样,正式承认了渤海国。

随着双边关系稳步改善,渤海国王从唐廷得到越来越多的显赫头衔。738年大钦茂第一次遣使入唐时,唐廷不仅允许他继承其父的渤海郡王称号,还赐给他两个正三品的官职——骁卫大将军和忽汗州都督;①八世纪四十年代,唐廷又加授他二品特进和三品荣衔太子詹事。②762年,新皇帝代宗首次承认渤海为"国",大钦茂为合法国王。③大钦茂终于不再怀疑唐廷有任何敌意,同年渤海国派往日本的使团不再由将军,而改由文官率领。④唐与渤海国的双边关系进入了新阶段。渤海国使节开始频繁造访唐廷。从766到779年的短短十三年间,渤海国二十五次遣使向代宗朝贡,有时一年多达两三次。⑤唐廷为增进双边关系,授予大钦茂显赫的一品誉衔司空和太尉。⑥在大钦茂长期执政的末期,渤海王子主动请求为继承代宗的德宗担任宿卫。

渤海国巩固了与唐朝的和平之后,便开始继续向北扩张。大仁秀(宣王,818—830在位)当权时,渤海国吞并了越喜部及黑龙江流域的其他部落。⑦和平还促进了双方的官方文化交流和经济往来。渤海国大规模吸收唐

---

① 《旧唐书》,卷199下,5362页;《唐会要》,卷96,1724页。
② 《唐会要》,卷96,1724页。
③ 同上书,卷96,1724页;《新唐书》,卷219,6181页;马端临:《文献通考》,卷326,2567页。
④ 菅野真道等编:《续日本纪》,卷24,289页;石井正敏:《日本通交初期における渤海の情勢について——渤海武・文両王交替期を中心として》,60—61页。
⑤ 《旧唐书》,卷11,310页,卷199下,5362页;《新唐书》,卷219,6181页;《册府元龟》,卷972,11416页。
⑥ 《唐会要》,卷96,1724页。
⑦ 《新唐书》,卷219,6179页。

朝的制度和文化，①逐渐发展成中华的一个缩影，被唐人誉为"海东盛国"。②唐文化也经渤海国进一步远播到日本和新罗，十世纪时又扩散到契丹人建立的辽国。一个包括唐、渤海国、新罗和日本在内的文化、经济纽带在东北形成。③这有利于稳定唐的东北边疆和东北亚的国际局势。东北亚的平静一直持续到九世纪八十年代，此后唐朝内乱频发并最终在907年灭亡，新罗在九世纪末分裂，渤海国于926年被契丹灭亡。④

唐与朝鲜半岛各政权及渤海国的关系，是亚洲复杂、多极本质的最佳例证。在这些关系中，高句丽、新罗、百济及渤海国的统治者是东北亚政治的积极参与者，而不是一个唐主宰的世界的被动服从者。各政权的君主主动接触唐廷，以获得唐对他们在本政权内部的统治地位的承认与帮助。当朝鲜半岛和东北的区域局势紧张、利益冲突激化时，他们不接受唐的地缘政治构想，而是通过调整和操纵与唐朝的关系，实行各自的对外政策。他们的活动对唐朝的朝鲜半岛政策和该地区各政权的关系产生了决定性的影响。

唐朝开国皇帝高祖的朝鲜半岛政策旨在维持现状，唐只是在高句丽、新罗、百济发生冲突，向唐廷上诉时，才会充当仲裁者。过度的军事扩张是导致隋朝骤然崩溃的原因之一，高祖对此仍记忆犹新，因此坚决反对出兵干涉半岛事务。可惜的是，这一理智、精明，最符合唐朝利益的政策，未能长久实行。唐拒绝军事干预朝鲜半岛，使高句丽不再担忧西部边境可能受到威胁，因此加强了对百济和新罗的军事活动。

---

① 参见 Lee Ki-baik，*A New History of Korea*，pp. 88—91; Denis C. Twitchett, "Hsüan-tsung (reign 712—756)", in *Sui and T'ang China 589—906*, vol. 3, pt. 1 of *The Cambridge History of China*, edited by Denis C. Twitchett (Cambridge, 1979), pp. 440—443. 有关830到856年间渤海权力结构的研究，见赤羽目匡由：《封敕作「與渤海国王大彝震書」について——その起草・発給年時と渤海後期の権力構成》，《東洋学報》第85卷第3号，2003年，1—28页。
② 《新唐书》，卷219，6182页。
③ 東野治之：《日唐間における渤海の中継貿易》，《日本歴史》第438号，1984年，80—85页；石井正敏：《東アジア世界と古代の日本》，49—52页；酒寄雅志：《渤海の交易》，載佐藤信編：《日本と渤海の古代史》，東京：山川出版社，2003年，5—12页；酒寄雅志：《東北アジアの動向と古代日本》，載田村晃一・鈴木靖民編：《アジアからみた古代日本》，東京：角川書店，1992年，295—318页；酒寄雅志：《渤海と古代の日本》，東京：校倉書房，2001年，437—471页。高明士论述了汉文教育对朝鲜半岛三政权及渤海国的影响，见氏著：《东亚教育圈形成史论》，上海：上海古籍出版社，2003年，151—223、315—324页。
④ 关于渤海国灭亡的研究，见 Karl A. Wittfogel and Feng Chia-sheng, *History of Chinese Society: Liao (907—1125)* (Philadelphia, 1949), p. 112 等多处。Denis C Twitchett and Tietze Claus-Peter, "The Liao", in *Alien Regimes and Border States, 907—1368*, vol. 6 of *The Cambridge History of China*, edited by Denis C. Twitchett (Cambridge, 1994), p. 66 等多处。

百济和新罗都急于把高句丽的注意力从它们的边界引开，因而极力制造唐与高句丽的不和。它们积极的外交活动最终成功地使唐对高句丽宣战。唐最初对高句丽西北边境施加的军事压力，迫使后者撤出先前占领的百济领土，调拨军队应付唐军的威胁，暂时减轻了百济的压力。具有讽刺意味的是，唐的高句丽之役无论对自己还是对百济都没有任何益处。唐最终决定消灭百济，把它变为对高句丽发动大规模钳形攻势的前进基地。唐军很快消灭了百济，然后又成功地征服了高句丽，但随即便陷入新罗领导下的、有高句丽和百济遗民参加的抵抗运动的泥沼。唐廷最终决定从朝鲜半岛撤军。在这场战争中，朝鲜半岛三政权中的高句丽和百济皆为失败者，但唐也非赢家。真正的受益者是新罗，它最终完成了统一半岛的大业。

东北亚国际政治的多极本质，常常被唐对这个地区似乎压倒一切的文化影响所掩盖。朝鲜半岛三政权以及渤海国的统治者在与唐交往的整个历史中，始终是中原文化和政治制度的狂热崇拜者和谦卑的学生。新罗历代君主最为典型。他们引进唐朝的典章制度，推动内部改革，给唐玄宗和唐代宗留下了深刻印象。前者赞扬新罗"号为君子之国，颇知书记，有类中华"，后者也赞誉新罗是"东方君子之国"。[1] 一位唐代诗人将新罗描绘成一个"始觉儒风远，殊方礼乐新"的国度。[2] 另外一位则称新罗是"地即同正朝"的国家。[3]

然而，新罗历代统治者从来没有把借鉴唐朝文化、引进唐朝制度变为在政治上服从唐朝。他们采取这些深思熟虑的行动完全是为了增强自身实力，而不是诚心诚意地想要成为一个由唐朝主宰的世界的一员。撰有《三国史记》的十一世纪高丽史家金富轼或许是觉察到个中实情的第一人。他在讨论新罗649年采用唐朝年号时指出："若新罗以一意事中国，使航贡相望于道，而法兴自称年号，惑矣。厥后承愆袭缪多历年，所闻太宗之诮让，犹且因循至是，然后奉行唐号。虽出于不得已，而抑可谓过而能改者矣。"[4] 但所谓"过而能改"只不过是新罗所做的表面文章。

---

[1]《旧唐书》，卷199上，5337页；《唐大诏令集》，卷129，639页。
[2] 钱起：《钱考功集》，《四部丛刊》本，卷5，6页下。
[3] 彭定求：《全唐诗》，卷606，7001—7002页。
[4] 金富轼：《三國史記》，卷5，46—47页。

第三章

后院养虎

唐与南诏

在今天云南的深山密林中曾居住着许多部落。①几个世纪以来，中原王朝对偏远的云南西部及南部的部落一直鞭长莫及，不过云南东部的部落早在汉代便已经和中原有所往来。汉文史料根据这些部落的文化和经济发展程度的不同，称其为"白蛮"（发展程度较高的部落）或"乌蛮"（发展程度较低的部落）。②唐朝在618年建立后，开始将势力扩展到云南，与这些部落的接触变得较为频繁。后来，在七世纪八十年代，吐蕃开始从另外一个方向向云南扩张。

唐和吐蕃的活动有如催化剂，加快了云南社会和经济的演变。当地各部落首领也利用和两大强邻的交往来实现自己称霸云南的政治野心，并由此开启了这个地区政治统一的进程。在这个过程中，六个部落成为主要的权力角逐者。南诏首领在唐廷的帮助下，最终在八世纪吞并其他部落，成立了统一的南诏国。③南诏士兵皆为勇士，他们像突厥人和吐蕃人一样，宁肯光荣战死沙场，也不愿默默死于病患。他们的复仇心极强，受到伤害必要报仇雪恨。如果个人无力完成复仇，部落其他成员都会伸出援手。他们使用一种致命武器——毒槊。其形状有如一块无刃的锈铁，人被击中后

---

① 对这些部落的讨论，见方国瑜：《唐代前期洱海区域的部族》，载《方国瑜文集》第2辑，昆明：云南教育出版社，2001年，43—61页。另见 Charles R. Backus, *The Nan-chao Kingdom and T'ang China's Southwestern Frontier*（New York, 1981）, pp. 45—61；马长寿：《南诏国内的部族组成和奴隶制度》，上海：人民出版社，1961年，41—54页；藤沢義美：《西南中国民族史の研究——南詔国の史的研究》，東京：大安，1969年，75—108页；藤沢義美：《南詔王権の確立と対吐蕃関係》，《岩手大学教育学部研究年報》第27号，1967年，1—19页；大原良通：《王権の確立と授受——唐・古代チベット帝国（吐蕃）・南詔国を中心として》，東京：汲古書院，2003年，211—222页。
② 有关白蛮和乌蛮的研究，见白鳥芳郎：《烏蛮白蛮の住地と白子国及び南詔六詔との関係》，《民族學研究》第17卷第2号，1953年，127—146页；藤沢義美：《南詔国家の構成と白蛮文化》，《歴史教育》第15卷第5・6号，1967年，63—70页。
③ 该部落本名为蒙舍诏，但因其位于云南南部，汉文史料一般称之为南诏。南诏属于"乌蛮"。见白居易、孔传：《白孔六帖》，《四库全书》本，卷58，3页下。关于蒙舍诏的位置，见方国瑜：《两爨六诏地理考释》，《历史地理》第2辑，1982年，27页。

会无血而死。他们夸口说,这种铁"从天雨下,入地丈余,祭地方撅得之"。①正是这些部落民组成了南诏令人生畏的军队。但是,到了九世纪中叶,云南的事态发展完全出乎唐廷的意料。昔日盟友因利益冲突而反目成仇,南诏成了唐朝的劲敌。②冲突经常在唐西南边境的城镇和村庄爆发,双方因此筋疲力竭。唐朝本来想要控制云南,它出于自身利益促成了南诏的崛起,如今却养虎为患,这的确颇有些讽刺意味。实际上,在907年唐朝灭亡后,中原王朝不仅暂时丧失了对云南的统治权,也失去了对越南北部的控制。

唐在云南的势力扩张

唐在云南的活动始于618年。朝廷任命段纶为益州(位于今四川成都的一座唐朝要塞)总管,赋予他统筹云南全局的大权——他可以便宜行事,无须唐廷批准便可以向降服的部落首领授予官号。③高祖为笼络当地部落首领,任命今昆明地区的一个主要部落首领爨弘达为昆州(治所位于今昆明附近)刺史,④特别恩准并协助他将被隋廷处决的父亲的遗体运送回家乡厚葬。唐廷此举令爨弘达深受感动,他成为唐朝的坚定支持者。段纶不失时机地利用爨弘达对唐的感激之情,为唐在爨弘达的领地谋取利益。他立即派下属俞大施前往南宁(今云南曲靖,距昆明东北约一百二十公里),劝说

---

① 《新唐书》,卷222下,6318、6322页;段成式:《酉阳杂俎(前集)》,《四部丛刊》本,卷10,8页下—9页上。
② 对南诏的研究,还可参考赵鸿昌:《南诏编年史稿》,昆明:云南人民出版社,1994年;G. H. Luce and Ch'en Yee Sein (trans.), *The Man Shu* (*Book of the Southern Barbarians*) *Translated from Chinese* (Ithaca, 1961); Camille A. J. Sainson (trans.), *Nan-Tchao Ye-che* (Paris, 1904); Paul Pelliot, "Deux itinéraires de Chine en Inde à la fin du VIIIe siècle," *Bulletin de l'École française d'Extrême-Orient*, 4 (1904), pp. 131—143; 林谦一郎:《南詔国の成立》,《東洋史研究》第49卷第1号,1990年,87—114页;Oey Giok Po, *The Man Shu: Book of the Southern Barbarians* (Ithaca, 1961); 向达:《南诏史略论》,《历史研究》1954年第2期,1—29页; Joseph F. Rock, *The Ancient Na-khi Kingdom of Southwest China* (Cambridge, 1947), pp. 48—62.
③ 《册府元龟》,卷698,16页上。对唐朝初期中国在云南的活动的讨论,见王吉林:《唐代南诏与李唐关系之研究》,台北:东吴大学中国学术著作奖助委员会,1967年,93—149页。对唐和南诏关系的概括讨论,见 Hans Bielenstein, *Diplomacy and Trade in the Chinese World, 589—1276* (Leiden, 2005), pp. 259—268; Yang Bin, *Between Winds and Clouds: The Making of Yunnan* (New York, 2009), pp. 78—88.
④ 有关爨弘达的讨论,见 Charles R. Backus, *The Nan-chao Kingdom and T'ang China's Southwestern Frontier* (New York, 1981), pp. 14—17.

当地部落归顺唐朝，①西爨首领率先向唐称臣。②三年后的621年，唐朝官员吉弘纬也从相邻的嶲州（治所在今四川西昌）抵达南宁，③成功地争取到了当地更多部落。④嶲州、戎州（治所在今四川宜宾）及郎州（治所在今云南曲靖）是唐初中原王朝进入云南的三大前哨。由于这些官员的活动，唐廷在当地设置了三十多个羁縻府州，任命当地部落首领为刺史、县令。唐廷为了加强统治，于621年置姚州（治所在今云南姚安以北），监督唐朝法令在这些羁縻府州的执行情况。⑤

然而，有效统治这些地区殊非易事。部落民众桀骜不驯，唐地方官吏贪腐成风，对当地百姓横征暴敛，常常迫使他们揭竿而起。大权独揽的段纶就是最好的例子。他为人狂傲，凭自己意愿判人死刑，肆无忌惮地滥用权力，唐廷不得不将他从益州召回长安。⑥段纶被调离后，云南羁縻府州的情况非但没有改善，反而在爨弘达死后更加恶化。当地部落首领为获得更多权力，请求唐廷把他们在昆州及其他羁縻府州的职位变为世袭。唐廷自己也承认，派往云南的官员大多"贪纵，远民患之，有叛者"。⑦

韦仁寿是少有的例外。他原是嶲州都督府的官员，因政绩卓著于624年被高祖任命为校检南宁州都督，职责是每年巡视、安抚当地部落。韦仁寿为人宽厚，熟谙边疆事务。他毫不犹豫地接受了使命，率领五百多名士兵全面巡视西洱河地区（今云南西北的洱海地区）。据说，当地很多部落首领仅仅听说韦仁寿到来，便决定归顺唐朝。部落首领纷纷前去拜见韦仁寿，他先后在这个地区设置了七个州、十五个县，命当地部落首领管理。韦仁寿在南宁短暂逗留期间，执法清正严明，令当地民众心悦诚服。他动身返回嶲州时，当地部落首领含泪挽留道："天子遣公都督南宁，何为遽去？"

---

① 《通典》，卷187，1002页；《新唐书》，卷222中，6315页；《唐会要》，卷98，1750页。
② 《新唐书》，卷222下，6315页。对西爨及其主要城市的讨论，见方国瑜：《两爨六诏地理考释》，23—27页。
③ 关于嶲州及当地部落的研究，见郭声波：《唐代嶲属羁縻州及其部族研究》，《历史地理》第20辑，2004年，20—25页。
④ 居住在西洱河地区的昆弥就是其中一个部落，见《通典》，卷187，1002页；《新唐书》，卷222下，6318页；《资治通鉴》，卷188，5887页，卷189，5941页。
⑤ 《旧唐书》，卷41，1697页。对唐朝在云南活动的研究，见藤沢義美：《唐朝雲南経営史の研究》，《岩手大学学芸学部研究年報》第10卷第1号，1956年，18—38页。
⑥ 《册府元龟》，卷698，16页上；卷897，14页上。
⑦ 《资治通鉴》，卷191，5990页。

韦仁寿回答说，南宁的防御尚不健全。部落首领马上招集部众修筑城墙，建造衙府，不到十日便初具规模。此时韦仁寿只能以实情相告："吾受诏但令巡抚，不敢擅留。"送别韦仁寿时，部落首领们有的号啕大哭，有的黯然泪下。他们派自己的儿子随其一同前往嶲州进献方物。后来，韦仁寿在624年阴历七月返回朝廷，向皇帝汇报巡察南宁的情况。高祖对他的表现非常满意，将他调往南宁，并派兵戍守南宁城。[①]

但是，韦仁寿在南宁的仁政只是个例，而非唐统治云南的常态。七世纪五十年代之前，唐朝的势力扩张一般都会遭到当地人抵抗。直到648年唐廷采纳了刘伯英的建议，向云南各部落施加更大的压力后，局面才开始对唐有利。刘伯英是嶲州总管，他奏请唐廷出师，"以通西洱、天竺之道"。唐廷组织了一次大规模军事行动，动员四川十三个州的兵力，由梁建方统领。行动的首要目标是今四川西南盐边地区的各部落。梁建方的军队在一次血战中斩杀敌人数千，其他人被迫逃入偏远山谷。然后他派出信使，说服惊魂未定的部落民众投降，陆续有七十个部落前来归附，共十万九千三百户。他们被编入几个县，原来的部落首领被任命为县令。梁建方的使者随后南下西洱河地区。这位不速之客让当地的一名部落首领惊恐万状，他早已听闻唐军在四川的军事行动，如今打算乘船悄悄逃走。但唐使说服他向唐称臣最符合他的利益。结果，他和该地区另外几十个部落的首领都成了唐廷的臣子，其中三人还觐见太宗，得到唐廷封号。[②] 从649到656年，唐军多次对云南北部用兵。[③] 随着越来越多的部落首领归附唐朝，[④] 唐廷于664年在这里设置姚州都督府，下辖二十二个州。这是唐朝直接统治云南北部和西北部的标志。[⑤]

[①] 白居易、孔传：《白孔六帖》，卷10，12页上；《资治通鉴》，卷191，5990—5991页。
[②] 《资治通鉴》，卷199，6255—6256页；《通典》，卷187，1003页。
[③] 唐在縻州（今云南元谋）、青蛉西部（今云南大姚）以及弄栋（今云南姚安）展开军事行动，见《新唐书》，卷222中，6315页；《资治通鉴》，卷199，6265、6275、6276—6278页。
[④] 《资治通鉴》，卷200，6297页。唐朝的远征一直持续到七世纪七十年代。672年，永昌（今云南保山）的反叛部落被降伏。这一事件促使西洱河西部诸部落的共三万两千户归顺唐朝。参见《资治通鉴》，卷202，6368页；《全唐文》，卷199，898—900页。
[⑤] 《资治通鉴》，卷201，6340页；《唐会要》，卷73，1330页；《旧唐书》，卷41，1697页。

吐蕃和唐在云南的利益冲突

680年，唐朝在云南的势力受到吐蕃的挑战。吐蕃在当地部落向导的协助下洗劫了安戎城，将其变为对抗唐朝的前哨。对唐廷来说，安戎城的陷落是噩梦成真。此城位于茂州（今四川茂县）西北，建于678年，建城的目的就是为了阻止吐蕃和当地部落勾结，联手骚扰唐西南边境。安戎的失陷标志着唐与吐蕃之间长期对抗的开端，而双方的对抗严重削弱了唐廷与洱海地区部落的关系，很多部落改为效忠吐蕃。[1]姚州的一些部落也在八世纪初加以效仿。吐蕃抓住机会，进一步推动自己在这个地区的利益。他们在漾水和濞水（今漾濞江及备胜江）修建了几座铁索桥，又建造了塔楼和其他防御设施。铁索桥的修建极大地便利了吐蕃日后为派往云南西北的军队运送给养。此时的洱海地区已是吐蕃的囊中之物。

唐廷发起反击。唐军挺进安戎，烧毁吊桥，破坏防御工事，俘获了一些当地部落首领，战事结束后又在剑川（今云南剑川）立碑庆祝胜利。[2]不过，唐廷对洱海地区的控制远未稳固，此时庆祝为时尚早。仅仅三年之后的710年，监察御史李知古就以这个地区局势不稳定为由，奏请唐廷再度派出远征军。唐廷组建了一支以李知古为首的军队。他成功地征服了当地的一些部落，然后开始在邓赕（今云南邓川附近）修建要塞。李知古为了推行郡县制，对降服部落采取了两项严酷的政策——征收重税和处死当地部落首领。所有的部落首领都被处死，其子女沦为奴隶。部落民众被激怒了。他们与吐蕃合谋反抗，引吐蕃兵杀李知古，肢解其尸体，碎尸祭天，然后丢弃在深山之中。唐在云南的统治遭到重创，不仅失去了对邓赕的控制，与姚州、嶲州的联系也告中断。[3]

借助唐的力量一统云南

在从七世纪五十年代到八世纪前十年的动荡期内，很多云南部落起兵

---

[1]《资治通鉴》，卷202，6396页。
[2]《新唐书》，卷4，109—110页；刘肃：《大唐新语》，卷11，164页。
[3]《旧唐书》，卷102，3176页，卷196上，5228页，卷216上，5228页；《新唐书》，卷199，5662—5663页，卷216上，6081页；《资治通鉴》，卷210，6661页。

反唐。但南诏首领细奴逻却小心谨慎，不让自己卷入任何叛乱。他为了逢迎唐帝，在655年将长子送往长安，并请求唐廷保护南诏。这是经过精心政治盘算之后的深谋远虑之举。细奴逻深知，自己部落的实力不及云南其他五大部落。南诏地处云南西部阳瓜江下游，领土较为狭小，兵力相对薄弱。① 对细奴逻来说，采取亲唐立场是确保部落生存下去的关键。细奴逻谦恭、顺从的政治姿态，令唐帝十分满意，他封南诏首领为巍州刺史，并颁赐锦袍。672年，细奴逻得到了更为丰厚的回报。当年，唐军消灭了阳瓜江上游的各反叛部落，南诏在该区域的地位进一步巩固。②

南诏与云南其他部落不同，面对吐蕃的扩张，它一直是唐坚定不移的盟友。③ 唐廷则通过对历代南诏首领予以政治承认来嘉奖他们的忠诚。712年，南诏第四代首领盛逻皮（712—728在位）获封台登郡王。④ 继承盛逻皮的皮逻阁（728—748在位）在732年和734年向唐遣使，寻求进一步加强双边关系。⑤ 他还努力寻求四川的唐廷官员支持他统一云南的雄心。贿赂是皮逻阁争取这些官员的主要手段，他的首要目标是成都的剑南节度副使兼采访使王昱。⑥ 贿赂产生了立竿见影的实效。王昱不仅认可了皮逻阁早些时候对云南西部效忠吐蕃的部落发动的攻击，还在734年年初上书朝廷请求允许南诏吞并云南其他部落，建立统一政权。⑦

王昱的上书正合时宜。此时唐与吐蕃在西北激战正酣，玄宗一直在考虑如何解决双方的冲突，他迫切需要利用南诏来削弱吐蕃。玄宗认为，如果南诏能设法消灭依附吐蕃的各部落，吐蕃的军事实力势必减弱。暮春之

---

① 对南诏地理位置的讨论，见铃木俊：《南詔の意義及び六詔の住地に就いて》，《東洋学報》第19卷第2号，1931年，267—282页。云南其他五大部落为蒙嶲诏（今云南巍山）、邓赕诏（今云南洱源南部）、施浪诏（今云南洱源北部）、浪穹诏（今云南洱源县城）及越析诏（今云南宾川）。
② 关于此次军事行动的记载，见骆宾王：《骆宾王文集》，《四部丛刊》本，卷9，5页下—13页；《旧唐书》，卷91，2941页；《资治通鉴》，卷202，6368页；向达：《蛮书校注》，北京：中华书局，1962年，68页。七世纪九十年代，唐军在姚州、嶲州展开了类似的平叛行动，见《旧唐书》，卷185下，4807页。
③ 关于南诏对唐、吐蕃政策的讨论，见林旅芝：《南诏大理国史（上）》，香港：大同印务有限公司，1981年，451—456页；藤沢義美：《南詔国の成立と吐蕃との関係》，《東洋史研究》第25卷第2号，1966年，66—87页。
④ 《新唐书》，卷222上，6270页；向达：《蛮书校注》，70页。该郡治所在今四川冕宁。
⑤ 《册府元龟》，卷971，10页上—下；卷975，13页上、15页上—下。
⑥ 剑南节度使于719年设置，757年进一步分为剑南东川节度使及剑南西川节度使。
⑦ 《旧唐书》，卷197，5280页；《唐会要》，卷99，1763页；《全唐文》，卷744，3457页。

际，玄宗下诏批准了王昱的请求。诏书中说，得知皮逻阁等"效命出力，自讨西蛮，彼持两端，宜其残破"。[1]同年秋季，唐遣使向皮逻阁颁布敕书，明确表示赞同他消灭竞争对手："卿近在边境，不比诸蕃，率种归诚，累代如此。况卿等更效忠赤，朕甚知之。倾者诸酋之中，或有携贰，相率自讨，恶党悉除。"[2]在此之后的735年冬，玄宗告诫王昱，在执行上述计划时要小心谨慎，因为最近唐廷刚刚与吐蕃停战，双边关系正处于微妙、敏感的阶段。玄宗在诏书中写道："然吐蕃请和，近与结约。郡蛮翻附，彼将有词。卿可审筹其宜，就中处置，使蛮落不失望，吐蕃又无憾词。"[3]

皮逻阁在唐廷的认可和一名宦官及一名御史的帮助下，组织了一系列军事行动，迅速统一洱海地区，建立南诏王国。[4]吐蕃军队撤回浪穹地区（今云南洱源），但并未完全退出云南。同时，与南诏为敌的另一个部落三浪诏躲过皮逻阁的打击，迁往剑川。因此，唐与南诏为实现各自截然不同的目标，仍然需要彼此。正是在这样的背景下，唐廷在738年封皮逻阁为越国公、云南王，并赐名蒙归义。[5]

走向冲突

南诏在统一洱海地区后，继续向云南东部扩张。与此同时，唐朝也试图加强对该地区的控制，以确保四川至越南北部安南都护府之间的道路畅通无阻。南诏和唐在同一地区的利益冲突，最终导致对抗。不过，在礼仪层面，双方的关系依然和谐。745年，皮逻阁把十岁的孙子送到长安。玄宗封他为鸿胪卿，准许他入朝宿卫。这是皇帝的特殊恩典，只有少数人能获此殊荣。唐廷还赏赐他大量礼品，包括两个珍贵的马首形银盘。[6]此外，唐

---

[1]《全唐文》，卷286，1299页。
[2] 同上书，卷287，1304页。
[3] 张九龄：《唐丞相曲江张先生文集》，卷8，10页上；《全唐文》，卷284，1293页。
[4]《新唐书》，卷222上，6270页；《资治通鉴》，卷214，6835—6836页；向达：《蛮书校注》，73页。对南诏国政权结构的讨论，见林谦一郎：《南詔・大理国の統治体制と支配》，《東南アジア歴史と文化》第28号，1999年，28—54页。
[5]《旧唐书》，卷197，5280页；《新唐书》，卷222上，6270页；《册府元龟》，卷964，19页上—下；《唐会要》，卷99，1763页；《全唐文》，卷24，118页，卷744，3457页。
[6]《旧唐书》，卷197，5280页；《新唐书》，卷222上，6270页；白居易、孔传：《白孔六帖》，卷13，26页下；《全唐文》，卷999，4645页。

廷还提高了接待南诏使者的礼仪规格以示殊宠。① 然而，在礼遇优厚的表象之下，双方的关系因唐廷加强了对云南东部的有效控制而开始紧张。

八世纪四十年代，唐廷一名都督肩负两项使命抵达安宁（今昆明西南安宁）。他将把安宁变为唐朝的前哨基地，以垄断当地的井盐生产；他还要监督修建联结安宁和步头（位于元江岸边）的道路，步头是一个交通枢纽，船可由此直接航行到安南都护府的治所河内。这些举措是唐廷大战略的一部分，它想通过直接统治云南东部，巩固对越南北部的控制。

然而，唐廷刚开始实施这一战略便遭遇阻碍。安宁地区的部落首领对唐廷企图控制井盐的生产和分配心怀怨恨，因为他们一直以此为主要税收来源。他们也厌恶唐廷为在安宁修建道路和防御工事而征收赋税，摊派徭役。他们发动叛乱，杀死都督，摧毁了安宁城。唐中央官员火速赶往姚州处理危机，指示皮逻阁发兵平叛。皮逻阁趁机扩大了自己在该地区的影响力。让他欣喜不已的是，当地部落首领不战而降。皮逻阁请求唐廷宽恕他们，玄宗赦免了这些首领，命他们重建安宁城。②

云南东部的秩序已经恢复，但皮逻阁无意让军队退回南诏，而是命令士兵留在当地。安宁的成功使皮逻阁信心倍增，他称霸云南的决心比以往更加坚定，新获得的自信使他成了一个雄心勃勃的人。剑南节度使派往南诏的使者察觉到皮逻阁对唐廷的态度有所转变，二人时常发生龃龉。两人的矛盾使皮逻阁心怀愤懑。③

748 年，皮逻阁去世。唐廷批准其子阁罗凤（748—779 在位）继承云南王的封号，④ 希望南诏新君能够对唐竭诚尽忠，遣使不绝，月贡土产，以证明唐与南诏"君臣一德，内外无欺"。⑤ 然而，接下来的事态发展与唐廷的期望完全相反。令人遗憾的是，这主要是唐地方官员粗暴对待阁罗凤所致。

750 年年初，阁罗凤依惯例携妻带女拜访姚州都督张虔陀。贪婪、好色

---

① 《旧唐书》，卷 197，5280 页；《唐会要》，卷 99，1763 页。
② 《全唐文》，卷 999，4645 页；木芹：《云南志补注》，昆明：云南人民出版社，1995 年，卷 4，47 页。对《云南志》的文本研究，见赵吕甫：《云南志校释》，北京：中国社会科学出版社，1985 年。
③ 《旧唐书》，卷 197，5280 页。
④ 《册府元龟》，卷 965，4 页上；《全唐文》，卷 999，4645 页；木芹：《云南志补注》，卷 3，39 页。
⑤ 《全唐文》，卷 999，4645 页。

的张虔陀与阁罗凤家人私通,还要求阁罗凤缴纳双倍的赋税和军粮。阁罗凤一口回绝。于是,张虔陀故意为难他,多次怂恿手下辱骂阁罗凤,还将南诏最近在云南东部的扩张密奏朝廷。阁罗凤勃然大怒,命令士兵围攻姚州。围城从秋季持续到深冬。姚州最终陷落,张虔陀被杀。唐廷失去了在云南北部的据点,当地的三十二个羁縻府州也落入南诏手中。①

战争爆发

751年,唐廷以大规模的钳形军事攻势作为报复。剑南节度使鲜于仲通率八万士兵从北攻入云南,安南都督王知进则挥师从南进军云南。面对唐军越来越大的压力,阁罗凤展示了娴熟的外交手腕,试图劝说唐军将领撤军。南诏使者来到安宁城(唐军在749年年末收复该城),与一名唐将会面。②南诏使者为南诏进犯姚州谢罪,承诺归还战利品及战俘,修复受损的州治所。不过,他同时威胁道,如果唐军不停止前进,南诏将与吐蕃联手抵抗。他说:"今吐蕃大兵压境,若不许我,我将归命吐蕃,云南非唐有也。"鲜于仲通断然拒绝了使者的要求。阁罗凤随即夺下安宁。唐军此时迅速逼近南诏,迫使阁罗凤再次求和。南诏使者来到鲜于仲通的大帐,把双边关系的恶化完全归咎于唐地方官员。使者说:"往因张卿馋构,遂令蕃、汉生猜。赞普今见观衅浪穹,或以众相威,或以利相导。倘若蚌鹬交守,恐为渔父所擒。"使者请求唐给南诏一次机会,使双方能重修旧好。但鲜于仲通对此不予理睬,并将他囚禁起来。

唐军这时已行进至姚州,距南诏首都太和城(今云南大理北)以东不到二十公里,并计划从北面和东南夹击太和城。阁罗凤为避免与唐军决战,再次遣使造访鲜于仲通,但徒劳无功。仲通痛骂来使,说交战是解决双方争端的唯一方法。阁罗凤被逼无奈,决定对抗唐军。他下令准备牲牢,建造祭坛。阁罗凤在祭天仪式中叩首流血,对部下说:"我自古及今,为

---

① 《旧唐书》,卷197,5280—5281页;《新唐书》,卷5,147页,卷222上,6271页;《资治通鉴》,卷216,6901—6902页;《册府元龟》,卷698,16页上-下,卷997,16页上-下;《唐会要》,卷99,1763页;《全唐文》,卷999,4646页。对张虔陀事件的讨论,见藤沢義美:《西南中国民族史の研究——南詔国の史的研究》,247—252页。
② 白居易、孔传:《白孔六帖》,卷16,15页下;《新唐书》,卷5,148页。对此次唐朝行动的讨论,见藤沢義美:《西南中国民族史の研究:南詔国の史的研究》,264—269页。

汉不侵不叛之臣。今节度背好贪功，欲致无上无君之讨。敢昭告于皇天后土：……彼若纳我，犹吾君也。今不我纳，即吾雠也。"他随后召集士兵，登上城墙，用一个比喻向他们表达了自己的意图："夫至忠不可以无主，至孝不可以无家。"为避免首都陷落，阁罗凤准备投靠吐蕃。南诏官员很快前往浪穹，请求吐蕃出兵援助。吐蕃承诺将派几支部队救援。751年阴历四月，阁罗凤亲自率兵与唐军在洱海西岸展开殊死搏斗。南诏军在吐蕃的支援下大破唐军，杀敌六万。鲜于仲通侥幸逃脱。他抛弃部下，趁夜色逃走。①

阁罗凤为庆祝胜利，下令收集、埋葬阵亡唐军尸骨，在其上筑"京观"。但他知道唐廷很快就会报复，因此忧心忡忡地对部下说："小能胜大祸之胎，亲仁善邻国之宝。"他决定和吐蕃建立更为紧密的联系。一个超过六十人的南诏使团向吐蕃君主献上大量丝帛和宝物。吐蕃宰相则把回赠给阁罗凤的礼品交给使团，包括金冠、锦袍、金宝带、金帐床、华盖、马鞍、器皿、珠贝、毡毯、衣服、骆驼及马。吐蕃宰相还宣布双方约为兄弟。足智多谋的阁罗凤在确立了与吐蕃的兄弟关系后，还特意为日后与唐和解留下了余地。他下令树碑立石，并在碑文中把南诏和唐关系恶化的原因归咎于唐地方官员。他对南诏百姓说："我世世事唐，受其封赏，后世容复归唐，当指碑以示唐使者，知吾之叛非本心也。"②752年，阁罗凤接受了吐蕃封号"赞普钟"（意为统治者）及金印，正式与吐蕃结盟，成了吐蕃政权的"东帝"。他为向吐蕃表示自己已经疏远唐廷，不再以"南诏"为国号，改称"大蒙"。③

南诏与吐蕃新的兄弟关系立即给唐带来麻烦。南诏军队频繁劫掠唐在四川西部的边境城镇。753年，南诏与吐蕃联军袭击了刚刚重建的姚州。他们切断唐军补给线，包围姚州府，活捉了都督。④姚州情况危急，促使唐廷

---

① 《旧唐书》，卷9，225页，卷41，1697页；《新唐书》，卷5，148页，卷222上，6271页。
② 《资治通鉴》，卷216，6907页。
③ 《旧唐书》，卷197，5281页；《新唐书》，卷216上，6071页，卷222上，6271页；《资治通鉴》，卷216，6906—6907页；向达：《蛮书校注》，263页；《全唐文》，卷999，4646—4647页。这次事件也见载于云南丽江发现的吐蕃碑文。碑文英译见Takata Tokio, "A Note on the Lijiang Tibetan Inscription", *Asia Major* (3rd series), 19, nos. 1—2 (2006), p. 163。另见王尧：《云南丽江吐蕃古碑释读札记》，《唐研究》第7卷，2001年，422、423—424页。关于八世纪中叶吐蕃对南诏的政策，见大原良通：《八世紀中葉における吐蕃の対南詔国政策》，《日本西藏學會會報》第48号，2002年，3—15页；Denis C. Twitchett, "Tibet in Tang's Grand Strategy", pp. 132—133。
④ 《全唐文》，卷999，4646页。

在754年升级了云南的军事行动。唐廷从长安、洛阳、河南、河北招募士兵。他们与此前在753年阴历五月从南方五个州征召来的士兵共同组成了一支大军。唐军将从南、北两个方向对南诏发动进攻。① 李宓担任这次行动的主帅。

但是，这次行动自征兵起就遇到重重障碍。百姓听说云南瘴气肆虐，很多士兵死于先前的军事行动，因而心生恐惧，拒绝参军。唐廷只得派出御史赴各州监督征兵。地方官员迫于招足兵员的压力，不得不以各种残酷手段强征百姓，将不从者铐送征兵所。唐廷为增加征召人数，还废除了有功于国家的百姓可免除兵役及劳役的惯例，这些人现在将首先被征召。百姓对云南之役深恶痛绝，有人甚至不惜以自残来逃避兵役。② 当被征召的士兵开赴前线时，亲人们前来道别，有的呜咽，有的哀号。如此令人心碎的情景，成了一些唐诗的主题。③

李宓出师后未与敌军交手便遇到了困难。由于军队给养匮乏，他决定撤军，但为时已晚，无法安全撤退。南诏与吐蕃联军在南诏首都以北设下埋伏，唐军惨遭屠戮，李宓被杀。唐讨伐军士兵甚至"弓不暇张，刃不及发"，便被全歼。④

次年，即755年阴历十一月，大规模叛乱在中原爆发。一个月后，叛军首领安禄山占领了东都洛阳。这场危机使唐廷无力再组织针对南诏的大规模军事行动。756年阴历九月，南诏和吐蕃趁唐内乱袭击了嶲州都督府。同月，阁罗凤亲自指挥另一支军队包围了会川（今四川会理），迫使当地唐军投降。⑤ 他们带着许多妇女和大量珠宝、牲畜、粮食返回南诏。满载着财

---

① 《资治通鉴》，卷216，6918页；木芹：《云南志补注》，卷7，102页。
② 白居易：《白居易集》，卷3，61—62页。
③ 《资治通鉴》，卷216，6907页。诗圣杜甫（712—770）写下过叙事诗《兵车行》，此诗的英译见 Stephen Owen ed. and trans., *An Anthology of Chinese Literature: Beginnings to 1911* (New York, 1996), p. 468. 其他相关诗作见李白：《李太白集》，《四库丛刊》本，卷2，28页下—29页上。
④ 《通典》，卷185，985页；《旧唐书》，卷9，228页，卷106，3243页；《新唐书》，卷5，150页，卷216上，6087页；《资治通鉴》，卷216，6918页，卷217，6927页；李白：《李太白集》，卷12，19页下—21页上；高适：《高常侍集》，《四库丛刊》本，卷4，9页上—下；高仲武：《中兴闲气集》，《四库全书》本，卷下，18页上—下。
⑤ 《旧唐书》，卷197，5281页；《新唐书》，卷222上，6271页；《唐会要》，卷99，1764页；《资治通鉴》，卷218，7000页。

物的车辆和徒步而行的妇女"百里塞途,牛羊积储,一月馆谷"。①

南诏在接下来从757到765年的近十年间,成功地向各个方向扩张。他们袭击了北方的越巂、台登(今四川喜德),控制了巂州南部,四川西南的几个州也落入南诏手中。他们在南方的今西双版纳地区修筑要塞和堡垒。在西方,他们吞并了永昌以西、以南的大片地区,将势力延伸到澜沧江西岸。他们还向东攻克了唐的据点曲靖和步头。他们在上述地区修筑工事,重新划定了南诏的疆域。一个以洱海地区为中心向外延伸的庞大、统一的南诏国初见端倪。②

766年,阁罗凤为庆功在太和城树立石碑。碑文颇长,是由为南诏效力的汉人用优雅的骈体文写成。它详细记述了南诏建国以及与唐朝不和的始末,明确指出南诏叛唐是因为唐地方官员的贪暴以及朝廷对争端的处理不当。阁罗凤还说,倘若唐廷改变对南诏的政策,他会与唐和解。③

对唐廷来说值得庆幸的是,南诏和吐蕃都把它们之间的兄弟关系视作权宜之计。双方,尤其是南诏,不得不做出某些不情愿的妥协以维持这种关系。阁罗凤为取得吐蕃的军事支持以扩张自己的领土,同意将部分南诏军队划归吐蕃统领。而吐蕃统治者经常把这部分兵力投入与唐的战争之中,把他们当作可以牺牲的先头部队。吐蕃统治者为了保障自身的安全,还把南诏的一些战略要地变为吐蕃与唐的缓冲地带。南诏要派出士兵,缴纳赋税,帮助吐蕃强化这些地区的守备。④繁重的军事义务和高昂的税负最终使南诏与吐蕃的关系恶化。

779年,阁罗凤去世,孙子异牟寻(779—808在位)继位成为南诏新君。他积极支持吐蕃,派军参加吐蕃对唐发动的大规模攻势。战事从779年阴历十月开始,南诏、吐蕃联军的兵力达二十多万,他们的最终目标是攻克益州。南诏、吐蕃联军从三个方向发起进攻,分别为北面的扶州(今

---

① 《全唐文》,卷999,4646页。
② 关于751到757年间南诏的领土扩张,见尤中:《南诏疆域的发展和郡县的设置》,《历史地理》第6辑,1988年,126—130页。
③ 《资治通鉴》,卷216,6907页。碑文见《全唐文》,卷999,4645—4647页。另参见向达:《蛮书校注》,73页。对碑文的讨论,见大原良通:《王権の確立と授受——唐・古代チベット帝国(吐蕃)・南詔国を中心として》,191—199页。
④ 《旧唐书》,卷140,3822页,卷197,5281页;《资治通鉴》,卷232,7480页;白居易、孔传:《白孔六帖》,卷76,14页下。

四川南坪）和文州（今甘肃文县）、西北方的茂州，以及西南方的黎州（今四川汉源）和雅州（今四川雅安）。行动目标是将吐蕃的统治延伸到大渡河以北地区，将四川变为吐蕃的"东府"，使当地百姓向吐蕃纳税，输送当地工匠去吐蕃首都效力。由于唐朝的剑南西川节度使当时不在益州，其下属无法组织起有效防御，南诏、吐蕃联军在战事初期进展顺利。剑南西川一些州的刺史弃城而逃，当地百姓纷纷躲入深山。前期的胜利使吐蕃统治者相信自己很快就会把益州收入囊中。但事实证明这是严重的失算。唐廷已在764年平定了安史之乱，现在能更好地组织防御，抵抗来犯之敌。一支劲旅在右神策都将和金吾大将军率领下火速前往救援。他们与当地唐军合力大败敌人，将其赶回大渡河以南。南诏、吐蕃联军有六千多名士兵战死，还有更多人或被俘，或负伤，或被遗弃死于严寒。伤亡人数据说高达九万。[1]

大渡河惨败让异牟寻惊恐万状，唯恐唐军顺势攻打南诏。他为了自保，下令增筑羊苴咩城（今云南大理），并迁都至此。[2]令他意想不到的是，吐蕃如今把大渡河败绩归咎于他。吐蕃为表示不满，不再像对待他祖父那样，颁赐金印，授予"东帝"称号，而仅封他为"日东王"。异牟寻开始意识到亲吐蕃得不偿失，他既没有得到吐蕃的政治承认，也未能开疆拓土。恰在此时，被俘的前唐朝地方官，现任南诏清平官的郑回建议异牟寻改弦更张，归顺唐廷："中国有礼义，少求责，非若吐蕃惏刻无极也。今弃之复归唐，无远戍劳，利莫大此。"[3]异牟寻采纳了他的建议。唐与南诏的关系缓和，双方没有再爆发大规模战争，只是在边境仍有零星冲突。

与唐和解

七年后的787年正月，南诏尝试恢复与唐廷的联系。南诏信使暗中联络新近归附唐朝的周边部落首领，请求他们给剑南西川节度使韦皋带去口

---

[1]《旧唐书》，卷117，3400页，卷196下，5245页；《新唐书》，卷7，184—185页，卷222上，6272页；《资治通鉴》，卷226，7270—7271页；《唐会要》，卷99，1764页。
[2] 关于南诏城市防御体系的论述，见何金龙：《南诏都城防御体系"九重城"的梳理研究》，《边疆考古研究》第3辑，2005年，215—228页；藤沢義美：《南詔国の都城について》，《岩手大学学芸学部研究年報》第24号，1965年，17—29页。
[3]《新唐书》，卷222上，6272页；《资治通鉴》，卷232，7480页。

信，告诉他南诏愿与唐和好。韦皋上奏唐廷，建议招纳南诏及云南其他八个部落，这样就可以破坏南诏与吐蕃的联盟。韦皋的上书恰逢其时。唐廷官员一直打算建立一个针对吐蕃的庞大包围圈，回纥在北，大食在西，南诏在南。宰相李泌把南诏比喻为吐蕃"右臂"，认为唐廷应通过外交手段让南诏重新倒向自己，以达到"断吐蕃之右臂"的目的。德宗批准了这个策略，命韦皋写信催促南诏君主向唐称臣。此外，韦皋还写信给一个与唐关系密切的南诏邻部首领，命他窥探南诏的反应。[①]唐由此开启了与南诏关系正常化的大门，对南诏的政策转为安抚。

异牟寻在积极寻求改善与唐廷关系时，小心翼翼地不留下任何蛛丝马迹，避免让吐蕃觉察到他有意与唐恢复关系。他没有派自己的使者去长安，而是让三个附属部落的首领在788年阴历四月代为谒见德宗。他们接受了唐廷封号和官印，成为唐廷外臣。[②] 788年阴历十月，吐蕃命南诏出兵助其进攻四川。异牟寻当时尚不愿公开其亲唐立场，便应承下来，在泸水（今金沙江）北面部署了数万名士兵。韦皋知道这是南诏的两面手法，于是设计破坏南诏与吐蕃的关系。他在一封给异牟寻的信中，称赞异牟寻归顺唐廷的诚意。他煞有介事地把信装入银函，然后故意让一位忠于唐廷的部落首领把信转交给吐蕃。吐蕃君主开始怀疑南诏与唐私下已经串通好。他为了防备正在四川西南作战的吐蕃士兵腹背受敌，派兵去会川阻止南诏援兵继续北进。异牟寻在盛怒之下拔营撤军。此举更印证了吐蕃统治者先前的猜测。几位吐蕃使者先后来到南诏，要求异牟寻交出人质以证忠心。昔日盟友的关系开始恶化。[③]

从789到792年，韦皋每年都会致信南诏君主，敦促他公开改变立场。其中一封写道："回鹘屡请佐天子共灭吐蕃，王不早定计，一旦为回鹘所先，则王累代功名虚弃矣。且云南久为吐蕃屈辱，今不乘此时依大国之势以复怨雪耻，后悔无及矣。"但每封信都如同石沉大海。不过，韦皋注意

[①]《旧唐书》，卷140，3823页，卷197，5282页；《资治通鉴》，卷232，7480、7485、7489页；《全唐文》，卷620，2810—2811页；白居易、孔传：《白孔六帖》，卷76，14页下。关于韦皋与南诏的交往方式，见藤沢義美：《剣南節度使韋皋の南詔対策——唐・南詔交渉史研究》，《歴史》通号3，1951年，59—65页。
[②]《旧唐书》，卷140，3822—3823页；《资治通鉴》，卷233，7513页。
[③]《资治通鉴》，卷233，7515—7516页。

到，南诏正逐渐减少对吐蕃的军事援助。①

异牟寻在做最终决定前一直谨慎地观察着局势的变化。他直到793年阴历四月才采取行动。当时唐军在一次重大军事行动中击败吐蕃，重新组织了边境防务。异牟寻为确保唐廷收到他的信，派出三名使者经三条不同路线入唐。②他交给每人一封韦皋的来信作为身份证明。三名南诏使节先到益州，呈上给韦皋的信件。异牟寻在信中自称"唐云南王孙，吐蕃赞普义弟、日东王"，请求向唐称臣。他为此前抛弃唐廷，如今又背叛吐蕃做了四点解释：一、背弃唐廷是因为张虔陀、鲜于仲通等唐地方官对南诏专横跋扈，而如今吐蕃将繁重的军事义务强加给南诏，还利用云南北部的部落首领利罗式威胁南诏；③二、腐败的吐蕃官员阻挠南诏向吐蕃君主上书表达意见；三、吐蕃让南诏履行繁重的军事义务，却慷慨地赏赐与南诏交恶的利罗式；四、利罗式曾威胁要消灭南诏，他对南诏使者说："灭子之将，非我其谁？子所富当为我有。"④异牟寻接着在信中列举了四件使他决定立即归顺唐廷的"难忍之事"：一、吐蕃君主让利罗式带六十名甲士担任侍卫，公开庇护行为恶劣的人；二、吐蕃一向对周遭政权怀有不轨企图，如果自己只是仰人鼻息，无所作为，既有辱先人，又辜负了百姓；三、好几位投靠吐蕃的部落首领被害，他担心自己也难逃同样下场；四、南诏一直想要归顺唐廷，但吐蕃却阻止南诏和唐接触。⑤异牟寻还在信中提出将吐蕃逐出云南的全盘策略：唐廷应增加在西南的驻军，鼓励回鹘从北方骚扰吐蕃，并与南诏结盟。⑥

韦皋读信大喜，立即派下属护送南诏使者赴长安。使者入朝觐见唐帝，献上象征着异牟寻对唐忠贞不贰的礼物——黄金、朱砂、丝绸、当归。使者解释说，这四样礼物的意义分别是：南诏归顺唐朝之意坚如黄金；南诏

---

① 《全唐文》，卷233，7517、7520、7524、7537页。参见木芹：《云南志补注》，卷10，143页。
② 南诏还派出第四名使节出访唐安南都护府，见木芹：《云南志补注》，卷10，144页。
③ 这一部落的首领名为矣罗识，该部落由被吐蕃打败的部落遗民组成，见木芹：《云南志补注》，卷3，29页。吐蕃允许他们重建，利用他们对南诏施压。对这个问题的讨论，见方国瑜：《南诏与唐朝、吐蕃之和战》，载《方国瑜文集》第2辑，昆明：云南教育出版社，2001年，271—272页。
④ 《新唐书》，卷222上，6272页。
⑤ 同上书，卷222上，6273页。
⑥ 同上书，卷222上，6273页。参见藤沢義美：《西南中国民族史の研究——南詔国の史の研究》，306—314页；王吉林：《唐代南诏与李唐关系之研究》，227—309页。

对唐廷的忠心赤如朱砂；南诏之主现在顺从如丝绸，绝不会再给唐制造麻烦；当归意味着"应当归顺"，表明南诏君主认为臣服唐廷正当其时。德宗对这番解释非常满意，下敕书接纳南诏重回唐体制。他还指示韦皋派下属以递交敕书为名，搜集更多关于南诏的情报。①

794年正月，南诏官员在南诏首都郊外迎接韦皋的下属崔佐时。②他们转达了主人命令：崔佐时不能自称唐使，而要说是来自当地部落牂牁的使节；进城之前他要脱下唐官服，换上牂牁衣服。崔佐时愤怒地驳斥道："我乃唐使者，安得从小夷服？"他过了很久才明白南诏为何会下达如此奇怪的命令，当时一个有数百名成员的庞大吐蕃使团已在南诏都城停留了一段时间。异牟寻不愿让吐蕃知道自己的亲唐立场，所以不希望吐蕃注意到崔佐时来访。异牟寻为确保崔佐时的到访不为人知，选择在夜间会见崔佐时。他满含泪水，向崔佐时两次行揖拜礼之后，接受了唐廷诏书，成为唐朝外臣。崔佐时催促他公开表明效忠唐廷，要求他处决几个吐蕃使团成员，上缴吐蕃赐给其祖父的金印。异牟寻不情愿地照办了。他还放弃了吐蕃头衔，请求恢复"南诏"国号。异牟寻和崔佐时在南诏清平官以及几位将军的陪同下，来到点苍山北坡祠堂，举行隆重的仪式，正式结为同盟。他们在天、地、山、河四位神灵的见证下盟誓。异牟寻誓言南诏将永远忠于唐朝，协助唐对抗吐蕃，永不侵犯唐土。崔佐时保证，唐会尊重南诏的疆域完整及百姓生命安全。他还承诺，回到益州后就向上司详细汇报结盟的经过，并将南诏的忠心上奏朝廷。誓言一式四份。崔佐时和异牟寻各执一份，第三份保存在祠堂，最后一份献给河神。③这标志着唐与南诏的关系进入了新阶段，南诏将成为唐牵制吐蕃策略中日益重要的军事伙伴。

---

① 白居易、孔传：《白孔六帖》，卷8，4页下—5页上；《旧唐书》，卷197，5282页；《新唐书》，卷222上，6273页；《资治通鉴》，卷234，7547页。参见木芹：《云南志补注》，卷3，39页；向达：《蛮书校注》，76、266页。对《旧唐书》此条记录的研究，见吴玉贵：《〈旧唐书〉斠补举例》，《中国社会科学院历史研究所学刊》第2集，2004年，379—380页。
② 《旧唐书》，卷140，3822页；《新唐书》，卷158，4935页。
③ 《旧唐书》，卷197，5282—5283页；《新唐书》，卷222上，6274页；《全唐文》，卷999，4645页；《资治通鉴》，卷234，7552页。参见向达，《蛮书校注》，77、249—253页；木芹：《云南志补注》，卷10，143—144页；小幡みちる：《唐代会盟儀礼にみえる宗教と国際関係——唐・南詔間の貞元会盟を中心として》，《早稲田大学大学院文学研究科紀要》第4分册48，2002年，111—122页。

793 年一整年，吐蕃统治者完全被蒙在鼓里，对南诏与唐新近结盟之事毫不知情。794 年阴历三月，吐蕃在一次重要战役中败给回鹘后，如往常一样要求南诏派兵援助。异牟寻抓住这个机会策划奇袭吐蕃。他谎称南诏军力薄弱，只能派出三千名士兵，几经讨价还价，才同意派出五千名士兵。这些士兵实际上只是先头部队，后面跟着由异牟寻亲自率领的主力大军。他们日夜兼程，赶到金沙江上游的铁桥，这里是吐蕃进入四川南部和云南的必经之处。他们与吐蕃军队交手后，夺取了这一带的十六座吐蕃据点，生擒五名吐蕃贵族，俘虏十万名士兵，并控制了三万多户当地百姓。异牟寻为博取唐廷的信任，向韦皋报告了自己的战绩，请韦皋前来视察城镇及战利品。① 异牟寻接着又打败了数个当地部落，然后南下攻克剑川。剑川陷落是异牟寻一系列军事行动的开端。南诏的版图最终将北至大渡河，南接安南都护府边境，东达贵州遵义，西到缅甸北部和泰国。南诏在鼎盛时期，疆域东西延伸三千余里，南北跨越四千六百多里。②

794 年阴历六月，异牟寻之弟入唐觐见唐朝皇帝，献上南诏地图和方物，包括一块重达十三公斤的稀世琥珀。③ 他还上缴了异牟寻及其祖父接受的吐蕃官印。该举动象征着异牟寻接受了唐朝外臣的新身份，他已向唐敞开大门，向唐帝朝贡，并与吐蕃断绝了往来。贡使再次请求恢复原来的国号"南诏"。唐廷为回报南诏的忠心，任命袁滋为册封使出访南诏。④ 当年阴历十月，异牟寻接受袁滋册封，并举行了隆重的仪式。他"北面跪受册印，稽首再拜"，正式成为唐朝外臣。异牟寻在册封后举行的庆功宴会上，展示了玄宗赐予南诏的两个银盘。袁滋训诫他说："南诏当深思祖考，子子孙孙尽忠于唐。"异牟寻答道："敢不谨承使者之命。"他还承诺，将竭尽所

---

① 《旧唐书》，卷 187，5283 页；《新唐书》，卷 216 下，6098—6099 页，卷 222 上，6274 页。《新唐书》的第一条材料记载，这次行动系南诏和唐联合组织。有学者认为唐发起这次行动是为了转移吐蕃对其首都长安的军事压力，参见《资治通鉴》，卷 234，7552—7553 页；《唐会要》，卷 99，1764 页；向达：《蛮书校注》，153 页。
② 方国瑜：《中国西南历史地理考释》，北京：中华书局，1987 年，416—421 页；向达：《唐代纪载南诏诸书考略》，《周叔弢先生六十岁生日纪念论文集》，1950 年，110 页。关于安南北部边界的变迁，见尤中、苏建灵：《唐朝时期安南都护府北部地界的变迁》，《历史地理》第 10 辑，1992 年，204—208 页。
③ 木芹：《云南志补注》，卷 7，107 页。
④ 权德舆：《权载之文集》，《四库丛刊》本，卷 4，2 页上；卷 36，2 页下—3 页上；卷 45，7 页下。

能把南诏变为唐西南的"籓屏"。①

联手打击吐蕃

自 795 年起，异牟寻开始定期遣使入唐朝贡，并促进文化交流。②南诏遣子弟到益州学习汉语和算术，一批人完成学业，另一批新人便会前来接替。这个学习项目持续了五十年之久，共有一千人获得入唐学习的机会。结果，他们全都通晓四川的风土人情，对各处战略要地了如指掌。③益州的唐朝官员也对南诏有了深入的认识。798 年，韦皋向唐帝献上《开西南事状》。此书共十章，详细介绍了南诏的风土及其与唐交往的历史。④800 年，南诏使者率舞蹈团来到益州，为韦皋表演了《奉圣乐舞》。韦皋改编了乐曲，定名为《南诏奉圣乐》，然后将舞蹈团全体人员送往长安。德宗对他们的演出十分欣赏，命令宫廷乐师和舞者向南诏同行学习。后来，这部作品成为唐官方娱乐活动的一部分，定期在唐廷表演。⑤

异牟寻为了证明自己是唐朝有价值的盟友，于 795 年主动出击，攻克了吐蕃在昆明的据点。799 年，吐蕃为报复发动反击，但唐与南诏联手大败吐蕃军队。⑥801 年，南诏参与了另一次唐对吐蕃的军事行动。南诏与唐协同作战，从东面接敌。吐蕃士兵死亡过万，六千人被俘。吐蕃的七座城池和五个军事据点落入南诏手中，还有一百多处工事被焚毁。⑦这场灾难性的失败迫使吐蕃转入守势，军事实力的对比开始对唐和南诏有利。

---

① 《旧唐书》，卷 13，380 页，卷 197，5283 页；《新唐书》，卷 222 上，6274—6275 页；《册府元龟》，卷 653，20 页下—21 页上，卷 662，25 页上，卷 965，9 页上，卷 976，6 页上；《资治通鉴》，卷 235，7561—7562 页；《唐会要》，卷 99，1764 页。参见向达：《蛮书校注》，78 页；木芹：《云南志补注》，卷 1，11 页，卷 3，45 页。
② 《新唐书》，卷 222 上，6278 页。南诏在 795、796、798、800、802、803、804、805、806 及 807 年向唐廷遣使。806、807 两年，南诏使者每年到访两次。这些使者成为唐诗的主题，见白居易：《白氏长庆集》，《四部丛刊》本，卷 3，17 页上一下；元稹：《元氏长庆集》，《四部丛刊》本，卷 24，7 页下—8 页上。方国瑜：《方国瑜文集》第 2 辑，164—166 页载有访问唐廷的南诏使者一览表。
③ 孙樵：《孙樵集》，《四库丛刊》本，卷 3，5 页上；《新唐书》，卷 215 上，6027 页。
④ 《新唐书》，卷 215 上，6027 页。
⑤ 《新唐书》，卷 22，480 页；卷 222 中，6308—6310 页。对唐宫廷音乐中南诏音乐素材的研究，见孙晓辉：《两唐书乐志研究》，上海：上海音乐学院出版社，2005 年，286—289 页。
⑥ 《新唐书》，卷 222 上，6275—6277 页；《资治通鉴》，卷 235，7585 页。
⑦ 《新唐书》，卷 222 上，6277—6278 页；白居易、孔传：《白孔六帖》，卷 87，3 页上；《新唐书》，卷 216 下，6099—6100 页；《资治通鉴》，卷 236，7598 页。

异牟寻在政治上对唐言听计从，在军事上可为唐所用，已然成为唐廷颇有价值的伙伴，乃至他在 808 年去世后，唐廷废朝三日，派使者出席葬礼，表示哀悼。宪宗在赐给南诏大臣的敕书中写道："朕以义重君臣，情深轸悼。"敕书批准寻阁劝（808—809 在位）为异牟寻的继承人，敦促南诏大臣辅佐新主，维持亲唐立场。① 然而，由于一手缔造了唐与南诏君臣关系的两位功臣均已离世（韦皋三年前辞世，如今异牟寻也已亡故），南诏内部亲唐派的势力大不如前。不仅如此，当初南诏向唐称臣是为了应对吐蕃严重的军事威胁，现在吐蕃的威胁已大大减轻，而唐与南诏的利益冲突逐渐浮出水面，并最终导致双方反目成仇。

寻阁劝上任刚刚一年便突然死亡，年仅十三岁的劝龙晟（809—816 在位）继位。他很快便沦为各位将军的傀儡。南诏在 801 年对吐蕃的战争中取得了史无前例的大胜，这些将军的权力和影响力迅速膨胀。808 年异牟寻去世后，他们开始操纵朝政。② 816 年，颇有权势的节度使王嵯巅发动政变，杀南诏幼主，扶持劝利（816—823 在位）继位，自任清平官，总揽朝政。三年后的 819 年，劝利设法罢黜了王嵯巅，夺回大权。但他远不是一位强势君主。继位的劝丰祐（也称丰祐，823—859 在位）同样难堪大任，将军们因此能够继续操弄国政，南诏的对唐政策也在外交和对抗之间摇摆。

南诏在表面上仍然定期遣使入唐朝贡。从 802 到 846 年，史料中有记载的南诏使节不少于三十五名，有时一年之内有两三名使者到达长安。③ 唐廷也极力维持双边关系。816 年，宪宗废朝为劝龙晟举丧。④ 同年，皇太后王氏过世，⑤ 唐剑南西川节度使遵循惯例向南诏报丧。823 年，穆宗册封劝丰祐为南诏王。剑南西川官员为加强同南诏的外交联系，在辖区内开通道路，便利南诏使节、学生前往长安。⑥ 但实际上，南诏已悄然放弃了与唐朝

---

① 白居易：《白氏长庆集》，卷 57，32 页上一下；《旧唐书》，卷 14，427 页，卷 197，5284 页；《新唐书》，卷 222 中，6281 页；《册府元龟》，卷 662，25 页上；《唐会要》，卷 99，1765 页。
② 《全唐文》，卷 665，3034 页。
③ 《旧唐书》，197，5284 页。
④ 同上书，卷 15，455 页，卷 197，5284 页；《新唐书》，卷 222 中，6281 页；《册府元龟》，卷 965，12 页下，卷 976，10 页上；《全唐诗》，卷 333，3719 页。
⑤ 《旧唐书》，卷 15，456 页。王氏为顺宗皇后。
⑥ 《新唐书》，卷 215 上，6027 页；《册府元龟》，卷 393，16 页上—17 页下。对这条通路的讨论，见严耕望：《唐代成都清溪南诏道驿程考》，《唐史研究丛稿》，香港：新亚研究所，1969 年，323—366 页。

的联盟，开始与唐廷角逐西南地区的控制权。

边境摩擦与和平共处之间

南诏改变对唐立场的最初征兆出现在 816 年阴历五月，当时南诏袭击了唐朝在越南北部设置的安南都护府。822 年，南诏士兵劫掠了贵州西部的村庄。① 到了 829 年，双边关系遭受更严重的打击。杜元颖在四川西部引发混乱，南诏趁机袭击了益州。杜元颖是个平庸之辈，曾官至宰相，823 年失势后出任剑南西川节度使。他是文官，为人高傲，擅长文辞，但对军事一窍不通。当地军队早在韦皋任职四川期间，就因为数十年的和平而疏于操练，纪律松弛。杜元颖接任后，边境防务更为松懈，士兵训练完全荒废。杜元颖也和当时许多官员一样，对百姓横征暴敛，攫取当地资源，大发不义之财。他还定期向朝廷进献昂贵的工艺品，以博取皇帝的恩宠，确保自己官运亨通。更有甚者，杜元颖侵吞军费，导致戍边士兵粮食、军衣不足。一些士兵开始向南诏军官泄露军事机密以换取食物。这个边境重镇在南诏面前已形同虚设。

829 年阴历十一月，南诏发动攻势，第一个目标是大渡河以北的黎州。杜元颖接到了事件报告，但是拒绝相信报告的内容。② 当月晚些时候，王嵯巅以唐军逃兵为向导，率领南诏大军进犯巂州、戎州。杜元颖匆忙征召五千名士兵对抗南诏军队，但在邛州（今邛崃，距成都西南仅约七十五公里）被击败。得胜的王嵯巅兵分三路，东路进攻梓州（今四川三台），西路指向黎州和雅州，中路直取益州。三路部队沿途几乎未遭遇任何抵抗。同年年底，王嵯巅亲自率领的中路军迅速逼近益州，这个唐廷在西南地区的行政中心岌岌可危。

唐廷面对危机，调集大军前去救援，并派益州监军与王嵯巅联络，要求后者撤军。③ 益州监军收到了王嵯巅表示和解的金酒杯和银水壶，④ 但南诏拒绝撤兵。新上任的剑南西川节度使郭钊修书责备王嵯巅，后者在回信时

---

① 《新唐书》，卷 7，216 页；《资治通鉴》，卷 239，7721—7722 页。
② 《旧唐书》，卷 17 上，533 页；《资治通鉴》，卷 244，7867 页。
③ 《旧唐书》，卷 17 上，533 页。
④ 《册府元龟》，卷 972，8 页下；卷 980，18 页下。

把责任完全推给唐地方官员："杜元颖侵扰我，故兴兵报之耳。"王嵯巅与郭钊四次书信往来之后，南诏终于同意退兵。①但王嵯巅在撤军前洗劫了益州这个当地最富庶的城市，掠百工、妇女数万人。很多人惊恐过度，在城外跳河自杀，尸体阻塞了河流。当南诏殿后的部队押解着被俘者行至大渡河边时，王嵯巅对他们说："此南吾境也，听汝哭别乡国。"恸哭、哀号之声随之而起，更多的人投河自尽。②

益州事件后，双方关系进入了微妙阶段。史书记载，此时的南诏"或臣或否"。③由于担心唐可能报复，南诏转而向唐的宿敌吐蕃求助。南诏使者向吐蕃君主献上珍珠财宝及数千名唐朝俘虏，请求吐蕃在唐进攻时给予援助。不过，南诏知道吐蕃的军事实力正在减弱，而且也不希望长期与唐为敌。因此，王嵯巅在830年正月命人将谢罪信送至唐廷，请求唐廷原谅此前他对益州造成的严重破坏。但他再次辩解说，整起事件是应心怀不满的唐朝士兵之请，是对杜元颖的惩罚行动。他在信中写道："蛮比修职贡，岂敢犯边，正以杜元颖不恤军士，怨苦元颖，竟为乡导，祈我此行以诛虐帅。诛之不遂，无以慰蜀士之心，愿陛下诛之。"文宗接受了这个似是而非的辩解，指示郭钊和南诏约定互不侵扰。双方的紧张关系暂时得到缓解。④

在接下来的830到845年的十五年间，由于新任节度使李德裕治理有方，四川边陲安宁无事。830年李德裕上任之初，四川还是个凋敝之地，"自成都以南，越嶲以北八百里之间，民畜为空。加以败卒贫民持兵聚众，因缘劫杀，官不能禁。由是西蜀十六州至今为病"。⑤李德裕恢复秩序的第一项措施，是系统搜集有关南诏与吐蕃的军事情报。他下令修建"筹边楼"，将南诏和吐蕃地图分别画在左右两面墙上，图中详细标注了南诏、吐蕃与唐接壤地区的山川、要塞、道路和各部落。李德裕经常把长期在军中服役、

---

① 《旧唐书》，卷120，3472页；《资治通鉴》，卷244，7868页。
② 《旧唐书》，卷41，1697页，卷163，4264页；《资治通鉴》，卷244，7868页；《全唐文》，卷744，3457页。另见向达：《蛮书校注》，174页。
③ 《旧唐书》，卷41，1697页。
④ 同上书，卷120，3472页，卷197，5284—5285页；《资治通鉴》，卷244，7868—7869页；《唐会要》，卷99，1765页。
⑤ 孙樵：《孙樵集》，卷3，5页上—6页上。

熟悉边事的人召集到筹边楼,让他们核查、订正地图,向他们咨询山川、道路情况以及各地之间的距离。不出一个月,李德裕就对边陲地区了如指掌,"皆若身尝涉历"。[1]

李德裕以这些知识为基础,调整了四川西南的防御体系。他将巂州治所北移至台登,以便更好地御敌。他还在大渡河北岸修建据点,派重兵把守拱卫通往南诏的要道上的清溪关。该据点距离黎州的治所不过二十多公里,敌人来犯时很容易得到援助。他在唐、吐蕃边境也采取了类似措施。紧接着,李德裕操练士兵,修复防御工事,储备军粮。[2]这一系列措施既使唐地方军队在边境突发事件中有备无患,也有助于当地百姓回归正常生活。唐代史料记载:"(当地)数年之内,夜犬不惊。疮痏之民,粗以完复"。[3]

同样是在 830 年,南诏也恢复了与唐廷的联系。次年,南诏在李德裕的要求下,释放了四千多名俘虏,包括从益州掳走的僧侣、道士及工匠。[4]从此以后直到武宗朝末年的 846 年,南诏使团频繁访问长安。[5]在这十六年间,南诏的制度建设取得了长足进步。南诏通过派往益州学习的学生,广泛吸纳唐廷的行政管理经验。它大量营建公共建筑,扩建寺院,还将版图扩展至中南半岛。832 年,南诏进攻骠国(今缅甸卑谬),带回三千名俘虏。不久之后的 835 年,南诏又征服了弥臣国(在今伊洛瓦底江口附近)。[6]

南诏在中南半岛北部的扩张活动不可避免地与唐朝产生了新的利益冲突。唐安南都护府(治所在今越南河内)在 846 年遭南诏袭击。[7]这一事态发展实际上结束了双方短暂的和平。南诏依然希望和唐保持外交关系,但

---

[1] 白居易、孔传:《白孔六帖》,卷 10,14 页下,卷 76,16 页上;《资治通鉴》,卷 244,7872 页。
[2] 白居易、孔传:《白孔六帖》,卷 9,8 页上;《旧唐书》,卷 174,4519 页;《新唐书》,卷 180,5332 页;《资治通鉴》,卷 244,7872—7873 页。
[3] 《旧唐书》,卷 174,4519 页。
[4] 同上书,卷 17 下,542 页,卷 174,4519 页;《新唐书》,卷 180,5332 页;《册府元龟》,卷 429,17 页下,卷 980,18 页下;《资治通鉴》,卷 244,7877 页。
[5] 他们分别于 831、832、834、836、837、839、841、842、845 和 846 年赴唐,见《旧唐书》,卷 197,5285 页;《册府元龟》,卷 972,9 页下、10 页上,卷 976,12 页下、13 页下、15 页上;《唐会要》,卷 99,1765 页。
[6] 《新唐书》,卷 222 下,6308、6314 页。另见木芹:《云南志补注》,卷 10,127、129 页。对南诏在中南半岛扩张的讨论,见方国瑜:《南诏邻近的国名及城镇》,载《方国瑜文集》第 2 辑,昆明:云南教育出版社,2001 年,250—251 页。另见林谦一郎:《南詔国後半期の対外遠征と国家構造》,《史林》第 75 卷第 4 号,1992 年,554—585 页。
[7] 《新唐书》,卷 8,246 页;《资治通鉴》,卷 248,8026 页。

唐廷在854年拒绝接受南诏使者进献的犀牛，中止了双方的官方联系。[1]

同样是在854年，安南发生骚乱，南诏趁机展开更大规模的攻势，扩大了自身在该地区的利益。安南骚乱与829年的益州事件如出一辙，起因都是唐地方官员贪污腐败，滥用职权。早在818年李象古任安南都护时，当地部落就曾起兵反抗他的暴政。他们攻克安南都护府治所，杀死了李象古及其家人。[2]唐廷派往安南的官员声名狼藉，得罪了当地许多部落首领，后者或拒绝向官府纳税，或联络南诏寻求保护。[3]854年，贪得无厌的李琢任安南经略使，当地情况进一步恶化。李琢强迫当地部落与他进行不公平的物物贸易，用一匹马或一头牛换一斗盐，这个价格远远高于市价。当地人不堪忍受，不再来交易。李琢大怒，处死了该部落首领。他还决定停止在冬天派唐兵戍边，而将任务交给当地的部落首领李由独，边地从此不再由可靠的唐军戍守。李琢的不明智之举促使南诏想方设法拉拢李由独。一位南诏将军把侄女嫁给李由独的幼子，后者因此成了南诏的低级官员。不久之后，李由独和安南其他心怀不满的部落首领就公开站到南诏一边。他们组成"白衣没命军"，与南诏军队协同作战，联手攻击安南都护府西北的低地，并最终攻克了安南。该地区多达十八个羁縻府州落入南诏手中。[4]

唐廷的应对之策是在858年任命王式为安南都护。王式的第一个措施是加强交趾（位于安南都护府治所西北的一座城市）的防卫。他命人树起栅栏，深掘壕堑，环城种植棘竹。由于有这些防御工事，南诏军队在当年正月未能攻陷交趾。南诏军的指挥官下令撤军，并向王式致信道歉道："我自执叛獠耳，非为寇也。"[5]遗憾的是，由于南方的岭南、江西、湖南同时有人起事，唐廷不得不突然缩短王式在安南的任期，在860年把他调离安南，去处理更为紧迫的浙江裘甫起义。[6]王式离开后，安南局势再次恶化，当地

---

[1]《旧唐书》，卷18下，631页；《唐会要》，卷99，1765页。
[2]《旧唐书》，卷15，470页；《资治通鉴》，卷241，7774页。
[3]《唐会要》，卷73，1321—1322页。
[4] 木芹：《云南志补注》，卷1，3页，卷4，50、66页，卷9，125—126页。另见《旧唐书》，卷15，470页；《新唐书》，卷222中，6282页；《资治通鉴》，卷241，7774页，卷249，8070页。
[5]《资治通鉴》，卷249，8066—8067页。
[6] 有关安南都护府的衰落，随后当地越南人起事，以及与南诏的战事等问题的论述，见Charles R. Backus, *The Nan-chao Kingdom and T'ang China's Southwestern Frontier* (New York, 1981), pp. 131—145。以越南人的视角探讨上述问题的研究，见Keith Walker Taylor, *The Birth of Vietnam* (Berkeley, 1983), pp. 222—249。

陷入混乱、骚动之中。

激烈的军事对抗

859年，唐宣宗和南诏王劝丰祐不幸在同一年去世，原本就不稳固的唐与南诏的关系变得更加动荡不定。双边关系实际上在劝丰祐仍在世时便已经开始恶化，原因是南诏派往唐朝的学生和使者人数过多，接待这些访客的工作繁重琐碎，花费不赀，益州难以负担。剑南西川节度使请求唐廷批准减少访客人数，降低接待规格。唐廷批准了他的请求。一名南诏间谍得到这个消息后将其传回南诏。劝丰祐对此十分不悦，给唐廷写了一封措辞尖酸刻薄的信："一人有庆，方当万国而来朝；四海为家，岂计十人之有费。"劝丰祐为了表示自己的不满，要求唐廷将所有在唐的南诏学生送回南诏。他还指示正在前往长安的途中，本打算参加冬至庆典的南诏使节在巂州停下，把书信交给当地官员。此后，南诏不再定期遣使入唐。

859年，一名唐廷宦官前往南诏通报唐宣宗的死讯，却受到东道主的冷遇。心怀不满的南诏新君世隆（859—877在位）将他安置在外馆，并当面责问道："我国亦有丧，朝廷不吊祭。又诏书乃赐故王。"这位遭冷遇的宦官后来在给朝廷的报告中对世隆多有微词。唐懿宗（859—873在位）指责世隆未将劝丰祐的死讯通告唐廷，违反了每个属国都必须遵守的礼仪。他还强烈反对南诏新主在名字中使用"世"和"隆"二字，因为这两个字犯了唐太宗和唐玄宗的名讳。唐廷决定不向南诏派吊祭使或册封使，实际上相当于拒绝承认世隆为南诏新君。双方的紧张关系旋即升级。世隆自称"帝"，改国号"大礼"，并进犯播州（治所在今贵州遵义）。[①]

唐宰相杜惊力图挽回濒临崩溃的双边关系。他对皇帝说："云南向化七十余年，……今者虽起衅端，未深为敌，宜化以礼谊。"杜惊提议双方和解，世隆另取名字以换取唐廷的承认。唐廷采纳了这个提议，准备派使者前往南诏。但使者尚未启程，长安便收到南诏出兵播州的消息，于是取消

---

① 王谠：《唐语林》，上海：上海古籍出版社，1978年，卷2，39页；《新唐书》，卷222中，6282页；《资治通鉴》，卷249，8078页。关于大理，见林谦一郎：《南詔・大理国の統治体制と支配》，28—54页；《南詔・大理国の成立と「白人」の形成》，《アジア民族文化研究》第4号，2005年，63—71页。

了使者的行程。①

唐和南诏的关系在世隆当政的二十年中更加恶化，大规模冲突频繁爆发，双方均损失惨重。世隆是个嗜血成性的年轻人，对持异议者格杀勿论，几乎每年都对唐发动战争。②860 年年底到 861 年年初的整个冬天，新任安南都护李鄠都疲于应付南诏对播州的侵扰。而与此同时，安南的一些部落因不满李鄠最近下令处决了他们的首领，与南诏取得联系，并集合起三万多人在安南都护府各地制造骚乱，甚至一度占领了交州。李鄠和一名宦官监军急忙赶到附近的武州募兵发动反击。他们成功驱逐了来犯之敌，但李鄠因玩忽职守被贬职。③

南诏的撤退只是暂时的。861 年阴历七月和九月，邕州（行政中心位于今广西南宁）和巂州遭受袭击。邕州的人员伤亡尤为惨重，州内城镇居民仅有十分之一幸免于难。④但对唐朝而言，西南地区行政中心巂州遭袭带来的政治后果更加严重。大渡河以南的部落现在处于唐朝和南诏的双重压力之下，开始对唐采用两面手法。他们在和平时期表面上臣服唐朝，一旦唐和南诏爆发冲突，便充当南诏军的先锋。⑤

唐廷重新部署了安南都护府所属岭南道的整个防御体系，以应对南诏在该地区的活动。唐三万援兵抵达河内，但由于代理安南经略使蔡袭与来自太子东宫、受命掌管岭南军政事务的蔡京不和，援军很快便离开。⑥安南再次暴露在南诏的威胁之下。862 年年底到 863 年年初的冬天，南诏对安南发动全面进攻。五万名南诏士兵迅速摧垮了唐军防线。863 年年初，河内遭受猛烈围攻后失陷。南诏军队继续北进，再次袭击巂州，一路上还攻打了其他几个州。⑦唐廷终于意识到形势的严重性，南诏的进攻不是突袭，而是试图占领并永远控制安南，从而削弱唐朝在西南的统治。864 年，唐廷组建

---

① 王谠：《唐语林》，卷 2，39—40 页；《新唐书》，卷 222 中，6282 页；《资治通鉴》，卷 250，8095 页。
②《新唐书》，卷 222 中，6289 页；《资治通鉴》，卷 253，8190 页。
③《资治通鉴》，卷 250，8092 页。
④《新唐书》，卷 9，257 页，卷 222 中，6282 页；《资治通鉴》，卷 250，8095 页。
⑤ 白居易、孔传：《白孔六帖》，卷 76，13 页下；《新唐书》，卷 149，4800 页；《资治通鉴》，卷 250，8113、8118 页。
⑥《资治通鉴》，卷 250，8098 页；《全唐文》，卷 84，391 页。
⑦《资治通鉴》，卷 250，8104、8107、8109 页。

了一支庞大的远征军，由经验丰富的将领高骈指挥。865年年底到866年年初的冬天，高骈收复河内，加强了河内的防御，并将南诏军队驱逐出安南都护府。① 此后，南诏不再企图控制安南，而把注意力转向他处。②

唐收复安南后，对这个都护府的统治仍然很薄弱。安南城几乎因战事沦为废墟。高骈不得不重修三千多步（约合五千米）长的城墙，为居民建造四十万间房屋。③高骈看到当地部落在和他打交道时愈发放肆，于是决定惩罚在安南事件中曾协助过南诏的部落，以儆效尤。他下令处决一名部落首领及其三万部众，④但这种残忍做法适得其反，更多部落投靠南诏。安南局势变得更加危险。⑤

尽管两国间战事不断，南诏并未断绝与唐廷的联络。866年，世隆派清平官（相当于宰相）董成等十九人来到成都。但董成的任务似乎是搜集成都的战备情报，而非改善双边关系。董成与成都节度使李福就接待礼仪发生了争执。会面当天，李福安排了超出常规的仪仗队迎接董成。但董成在得知要对李福行拜伏礼后，拒绝离开客馆，并通过信使兼翻译提出抗议："[南诏]皇帝奉天命改正朔。"董成主张，南诏并没有向唐称臣，"请以敌国礼见"。李福当然不认可他的说法。信使几次穿梭于两人之间，试图找出解决办法，但徒劳无功。此时已是正午，唐军将士们已经在烈日下站了几个时辰，耐心几乎消磨殆尽。他们怒气冲冲地揪住董成，一番羞辱、殴打后，铐上枷锁，囚禁在客馆。董成运气不错。李福不久后卸任，接替李福出任节度使的刘潼释放了董成，并奏请朝廷允许董成返回南诏。唐廷这才知道董成已在成都，于是决定在长安接见他，作为恢复与南诏关系的第一步。唐廷有充分理由这样做，它现在不得不着手处理严重的内乱，实际上已无力再抽调大量士兵，提供昂贵的后勤保障，继续与远在南陲的南诏作战。在长安，唐帝隆重接待了董成一行，厚加赏赐后发遣回国。⑥866年阴

---

① 《唐会要》，卷73，1322页。
② 《旧唐书》，卷19上，659页；《新唐书》，卷222中，6284页；《唐会要》，卷86，1585页。
③ 《资治通鉴》，卷250，8117页。
④ 同上书，卷250，8116页。
⑤ 对安南各部落及其与唐朝地方机构关系的概述，见陆心源：《唐文拾遗》，卷41，4869页。另见方国瑜：《南诏与唐朝、吐蕃之和战》，载《方国瑜文集》第2辑，昆明：云南教育出版社，2001年，302—303、305页。
⑥ 《新唐书》，卷222中，6284—6285页；《资治通鉴》，卷250，8113—8114页。

历十一月，唐廷下敕，命令安南、邕州、四川西部各节度使停止攻击南诏，专注于防守。唐廷还命刘潼告知南诏："如能更修旧好，一切不问。"[1]

但是，双方未能实现关系正常化。具有讽刺意味的是，失败的原因之一是唐廷决定由李师望处理所有与南诏及四川其他部落相关事务。李师望曾建议合并七州为定边军，由一名节度使掌管，以便"制机事，近且速"。但李师望被任命为首任定边军节度使后，却热衷于敛财，无法有效管理边疆事务。他在短暂的任期内，受贿多达百万枚铜钱。他为了建立军功以博取皇帝的恩宠，还有意挑起和南诏的边界冲突。867年，南诏使者为感谢唐廷在上一年允许董成返回而去拜访李师望。李师望非但没有以礼相待，反而下令处死使者。[2]世隆勃然大怒。869年阴历十一月，他亲率五万大军袭击四川南部的嶲州，再从那里渡过大渡河，洗劫了黎州。[3]

在这次大规模军事行动中，对唐心怀愤懑的当地部落东蛮发挥了积极作用。东蛮在八世纪九十年代唐与吐蕃的冲突中曾经是唐朝的盟友。剑南西川节度使韦皋也曾派唐朝工匠教东蛮人制造品质上乘的盔甲、长矛，再以这些人为先锋与吐蕃交战。不幸的是，东蛮人没有因为替唐廷效力而获得荣誉，也没有得到报偿，反而受到嶲州刺史喻士珍的残酷对待。在一桩肮脏的交易中，他掳掠东蛮人，把他们卖给其他部落以赚取黄金。东蛮人因此对唐朝深恶痛绝。865年，当南诏袭击嶲州时，他们为南诏军打开城门。城中唐兵全部被杀，臭名昭著的喻士珍投降南诏。自此以后，东蛮成了唐朝死敌，只要南诏袭击唐土，他们就鼎力相助，还常常凌辱唐朝战俘，然后处死。[4]

成都之役

世隆此次军事行动的最终目标是唐朝在四川的主要行政中心成都。这座城市对南诏的进攻准备不足，只有子城，没有堑壕等防御工事。城中挤

---

[1]《资治通鉴》，卷250，8116页。
[2]《新唐书》，卷222中，6285页。
[3]《旧唐书》，卷19上，672页；《新唐书》，卷222中，6285页；《资治通鉴》，卷251，8151页。他们在前往成都的途中还攻克了嘉州（治所在今四川乐山），见《新唐书》，卷9，261页；《资治通鉴》，卷251，8151页。
[4]《新唐书》，卷222中，6284页；《资治通鉴》，卷250，8111页；王谠：《唐语林》，卷7，224页。

满了来自邻州的难民，饮用水严重短缺，唐军武备松弛。节度使卢耽眼看南诏军迅速逼近，不得不仓促组织人力加强城防。他挑选将校，给他们分派任务，命人打造武器，在城中警备巡逻。然后，他下令招募士兵，并亲自主持遴选。他让人将兵器在官府的庭院中一字排开，要求应募者演练，从中挑选出了三千名骁勇之士组成了大军的突击队（"突将"）。

870年正月初五，南诏军队攻陷眉州（今四川眉山），距成都仅七十五公里。卢耽尚未完成各项防御措施，因此决定求和。他派一名副手来到眉州，给南诏高官杜元忠送信约和。但杜元忠的回答语含讥讽、用意隐晦："我辈行止，只系雅怀。"此后，南诏军队又向北推进了五十公里，到达新津（今四川新津），成都告急。卢耽的另一名副手急忙赶去求见杜元忠，请他解释南诏军队的行动。这次杜元忠甚至不屑回复，直接扣留了这名副手。卢耽将情况上奏朝廷，请求派使者化解成都危机。朝廷遂任命太仆卿支详为宣谕通和使。

但唐廷最后的和平努力来得太晚了。支详尚未离开首都，南诏军队就在870年正月十一日攻克了双流，距成都西南仅二十五公里。六天后，卢耽的副手再次与杜元忠见面，杜元忠递给他一封书信，对他说："此通和之后骠信与军府相见之仪也。"此信内容放肆，语气傲慢，令卢耽大为震惊。南诏提议的礼仪以南诏国王为君，卢耽为臣。卢耽还收到报告，称南诏士兵正将丝绸帷幕运往成都南郊，用以装饰前蜀王的厅堂，准备将其作为南诏君主的临时居所。正月二十日，南诏军队兵临城下，经过十天的准备之后，对成都发起了全面进攻。

成都之战空前惨烈且旷日持久。[①]南诏士兵用云梯和撞车从四面攻城。唐守城士兵用铁钩和绳索套住云梯上拉，再泼油放火烧死敌人。卢耽此前精心挑选的三千名突击队员在战斗中尤其骁勇善战。他们杀伤敌军两千多人，烧毁攻城器具三千多件。南诏军队正面进攻失利，便改变了战术。他们拆取附近民居的竹篱，用水浸湿后，编成大竹蓬，"置人其下，……矢石不能入，火不能然［燃］"。然后，他们将这些"竹制坦克"放在原木上，

---

① 关于成都之战，见《新唐书》，卷222中，6287—6288页；《资治通鉴》，卷252，8153—8156页。

推到城墙根，人躲在下面，开始挖掘地道。但唐兵也有一件新奇的武器等着敌人。守城者把装满人粪尿的罐子掷向敌人，臭气使敌兵无法继续待在篷下工作。接着唐兵又投下注满了熔化了的铁水的罐子，使竹篷变成一个大火炉。攻城方不肯善罢甘休。他们将战事升级，展开夜战。唐兵用一千只火炬照亮城墙，有效地挫败了敌人的计划。

成都激战至此已一月有余。唐廷使者支详认为，现在时机已经成熟，是时候派人联系世隆，让他明白和解对双方都有利。他指示卢耽停止发动新攻势，这样才能与南诏开始和谈。世隆积极回应唐廷的提议，派人迎接支详前往南诏进一步谈判。可惜的是，一次误会打乱了支详的计划。唐军士兵以为增援部队已抵达成都郊外，于是打开城门，冲出去迎接援军。这一突发事件使南诏将领产生误解，以为唐军发动了攻势，于是下令反击。混战在清晨爆发，一直持续到黄昏。南诏的行动也让支详十分困扰。他质问世隆的使者："天子诏云南和解，而兵薄成都，奈何？"他提出以南诏退兵作为自己与世隆会面的条件，但由于听信了副手"蛮多诈"，若出访将有生命危险的说法而取消了访问。这个决定使世隆更加相信，唐廷缺乏谋求和平的诚意。南诏军再次包围成都，但未能取得决定性胜利。

剑南东川节度使颜庆复率援军前来，成都的局势开始变得对守城方有利。阴历二月十一日，援军到达距被围的成都以北约二十二公里的新都。世隆匆忙抽调部分兵力拦截唐军，却遭遇惨败，两千多名南诏士兵被杀。两天后，另一支唐军赶来，世隆蒙受了更沉重的损失，五千多名南诏士兵被歼灭，其余退入附近的山林。唐援军继续挺进，到达距成都以北仅十五公里的沱江驿。这次，轮到世隆急着求和。但支详不为所动，反过来提出条件："宜先解围退军。"几天后，南诏再次请和。南诏使者一天之内在世隆和支详之间往返奔波了十次，试图使双方达成协议，但无果而终。随着唐增援部队快速逼近成都，世隆知道，如果继续拖延下去，情况只会对自己更加不利，于是命令南诏士兵加紧攻城。世隆心急如焚，迫切要结束战役，甚至不惜冒生命危险亲临前线督战。但一切为时已晚。十八日，唐援军到达成都城下与南诏军交战。当晚，世隆决定撤军，命士兵烧毁攻城器具，偷偷撤回南诏。颜庆复直到黎明才知道敌军已退。他立即组织成都居民加强城市防御，监督他们在内外城门之间建造瓮城，开挖壕堑，引水入堑，树立栅栏，并在城墙上修建塔楼，派兵驻守。

不过，成都虽然防务完善并有重兵防守，却不能阻止南诏在873年阴历五月攻击四川南部和广西。①一年后的874年冬，南诏军队攻陷巂州，然后进至大渡河。南诏的前哨部队佯装成溃败的唐兵，诱骗对岸的唐军派船接应。他们在渡河后为南诏主力部队修建了一座浮桥。黎州和雅州随即失陷。南诏军队乘胜挥师东北，攻下距成都西南仅约七十公里的邛州。成都面临迫在眉睫的进攻。此时的成都挤满了来自邛州及周边地区的难民。节度使牛丛加强了城内警戒，强化了军队战备。南诏君主派出一个由四十名代表组成的使团，向牛丛递交信函，试图为南诏的挑衅辩解。信中写道："非敢为寇也，欲入见天子，面诉数十年为谗人离间冤抑之事。倘蒙圣恩矜恤，当还与尚书永敦邻好。今假道贵府，欲借蜀王厅留止数日，即东上。"胆怯、懦弱的牛丛打算同意南诏的请求，但一名下属强烈反对，认为这封信只是个诡计。他力劝牛丛处死南诏使者，只留两名使团成员回去报信。牛丛接受了建议，并起草了一封措辞强硬的回信："诏王之祖，六诏最小夷也。天子录其勤，合六诏为一，俾附庸成都，名之以国，许子弟入太学，使习华风，今乃自绝王命。且雀蛇犬马，犹能报德，王乃不如虫鸟乎？"牛丛在信中还进一步透露，自己手握十万精兵和数千骑兵，他们被分为十队，将轮番上阵与敌人日夜厮杀。唐地方官员也已经坚壁清野，如果南诏士兵继续北上，将找不到食物，征不到民夫。就连普通百姓也已经武装起来，准备与敌人决一死战。牛丛在信的末尾强烈谴责南诏："尔祖尝奴事西蕃，为尔仇家，今顾臣之，何恩雠之戾邪？蜀王故殿，先世之宝宫，非边夷所宜舍，神怒人愤，骠信且死！"②他下令烧毁郊外房舍，廓清场地，以便固守成都。牛丛的决心似乎使世隆相信，攻打重兵防守的成都必定得不偿失。因此，他没有命令军队继续向成都推进，而是在新津转向东南，袭击了黔中（治所位于今四川彭水）。不过，世隆仍然没有对攻占成都完全死

---

① 《资治通鉴》，卷252，8166页。
② 《新唐书》，卷222中，6289页。在《全唐文》中，牛丛的信件有两个版本，见《全唐文》，卷827，3911页。

心。874年年底，南诏军队在邛崃关击败唐军后，抵达成都郊外。成都闭门三天，南诏士兵洗劫郊区后才离去。①

由战转和

僖宗（874—888在位）即位后，唐开始采取更为强硬的措施应对南诏的攻势。874年冬，南诏再次袭扰四川南部。朝廷立即任命曾在866年从南诏手中收复河内的高骈为剑南西川节度使，并从四个州募兵以为增援。但高骈信心十足，认为无需任何援助就能击退敌军。②他在前往成都上任途中，于875年正月到达剑州（今四川剑阁，距成都东北约两百公里）。他从那里派人命成都官员打开所有城门，让难民返乡。他的部下认为这个决定过于轻率，对高骈说："蛮寇逼近成都，相公尚远，万一稀突，奈何？"高骈答道："吾在交趾破蛮二十万众，蛮闻我来，逃窜不暇，何敢辄犯成都？"他继续解释说，数十万难民拥挤在成都已有数月之久，生活条件日趋恶化，而且春天将至，成都有可能暴发瘟疫，因此必须立刻开城让难民离开。成都的居民和难民都对高骈的决定交口称赞，很快恢复了正常生活。这个消息也传到在雅州的南诏将领耳中，他们对高骈放松成都防御的真实意图狐疑不解，决定请和撤军。高骈到达成都后不到一个月，便调集了五千精锐骑兵，将南诏军一路驱赶到大渡河。唐军在一次决定性战役中，夺取了南诏军大量铁甲战马，俘获并处死了五十名南诏部落首领，然后继续南进，收复了邛崃关和黎州。高骈还在连接四川与南诏的两处要地修筑工事。之后，他请求朝廷允许自己率六万人攻打南诏，但未获朝廷批准。③

世隆在成都之役失败后，开始诉诸外交和战争的两面手法。但高骈拒绝奉陪，下令处死世隆的使者。不过，高骈很快就意识到，他同样需要通过外交手段与南诏暂时休战，以便士兵能够集中精力使成都瓮城早日竣工。他上奏朝廷称自己将派高僧景仙出使南诏。这是高骈的一步妙棋。在此之

---

① 《新唐书》，卷222中，6290页；《资治通鉴》，卷252，8171—8173页；《全唐文》，卷827，3911页。
② 高骈给朝廷的奏章见《全唐文》，卷802，3783页。
③ 《旧唐书》，卷19下，692—693页；《新唐书》，卷9，264页；卷222中，6290页；《资治通鉴》，卷252，8173、8175—8176页；《唐会要》，卷99，1766页；《全唐文》，卷802，3782页。

前，几名唐使也曾造访南诏，但都因世隆拒绝向他们行揖拜礼而未能完成使命。高骈确信景仙不会遇到同样问题。南诏君臣皆笃信佛法，他们将礼遇僧人。事情的发展果然如高骈所料。世隆和大臣一同在首都郊外迎接景仙，他在接见景仙时行揖拜礼，同意与唐结盟。作为回报，景仙许诺唐公主将嫁给南诏君主。南诏清平官在景仙出访后不久，便率三十人来到长安，确认双方结盟，并商讨和亲仪式的细节。使团的三十人将作为人质留在长安。唐廷虽然任命景仙为鸿胪卿，让他负责接待南诏使者，但完全无意兑现其承诺过的结盟与和亲。双方就结盟及和亲的礼仪问题进行了长达数月的冗长谈判，但未达成任何具体协议，只同意在一段时间内互不采取敌对行动。这正是高骈希望的。没有了南诏的军事干扰，高骈的士兵和民夫得以集中精力修筑成都的防御设施。高骈为了阻止南诏袭扰边境，散布谣言说，他将巡视边境地区，然后命驻守在成都至大渡河沿线烽火台的士兵点燃烽火，似乎他们正等待他前来。但高骈从未离开过成都。成都的防御工程在他的严格监督下最终在三个月后竣工。①

实际上，无论唐，还是南诏，都无力在九世纪七十年代发动大规模攻势。连年的战争使西南百姓筋疲力尽。877年世隆死后，唐的宿敌南诏也放弃了军事扩张政策。比起战争，年轻的新君隆舜（877—897在位）更喜欢狩猎和饮酒。南诏再也没有给唐制造过大麻烦。

877年阴历闰二月，南诏派出四人使团联络岭南西道节度使辛谠，建议双方言和。辛谠上奏朝廷，力促唐帝允许他接受南诏的提议："诸道兵戍邕州岁久，馈饷之费，疲弊中国，请许其和，使赢瘵息肩。"朝廷批准了他的请求。一名唐将陪同南诏使团一起返回南诏，并向南诏新君送上书信和礼物。双方的紧张关系得以缓和，唐廷也随之大幅削减了留驻邕州的兵力。②

双方关系的改善促使隆舜寻求与唐和亲，他将成为唐帝的"次级合伙人"。为了维护自己的尊严，他没有以个人名义向唐帝上"表"，而是吩咐一名大臣起草了一封在层级稍低的官方联络中常用的"牒"发给唐中书省。

---

① 《旧唐书》，卷19下，693页；《新唐书》，卷222中，6290页；《资治通鉴》，卷252，8185—8186页；《全唐文》，卷802，3782页。关于成都城墙完工的详细记载，见《全唐文》，卷793，3729—3730页。
② 《唐会要》，卷99，1766页；《资治通鉴》，卷253，8190页。

878年阴历四月,这封信件送达唐廷,很多官员为来信傲慢的语气和放肆的请求感到震惊,因为隆舜在信中自称"弟",而没有称"臣"。礼部侍郎尤为不悦。他认为高骈及其外交活动应该为南诏这封不友好的来信负责:"南诏骄僭无礼,高骈不达大体,反因一僧咕嗫卑辞诱致其使,若从其请,恐垂笑后代。"中书省起初决定对南诏的请求置之不理,但一位大臣对此表示忧虑:"如此,则蛮益骄,谓唐无以答,宜数其十代受恩以责之。然自中书发牒,则嫌于体敌,请赐高骈及岭南西道节度使辛谠,使录诏白,牒与之。"朝廷采纳了这个建议。878年腊月,中书省告诉南诏使者,剑南西川节度使将对他的请求给予答复。①

尽管唐廷官员对加强与南诏的关系并不热心,辛谠却急于再次与宿敌联系,以便获得更多情报。他的第一名使者在878年阴历五月回来后不久,辛谠就在尚未收到朝廷任何训示的情况下,在同一个月派出三名下属——一名摄巡官和两名大将——前往南诏。不幸的是,他们和使团半数成员病死途中,而辛谠自己也罹患中风。他传唤另一名摄巡官徐云虔到府上,眼含泪水,握着徐云虔的手央求道:"谠已奏朝廷发使入南诏,而使者相继物故,奈何?吾子既仕则思询国,能为此行乎?谠恨风痹不能拜耳。"徐云虔被这番话深深打动,于878年阴历七月接受了使命。②

徐云虔经过数月颠簸,于879年阴历二月初到达善阐(今云南昆明以南)郊外。他看到一群正在狩猎巡游的骑兵,手持长矛,簇拥着一位身穿绯红衣服、头系朱红丝带的年轻人。一名南诏官员告诉他:"此骠信也。"隆舜并不把徐云虔当作上国的来宾接待。他向唐帝表示问候,翻身下马,向徐云虔作揖行礼,但坚持徐云虔的副手和使团成员要向自己行跪拜礼。然后,他隆重接待了徐云虔,设宴款待直至深夜。第二天,南诏官员又向徐云虔请教儒家经典《春秋》。但是,隆舜拒绝向唐帝称臣。两名南诏大臣来到客馆,询问徐云虔:"贵府牒欲使骠信称臣,奉表贡方物;骠信已遣人自西川入唐,与唐约为兄弟,不则舅甥。夫兄弟舅甥,书币而已,何表贡

---

① 《新唐书》,卷222中,6291页;《资治通鉴》,卷252,8177页、卷253,8204、8208页。回信见《全唐文》,卷802,3783页。
② 《唐会要》,卷99,1766页。《资治通鉴》,卷2538,211页记载,此事发生在879年正月。

之有？"徐云虔试图说服他们，辩称隆舜之父的兄弟是隆舜的叔叔，而隆舜继位后，他们都自称隆舜的臣子。徐云虔争辩说："骠信既欲为弟、为甥，岂可违祖考之故事乎。"但隆舜不为所动。他交给徐云虔两封装在木夹里的信件，一封致中书门下，一封致岭南西道，但没有向唐帝上表或进贡。①

南诏的两封来信在唐廷重新引发了是否应当和亲的争论。有人强烈反对，②也有人赞成。庐携、豆庐琢在上书中着重指出："前岁冬，蛮不为寇，由赵宗政未归。去岁冬，蛮不为寇，由徐云虔复命，蛮尚有冀望。……冬期且至，倘蛮寇侵轶，何以枝梧？不若且遣使臣报复，纵未得其称臣奉贡，且不使之怀怨益深，坚决犯边，则可矣。"

唐帝此时的当务之急是平定黄巢起义。他显然认为与南诏和亲最为有利，因此不但批准了和亲，还允许隆舜在今后的来信中不必称臣。880年阴历六月，剑南西川节度使致信南诏君主，传达了皇帝的旨意，并赠送了大量黄金和丝绸。唐帝挑选了一名宗室之女，封她为安化公主，准备把她嫁给隆舜。唐廷派出由宗正少卿、一名宦官及熟悉南诏情况的徐云虔组成的高级使团前往南诏，颁赐皇帝敕书。③

唐与南诏的和亲由于唐的内乱而未能实现。唐廷向南诏派出代表团五个月之后，东都洛阳落入黄巢手中。880年腊月，黄巢军西进，夺取了潼关。唐僖宗从长安仓皇逃往成都，唐廷陷入一片混乱。危机之中，唐廷使者于881年阴历八月从南诏归来，带回喜讯，隆舜同意上表称臣，并许诺遵从唐帝的诏令。隆舜还回赠僖宗金银器、丝绸、香料和马匹等礼品。④次年阴历七月，隆舜再次上表，催促安化公主尽快前来南诏。唐廷回复说，有关和亲礼仪的商讨刚刚开始，需要一些时间才能完成。但隆舜已急不可耐。883年阴历七月，南诏清平官等三名高官率领一个高级使团来成都迎娶唐朝公主。他们带来了奇珍异宝以及一百床毡毯作为聘礼，却没有机会将礼物送给安化公主。双方在如何接待来使的问题上产生分歧，南诏迎娶公主的努

---

① 《新唐书》，卷222中，6291页；《资治通鉴》，卷253，8212页。
② 例如剑南西川节度使，见《新唐书》，卷222中，6291—6292页。
③ 同上书，卷222中，6292页；《资治通鉴》，卷253，8227—8228页。
④ 崔致远：《桂苑笔耕集》，《四库丛刊》本，卷1，2页下—3页下，卷2，2页下—3页下；《资治通鉴》，卷254，8257页。另见党银平：《桂苑笔耕集校注》，北京：中华书局，2007年，4—8、36—42页。

力因此落空。唐官员在成都郊外举行的欢迎仪式上，故意按照接待副使的规格接待南诏正使。南诏使者对降格接待不满，拒绝向唐官员鞠躬。这一无礼之举导致唐廷礼貌但坚决地拒绝了南诏使者迎娶公主的请求："銮舆巡幸，仪物未备，俟还京邑，然后下降。"但南诏使者不肯就此罢休。他未经唐廷许可便擅自进入成都，试图再次为此事争辩。唐廷下令将南诏使团扣留两年，使者一行直到885年才获准返回南诏。①

九世纪八十年代与唐廷就和亲展开的旷日持久的谈判，是南诏最后一次重要的外交活动。可惜的是，这件事最终无果而终。这一挫折并不意外。南诏从九世纪五十年代末到九世纪七十年代的二十年间，频繁对唐用兵，国力消耗巨大，南诏王室、将军和权臣之间的矛盾也愈演愈烈。隆舜治下的南诏国因此逐渐走向衰落。897年，南诏朝廷爆发了激烈的权力斗争，隆舜被手下大臣杀害。南诏新君舜化（897—902在位）向唐廷遣使，请修旧好。但此时的唐昭宗（889—904在位）受一名权力极大的节度使掣肘，没有答复南诏的请求。②舜化的统治十分短命。902年，南诏权臣郑买嗣发动政变，处决了舜化及其八百名支持者，宣布建立新政权。南诏国覆亡。

南诏国的灭亡表明，一个政权与其他政权的联系不仅会影响其外部环境，还会影响其内部政治发展。唐朝的对外政策与内部政治之间同样具有关联性。十一世纪的宋代史家就注意到，"及其（指唐朝）亡也，以南诏"。③据他们分析，九世纪六十年代到九世纪八十年代唐和南诏的战事给唐西部和西南边疆带来了严重影响。唐廷为了应对南诏的军事压力，从中原调兵到桂林（今广西桂林）。但唐军士兵不适应南方的亚热带气候，不满在当地长期驻扎，于是在868年哗变，自行返回位于徐州（今江苏徐州）的本营。与此同时，中原百姓为了南诏之役承受着沉重的兵役和赋税负担。桂林事件实际上是中原两次大起义——874年王仙芝起义和875年黄巢起义——的序曲。

---

① 《新唐书》，卷222中，6293页；《资治通鉴》，卷255，8273、8297页。一些史料记载，当三名南诏宰相在成都时，熟谙南诏事务的高骈曾紧急向朝廷上奏："三人者，南诏心腹也，宜止而鸩之，蛮可图也。"皇帝采纳了高的建议。见《新唐书》，卷222中，6292—6293页；孙光宪：《北梦琐言》，《四库全书》本，卷11，3页上下。但方国瑜认为处决三名南诏宰相的记载并不可靠，见氏著：《南诏与唐朝、吐蕃之和战》，载《方国瑜文集》第2辑，昆明：云南教育出版社，2001年，322—323页。
② 《资治通鉴》，卷261，8511—8512页。
③ 《新唐书》，卷222中，6295、6333页。

880年，宰相庐携恰如其分地描述了当时的形势："自咸通以来，蛮两陷安南、邕管，一入黔中，四犯西川。征兵运粮，天下疲弊，逾十五年。租赋太半不入京师，三使、内库由兹虚竭。战士死于瘴疠，百姓困为盗贼，致中原榛杞，皆蛮故也。"[1]九世纪八十年代以后，更多的骚乱、起义爆发，唐王朝最终在907年灭亡。在宋代史家看来，这些事件演变背后的因果联系昭然若揭："唐亡于黄巢，而祸基于桂林。"[2]

唐和南诏的关系史还表明，唐和南诏的双边关系是在多极地缘政治环境中发展起来的。除了南诏，其他部落也竞相在云南开疆扩土，而唐和吐蕃也试图向该地区渗透。在激烈的权力角逐中，南诏首领以多重效忠为软实力来处理与唐、吐蕃的关系。南诏表面上对唐和吐蕃称臣，但实际上，这些关系是建立在相互的一己利益的基础之上，并为相关各方带来了共赢的结果。

对唐廷来说，在七世纪五十年代支持南诏，可以确保唐向云南扩张的过程中能够得到南诏宝贵的合作。对南诏首领来说，效忠唐廷可以获得唐的政治承认和军事援助，显著提高自己相对于其他竞争对手的优势。南诏最终在七世纪三十年代实现了统一云南的霸业。

但是，南诏统治者并没有长期保持亲唐立场。从理论上说，在多极世界里，任何一个国家总是根据某个特定时期自身与其他国家的力量对比来确定行动方式。因此，一个国家的国际行为是可变的，从成为另一个国家的政治附庸，到结成军事同盟，再到对另一方发动攻击，但最终目标都是扩大自身利益。

南诏建立后，皮逻阁及其继任者将疆域向东扩张到了唐廷的势力范围。双方很快爆发冲突，并一直持续到八世纪八十年代。阁罗凤为了应对唐廷的军事压力，运用自身的软实力，利用吐蕃对抗唐朝。[3] 752年，他与吐蕃结盟，接受吐蕃封号，成为吐蕃的附庸。异牟寻在统治初期也采取了亲吐蕃立场，并积极参加了779年吐蕃对唐的大规模进攻。但是，由于吐蕃每

---

[1]《新唐书》，卷222中，6292页；《资治通鉴》，卷253，8227页。
[2] 同上书，卷222中，6295、6333页。
[3] Mark Edward Lewis, *China's Cosmopolitan Empire: The Tang Dynasty*（Cambridge, 2009）, p. 155.

次进攻唐朝都要求南诏出兵协助，南诏无力承担如此高昂的代价，因此异牟寻不久后便改弦更张，于八世纪九十年代初转而效忠唐朝。

从八世纪九十年代到十世纪初，唐和南诏的关系经历了四个截然不同的阶段：在从八世纪九十年代到九世纪二十年代的第一个三十年中，双方联手对抗吐蕃；在接下来的三十年里，南诏对唐立场摇摆不定，时而与唐和平共处，时而骚扰唐边境；九世纪六十年代，边境摩擦升级为激烈的军事对抗，双方均元气大伤；此后，双方都不得不集中精力处理内部问题，双边关系在一定程度上恢复正常，这样的关系一直保持到907年唐朝灭亡。[①]在一个多世纪之中，唐和南诏的关系可谓大起大落。但双边关系令人目不暇接的发展，归根结底还是由于西南地区的多极地缘政治环境。

[①] 对这个问题的研究，见立石謙次：《南詔国後半期の王権思想の研究——『南詔図伝』の再解釈》，《東洋学報》第85卷第2号，2003年，51—86页。另见氏著：《『南詔図伝』文字卷校注》，《東海史学》第37号，2002年，103—114页。

第四章

角逐西域，争夺高原

唐与吐蕃

羌人是西藏高原上的早期住民，以农耕和畜牧为生。这个民族及其语言的起源仍不清楚。[1]西藏早期历史本身就是难解之谜，我们仅仅知道在七世纪之前，曾有三十位王统治过今泽当、琼结地区。到了弃宗弄赞（又称墀松赞或松赞干布，618—649在位）掌权时，[2]他继承的领土已经向西北扩展到拉萨河谷。629年，弃宗迁都逻些（今西藏拉萨）。他推行一系列政策，鼓励人们开垦荒地，发展农业、畜牧业、手工业，将吐蕃变为一个经济强国。他的吐蕃（雅鲁）王朝还建立了一支纪律严明、装备精良的军队，拥有数万名士兵。他们以弓、刀、盾、长矛、短矛为武器，身穿设计一流的锁子甲，这种铠甲可覆盖士兵及其坐骑全身，只露出双眼，因此可以很好地保护人和马不受刀箭伤害。吐蕃男子骁勇善战，即便在和平时期也随身佩带刀剑。在战场上，他们下马横排列队，轮番向敌人发起冲锋，"每战，前队皆死，后队方进"。他们极少退却，视战死沙场为极高的荣耀。有人战死沙场，他的家庭便会享有更高的社会地位。相反，战败和临阵逃脱被视为奇耻大辱。逃兵不得不戴上狐尾，意思是承认自己如狐狸般胆小。吐蕃朝廷为了迫使士兵更加勇敢地作战，不为远征军提供给养和军费，士兵们

---

[1] 参见 Christopher I. Beckwith, *The Tibetan Empire in Central Asia: A History of the Struggle for Great Power among Tibetans, Turks, Arabs and Chinese during the Early Middle Ages* (Princeton, 1987), pp. 3—10; 王小甫：《唐、吐蕃、大食政治关系史》，北京：北京大学出版社，1992年，10—17页。唐朝两部正史中的吐蕃志已被翻译成法文、英文，见 Paul Pelliot, *Histoire ancienne du Tibet* (Paris, 1961); Lee Don Y., *The History of Early Relations between China and Tibet: From Chiu T'angshu, a Documentary Survey* (Bloomington, 1981); S. W. Bushell, "The Early History of Tibet", *Journal of the Royal Asiatic Society* (new series), 12, no. 4, (1880), pp. 439—525。《资治通鉴》中与吐蕃相关史料的汇编，见苏晋仁：《通鉴吐蕃史料》，拉萨：西藏人民出版社，1982年。对《册府元龟》中吐蕃史料的文本研究，见苏晋仁、萧炼子：《〈册府元龟〉吐蕃史料校证》，成都：四川民族出版社，1981年。另见 Brandon Dotson, *The Old Tibetan Annals: An Annotated Translation of Tibet's First History with an Annotated Cartographical Documentation by Guntram Hazod* (Vienna, 2009)。
[2] 吐蕃君主名号的转写以及在位时间依照 Christopher I. Beckwith, *The Tibetan Empire in Central Asia*, pp. 227—229。

只能从战利品中得到补给。①

与吐蕃联手降伏吐谷浑

吐蕃与中原相距甚远,中间又隔着世界上最为崎岖的山脉,但唐和吐蕃还是在634年阴历十一月有了接触。当时,一名吐蕃使者造访长安,提议联合对抗吐谷浑。吐谷浑是活跃在今青海北部至新疆南部的部落,他们经常骚扰唐边境,甚至还在630年扣押了唐使,而且对唐廷释放使者的要求一直置之不理。唐廷欣然采纳了吐蕃的建议,派出使者安排联合征讨吐谷浑事宜。②第二年,唐军两路出兵平定了吐谷浑。然而,这次军事行动的真正受益者是吐蕃。吐蕃趁唐与吐谷浑鏖战之际,未动一兵一卒便得到了位于今青海北部的大片土地,这里原先由吐谷浑控制。③

弃宗弄赞对吐蕃和唐首次联盟的成果非常满意,于是在635年腊月再度遣使提议和亲,以加深与唐廷的关系。但太宗此时已经调整了对战败的吐谷浑的政策,因而故意疏远弃宗弄赞。太宗为了稳定吐谷浑局势,已经恢复了吐谷浑王室,将一位唐公主嫁给吐谷浑首领,并授予其唐的头衔和军旗。吐谷浑的新首领现在是唐朝属臣,唐廷不再急需吐蕃帮助,于是回绝了和亲的请求。

吐蕃使者空手而归。他害怕因出使失败而受罚,便谎称:"初至大国,待我甚厚,许嫁公主。会吐谷浑王入朝,有相离间,由是礼薄,遂不许嫁。"弃宗弄赞勃然大怒,认为吐谷浑从中作梗,理应被讨伐。④他在羊同

---

① 《通典》,卷190,1023页;《旧唐书》,卷196上,5219页;《新唐书》,卷216上,6072页。关于吐蕃帝国的崛起,见 Helmut Hoffman, "Early and Medieval Tibet", in *The Cambridge History of Early Inner Asia*, edited by Denis Sinor (New York, 1990), pp. 376—379; Erik Haarh, *The Yar-lun Dynasty: A Study with Particular Regard to the Contribution by Myths and Legends to the History of Ancient Tibet and the Origin and Nature of Its Kings* (København, 1969).
② 《新唐书》,卷216上,6073页;《资治通鉴》,卷194,6108页;《册府元龟》,卷970,20页上一下。对唐、吐蕃之间使节往来的编年研究,见谭立人、周原孙:《唐蕃交聘表》,《中国藏学》1990年第02期,150—156页;《唐蕃交聘表(续)》,《中国藏学》1990年第03期,120—135页。从七世纪三十年代到七世纪九十年代唐、吐蕃关系的研究,见 Christopher I. Beckwith, *Empire of the Silk Road: A History of Central Eurasia from the Bronze Age to the Present* (Princeton, 2009), pp. 127—131.
③ 关于635年唐对吐谷浑战争的详细记述,见周伟洲:《吐谷浑史》,桂林:广西师范大学出版社,2006年,88—98页。
④ 《旧唐书》,卷3,44页,卷196上,5221页;《新唐书》,卷216上,6073页;《册府元龟》,卷978,20页上一下;《资治通鉴》,卷194,6107—6108页。有关唐、吐蕃(接下页)

部的协助下亲征吐谷浑，将其一直驱赶到青海湖北岸。①

击败吐谷浑标志着吐蕃领土扩张的开始。弃宗弄赞的军队继而消灭了东北方的白兰和党项，随后逼近松州（治所在今四川松潘）西境。②吐蕃与唐的其他近邻不同，后者只是为战利品偶尔袭扰唐边境，而吐蕃意在永久控制唐朝领土。吐蕃的这类军事行动往往是由实力强大的地方首领发起的。吐蕃独特的松散的政治体制，使这些地方首领常常我行我素，置拉萨的君主（赞普）于不顾。赞普和地方首领每年一小盟，以羊、狗、猕猴祭神，每三年一大盟，仪式与小盟类似，但规模更大。他们将马、牛、驴之类的大牲畜肢解、开腹，奉上祭坛。随后，一名巫师向神灵赌咒发誓："有负此盟，使尔身体屠裂，同于此牲。"③吐蕃君主的政治权力有限，在首都或地方建立官府时不得不与地方首领协商，而且由其任命的官职也不是世袭的。因此，吐蕃东北地区的地方大员在与唐打交道时享有很大的自由。

七世纪下半叶，吐蕃在青海高原、四川西部以及青海湖一带成为唐的强劲对手。双方对这些地区的争夺一直持续到八世纪。④吐蕃扩张的第一步是在644年吞并了西北方的苏毗和羊同。羊同曾是吐蕃盟友，其首领娶

（接上页）和亲的论述，见林冠群：《唐代吐蕃对外联姻之研究》，《唐研究》第8卷，2002年，182—185页；Yamaguchi Zuihō（山口瑞鳳），"Matrimonial Relationship between the T'u-fan and T'ang Dynasty", *Memoirs of the Research Department of the Toyo Bunko*, 27 (1969), pp. 141—166; 28 (1970), pp. 59—100; 山口瑞鳳：《古代チベット史考異（上）——吐蕃王朝と唐朝との姻戚関係》，《東洋学報》第49卷第3号，1967年，1—39页。

① 《旧唐书》，卷196上，5221页。关于吐蕃、吐谷浑冲突的研究，见鈴木隆一：《吐谷浑と吐蕃の河西九曲》，《史観》第108号，1983年，47—59页。汉文史料中有关吐谷浑记录的汇编，见周伟洲：《吐谷浑资料辑录》，西宁：青海人民出版社，1992年。上述部分史料有英译，见Gabriella Molè, *The T'u-yü-hun from the Northern Wei to the Time of the Five Dynasties* (Rome, 1970)。

② 关于吐蕃东北的白兰、党项及其他部落的记载，见《旧唐书》，卷198，5290—5293页；《新唐书》，卷221，6215—6216页；《册府元龟》，卷958，16页上，卷961，5页下—6页下。对吐蕃领土扩张的讨论，见林冠群：《论代吐蕃之对外扩张》，《唐代吐蕃史论集》，北京：中国藏学出版社，2006年，220—263页。关于吐谷浑、党项与唐的关系，见周伟洲：《中国中世西北民族关系研究》，西安：西北大学出版社，1992年，283—292页。

③ 《旧唐书》，卷196上，5220页；《新唐书》，卷216上，6073页。对以马为祭祀品的研究，见Victor H. Mair: Horse Sacrifices and Sacred Groves among the north (west) ern Peoples of East Asia, 载《欧亚学刊》第6辑，2007年，22—27页。

④ 王尧、陈践：《敦煌本吐蕃历史文书》，北京：民族出版社，1980年，145—148页。有关唐、吐蕃关系的研究，见Jacques Bacot et al., comps., *Documents de Touen-houang relatifs à l'histoire du Tibet* (Paris, 1940); 佐藤長：《チベット歴史地理研究》，東京：岩波書店，1978年；山口瑞鳳：《吐蕃王国成立史研究》，東京：岩波書店，1983年；伊瀬仙太郎：《中国西域経営史研究》，東京：巌南堂書店，1968年；Hans Bielenstein, *Diplomacy and Trade in the Chinese World*, 589—1276 (Leiden, 2005)。

吐蕃女子为妃。① 弃宗弄赞利用动员吐蕃各部参加该军事行动的机会，控制了他们中的绝大多数，巩固了自己作为吐蕃君主的地位。更重要的是，吐蕃通过这次行动在西北方开辟出一条走廊，与北方和西北方的邻居或发生接触，或彼此竞争，或相互合作。这些邻居包括反复无常的突厥部落、塔里木盆地的绿洲王国、中亚的城市国家，以及后来逐步征服了阿富汗与中亚阿姆河和锡尔河流域的大食。② 吐蕃开始走向对外扩张，不但抵制唐廷任何间接控制的企图，还直接挑战唐对西域的统治。它最终在八世纪下半叶吞并了唐朝西北的大片领土，取代唐廷成为中亚大部分地区的宗主。③

六四〇年的和亲

唐廷起初没有把吐蕃视为一个新兴的军事强权，也没有意识到吐蕃的崛起会危及自身对西域的统治。④ 这种短视使唐廷在 635 年一口回绝了吐蕃的首次和亲请求。当时，吐蕃使者来到松州，向唐廷进献一袭金甲，求娶新娘。唐廷不知道的是，弃宗弄赞其实已经亲率大军屯驻在松州附近，一旦唐廷拒绝和亲，便要诉诸武力。吐蕃军队出现在松州，相邻的阔州和诺

---

① 关于羊同的位置，见王小甫：《唐、吐蕃、大食政治关系史》，23—25 页；王忠：《新唐书吐蕃传笺证》，北京：科学出版社，1958 年，28 页；山口瑞凤：《「吐蕃」の国号と「羊同」の位置：附国伝と大・小羊同の研究》，《東洋学報》第 58 卷第 3・4 号，313—353 页；佐藤長：《羊同国の所在について》，《鷹陵史学》第 7 卷，1981 年，45—70 页。
②《旧唐书》，卷 196 上，5220 页。关于这条走廊的开辟，见王小甫：《七、八世纪之交吐蕃入西域之路》，载田余庆主编：《庆祝邓广铭教授九十华诞论文集》，石家庄：河北教育出版社，1997 年，74—85 页。关于吐蕃在中亚的活动，见森安孝夫：《吐蕃の中央アジア進出》，《金沢大学文学部論集 史学科篇》第 4 号，1983 年，1—85 页。关于阿拉伯在中亚的活动，见 Denis C. Twitchett, "Tibet in Tang's Grand Strategy", in *Warfare in Chinese History*, edited by Hans van de Ven (Leiden, 2000), p. 122.
③ 崔瑞德进一步指出，唐与吐蕃的竞争还受经济因素驱使，唐想控制战马产地、牧场以及与中亚的贸易，见 "Tibet in Tang's Grand Strategy", pp. 133—137. 另见他的 "The Horse and the Tang State (Translation of Two Poems Entitled 'The Road from Yinshan' by Bo Juyi and Yuan Zhen)", in *A Birthday Book for Brother Stone: For David Hawkes, at Eighty*, edited by Rachel May and John Minford (Hong Kong, 2003), pp. 327—331; Mu Shun-ying and Wang Yao, "The Western Regions (Hsi-yü) under the T'ang Empire and the Kingdom of Tibet", in *The Crossroads of Civilization, A. D. 250—750*, vol. 3 of *History of Civilizations of Central Asia*, edited by Boris A. litvinsky and Zhang Guang-da (Paris, 1992), pp. 349—366.
④ 有关唐廷如何处理与吐蕃关系的论述，见 Christopher I. Beckwith, *The Tibetan Empire in Central Asia*, pp. 20—36; Howard J. Wechsler, "T'ai-tsung (reign 626—649): The Consolidator", in *Sui and T'ang China 589—906*, vol. 3, pt. 1 of *The Cambridge History of China*, edited by Denis C. Twitchett (Cambridge, 1979), pp. 229—230.

州陷入动荡。这两个州的刺史都是不久前才归顺唐朝的当地部落首领。① 现在他们决定叛唐,投靠吐蕃。松州都督仓促出兵与吐蕃军队交锋,但以败绩收场。639年阴历八月,唐廷派五万步骑救援松州。唐军夜袭弃宗弄赞大帐,杀死一千多名吐蕃士兵。

这时,一些吐蕃大臣请求弃宗弄赞撤军。他们对他说,这次征战旷日持久,已使吐蕃民不聊生,不久之前刚被吐蕃降伏了的西北各部落也正在酝酿叛乱。弃宗弄赞一开始拒绝了他们的请求,直到八位大臣死谏,才勉强同意撤军。一位吐蕃使者来到松州,为吐蕃的好战行为谢罪,但仍然坚持要求与唐和亲。太宗在权衡利弊后,最终在640年答应了吐蕃的请求。②

计划中的和亲立即改善了双边关系。641年,吐蕃宰相禄东赞前来迎娶文成公主。他上书祝贺唐在不久前征高句丽的战争中大获全胜,恭维太宗道:"圣天子平定四方,日月所照之国,并为臣妾,而高丽恃远,阙于臣礼。天子自领百万,度辽致讨,隳城陷阵,指日凯旋。夷狄才闻陛下发驾,少进之间,已闻归国。雁飞迅越,不及陛下速疾。奴忝预子婿,喜百常夷。"禄东赞献给太宗一件特别的礼物——一个装满美酒的两米高的鹅形器皿。他解释说:"夫鹅,犹雁也,故作金鹅奉献。"③这些溢美之词让太宗十分满意。他封禄东赞为右卫大将军,并赐给他一名宗室女为妾。禄东赞接受了封号,但婉言谢绝了那位唐女:"本国有妇,父母所聘,情不忍乖。且赞普未谒公主,陪臣安敢辄娶。"但唐廷急于与吐蕃建立友好关系,不顾禄东赞的意愿,仍然将宗室女嫁给了他。④唐廷为文成公主举行了隆重的送别仪式,然后文成公主启程前往吐蕃。礼部尚书、江夏王李道宗一路护送新娘到河源。弃宗弄赞在精锐士兵的护卫下,亲率吐蕃官员前来迎接公主。他为了表示对唐帝的敬意,穿上华丽的唐朝礼袍,"执婿礼甚恭"。弃宗弄赞迎娶公主后,对心腹说:"我父祖未有通婚上国者,今我得尚大唐公主,

---

① 唐将党项各部落的部民分置在三十二个州,负责监管这些州的都督府治所在松州,见《新唐书》,卷221上,6215页。
②《旧唐书》,卷196上,5221页;《新唐书》,卷216上,6073—6074页;《册府元龟》,卷420,19页下,卷985,7页上一下;《资治通鉴》,卷195,6139—6140页。
③《旧唐书》,卷196上,5221—5222页;《新唐书》,卷216上,6074页。
④《旧唐书》,卷196上,5222—5223页;《资治通鉴》,卷196,6164页;《全唐文》卷479,2196页。有关禄东赞的研究,见苏晋仁:《蕃唐噶尔(论氏)世家(上)》,《中国藏学》1991年第01期,83—91页。

为幸实多。当为公主筑一城,以夸示后代。"文成公主给吐蕃精英阶层带去了佛教和汉地的生活方式。他们脱下毡裘,换上丝绸长袍,不再将脸涂红,还送子弟入唐学习中华典籍。[①]

和亲使吐蕃成为唐的亲密盟友。从642到648年,吐蕃使节八次到访长安。[②] 吐蕃还帮助唐维持对西域的统治。647年,吐蕃派兵协助唐军平定龟兹的叛乱。[③] 次年,一千两百名吐蕃精兵和七千名泥婆罗(尼泊尔)骑兵讨伐了印度中部的中天竺国,起因是中天竺的士兵早些时候抢劫了一位出使西域的唐使。[④]

高宗于649年即位后,重新确认了唐和吐蕃的联盟。他封弃宗弄赞为驸马都尉、西海郡王。弃宗弄赞投桃报李,在致唐廷的信中许诺:"天子初即位,若臣下有不忠之心者,当勒兵以赴国除讨。"吐蕃除了遣使奉表,还向唐廷贡献了十五种金银珠宝作为太宗陵墓的祭品。吐蕃忠心耿耿,令新皇帝高宗深受感动。他进封弃宗弄赞为宾王,赐杂彩三千段和蚕种,让来使将酿酒师和其他能工巧匠带回吐蕃。唐廷还下令为弃宗弄赞塑雕像,列于太宗昭陵入口。只有极少数"外臣"才能受到唐室如此厚爱。[⑤]

禄东赞摄政期间吐蕃的领土扩张

遗憾的是,唐和吐蕃的姻盟随着太宗的去世而告终。吐蕃从未将野心局限于荒凉的西藏高原。自647年助唐平定龟兹叛乱以来,吐蕃一直渴望进入西域。弃宗弄赞于649年(一说650年)去世,权臣将他的孙子扶上

---

① 《通典》,卷190,1023页;《旧唐书》,卷196上,5221—5222页;《册府元龟》,卷978,21页下;《唐会要》,卷6,75页。另见王尧、陈践:《敦煌本吐蕃历史文书》,145页。文成公主在吐蕃主要扮演着文化使者的角色,由于她没能生育男丁,因此未能对吐蕃朝政发挥影响,见Giuseppe Tucci, "The Wives of Sron Btsan Sgam Po", *Oriens Extremus*, 9(1962), p. 126. 对这次婚姻的讨论,见Jagchid Sechin, and Van Jay Symons, *Peace, War, and Trade along the Great Wall: Nomadic-Chinese Interaction through Two Millennia* (Bloomington and Indianapolis, 1989), p. 155; Pan Yihong, *Son of Heaven and Heavenly Qaghan: Sui-Tang China and Its Neighbors* (Bellingham, 1997), pp. 236—239;林冠群:《文成公主事迹考辨》,《唐代吐蕃历史与文化论集》,北京:中国藏学出版社,2007年,280—290页。
② 《册府元龟》,卷970,9页下、10页上、10页上、11页上、13页上;卷995,14页上。
③ 同上书,卷985,17页下—18页上;《资治通鉴》,卷198,6250—6251页。
④ 《旧唐书》,卷196上,5222页;《新唐书》,卷216上,6074页;《资治通鉴》,卷199,6257页;《册府元龟》,卷973,11页上—12页上。
⑤ 《旧唐书》,卷3,61页,卷196上,5222页;《新唐书》,卷216上,6074页;《资治通鉴》,卷199,6207页;《册府元龟》,卷964,7页上。

王位，此后吐蕃表明了自己对西域的野心。吐蕃新君尚在幼冲，无力统治，朝政只能由熟悉唐朝事务、曾经促成了文成公主和亲的禄东赞代理，吐蕃由此进入摄政期。禄东赞虽然不识字，却智慧非凡，意志坚定，长于军事战术和士兵训练。禄东赞通过一系列税收、法律、户籍、身份制度的改革，提高了吐蕃的实力。[①] 他决定向包括西域在内的唐朝领土扩张。

唐和吐蕃的关系在七世纪五十年代表面上依然和睦如常。654年，吐蕃使者进献野马和一顶巨大的毡帐。657年，吐蕃遣使庆贺唐军新近击败西突厥首领阿史那贺鲁，还给高宗带来一件罕见的礼物——一座装饰着狮子、大象、骆驼、马匹、羝羊和骑马人的微型城市模型。[②] 吐蕃的摄政者希望与唐保持友好关系，这样就能够腾出手来处理更为紧迫的内部问题以及白兰部的叛乱。656年年末，禄东赞加大力度征服白兰部。十二万吐蕃大军发动了一场关键战役，战事持续了三天，吐蕃最终转败为胜。吐蕃平定白兰部，将其转变为对抗唐朝的前哨基地后，又于658年向唐廷请求和亲。这个请求实际上相当于要求唐廷承认吐蕃对白兰部的兼并以及日后的领土扩张。[③] 唐廷对此一口回绝，双方关系遂告破裂。

唐与吐蕃的冲突最先在吐谷浑和龟兹故地爆发。唐廷曾邀请吐蕃协助平定当地叛乱，但吐蕃军队在联合行动后拒绝撤离。现在，吐谷浑南部和龟兹成了战场。659年，吐蕃以八万优势兵力率先对河源发动进攻，却败给了兵力较少的唐军。[④] 两年后的661年，吐蕃军队攻占护密（今阿富汗瓦罕），切断了安西四镇（焉耆、龟兹、于阗、疏勒）和位于安西四镇西南的

[①]《通典》，卷190，1023页；《资治通鉴》，卷199，6271页；《册府元龟》，卷974，13页下，卷966，10页上。关于吐蕃的内部发展及其对西域的野心，见大澤勝茂：《吐蕃の諸"小邦"支配と国内体制の発展——その西域進出を可能にしたもの》，《アジア文化研究》第12号，2005年，52—66页；Géza Uray, "The narrative of legislation and organization of the Mkhas'pai dga'-ston'", *Acta Orientalia Academiae Scientiarum Hungaricae*, 26 (1972), pp. 11—68.
[②]《册府元龟》，卷970，14页下—15页上。
[③]《新唐书》，卷216上，6075页；《册府元龟》，卷979，1页上—下。
[④] 王尧、陈践：《敦煌本吐蕃历史文书》，146页。关于唐、吐蕃在七世纪六七十年代冲突的研究，见David A. Graff, *Medieval Chinese Warfare, 300—900* (New York, 2002), pp. 205—206; Pan Yihong, *Son of Heaven and Heavenly Qaghan*, pp. 239—243; Denis C. Twitchett, and Howard J. Wechsler, "Kao-tsung (reign 649—683) and the Empress Wu: The Inheritor and the Usurper", in *Sui and T'ang China 589—906*, vol. 3, pt. 1 of *The Cambridge History of China*, edited by Denis C. Twitchett (Cambridge, 1979), pp. 285—286.

新设立的吐火罗十六个羁縻州之间的联系。护密的吐蕃军队还怂恿龟兹和疏勒的亲吐蕃势力以及突厥弓月部（位于今新疆伊宁西北）叛唐。唐廷派苏海政率兵平叛，但他在行经疏勒南部时，遭到以弓月部为向导的吐蕃军队的拦截。苏海政考虑到长途跋涉已使唐军士兵筋疲力尽，因此决定避而不战。他打算用唐军的给养贿赂吐蕃将士。[①]但吐蕃志在挑战唐朝在西域的势力，于是再次联合弓月部以及疏勒的反唐力量，在663和665年袭击了于阗。不过从安西都护府（治所在今新疆库车）和西州（治所在今新疆吐鲁番东南的高昌故城）赶来的唐军把他们击退。[②]

变青海为吐蕃的前哨基地

对唐廷而言，到目前为止，吐蕃对西域的争夺只是暂时的小威胁。吐蕃若想在这一地区采取大规模、长期的军事行动，必须派大军翻越昆仑山脉并维持一条漫长的补给线，而这两项任务十分困难而且代价极高。因此，吐蕃必须首先将势力范围扩展至昆仑山以北，变青海高原为进攻据点，方能真正与唐廷角逐西域。

吐蕃为了获得青海，同时运用军事和外交两手策略。663年，吐蕃从一名吐谷浑叛逃者处得到重要情报，随后派精兵攻打吐谷浑。[③]吐谷浑落入吐蕃手中，其首领和他迎娶的唐朝公主北逃至凉州寻求庇护。[④]同年，吐蕃使者抵达长安，向唐廷说明攻打吐谷浑的缘由，并请求与唐和亲。唐廷不许，派出使节谴责吐蕃的好战行径。665年，吐蕃请求唐廷允许他们在赤水地区

---

① 《册府元龟》，卷449，10页上—下；《资治通鉴》，卷201，6332—6333页。
② 《资治通鉴》，卷201，6344页；《册府元龟》，卷995，15页下。另见Zhang Guangda and Rong Xinjiang, "A Concise History of the Turfan oasis and Its Exploration", Asia Major (3rd series), 11, no. 2 (1998), pp. 19—20. 本书用 "Xiyzhou" 表示 "西州"，以便与 "巂州"（本书用 "Xizhou" 表示）区别开来，后者治所位于今四川西昌，唐朝在西南地区的军事行动多是以此为据点展开的。
③ 《旧唐书》，卷196上，5223页；《新唐书》，卷221上，6227页；《册府元龟》，卷1000，24页上—下；《资治通鉴》，卷201，6355—6356页。关于吐蕃在西域的活动，见余太山：《西域通史》，郑州：中州古籍出版社，1996年，167—170页；张日铭：《唐代中国与大食穆斯林》，银川：宁夏人民出版社，2002年，89—96页；長沢和俊：《吐蕃の河西進出と東西交通》，《史観》第47号，1956年，71—81页；林冠群：《唐代前期唐蕃竞逐青海地区之研究》，《唐代吐蕃史论集》，北京：中国藏学出版社，2006年，264—295页。
④ 王尧、陈践：《敦煌本吐蕃历史文书》，146页；《旧唐书》，卷196上，5223页；《新唐书》，卷216上，6075页；《资治通鉴》，卷201，6336页；《册府元龟》，卷1000，24页上—下。

（位于黄河上游，在今青海兴海）放牧，赤水本是吐谷浑之地，吐蕃实际上是要求唐朝承认其对吐谷浑的兼并。唐廷拒绝了吐蕃的请求。① 吐蕃随即展开大规模攻势。青海北部十二州和西域安西都护府十八州分别在 667 和 670 年陷落。② 唐廷被迫放弃了对控制塔里木盆地至关重要的安西四镇，安西都护府治所也于 671 年暂时迁到西州。③

经过唐朝大臣的反复辩论，高宗决定出兵从吐蕃手中收复失地。670 年阴历四月，他派出两支远征军，一支负责护送吐谷浑首领重返青海，在吐蕃和唐之间建立一个缓冲区，另一支则在一名突厥裔将军的率领下，试图平定西域叛乱，阻止叛军和吐蕃合作。唐军在青海的军事行动一败涂地。严寒和高山病让唐军士兵苦不堪言。更严重的是，薛仁贵的部将郭待封未按他的计划行动。唐军原计划将两万名士兵留在大非川（位于今青海湖西南的平原），修建两个营地存放重型装备和给养。然后，薛仁贵和郭待封以此为前哨基地，各自率领一支精锐骑兵攻击乌海（今青海苦海）的吐蕃驻军。但是，当薛仁贵部已经到达乌海郊外时，郭待封的士兵还带着辎重缓慢前进。一支二十万人的吐蕃大军拦住郭待封的部队，迫使他们抛弃辎重，退回大非川。薛仁贵只好匆忙从乌海撤回，与郭待封会合。接下来，他们被一支据说有四十万之众的吐蕃精锐部队击败，唐军死伤惨重。他们被迫向吐蕃将领求和，然后被释放。吐谷浑故地现在已完全被吐蕃掌控。④

青海的事态发展使高宗大为沮丧。672 年吐蕃使者来访时，他痛斥吐蕃吞并吐谷浑、击败薛仁贵、骚扰凉州之过。吐蕃使者巧妙地答道："臣受命贡献而已，军旅之事，非所闻也。"高宗相信他可能确实未参与制定政策，

---

① 《旧唐书》，卷 196 上，5223 页；《新唐书》，卷 216 上，6075 页；《资治通鉴》，卷 201，6336 页。
② 《新唐书》，卷 216 上，6075 页；《资治通鉴》，卷 201，6351、6363 页。
③ 《旧唐书》，卷 196 上，5223 页；《新唐书》，卷 216 上，6076 页；《册府元龟》，卷 986，10 页下。关于四镇的位置的探讨，见王小甫：《唐、吐蕃、大食政治关系史》，68 页。关于唐、吐蕃从七世纪七十年代到七世纪九十年代冲突的论述，见 Denis C. Twitchett, "Tibet in Tang's Grand Strategy", p. 126—127; Christopher I. Beckwith, *The Tibetan Empire in Central Asia*, pp. 29—36。
④ 《资治通鉴》，卷 201，6364 页；《册府元龟》，卷 456，14 页下—15 页上。对吐蕃和吐谷浑关系的讨论，见周伟洲：《唐代吐蕃与近代西藏史论稿》，北京：中国藏学出版社，2006 年，56—96 页。

便饶过了他。但高宗为表示对吐蕃的不满,降低了接待使者的规格。一名唐使随后也前往吐蕃,表达皇帝对青海事态的关切。[1]但吐蕃对这名唐使完全置之不理。在弓月部和其他突厥部落的帮助下,吐蕃军队又攻陷了疏勒。

巩固唐对西域的统治

与薛仁贵670年在大非川的败绩相反,唐第二支远征军的将领们设法稳定了西域局势。[2] 671年,他们任命突厥首领阿史那都支为匐延(位于准噶尔盆地西北)都督,负责安抚活跃在今伊宁到准噶尔辽阔地域的突厥五咄陆部。[3]西州的唐军重创吐蕃在塔里木地区的盟友。673年年中,他们进攻弓月部和疏勒,迫使其首领于当年年底向唐廷投降。唐廷既往不咎,将他们遣送回国。[4]674年年底,一直效忠唐朝的于阗王受到上述事态发展的鼓舞,一举将境内的吐蕃军队驱逐出去。675年,唐廷在于阗置毗沙都督府,任命于阗王为都督以示奖励,将十多个州置于他的管辖之下。[5]同年,龟兹王也归顺唐朝,唐廷因此得以把安西都护府的治所迁回龟兹。[6]唐廷为了强化在西域的权威,还在疏勒和焉耆设置了都督府。

西域的事态发展迫使吐蕃和唐重启谈判。675年,吐蕃使者提议与唐休战,并缓和与吐谷浑的紧张关系。但高宗对此置之不理,他显然认为这是吐蕃为发动下一轮攻势争取时间的伎俩。676年,边陲战事加剧。闰三月,吐蕃攻击甘肃南部的四个州,杀死当地官员,劫掠百姓数千匹牛马。叠州(治所在今甘肃迭部)和扶州也遭到袭击。唐廷组织反击,但毫无成效。[7]当地许多部落向吐蕃投降。676年,吐蕃军队进一步向东洗劫了泾州(今甘肃泾川北)。他们甚至深入唐朝京畿地区,抢劫了奉天(今陕西乾县)和武

---

[1]《新唐书》,卷216上,6076页;《资治通鉴》,卷202,6368页;《册府元龟》,卷970,16页下,卷998,8页上。
[2]《新唐书》,卷215下,6064页;《资治通鉴》,卷202,6366页。
[3]《册府元龟》,卷964,9页上。
[4]《旧唐书》,卷5,99—100页;《册府元龟》,卷964,9页上—下,卷970,16页下;《资治通鉴》,卷202,6371—6372页。参见荣新江:《吐鲁番文书〈唐某人自书历官状〉所记西域史事钩沉》,《西北史地》第4期,1987年,54页。
[5]《旧唐书》,卷5,99—100页;《册府元龟》,卷964,9页下。
[6]《旧唐书》,卷5,100页。
[7]《通典》,卷190,1023页;《旧唐书》,卷196上,5223页;《新唐书》,卷216上,6076页;《资治通鉴》,卷202,6375页。

功,这两地距首都以西仅约七十五公里。①鉴于吐蕃可能袭击唐朝首都,高宗不得不取消为在位于中原的嵩山举行封禅大典而进行的筹备活动。②

西北新设置的匐延都督府也陷入困境。首领阿史那都支及其突厥部众对唐廷并非忠贞不贰。对他们来说,无论与唐还是与吐蕃结盟都只是权宜之计。他们一直抱有统一突厥各部,复兴突厥汗国的梦想。677年,阿史那都支在归顺唐朝仅仅六年之后便率众反叛,自称十姓可汗。他还在吐蕃的协助下夺取了龟兹。③ 678年,十八万唐军与吐蕃来犯者在青海湖交锋。唐军初战告捷,但以失败告终。④

两名唐朝官员前往吐蕃议和。谈判尚在进行,唐军于679年出其不意地发起反攻,收复了安西四镇。吐蕃军队伤亡惨重,大量牛羊被掠。⑤ 与此同时,唐廷以计谋抓住了阿史那都支。一名唐使以册封波斯王子的名义前往波斯。他为了掩盖此行的真正目的,还造访了当地其他突厥首领。到达西州后,他招募了一支人数众多的卫队,通过狩猎对他们进行军事训练。然后,他率骑兵出其不意地袭击了阿史那都支设在碎叶城的大本营。阿史那都支猝不及防,向唐军投降。碎叶变成了唐的军事要塞。唐使立碑纪念这次胜利。⑥现在,西域的三个要塞由北到南为唐构筑了一道防线,碎叶在北,疏勒居中,于阗在南。驻扎于此的唐军现在能更好地控制西突厥各部落。更重要的是,他们可以阻止吐蕃与这些部落联系,携手攻唐。

676年吐蕃君主去世后,摄政家族发生内斗,吐蕃不得不软化对唐立场。679年,一位吐蕃大臣入唐告丧,并以文成公主的名义请求和亲,以示愿与唐修好。高宗拒绝和亲,不过没有完全关闭与吐蕃往来的大门,他遣使参加吐蕃君主的葬礼。⑦一年后,文成公主去世,高宗遣使吊唁。吐蕃也展现

---
① 《旧唐书》,卷120,3455页。
② 《资治通鉴》,卷201,6359页,卷202,6379、6380页;《册府元龟》,卷33,6页下,卷986,11页下。
③ 《新唐书》,卷215下,6964页;卷216上,6077页。
④ 《旧唐书》,卷5,103页,卷196上,5223页;《新唐书》,卷216上,6077页;《册府元龟》,卷443,12页上—下,卷991,14页上;《资治通鉴》,卷202,6385—6386页。
⑤ 《通典》,卷190,1024页;《新唐书》,卷216上,6080页。
⑥ 《全唐文》,卷228,1031—1032页;《旧唐书》,卷84,2803—2804页;《新唐书》,卷216上,6077页;《资治通鉴》,卷202,6390页;《册府元龟》,卷366,9页下—10下。
⑦ 《新唐书》,卷216上,6077页;《资治通鉴》,卷202,6393页;《册府元龟》,卷979,1页下。

出和解姿态,交还了一名唐使的遗体。该唐使被吐蕃扣留达十年之久,最终客死他乡。[1]然而,吐蕃内部局势稳定后,立即屯兵大非川,对河源发动了新的攻势。当地唐军在首轮交锋中败北。唐廷于是任命黑齿常之为河源军经略大使。他下令修建七十座烽火台,密切监视敌人行动。士兵们还屯田自给。当681年吐蕃再次来袭时,唐军已做好充分准备,杀敌两千。吐蕃败退,遗弃了许多羊、马和大批兵器。[2]

683年高宗去世时,唐廷已牢牢掌握了河源地区。一年前吐蕃曾袭击过这里,但被唐军轻易击退。[3]与此相反,吐蕃升级了在西域的军事活动,当地形势紧迫,需要唐派重兵防守,而这将造成唐廷沉重的财政负担。一些唐朝官员为解决这个难题,建议朝廷任命当地突厥首领为都督,负责安西四镇的防务。[4]他们还提议唐军撤出西域,以削减军费。他们称这些措施不会损害唐在西域的利益,如果发生事变,唐廷可以向当地突厥首领求助。686年,唐军撤出西域,安西四镇不再是唐廷军事建制的一部分。[5]

唐军撤出西域后,吐蕃旋即在687年将疏勒以西的唐朝军事要塞收入囊中,[6]接着继续向东边的敦煌挺进。西域全境悉数落入吐蕃手中。这种情况引起了武则天的警觉。她在688年平定了反对其执政的唐皇室宗亲的叛乱后,于689年决定收复西域。为了击败当地反叛部落和支持他们的吐蕃人,她的第一项举措是命令兰州刺史收复疏勒。[7]她还任命一名将军率远征军出征。但这位将军未能尽责,在接受任命一年半之后,才在伊塞克湖一带与吐蕃军队交手,并在战斗中败北。[8]690年,武则天改唐为周,随后于

---

[1]《旧唐书》,卷196,5224页;《新唐书》,卷216上,6078页;《资治通鉴》,卷202,6393、6399页;《册府元龟》,卷661,20页上,卷979,1页下。
[2]《通典》,卷190,1023页;《旧唐书》,卷196上,5224页;《资治通鉴》,卷202,6395、6401页;《册府元龟》,卷358,6页下,卷420,2页上,卷443,3页上。
[3]《资治通鉴》,卷203,6411—6412页。
[4]《全唐文》,卷211,965页;《旧唐书》,卷89,2891页;《新唐书》,卷115,4211页。
[5]《文苑英华》,卷684,4页下,卷769,9页下;《全唐文》,卷165,751页。参见王小甫:《唐、吐蕃、大食政治关系史》,80—82页。
[6]《旧唐书》,卷93,2978页。
[7]《文苑英华》,卷769,9页下。对唐与吐蕃从670到705年在西域的竞争的讨论,见 Pan Yihong, Son of Heaven and Heavenly Qaghan, pp.244—247。
[8]《资治通鉴》,卷204,6459、6446页;《旧唐书》,卷77,2672页,卷196上,5225页;《新唐书》,卷216上,6078页。

691年再次尝试收复安西四镇，但仍未成功。① 692年，她终于实现了目标，不过付出的代价极大。② 安西四镇失而复得充分表明，唐必须维持强大的军事存在才能控制西域。武则天为彻底结束当地的动荡局势，在安西四镇部署了三万名士兵。仅于阗一地，唐军就分别在五处驻守，以保卫这个对唐在西域的防务至关重要的绿洲王国。③ 则天朝的右史崔融曾对安西四镇的重要战略意义做了精辟的总结："夫四镇无守，胡兵必临西域。西域震则威憺南羌。南羌连衡，河西必危。且莫贺延碛袤二千里，无水草，若北接虏，唐兵不可度而北，则伊西、北庭、安西诸蕃悉亡。"④

吐蕃在西域的反击

694年，吐蕃迫于唐朝在于阗强大的军事存在，尝试在东北方向开辟另一条通往西域的路线。但石城（今新疆若羌）的唐军挫败了这一企图。⑤ 第二年，吐蕃进犯河源地区，以切断唐与西域之间的联系。696年阴历三月，两军在素罗汗山（今甘肃临洮一带）附近交锋，唐军惨败。吐蕃继而袭击了西北方的凉州，杀凉州都督。⑥ 这次胜利使吐蕃信心倍增，试图强迫唐接受一笔交易——唐放弃安西四镇，断绝与突厥十姓部落的君臣关系，换取吐蕃从凉州撤军。

唐派右武卫铠曹参军郭元振前往吐蕃谈判。吐蕃宰相钦陵试图为吐蕃近来侵犯凉州、甘州辩解，称这场冲突的起因是唐拒绝吐蕃休战的要求。郭元振反驳道："论先考东赞，以宏才大略，服事先朝，结好通亲，荷荣承宠。本期传之永代，垂于无穷。论不慕守旧恩，中致猜阻，无故自绝，日寻干戈，屡犯我河湟，频扰我边鄙。且父通之，子绝之，岂为孝乎？父事之，子叛之，岂为忠乎？"但钦陵完全不因郭元振的道德指责而感到难堪，

---

① 《新唐书》，卷216上，6079页；《资治通鉴》，卷204，6473页。
② 《旧唐书》，卷93，2977页。
③ 同上书，卷196上，5225页，卷198，5304页；《新唐书》，卷43下，1150—1151页，卷216上，6078页；《资治通鉴》，卷205，6487—6488页，卷213，6733页；《册府元龟》，卷358，8页上。
④ 《新唐书》，卷216上，6079页。
⑤ 同上书，卷216上，6079页；《资治通鉴》，卷205，6493页。
⑥ 《通典》，卷190，1023页；《旧唐书》，卷196上，5225页；《新唐书》，卷216上，6079页；《资治通鉴》，卷205，6503—6504页；《册府元龟》，卷443，5页上。

反而提出了更多要求:"今天恩既许和好,其两国戍守,咸请罢置,以便万姓。各守本境,靡有交争,岂不休哉?然以西十姓突厥,四镇诸国,或时附蕃,或时归汉,斯皆类多翻覆。乞圣恩含弘,拔去镇守,分离属国,各建侯王,使其国君人自为守,既不款汉,又不属蕃,岂不人免忧虞?"[①]郭元振向钦陵保证,唐廷只是通过四镇"抚宁西土,通诸大邦"。但钦陵没有轻易被说服:"使人此词,诚为实论。然缘边守将,多好功名,见利而动,罕守诚信,此蕃国之所为深忧也。"郭元振继续反驳道:"十姓诸部,与论种类不同,山川亦异。爰览古昔,各自区分,复为我编人,积有年岁。今论欲一言而分离数部,得非昧弱苟利乎?"郭元振一番话激怒了钦陵。二人的对话变为唇枪舌剑。钦陵说道:"使人岂不疑陵贪冒无厌,谬陈利害,窥窃诸部,以为汉边患耶?陵虽识不逮远,请为使人明之。陵若爱汉土地,贪汉财币,则青海、湟川,实迩汉边,其去中州,盖三四千里,必有窥羡,何不争利于此中。而突厥诸部,悬在万里之外,碛漠广莽,殊异中国。安有争地于万里外,而能为汉边患哉!舍近务远,计岂然也?但中州人士,深谋多计,天下诸国,皆为汉并,虽大海之外,穷塞之表,靡不磨灭矣。今吐蕃块然独在者,非汉不贪其土地,不爱其臣仆,实陵兄弟小心谨密,得保守之耳。"钦陵继而表明,吐蕃要求控制西域是基于地缘政治考虑:"而十姓中,五咄六诸部落僻近安西,是与吐蕃颇为辽远。俟斤诸部密近蕃境,其所限者,唯界一碛,骑士腾突,旬月即可以蹂践蕃庭,为吐蕃之巨蠹者,唯斯一隅。且乌海黄河,关源阻深,风土疫疠,纵有谋夫猛将,亦不能为蕃患矣,故陵无敢谬求。西边沙路,坦达夷漫,故纵羸兵庸将,亦易以为蕃患,故陵有此请。实非欲侵渔诸部,以生心于汉边。陵若实有谋汉之怀,有伺隙之意,则甘凉右地,暨于积石,此道绵细,几二千里,其广者不过二三百里,狭者才百里,陵若遣兵,或出张掖,或出玉门,使大国春不遑种,秋无所获,五六岁中,或可断汉右界矣,又何为弃所易而窥所难乎?"[②]

然后,钦陵提到高宗时唐与吐蕃的边陲战事,对郭元振说,他和吐蕃

---

① 《通典》,卷190,1023—1024页;《新唐书》,卷216上,6079—6080页;《资治通鉴》,卷205,6508页;《册府元龟》,卷655,15页下,卷622,24页下。
② 关于吐蕃地缘政治的论述,见林冠群:《由地理环境论析唐代吐蕃向外发展与对外关系》,《唐代吐蕃历史与文化论集》,北京:中国藏学出版社,2007年,182—209页。

人一想到与唐休战就胆战心惊。他担心唐朝边将汲汲于战功,会蚕食吐蕃领土,使吐蕃别无选择,只能出兵控制青海。他向郭元振保证,自己只是"冀此为翰屏以虞"。郭元振无法立即答复,因为这超出了他的职权范围。他决定携吐蕃使者返回洛阳,让使者直接向唐廷提出请求。事实证明,恰当处理吐蕃的请求非常困难,必须仔细权衡利弊。唐廷一方面注意到,控制四镇及青海地区对唐经营西域至关重要;另一方面也认识到,直接回绝吐蕃的请求会导致战争升级。郭元振想出了一个权宜之计——唐廷遣使向钦陵传递一条模棱两可的信息,使他误以为唐最终会同意他的请求。① 郭元振估计,倘若钦陵拒不接受,吐蕃精英阶层会因此出现裂痕。

对唐来说值得庆幸的是,七世纪九十年代吐蕃政局的发展果然如郭元振所料。长期与唐作战使一些吐蕃官员和百姓疲惫不堪,他们不支持钦陵出兵攻取安西四镇。吐蕃赞普墀都松(677—704在位)年幼登基,朝政大权一直掌握在钦陵兄弟手中。墀都松年纪渐长,对此日益不满。钦陵兄弟在边地身居军事要职,如果再将安西四镇收入囊中,他们的权力将进一步膨胀。699年阴历二月,吐蕃政局突变。墀都松在一名亲信大臣的协助下发动政变,下令拘捕、处死钦陵的两千多名追随者,然后命令钦陵兄弟入朝。但钦陵兄弟拒不受命。墀都松遂亲自挥师讨伐,钦陵自杀,钦陵的弟弟赞婆归降唐朝,最终客死他乡。②

从缓和到和亲

墀都松在除掉钦陵后,将吐蕃领土扩张的方向从西北转向东南。703年,墀都松率军攻打南诏国,③ 唐和吐蕃在西域的紧张关系因而得到缓和。尽管边境冲突仍时有发生,但双边关系以外交往来为主。唐使分别于699、700和703年访问吐蕃。④ 吐蕃在702年遣使回访。武则天以隆重的国宴及乐舞

---

① 《通典》,卷190,1023—1024页;《旧唐书》,卷196上,5225页;《新唐书》,卷216上,6079—6080页;《册府元龟》,卷655,15页下—16页下,卷662,24页下;《资治通鉴》,卷205,6508页。
② 《旧唐书》,卷196上,5226页;《新唐书》,卷216上,6080页;《册府元龟》,卷974,14页上;《资治通鉴》,卷206,6539—6540、6542页。
③ 王尧、陈践:《敦煌本吐蕃历史文书》,149页。
④ 同上。

款待使者。使者受宠若惊,不失时机地对武后表达了感恩之情:"臣自归投圣朝,前后礼数优渥。又得亲观奇乐,一生所未见。自顾微琐,何以仰答天恩?区区褊心,唯愿大家万岁。"①

704 年,墀都松在远征南诏途中突然去世,但唐与吐蕃的友好关系并未受到影响。②墀都松之母墀玛类(705—712 在位)临朝听政,她认为当务之急是巩固对南诏北部的控制,以及平定内乱,因而进一步减少了与唐的摩擦。③与此同时,武则天于 705 年禅位给中宗,复国号为唐。新皇帝及其朝臣视突厥而非吐蕃为主要敌手,制订了一个远征突厥的庞大计划。他们希望在实施计划时不受吐蕃干扰,决定和吐蕃保持友好关系。

705 年阴历七月,吐蕃使者前来告丧,唐廷借此机会向吐蕃释放善意。中宗下令为墀都松举哀,废朝一日。④第二年,唐、吐蕃官员一起划边定界。他们在完成任务后,举行盟誓,并签订盟约。⑤为使盟约更正式、牢固,一名吐蕃高官于 707 年来唐,为四岁的赞普墀德祖赞求婚。中宗答应了和亲的请求,唐廷立即开始为和亲做准备。从 708 到 710 年,吐蕃为了迎接新娘几次遣使入唐。⑥710 年正月,唐廷终于宣布,金城公主将于同月二十七日启程前往吐蕃,中宗将亲自陪同公主到始平县(今陕西兴平,距唐都以西约四十公里)。⑦

---

① 《旧唐书》,卷 196 上,5226 页;《册府元龟》,卷 504,20 下页;《资治通鉴》,卷 207,6560 页。
② 王尧、陈践:《敦煌本吐蕃历史文书》,149 页。汉文史料记载的墀都松去世年份与上述时间不同,见《旧唐书》,卷 196 上,5226 页;《新唐书》,卷 216 上,6080 页;《资治通鉴》,卷 207,6562 页。
③ 对这位女性统治者的研究,见林冠群:《唐代吐蕃的"女主"——墀玛蕾(Krimalod)》,《唐代吐蕃历史与文化论集》,北京:中国藏学出版社,2007 年,246—279 页。
④ 《旧唐书》,卷 196 上,5226 页;《新唐书》,卷 216 上,6081 页;《册府元龟》,卷 974,14 页上。
⑤ 《册府元龟》,卷 981,6 页上一下。关于吐蕃政治中盟誓的意义,见王维强:《吐蕃盟誓的形式演变及其作用》,《中国藏学》1992 年第 02 期,87—97 页;林冠群:《吐蕃政治统合之方法——盟誓》,《唐代吐蕃史论集》,北京:中国藏学出版社,2006 年,90—114 页。
⑥ 《旧唐书》,卷 196 上,5226 页;《新唐书》,卷 216 上,6081 页;《册府元龟》,卷 979,2 页上;《资治通鉴》,卷 208,6610 页。对此次和亲背景的讨论,见佐藤长:《古代チベット史研究 上卷》,京都:東洋史研究会,1958 年,392—417 页。另见 Pan Yihong, "Marriage Alliances and Chinese Princesses in International Politics from Han through T'ang", Asia Major (third series), 10, nos. 1—2 (1997), pp. 114—115;藤野月子:《漢唐間における和蕃公主の降嫁について》,《史学雑誌》第 117 卷第 7 号,2008 年,51—54 页;藤野月子:《唐代の和蕃公主をめぐる諸問題について》,《九州大学東洋史論集》第 34 号,2006 年,110—132 页。
⑦ 《通典》,卷 190,1024 页;《旧唐书》,卷 92,2967 页;《新唐书》,卷 216 上,6081 页;《唐会要》,卷 6,75 页;《册府元龟》,卷 979,2 页上一下;《资治通鉴》,卷 209,6639 页。

这次和亲使唐与吐蕃的关系进入蜜月期。自710至713年，九名吐蕃使者先后造访唐廷。[1] 金城公主成为双方交往的主要促进者。吐蕃经常以公主的名义与唐谈判或是向唐提出请求。第一个这样的请求是向护送公主的唐使杨矩提出的，吐蕃要唐将九曲地区（今甘肃黄河上游）作为汤沐地赐给金城公主。杨矩收受吐蕃贿赂，奏请朝廷同意。吐蕃提出请求的时机恰到好处。当杨矩的奏章送抵长安时，一系列宫廷政变已使唐廷陷于瘫痪。710年阴历六月，中宗被谋杀，他的幼子继位。但睿宗（710—713在位）迅速发动政变取而代之。睿宗草率地答应了吐蕃的请求。失去九曲之地严重威胁到了唐朝西境的安全。吐蕃随即在洪济、大漠门等地筑城。这里水草丰茂，与唐接壤，这些据点很快成为吐蕃对抗唐朝的前哨基地。[2] 边境地区不时爆发冲突，双边关系日趋恶化。[3]

再度反目成仇

712年，墀玛类去世，唐与吐蕃的联盟实际上就此破裂。九岁的墀德祖赞（712—755在位）继位后，两位主战派大臣坌达延和乞力徐开始垄断朝廷大权。唐使参加墀玛类葬礼后不久，[4] 吐蕃信使就在713年腊月要求玄宗（712—756在位）正式承认吐蕃对九曲地区的控制。[5] 唐朝新主没有明确答复这个要求。吐蕃开始在边境增兵，并于714年完成部署。同年阴历五月末，坌达延向唐廷递交了一份措辞强硬的信件，"请载盟文，定境于河源"。来信还指名要已经告老还乡的原北庭都护解琬代表唐廷谈判。两名吐蕃高官不等玄宗做出正式答复便在阴历六月初来到长安，向他递交了一份盟约草案。[6]

---

[1] 他们于710、711、712、713年到访，见《旧唐书》，卷196上，5226页；《新唐书》，卷216上，6081页；《册府元龟》，卷110，5页下、6页上，卷970，19页下、20页下，卷971，1页上，卷979，4页上，卷980，6页下；《资治通鉴》，卷210，6692页。
[2] 《旧唐书》，196上，5228页；《新唐书》，卷216上，6081页；《册府元龟》，卷998，9页上。
[3] 有关安西及姚州将领攻击吐蕃南部及东部边境的记载，见《资治通鉴》，卷110，6661页；《册府元龟》，卷981，7页上。
[4] 《册府元龟》，卷979，4页上；王尧、陈践：《敦煌本吐蕃历史文书》，150页。
[5] 《册府元龟》，卷110，6页上一下；《资治通鉴》，卷210，6692页。对九曲地区的研究，见郭声波：《唐代河西九曲羁縻府州及相关问题研究》，《历史地理》第21辑，2006年，59—72页。
[6] 《册府元龟》，卷981，5页上—6页下；《全唐文》，卷999，4644页。另见Denis C. Twitchett, "Hsüan-tsung (reign 712—756)", p. 363.

玄宗命解琬与吐蕃使者谈判。①熟知吐蕃事务的解琬对谈判持悲观态度，认为这不过是吐蕃的诡计，他们即将犯唐。他建议在秦州（今甘肃天水西北）、渭州（今甘肃陇西）屯兵十万，以备不虞。玄宗虽然采纳了这个建议，但不认为吐蕃会发动攻击。他此时正忙于征讨突厥，把这十万士兵视作自己的后备军。他甚至对这支军队的将领们说："仍书报赞普，共为声援。明加侦候，勿使失机。"结果，唐朝对吐蕃可能的来犯毫无准备。②714年阴历七月，解琬的担忧成真，坌达延和乞力徐率十万大军袭击了临洮（今甘肃岷县）、兰州和渭州。唐军猝不及防，损失了大量战马。③吐蕃大举进犯震惊了唐廷。杨矩对自己曾提议把九曲拱手让给吐蕃深感愧疚，由于担心受罚而自杀。

吐蕃入寇干扰了唐对突厥的军事行动，迫使玄宗不得不集中精力对付吐蕃。阴历八月，玄宗敕令兵部侍郎和紫微舍人负责募兵，要求他们在十日内交出应募者名簿。玄宗还任命薛纳为陇右（陕西与甘肃之间的陇山以西地区）防御使，委之以全权——他在凉州调兵遣将时，可自行处决任何抗命的将领。④但这些措施并没有挡住吐蕃军队前进的步伐。阴历十月，渭源（今甘肃渭源）失陷。玄宗决定亲率十万士兵、四万战马出征，但此举遭到一些大臣强烈反对，加之唐军在临洮奇袭敌军告捷，玄宗方才作罢。同月，薛纳率军到达渭源，在武街驿附近重创吐蕃军队，迫使他们向西退到洮水。坌达延在洮水上游一处要塞重整旗鼓，组织反击。唐军乘胜再次击败敌人，杀敌七千，俘虏吐蕃将领一名，虏获羊马二十余万，缴获兵器无数。⑤

唐与吐蕃的战争促使更多唐廷官员采取强硬立场。两位宰相联名上书

---

① 《全唐文》，卷237，1073页。
② 《新唐书》，卷216上，6081页；《资治通鉴》，卷211，6699—6700页；《册府元龟》，卷992，5页上；《全唐文》，卷21，103页。
③ 《旧唐书》，卷196上，5228页；《新唐书》，卷216上，6081页；《资治通鉴》，卷211，6704页；《册府元龟》，卷986，16页下。另见王尧、陈践：《敦煌本吐蕃历史文书》，151页。
④ 《册府元龟》，卷78，11页上—下，卷124，18页下—19页上，卷432，17页上；《全唐文》，卷34，161页。
⑤ 《新唐书》，卷216上，6081页；《资治通鉴》，卷211，6704—6705页；《册府元龟》，卷118，1页上—3页上，卷124，19页上，卷139，5页上，卷142，9—10页上，卷358，9页下，卷366，14页上—下，卷432，17页上—下；《全唐文》，卷21，103页，卷34，161页，卷225，1158—1159页。

提议:"吐蕃本以河为境,以公主故,乃桥河筑城,置独山、九曲二军,距积石二百里。今既负约,请毁桥,复守河如约。"玄宗批许拆毁桥梁,但依然保持着与吐蕃的联系。①714年阴历十月底,唐廷以宣慰金城公主为名遣使访问吐蕃。唐地方官员也奉命埋葬在洮水之役中阵亡的吐蕃士兵的尸骨。吐蕃为回应这一善意举动,派一名官员前往洮水地区悼念阵亡将士。吐蕃使者还上书唐廷,探寻停战的可能性。但这封信的语气狂傲自大,要求唐朝视吐蕃为对等国。玄宗深感冒犯,拒绝在首都接见吐蕃使者。边境冲突随即爆发。

吐蕃控制九曲地区的企图失败后,将注意力转向西域。715年,他们和突厥联手进攻北庭都护府。②716年,唐军采取报复行动,从三面围攻突厥军队,杀死了突厥首领默啜可汗。同年,唐军还挫败了吐蕃对松州的进犯。③在战场上节节失利使吐蕃认识到,应该停止骚扰唐边境,向唐廷求和。716年阴历八月,吐蕃使者以金城公主的名义给玄宗送去一封信以及金盏等礼物。④玄宗为答谢金城公主的好意,举行盛大仪式接待来使,并委托他给吐蕃君主带去丰厚的礼物。但是,除了这些友好姿态,玄宗没有采取任何具体措施来改善双边关系。⑤不久后的717年阴历三月,金城公主再次致信唐廷称:"宰相向奴奴道,赞普甚欲得和好。"她敦促玄宗与吐蕃重新结盟,这样"即得两国久长安稳"。⑥但玄宗怀疑吐蕃的诚意,没有理会吐蕃的休战建议。

实际上,玄宗的疑虑是有根据的。自710年起,吐蕃就为今后在西域展开军事行动做了一系列准备。吐蕃军队为打开前往安西四镇的通道,夺取了小勃律的九座城镇。⑦714年,小勃律的吐蕃人煽动突厥反叛,导致西

---

① 《旧唐书》,卷196上,5228页;《新唐书》,卷216上,6082页;《资治通鉴》,卷211,6076页;《册府元龟》,卷999,12页下。
② 《册府元龟》,卷133,17页上一下。
③ 《资治通鉴》,卷211,6716页;《册府元龟》,卷358,9页下。
④ 《资治通鉴》,卷211,6720页;《册府元龟》,卷979,5页上。
⑤ 《全唐文》,卷40,192页。
⑥ 《册府元龟》,卷979,5页下。
⑦ 《新唐书》,卷221下,6251页。有关小勃律在唐、吐蕃冲突中战略重要性的相关讨论,见関根秋雄:《カシュミールと唐・吐蕃抗争——とくに小勃律国をめぐって》,《中央大学文学部紀要》第88号,1978年,99—118页。

域局势动荡。[1] 715 年，吐蕃推翻了拔汗那王，以傀儡取而代之。拔汗那王逃到安西都护府寻求庇护。当地官员立即意识到事态的严重性，如果他们不出手相助，唐廷将丧失在西域诸国中的威望。他们急忙派出一支万余人的远征军推翻拔汗那的傀儡政权。[2] 这次挫折促使吐蕃与突骑施接触。突骑施刚刚加入对西域的争夺。他们在 703 年攻克碎叶城并在那里设立牙帐，然后将势力范围向南扩展至吐火罗（今喀喇昆仑山脉以西、阿姆河以南的广阔区域）。[3] 717 年，吐蕃军队包围了拨换城（今新疆阿克苏）和大石城（在今托什干河谷）。他们计划在突骑施的帮助下攻打四镇，但安西都护府立即做出反应，迫使他们取消计划。[4] 此后，吐蕃在九曲地区败给陇右节度使郭知运，损失了大量士兵、马匹、牛羊、兵器。吐蕃朝廷最终在 717 年阴历七月回到谈判桌前。[5]

718 年阴历十一月，吐蕃遣使上书唐帝，详述与唐的边境纠纷，请求重新结盟。来信指出，促成 706 年会盟的各位唐朝宰相均已过世，吐蕃与当今的唐朝君臣有必要重新结盟。吐蕃希望唐廷在盟约中正式承认吐蕃对九曲地区的控制权。来信写道："不重作盟誓，彼此不相信。"吐蕃试图为自己过往骚扰唐西北边境辩护，指责唐朝将领破坏了 706 年的盟约："乞力徐此集兵马者，准旧例。兵马新旧交替，若道别集兵马，并是虚言。又往者平论地界，白水已来，中间并空闲。昨秋间郭将军率聚兵马于白水筑城。既缘如此，吐蕃遂于界内道亦筑一城。"来信还承诺，一旦唐同意和解，吐蕃将终止与突厥的联盟。然而，双方在若干重大问题上争执不下，迅速达成和解显然不切实际。玄宗否决了吐蕃缔结新盟的提议。他告诉吐蕃使者，双方的姻盟仍然有效，吐蕃应切实履行 706 年的盟约。[6] 但吐蕃坚持重新缔约，并于 719 年阴历六月再次遣使入唐。唐廷以相同的方法处理这个问题。

---

[1]《资治通鉴》，卷 211，6710 页；《册府元龟》，卷 42，16 页上；《全唐文》，卷 26，130 页。
[2]《资治通鉴》，卷 211，6713 页。对这次战役的讨论，见佐藤長：《古代チベット史研究 上卷》，京都：東洋史研究会，1958 年，417—440 页。
[3]《资治通鉴》，卷 206，6540 页；卷 207，6563 页。
[4]《新唐书》，卷 215 下，6065 页；《资治通鉴》，卷 211，6728 页；《册府元龟》，卷 992，7 页上。
[5]《资治通鉴》，卷 211，6728 页；《册府元龟》，卷 358，9 页上，卷 434，9 页下—10 页上，卷 992，7 页上。
[6]《新唐书》，卷 216 上，6082—6083 页；《资治通鉴》，卷 211，6734 页；《册府元龟》，卷 42，15 页下—16 页上，卷 981，6 页下—8 页上。

断然回绝吐蕃的请求，但同时又重赏吐蕃使者及其君主。①

吐蕃看到自己与唐的和议毫无进展，便再次联络突厥和突骑施联手攻唐。②唐廷也于720年加紧行动，以拉近与喀喇昆仑山以西各国的关系。唐廷封当地九位首领为王，③希望他们能为了唐的利益，阻止吐蕃军队从西北方向进入西域。但这个策略若要奏效，唐廷必须保障小勃律的安全（一些唐廷官员将小勃律比作唐通往西域的门户）。如果小勃律仍然在吐蕃的控制之下，唐廷对西域的控制必将受到严重威胁。唐廷决定帮助流亡在唐的小勃律王复位。722年，来自北庭都护府的四千步骑兵与小勃律王并肩作战，将吐蕃军队驱逐出小勃律。④

从720到723年，吐蕃和唐冲突不断。吐蕃军队在720年试图穿过塔克拉玛干沙漠进入西域。他们在694年曾做过类似的尝试，但以失败告终。这次，他们设法攻克了位于沙漠东南边缘的石城镇。⑤双边关系进一步恶化，⑥金城公主感到留在吐蕃不再安全。723年阴历五月，金城公主的使者秘密联系箇失密王，通知他公主打算先到箇失密，再经谢䫻（都城位于今阿富汗加兹尼）回唐。谢䫻立即遣使向唐廷报信，请求唐军护送公主返国。⑦但是，比起公主的安危，玄宗似乎更担心吐蕃迫在眉睫的进攻。724年，他任命出身瓜州（治所在今甘肃瓜州）的王君㚟为陇右节度使。王君㚟立即向吐蕃发起进攻并大获全胜。⑧725年，吐蕃审时度势调整了策略，唆使于

---

① 《旧唐书》，卷8，180页；《资治通鉴》，卷212，6736页；《册府元龟》，卷980，7页下。
② 吐蕃并没有与唐完全断绝外交往来，吐蕃使者于720年阴历十一月和十二月到访长安，见《册府元龟》，卷971，4页下。
③ 他们是护密王、乌长王、骨咄王、俱位王、大勃律王、箇失密王、谢䫻王、罽宾王、南天竺王，见《新唐书》，卷221上，6241页，卷221下，6251、6253、6355—6256页；《资治通鉴》，卷212，6740页。
④ 《新唐书》，卷216上，6083页，卷221下，6251页；《资治通鉴》，卷212，6752页；《册府元龟》，卷358，10页下—11页上。
⑤ 《资治通鉴》，卷205，6493页；王尧、陈践：《敦煌本吐蕃历史文书》，151页。关于这次事件的讨论，还可参考王小甫：《唐、吐蕃、大食政治关系史》，166—167页；Christopher I. Beckwith, *The Tibetan Empire in Central Asia*, p. 92, note 42。
⑥ 吐蕃在720年袭击小勃律，721年进攻陇右地区，722年再次攻打小勃律。小勃律在北庭节度使协助下发动反攻，收复了一些城市，见《新唐书》，卷216上，6083页；《册府元龟》，卷128，7页下。卷358，10页下—11页上；《资治通鉴》，卷212，6752页。关于唐与吐蕃从八世纪二十年代到八世纪五十年代关系的研究，见佐藤長：《古代チベット史研究 上巻》，440—468页；Denis C. Twitchett, "Hsüan-tsung (reign 712—756)", pp. 430—433, 445。
⑦ 《册府元龟》，卷979，7页下—8页下；《资治通鉴》，卷212，6762页。
⑧ 《新唐书》，卷216上，6083页；《册府元龟》，卷42，17页上。

阗王叛唐。不过,安西都护府的唐军迅速抓住于阗王,以一个傀儡取而代之。① 726年,吐蕃为了报复,大举进攻甘州。王君㚟命令唐军避免与敌接战,固守城池,等待寒冷天气削弱敌人的战斗力。不久,暴风雪来临,很多吐蕃士兵被冻死。吐蕃大将不得不撤军返回大非川。出乎他的意料,唐军已经派间谍放火烧毁了大非川附近的草场。吐蕃战马无草可吃,大批冻饿而死。王君㚟从后方追至,全歼敌人,获辎重羊马万计而还。玄宗听到捷报后大喜,在长安为王君㚟举行庆功宴,以官爵和珍宝重赏王君㚟父子。②

然而,唐军在726年的胜利并没有使吐蕃灰心丧气。727年,吐蕃卷土重来,而且兵力更盛。吐蕃君主亲自率军进攻瓜州,这里是王君㚟的家乡,也是唐军的主要后勤补给基地。吐蕃士兵抓住了瓜州刺史和刚刚从长安告老还乡的王君㚟的父亲。王君㚟没有尝试收复瓜州,因为他的父亲就关押在城内。吐蕃军队在瓜州与突骑施会师,向西攻打安西都护府。王君㚟上书朝廷,将瓜州的失陷归咎于当地四个部落首领,指责他们违抗命令,密谋叛乱。他们因此被流放。唐廷如此苛待当地部落首领,激怒了其部众,他们誓言报仇雪恨。不久之后,他们就在一处驿站伏击并杀死了王君㚟,然后投靠吐蕃。③

玄宗为了避免西北边疆的局势继续恶化,于727年腊月颁布诏令,从各道、各军府募集十万名士兵。他命令军队"开犄角之势,俾穷寇进不能犯,退无所归",还给他们下达了四项任务——整军备战,回击挑衅,屯田自给,与敌接战。玄宗告诉他们:"殄戎可期,战胜斯在。"④ 唐廷派兵部侍郎萧嵩到河西地区(治所凉州在今甘肃武威)督促当地官员加强防务。⑤ 新上任的瓜州节度使按照萧嵩的指令,修复了受损严重的城墙。这项措施十分及时,唐军因此能够应对吐蕃军队在727年闰九月发动的突袭。他们守

---

① 《资治通鉴》,卷212,6769页;《文苑英华》,卷917,9页上。关于丁丁阗在唐朝战略中的重要性,见荣新江:《于阗在唐朝安西四镇中的地位》,《西域研究》1992年第3期,56—64页。
② 《旧唐书》,卷216上,5229页;《新唐书》,卷216上,6083页;《资治通鉴》,卷213,6776页;《册府元龟》,卷358,11页上—下,卷986,21页上—下。
③ 《旧唐书》,卷196上,5229页;《新唐书》,卷216上,6083页;《册府元龟》,卷119,19页上—下,卷446,16页上—17页上,卷453,21页上;《资治通鉴》,卷213,6778—6780页;王尧、陈践:《敦煌本吐蕃历史文书》,166页。
④ 《册府元龟》,卷992,13页上—14页上;《全唐文》,卷23,112页。
⑤ 《全唐文》,卷23,113页。

住了城市，最终将敌人击退。①

萧嵩还成功地离间了吐蕃君主和他的一名大将的关系，后者被从前线召回，然后被处死。②鄯州（治所在今青海乐都）节度使甚至发起反攻，一路穷追猛打，将吐蕃士兵驱赶到大漠门（大漠门是710年吐蕃在有争议的河西地区修筑的军事据点）。唐兵攻陷大漠门，烧掉一座桥，然后返回鄯州。阴历八月，唐军在祁连城（今甘肃民乐东南）再次获胜，杀死一名吐蕃将领和五千名吐蕃士兵。③729年，唐与吐蕃的战事进一步升级。来自瓜州和沙州（今甘肃敦煌）的唐军攻打吐蕃大同军，获得大胜。随后，唐军又在石堡城（今青海西宁西南）获胜。④但是，这些战事并没有产生决定性作用，双方均损失惨重。

重回谈判桌

陷入军事僵局的唐和吐蕃重新诉诸外交手段，以修补严重受损的双边关系。729年，一名吐蕃使者入唐请和。吐蕃史料记载，同年也有"唐廷使者"造访，但未提供细节。⑤唐已经为旷日持久的战争付出了沉重的代价。此时，很多唐廷官员希望结束战事。中书令张说在两年前的727年就曾指出："且十数年甘、凉、河、鄯征发不息，纵令属胜，亦不能补。"可惜玄宗当时陶醉在王君㚟大非川大捷的喜悦中，拒不听从张说的建议，只是含糊地搪塞道："待吾与王君㚟筹之。"⑥

现在，玄宗面对吐蕃新的外交攻势，很难再对和议充耳不闻。730年阴历五月，吐蕃君主再次展现出和解姿态，遣使给一名唐朝都督送信，重申与唐朝的姻盟仍然有效。来信将过往的冲突归咎于好战的吐蕃将领，希

---

① 《册府元龟》，卷366，16页下—17页上；《资治通鉴》，卷213，6780—6781页。
② 《册府元龟》，卷411，22页上，卷986，22页上；《资治通鉴》，卷213，6781页；王尧、陈践：《敦煌本吐蕃历史文书》，152页；Christopher I. Beckwith, *The Tibetan Empire in Central Asia*, p. 106。
③ 《旧唐书》，卷196上，5230页；《新唐书》，卷216上，6084页；《资治通鉴》，卷213，6782—6783页。
④ 《册府元龟》，卷128，7页上，卷369，9页下—10页上，卷986，22页上—下；《资治通鉴》，卷213，6784页。
⑤ 王尧、陈践：《敦煌本吐蕃历史文书》，152页。
⑥ 《旧唐书》，卷196上，5229页；《资治通鉴》，卷213，6776页。另见王吉林：《从大非川之役到中宗时代与吐蕃的关系》，《西藏研究论文集》第2辑，1989年，19—38页。

望这些冲突不致妨碍吐蕃改善双边关系的努力。该都督对来信做出积极回应，派代表与使者一同返回吐蕃，双方开始议和。①消息传到长安后，忠王（后来的唐肃宗）的朋友皇甫惟明立即上奏玄宗，极力劝说他接受休战。但玄宗对吐蕃君主仍然恨意难消，答复道："吐蕃赞普往年尝与朕书，悖慢无礼，朕意欲讨之，何得和也？"皇甫惟明竭力使玄宗平静下来，对他说："开元（713—741）之初，赞普幼稚，岂能如此？必是在边军将务邀一时之功，伪作此书，激怒陛下。"他建议皇帝以探视金城公主为名派出使节，这样使者就有机会与吐蕃朝廷讨论和议的相关事宜。他说，唯有和解才能"永息边境，此永代安人之道也"。这一次，玄宗采纳了他的建议，命皇甫惟明和一名宦官向金城公主颁布一道敕令。②皇甫惟明的到访使吐蕃君主大悦。他向客人展示了自太宗朝以来吐蕃收到的所有唐廷书信，以示自己很重视与唐的关系。他还赐给皇甫惟明大量贵重礼物，然后命一名吐蕃使者护送来客返唐。

吐蕃使者在长安请求重新确认唐与吐蕃的姻盟，还递交了一封以吐蕃君主的名义发出的措辞委婉的信函。吐蕃君主在信中自称"甥"（女婿），称唐帝为"舅"（岳父）。他写道："又蒙降金城公主，遂和同为一家，天下百姓，普皆安乐。"接着，他为自己开脱罪责，将双方的冲突完全归咎于各自的边将："外甥以先代文成公主、今金城公主之故，深识尊卑，岂敢失礼。又缘年小，枉被边将谗构斗乱，令舅致怪。"然后他告诉唐廷，已经指示边将不得扰掠唐境，向唐地方官府遣返所有逃亡的唐人。他恳求与唐重归旧好，保证绝对不会首先破坏姻盟。信的结尾以谦恭的措辞写道："谨奉金胡瓶一、金盘一、金碗一、马脑杯一、零羊衫段一，谨充微国之礼。"

吐蕃的上书使玄宗十分满意，他隆重地接待了吐蕃使者。玄宗在宣政殿布置了仪仗队，亲自接见、宴请来使。使者略通汉语，与皇帝进行了友好的交谈。唐廷见吐蕃使者举止谦恭，赐给他象征唐廷高官身份的皇室紫袍和金鱼袋。吐蕃使者求赐汉文书籍的请求也得到批准。使者满怀感激地

---

① 《旧唐书》，卷8，196页上；《新唐书》，卷216上，6084页；《资治通鉴》，卷213，6789页。
② 《旧唐书》，卷196上，5230页；《新唐书》，卷216上，6084页；《资治通鉴》，卷213，6790—6791页。

接受了紫袍，但礼貌地婉拒了鱼袋："本国无此章服，不敢当殊异之赏。"

玄宗决定进一步加强与吐蕃的外交关系。731 年正月，唐派鸿胪卿回访吐蕃，并于阴历九月与一位吐蕃宰相一同返回。① 这位宰相请求"交马于赤岭（今青海日月山），互市于甘松岭（今四川西北甘松山）"。玄宗出于安全考虑，只同意在赤岭立界碑。②

赤岭会盟

此时，唐廷已准备与吐蕃谈判达成协议。工部尚书李暠于 733 年正月率高级使团出访吐蕃。他带着一万多匹绢帛作为礼品，还有一份即将刻在赤岭界碑上的碑文草案抵达吐蕃都城。③ 金城公主在这次重要谈判中扮演了调停人的角色。她上书建议由两名唐节度使和一名吐蕃使者在阴历九月初一出席立碑仪式，以划定双方永久边界。仪式结束后，唐、吐蕃官员还要一同前往剑南、河西、碛西，通知当地唐、吐蕃边境官员："两国和好，无相侵掠。"

但是，首轮谈判显然没能达成最终协议。唐廷派出一名官员继续谈判。吐蕃君主也来信催促唐廷达成协议。然而，划定自沙州到洮州的西北边界是一项十分复杂的工作，难以在短时间内完成。吐蕃君主在来信中建议组成联合使团，考察争议地区，提出双方都能接受的方案，作为划定永久边界的依据。④ 但一些吐蕃边将不愿意停战，他们在 733 年秋季对唐发动猛烈攻势。⑤ 所幸这次事件并没有破坏双方的和议。唐廷决定与吐蕃会盟是基于下述考虑：唐刚刚在 734 年开始对突骑施作战，在平定突骑施之前不想受

---

① 《旧唐书》，卷 8，196 页，卷 196 上，5231 页；《新唐书》，卷 216 上，6084 页；《资治通鉴》，卷 213，6791 页；《册府元龟》，卷 979，11 页上；王尧、陈践：《敦煌本吐蕃历史文书》，153 页。关于赠给吐蕃使者的汉文书籍，见 Wang Zhenping, *Ambassadors from the Islands of Immortals: China-Japan Relations in the Han-Tang Period* (Honolulu, 2005), pp. 197—198.
② 《旧唐书》，卷 8，197 页；《新唐书》，卷 216 上，6085 页；《资治通鉴》，卷 213，6796 页。
③ 《旧唐书》，卷 8，199 页，卷 112，3336 页；《册府元龟》，卷 653，17 页下—18 页上，卷 654，10 页下，卷 979，11 页上—下。界碑碑文见《册府元龟》，卷 979，11 页下—12 页上；《资治通鉴》，卷 213，6800 页。另见山口瑞凤：《チベット》，载江上波夫编：《中央アジア史》，東京：山川出版社，1987 年，546—549 页。
④ 《册府元龟》，卷 979，12 页下。
⑤ 同上书，卷 358，12 页上，卷 396，7 页下—8 页上。

吐蕃干扰。①

734年阴历六月初，唐金吾将军和几名吐蕃官员在赤岭立下界碑，②开启了双方友好关系的新篇章。③河西节度使崔希逸向吐蕃将领提议，双方互不采取敌对行动。他说："两国和好，何须守捉，妨人耕种。请皆罢之，以成一家，岂不善也？"吐蕃将领起初犹豫不决，不过最后还是接受了崔希逸的提议。二人举行仪式，杀白狗祭祀神灵，立下誓言，并同意拆除边境障碍物。吐蕃军队放松了戒备，在边境安心放牧。④

尝试收复九曲地区

赤岭会盟是唐廷为了应对与突骑施的战争，在仓促之间对吐蕃做出的妥协。唐和吐蕃仍有多处边界悬而未决，许多边将也反对盟约。⑤双方在赤岭立下界碑后不久，零星冲突便时有发生。吐蕃为进入西域，在734和737年分别出兵攻打大勃律和小勃律，形势因此进一步恶化。⑥唐廷对吐蕃占领小勃律尤其感到担忧，如果这种情况一直持续下去，唐朝在西域的利益将严重受损。737年冬，唐使访问吐蕃商讨这一问题，但无功而返。⑦这次出使失败正好为一些唐廷官员提供了对吐蕃宣战的借口。他们的代表人物是崔希逸的部下孙诲。崔希逸早些时候曾主动与吐蕃边将言和。孙诲以他的名义上书朝廷，称河西的吐蕃军队似乎对战争毫无准备，"若发兵掩之，必克捷"。⑧玄宗派孙诲和一名宦官去凉州考察实情。这名宦官在凉州伪造了一封诏书，命崔希逸发兵攻打吐蕃。崔希逸奉命行事，率军在青海湖以西

---

① 唐廷担心突骑施与吐蕃结盟，于是在734年遣使前往大食，策划以钳形攻势打击突骑施首府碎叶，见《全唐文》，卷284，1292页，卷286，1298、1300页。关于唐、突骑施冲突的讨论，见薛宗正：《安西与北庭——唐代西陲边政研究》，哈尔滨：黑龙江教育出版社，1995年，216—219页。
②《旧唐书》，卷8，201页。汉文史料对事件发生年份记载不一。对此问题的讨论，见薛宗正：《吐蕃王国的兴衰》，北京：民族出版社，1997年，90—92页。
③ 735年双方互派使者，736年吐蕃使者访问唐廷，见《旧唐书》，卷8，203页；《新唐书》，卷216上，6085页；《册府元龟》，卷971，10页上、11页上，卷980，9页上。
④《旧唐书》，卷196上，5233页；《新唐书》，卷216上，6085页；《册府元龟》，卷981，8页上—下。
⑤《全唐文》，卷284，1291—1293页；卷285，1296—1297页；卷287，1301—1303页。
⑥《旧唐书》，卷198，5310页；《新唐书》，卷221下，6251页。
⑦ 王尧、陈践：《敦煌本吐蕃历史文书》，153页。
⑧《旧唐书》，卷196上，5233页。

斩首两千余级。唐军背约令吐蕃十分震惊,一位吐蕃宰相前来抗议。[1]但最后的和平努力未能奏效。

唐军全线反击

崔希逸的军事行动实际上标志着唐朝收复九曲地区的开端。738年阴历三月,唐军在河西攻克了一个吐蕃要塞,将其更名为新城(位于甘肃大通河上游)并驻兵镇守。[2]唐廷认定,大举反击吐蕃的时机已经成熟。738年阴历六月,唐廷任命了新的河西、陇右、剑南节度使。河西节度使率先采取行动,从鄯州挥师夺取黄河上的一座桥梁,在黄河东岸筑城驻军。[3]阴历七月,玄宗发布诏书,正式向吐蕃宣战。他还以重赏鼓励士兵在战场上奋勇杀敌:"有能斩获吐蕃赞普者,封异姓王;斩获大将军者,授大将军;获次以下者,节级授将军、中郎将。不限自身官资,一例酬赏。"[4]

738年阴历九月,剑南节度使攻克吐蕃据点安戎城,在城外修建了两处防御设施。吐蕃精锐部队猛烈还击,重新夺回安戎,杀唐兵数千人。剑南节度使丢下大量粮食和兵器弃城而逃。[5]唐廷对这次失利做出回应,从陇右和河西发动军事行动。739年正月,陇右节度使巡视边境,强化防务。阴历七月,河西节度使在鄯州取得大捷。[6]正当唐与吐蕃陷入新一轮冲突时,金城公主去世了。金城公主之死标志着双边关系全面破裂,双方的战事进一步升级。[7]

剑南节度使章仇兼琼在一名宦官的帮助下,说服安戎城的吐蕃官员在740年阴历三月向唐投降。吐蕃为了报复,在两个月后派军队包围安戎城,切断水源。唐兵在城内夜以继日开凿水井,五天后实现了饮水自给,吐蕃

---

[1]《旧唐书》,卷9上,209页;《册府元龟》,卷986,23页下;《资治通鉴》,卷214,6826页。
[2]《册府元龟》,卷986,23页下。
[3]《新唐书》,卷216上,6086页;《资治通鉴》,卷214,6835页。
[4]《全唐文》,卷23,103页;《册府元龟》,卷986,21页下—22页上。《册府元龟》记载,诏书在728年颁布。这可能是738年之误。
[5]《旧唐书》,卷196上,5234页;《新唐书》,卷216上,6086页;《册府元龟》,卷136,11页下—12页上,卷443,5页上。
[6]《旧唐书》,卷196上,5234页;《新唐书》,卷216上,6086页;《册府元龟》,卷24,19页上;《资治通鉴》,卷214,6838页。
[7] 有关唐、吐蕃在八世纪三十年代战争的研究,见佐藤長:《古代チベット史研究 上卷》,468—484页。

于是撤兵。然而,阴历十月吐蕃军队再次包围安戎城。但寒冷的天气使吐蕃的军事行动无果而终,安戎城仍在当地唐军手中。[1] 次月,吐蕃使者带着金城公主的死讯到访长安,同时向唐廷建议停战,但遭到了冷遇。唐廷让他苦等数月,然后才为公主举哀。[2] 吐蕃尽管在剑南受挫,却成功赢得了小勃律王的效忠。小勃律王娶吐蕃公主为妻,还阻止小勃律西北的部落与唐接触。[3] 741 年夏,吐蕃君主亲率四十万大军袭击承风堡,一路进至河源军和安仁军,随后才被唐军一支精锐部队击退。但入冬后吐蕃军队卷土重来,夺取了唐朝重镇石堡城。[4]

742 年,唐和吐蕃谈判失败,战事随即升级。在陇右,一名唐将在战斗中杀死了一名吐蕃王子。在河西,唐军深入吐蕃领土,俘虏了几名吐蕃高官,夺得数万头家畜。在剑南,唐军在一场持续了近三个月的战役中获胜,收复定戎城,削弱了吐蕃对当地部落的控制,[5] 一些部落首领向凤州的唐官府投降。[6] 同年,护密王子也归顺唐朝。[7] 743 年,鄯州的唐军长途奔袭位于有争议的九曲地区的洪济城,并成功收复该城。[8] 但是,745 年陇右节度使皇甫惟明攻打石堡城却遭遇惨败,副将战死沙场,本人也遭罢黜。[9]

从 747 到 755 年,唐军展开一系列大规模军事行动,进攻驻扎在甘肃和青海的吐蕃军队以及他们在西域的主要合作者。王忠嗣在积石消灭了一支吐蕃军队。[10] 哥舒翰则集中在河西、陇右作战。他于 748 年在青海湖湖心

---

[1]《旧唐书》,卷 196 上,5234—5235 页;《新唐书》,卷 216 上,6086 页;《册府元龟》,卷 975,18 页下,卷 992,15 页上,15 页下—16 页上;《资治通鉴》,卷 214,6840、6842 页;《全唐文》,卷 300,1362 页,卷 345,1573 页。
[2]《旧唐书》,卷 9,213 页,卷 196 上,5235 页;《新唐书》,卷 216 上,6086 页;《册府元龟》,卷 979,13 页上;《资治通鉴》,卷 214,6843 页。
[3]《旧唐书》,卷 104,3203 页;《新唐书》,卷 221 下,6252 页;《资治通鉴》,卷 215,6884 页;王尧、陈践:《敦煌本吐蕃历史文书》,153 页。
[4]《旧唐书》,卷 196 上,5235 页;《新唐书》,卷 221 下,6086 页;《资治通鉴》,卷 214,6844、6846 页。
[5]《新唐书》,卷 216 上,6086 页;《资治通鉴》,卷 215,6856 页;《册府元龟》,卷 37,19 页上,卷 396,8 页上;《文苑英华》,卷 566,7 页上一下;《全唐文》,卷 311,1415 页,卷 352,1601—1602 页;王尧、陈践:《敦煌本吐蕃历史文书》,154 页。
[6]《册府元龟》,卷 170,19 页上;《全唐文》,卷 405,1862 页。
[7]《册府元龟》,卷 981,8 页下—9 页上。
[8]《新唐书》,卷 216 上,6086 页;《资治通鉴》,卷 215,6858 页。
[9]《新唐书》,卷 216 上,6086 页;《资治通鉴》,卷 215,6868 页;《册府元龟》,卷 425,20 页下;王尧、陈践:《敦煌本吐蕃历史文书》,154 页。
[10]《资治通鉴》,卷 215,6877—6878 页;《册府元龟》,卷 358,13 页上,卷 366,17 页下—18 页上。

小岛修建要塞并恢复了青海北部的稳定，①于749年夺回石堡城，②又于753年攻克了洪济和大漠门。③唐廷因此得以重新控制极有争议的九曲地区。哥舒翰的彪炳战绩迫使吐蕃一个强大部落苏毗的首领在755年投降唐朝。④

与此同时，高仙芝和封常清成功地将西域置于唐的控制之下。高仙芝于747年击败小勃律，擒获其王，⑤改其国名为归仁，并修筑要塞，派一千名新招募的士兵驻守。⑥然后，他在749年攻克了萨毗和播仙。⑦一年后的750年，他应吐火罗国王之请，出兵摧垮了揭师。⑧同年，他还打败了石国和突骑施。⑨封常清在753年大败大勃律，又于754年在播仙击败吐蕃军队。⑩唐军翻山越岭远程作战，取得了辉煌的军事胜利，牢牢控制住了西域。宋代史书《资治通鉴》生动地描绘了该地区的形势："是时中国盛强。自安远门西尽唐境凡万二千里，间阎相望，桑麻翳野。天下称富庶者无如陇右。"⑪

对吐蕃的领土要求让步

正当唐朝在西域的势力达到鼎盛之际，755年安禄山之乱爆发。叛乱严重扰乱了唐朝的内部秩序，使其不得不集中力量平定叛乱。唐廷为此向回纥、拔汗那、吐火罗和大食寻求军事援助，⑫还从西域撤回了二十万名士兵，

---

① 《资治通鉴》，卷216，6892页；《册府元龟》，卷398，24页下。
② 《旧唐书》，卷104，3213页；《新唐书》，卷216上，6086、6087页；《资治通鉴》，卷216，6896页；《册府元龟》，卷369，10页上一下。
③ 《新唐书》，卷216上，6087页；《册府元龟》，卷128，8页下；《资治通鉴》，卷216，6918页。两年前的750年，哥舒翰一名下属王难得也从吐蕃手中收复了五桥和树敦城，见《册府元龟》，卷358，13页下；《资治通鉴》，卷216，6901页。
④ 《新唐书》，卷110，4127页；《册府元龟》，卷128，8页下，卷977，21页下—22页上；《资治通鉴》，卷217，6926页。
⑤ 《资治通鉴》，卷215，6884、6886页。
⑥ 《新唐书》，卷221下，6251—6252页；王尧、陈践：《敦煌本吐蕃历史文书》，154—155页。
⑦ 《新唐书》，卷110，4127页。
⑧ 《资治通鉴》，卷216，6897—6898页；《册府元龟》，卷965，4页下；卷999，19页上一下。
⑨ 《资治通鉴》，卷216，6904页。
⑩ 同上书，卷216，6920—6921页；彭定求：《全唐诗》，卷201，2103页。对这些战役的讨论，见王小甫：《唐、吐蕃、大食政治关系史》，184—186页；Christopher I. Beckwith, *The Tibetan Empire in Central Asia*, pp. 137—138。
⑪ 《资治通鉴》，卷216，6919页。本书的第二位审稿人修订了这段文字的英译，笔者在此对他表示感谢。
⑫ 《旧唐书》，卷10，252页，卷198，5316页；《新唐书》，卷217上，6117页，卷221下，6252、6263页；《资治通鉴》，卷218，6938页，卷219，7010、7014页；《册府元龟》，卷20，6页下—7页上，卷973，15页上一下。

以保卫首都东面的潼关。①此后,西域的唐朝守军再也无力抵御吐蕃的攻击。

同年,弃松德赞(755—797在位)成为吐蕃新主。他试图以战争与外交的两手策略,建立吐蕃在亚洲的声名。②756年,一名吐蕃使者告诉刚刚登基的肃宗,吐蕃愿意派兵助唐平叛。肃宗举行盛大宴会款待来使,但未理会该提议。③他很清楚吐蕃的真实意图,后者打算以提供军事援助为名进犯唐土。吐蕃随即发动攻势,占领甘肃和四川西北部各州,切断了西域唐军与唐廷的联系。吐蕃军还攻克了威武、石堡城及九曲地区的其他唐要塞。这些地方是唐军经过浴血奋战在两年之前刚刚从吐蕃手中夺回的。④757年,陇右治所鄯州陷落,陇右节度使被迫迁往廓州(今青海化隆)。⑤尽管如此,他也没能坚守太久。从758到763年,陇右许多地方相继落入吐蕃之手。⑥如今,通往长安的门户已经洞开。与此同时,吐蕃还蚕食唐朝在西域的府州。756年一场惨烈的战斗爆发。伊州刺史和士兵"矢石既尽,粮储并竭",但他们宁死不降。刺史自知孤立无援,杀死家人后自焚而亡。⑦陇右地区的其他府州此时纷纷沦为孤岛。⑧

吐蕃在采取军事行动的同时,于757年再次遣使造访肃宗,提议助唐平叛。肃宗一口回绝,但还是派使节回访吐蕃,以示善意。⑨762年正月,另一位吐蕃使者来访。他一再要求唐廷承认吐蕃领有四川、甘肃各州,并

---

① 《旧唐书》,卷104,3213页;《新唐书》,卷216上,6087页;《资治通鉴》,卷217,6938页,卷218,6987页。
② 关于八世纪五十年代到九世纪五十年代唐、吐蕃关系的论述,见Christopher I. Beckwith, *The Tibetan Empire in Central Asia*, pp. 144—172。另见 Pan Yihong, *Son of Heaven and Heavenly Qaghan*, pp. 322—339。
③ 《新唐书》,卷216上,6087页;《资治通鉴》,卷218,6992页;《册府元龟》,卷973,15页上。
④ 《新唐书》,卷216上,6087页;《资治通鉴》,卷219,7011页;《册府元龟》,卷139,9页上。
⑤ 《资治通鉴》,卷220,7038页。
⑥ 廓州、岷州、芳州、兰州、河州、鄯州、临州、秦州、渭州、洮州分别在758、761、762、763年失陷,见李吉甫:《元和郡县图志》,北京:中华书局,1983年,卷39,980、983、987、989、992、993、995、997、1000、1002页;《旧唐书》,卷11,271页;《新唐书》,卷6,168页,卷40,1040页,卷216上,6087页,卷216下,6107页;《资治通鉴》,卷220,7066页,卷221,7102页;《册府元龟》,卷443,14页上;王尧、陈践:《敦煌本吐蕃历史文书》,156页。
⑦ 《册府元龟》,卷139,9页上。
⑧ 《资治通鉴》,卷227,7303页。
⑨ 《旧唐书》,卷10,246页;《册府元龟》,卷139,15页下,卷979,14页下;《唐会要》,卷97,1733页。

且每年向吐蕃进贡丝绸、布匹。①肃宗为内忧外患所困,对吐蕃做出让步。他派一名宦官出使吐蕃。②唐朝大臣和吐蕃使者在宰牲祭祀的仪式中结盟。③唐朝就这样默认了四川和甘肃的现状。

762年阴历四月代宗继位后,唐和吐蕃之间出现了新的紧张局势。据吐蕃史料记载,新皇帝"以向蕃地纳赋为不宜",双方因此发生争执。④吐蕃决定大举进攻长安,推翻新皇帝,以一个正式承认吐蕃在西域既得利益的傀儡取而代之。

郭子仪将军最先意识到长安处在严重危机之中。他几次上奏皇帝,敦促他强化首都防御。但代宗仍然认为外交能够缓和紧张局势,763年阴历四月,他派李之芳访问吐蕃。但一行人刚入吐蕃便被扣留。⑤这是一个明确无误的信号,说明吐蕃的军事行动已迫在眉睫。阴历七月,吐蕃在吐谷浑、党项、氐、羌的协助下,发动大规模联合行动。吐蕃二十余万军队攻克大震关(今甘肃清水以东,距长安西北仅220公里),然后向东北方的泾州挺进。刺史高晖投降,并成为吐蕃军的向导。吐蕃军在高晖的协助下,横扫邠州,攻克奉天和武功,距离唐都只有一百公里之遥。763年阴历十月,他们渡过渭水,进逼长安。唐军在盩厔(今陕西盩厔)组织最后的抵抗,坚守了两天,但最终还是被击败。

吐蕃军队在高晖指引下攻入长安,占领首都达十五日。在此期间,他们扶持傀儡皇帝,改元,置百官,并宣布大赦。他们还洗劫京城,抓捕了众多文士、妇女和工匠,准备把他们带回吐蕃。郭子仪发动反攻之后,吐蕃军队最终放弃了长安。⑥但他们没有撤回吐蕃,而是在甘肃南部安营扎寨,

---

①《新唐书》,卷6,165页。一条吐蕃史料记载,762年吐蕃朝廷"以唐人岁输之绢缯分赐各地千户长以上官员"。另一条吐蕃史料记载,唐朝每年向吐蕃纳贡绢帛达五万匹。见王尧:《吐蕃金石录》,北京:文物出版社,1982年,84页;王尧、陈践:《敦煌本吐蕃历史文书》,156页;林冠群:《吐蕃赞普墀松德赞研究》,台北:商务印书馆,1989年,254—255页。
② 王尧、陈践:《敦煌本吐蕃历史文书》,156页。两名吐蕃使节还分别于762年阴历五月、六月赴唐,见《册府元龟》,卷972,1页上。
③《旧唐书》,卷196上,5237页;《新唐书》,卷216上,6087页;《册府元龟》,卷981,9页上;《资治通鉴》,卷222,7118页;《唐会要》,卷97,1733页。
④ 王尧、陈践:《敦煌本吐蕃历史文书》,156页;王尧:《吐蕃金石录》,84页。
⑤《旧唐书》,卷196上,5237页;《新唐书》,卷216上,6087页;《资治通鉴》,卷222,7143页;《册府元龟》,卷980,10页上。
⑥《旧唐书》,卷11,271页,卷120,3456页,卷196上,5237—5239页;《新唐书》,卷216上,6087—6088页;《资治通鉴》,卷223,7146、7150—7153页;《册府元龟》,卷358,

对四川西北虎视眈眈。① 此时，吐蕃在双方的实力对比当中占据优势。宋代史家司马光恰当地总结了自八世纪五十年代到八世纪六十年代所发生的重大变化："及安禄山反，边兵精锐者皆征发入援，谓之行营，所留兵单弱。胡虏稍蚕食之。数年间，西北数十州相继沦没，自凤翔以西，邠州以北，皆为左衽矣。"②

不久之后，唐廷不得不面对另一个严重危机——仆固怀恩之乱。764年，仆固怀恩在灵州（今宁夏灵武）的部下串通吐蕃、回纥，集结十万大军攻唐。唐廷匆忙派郭子仪前往奉天组织防御，并尝试以外交手段化解危机，不过没有奏效。③ 吐蕃释放了被扣押两年之久的李之芳，但没有遣使入唐，实际上相当于拒绝谈判。吐蕃军队很快包围奉天，对长安构成了直接威胁。所幸郭子仪最终赶来解除了奉天之围，阻止吐蕃进军长安。此后，吐蕃君主将注意力转向西域。764年，唐廷在河西的重镇凉州陷落。④

765年双方恢复了接触，但并不是为了和平，而是为刺探对方虚实。代宗就吐蕃的停战建议询问郭子仪的意见，后者回答说："吐蕃利我不虞，若不虞而来，国不可守矣。"唐廷依照郭子仪的建议，加强奉天防御，命令唐军在泾州、原州边境巡逻，同时指派两名宰相与来访的吐蕃使者结盟。⑤ 但双方都无意兑现自己的诺言。

阴历九月，仆固怀恩再次与吐蕃、吐谷浑、回纥及党项组成联军。他们兵分三路：第一路主要由吐蕃士兵组成，在回纥及仆固怀恩部下的协

---

18 页下—19 页上；王尧、陈践：《敦煌本吐蕃历史文书》，156、167 页；王尧：《吐蕃金石录》，84 页。关于吐蕃军队 763 年占领长安的讨论，见 David A. Graff, *Medieval Chinese Warfare*, 300—900, pp. 227—228; Charles A. Peterson, "Court and Province in Mid-and late Tang", in *Sui and Tang China 589—906*, vol. 3, pt. 1 of *The Cambridge History of China*, edited by Denis C. Twitchett (Cambridge, 1979), pp. 490—491。
① 《旧唐书》，卷 196 上，5239 页；《新唐书》，卷 216 上，6088 页；《资治通鉴》，卷 223，7157、7159 页；《册府元龟》，卷 359，4 页上一下。
② 《资治通鉴》，卷 223，7146—7147 页。
③ 同上书，卷 223，7166—7167 页。
④ 李吉甫：《元和郡县图志》，卷 40，1018 页。关于吐蕃占领凉州战略意义的论述，见 Christopher I. Beckwith, "The Tibetans in the ordos and north China: Considerations on the Role of the Tibetan Empire in World History", in *Silver on Lapis*, edited by Christopher I. Beckwith (Bloomington, 1987), pp. 4—7; Michael T. Dalby, "Court Politics in late T'ang Times", in *Sui and Tang China 589—906*, vol. 3, pt. 1 of *The Cambridge History of China*, edited by Denis C. Twitchett (Cambridge, 1979), pp. 568—569。
⑤ 《旧唐书》，卷 196 上，5239 页；《新唐书》，卷 216 上，6088 页；《资治通鉴》，卷 223，7174 页。

助下，从西北方向进攻奉天；第二路由党项人组成，从东北方向包围同州（今陕西大荔）；第三路由吐谷浑人组成，从西南方向挺近盩厔。吐蕃二十万大军迅速抵达邠州。代宗惊恐万状，召集宰相及诸司长官齐聚佛寺之中，祈求首都平安无事，并以斋宴、音乐供奉佛祖。但他们的祈求并未应验。吐蕃军很快便进至奉天和盩厔，皇帝大惊，下令京师实行最高级别的戒严。[1]唐军在奉天殊死抵抗，三天之内与敌军交战两百余次。[2]他们还在马嵬驿（今陕西兴平以西，距唐都以西仅约五十公里）同敌人激战七日。

唐军在长安周遭的战斗中缴获了大量战马、骆驼、兵器和军旗，但还是不能解除吐蕃对首都的军事威胁。代宗为击退来犯之敌，决定亲征。他发布诏令，在京城内征集马匹，训练士兵。然而，这份诏书在长安引起恐慌，许多人试图逃离首都，代宗不得不派宦官在各城门阻止百姓出逃。鱼朝恩甚至催促皇帝为自身安全离开长安。

此时已是深秋，大雨延绵，吐蕃军的行进速度大幅放缓。他们放弃唐都，转向醴泉（今陕西礼泉北，距长安西北约五十公里），在那里焚毁房屋，践踏田地中的庄稼，然后带着数万名百姓向北方的邠州前进，与作为后备军的回纥人和仆固怀恩的士兵会合。接着，吐蕃、回纥联军向奉天挺进，包围泾阳（距长安以北仅二十五公里）。郭子仪守而不战，希望恶劣天气能削弱敌军的战斗力。[3]

就在这个紧要关头，仆固怀恩突然过世。吐蕃与回纥将领因指挥权的归属问题发生了争执。双方都不肯听命于对方，于是决定各自为营。双方的隔阂如此公开地表现出来，立即引起郭子仪的注意。他抓住时机派下属联络回纥，试图说服他们倒戈。但回纥不信任来使，坚持郭子仪必须亲自前来商议。郭子仪在得到消息后对部将们说："今众寡不敌，难以力胜。昔与回纥契约甚厚，不若挺身往说之，可不战而下也。"诸将表示赞同，但请求他带五百名铁骑为护卫。郭子仪回绝道："此适足为害也。"郭子仪之

---

[1]《旧唐书》，卷196上，5239—5240页；《新唐书》，卷216上，6088页；《资治通鉴》，卷223，7174、7176—7177页。
[2]《旧唐书》，卷196上，5240页；《新唐书》，卷216上，6089页；《资治通鉴》，卷223，7177页；《册府元龟》，卷987，2页上。
[3]《旧唐书》，卷11，287页，卷196上，5240—5241页；《新唐书》，卷216上，6089页；《资治通鉴》，卷223，7178—7179、7180—7181页；《册府元龟》，卷987，2页上。

子也在父亲的帐下为将,他担心父亲此行有性命之虞,拉住郭子仪的坐骑恳求说:"彼,虎狼也;大人,国之元帅,奈何以身为虏饵?"郭子仪驳斥他道:"今战,则父子俱死而国家危。往以至诚与之言,或幸而见从,则四海之福也。不然,则身没而家全。"郭子仪扬鞭抽打儿子的双手,大声呵斥道:"去!"随即只带少数几名随从前往回纥大营。

郭子仪的到来令回纥众将惊愕不已。其主帅药葛罗乃可汗之弟,他开弓搭箭,紧张地注视着郭子仪向自己的大帐走来。郭子仪除去铠甲,放下长矛,进入营地。回纥各部落首领认出此人确是郭子仪,难以置信地说:"是也!"他们纷纷下马向他致敬。郭子仪拉着药葛罗的手责备他道:"汝回纥有大功于唐,唐之报汝亦不薄,奈何负约,深入吾地,侵逼畿县,弃前功,结怨仇,背恩德而助叛臣,何其愚也!且怀恩叛君弃母,于汝国何有!今吾挺身而来,听汝执我杀之,我之将士必致死与汝战矣。"药葛罗回答说:"怀恩欺我!言天可汗已晏驾,令公亦捐馆,中国无主,我是以敢与之来。今知天可汗在上都,令公复总兵于此,怀恩又为天所杀,我曹岂肯与令公战乎?"

郭子仪知道自己没有生命危险,进一步劝说药葛罗与他联手驱逐吐蕃军队:"吐蕃无道。乘我国有乱,不顾舅甥之亲,吞噬我边鄙,焚荡我畿甸。其所掠之财不可胜载,马牛杂畜,长数百里,弥漫在野。此天以赐汝也。全师而继好,破敌以取富,为汝计,孰便于此?不可失也。"药葛罗爽快地接受了建议。郭子仪以酒洒地,发誓道:"大唐天子万岁!回纥可汗亦万岁!两国将相亦万岁!有负约者,身殒陈前,家族灭绝。"药葛罗也确认了誓言:"如令公誓。"他们就这样达成了协议。回纥各部落首领对这次会见的结果心满意足:"向以二巫师从军,巫言此行甚安稳,不与唐战,见一大人而还,今果然矣。"吐蕃将领得到这个消息后,拔寨撤军。药葛罗一路追击到灵台(今甘肃灵台),杀死大量吐蕃士兵,解救了四千名被俘虏的唐人。吐蕃军队继续向西北撤退,在泾州又遭遇一次惨败。唐军在泾州获胜后,代宗宣布从边境撤军,解除京师戒严。①

泾州大捷并没有立即扭转唐廷对吐蕃的相对弱势。从八世纪六十年代

---

① 《旧唐书》,卷196上,5240—5241页;《新唐书》,卷216上,6089页;《资治通鉴》,卷223,7180—7181页;《册府元龟》,卷973,17页下—18页上。

到七十年代,西北很多地方仍然被吐蕃控制,有些则是最近才落入吐蕃之手。[①]唐和吐蕃的冲突时断时续。[②]吐蕃军队常在冬季劫掠唐朝边境。唐廷只得每年组织"秋防",临时从东部抽调兵力到长安以西地区,以防吐蕃对长安发动突然袭击。[③]唐和吐蕃的战争进入僵持阶段。双方再次诉诸外交手段以解决领土纠纷。

766年阴历二月,唐派杨济出使吐蕃。吐蕃君主对唐廷的外交行动做出回应,派出一个一百余人组成的使团前往长安。[④]767年阴历二月,检校户部尚书薛景仙率高级使团出访吐蕃。他和一名吐蕃使节一同返回,并带回口信——吐蕃要求唐廷承认它对凤林关(今甘肃兰州西南)以西地区的控制。吐蕃使者希望代宗能够同意这个要求。实际上,就在当年阴历三月(当时薛景仙还在吐蕃),一名吐蕃使者已经访问过唐都。他受到唐廷盛情款待,几位唐朝宰相和内侍鱼朝恩还与他宣誓结盟。[⑤]从八世纪六十年代到779年代宗去世,唐与吐蕃之间使团往来频繁,[⑥]但这些外交努力收效甚微。代宗不同意吐蕃索要土地的要求。双方经常扣押对方使节。[⑦]边境冲突在整个八世纪七十年代持续不断。唐廷努力构筑防线,[⑧]有时还主动进攻吐蕃。[⑨]

---

① 766年,甘州、肃州双双陷落;776年,瓜州陷落。见李吉甫:《元和郡县图志》,卷40,1021、1023、1027页。
② 吐蕃在767、769、772、773及778年寇犯灵州,在768年侵犯并州、牢州,在771年侵犯原州,见《旧唐书》,卷196下,5243、5244页;《新唐书》,卷216下,6091、6092页;《资治通鉴》,卷224,7197、7202、7209、7215、7218、7219、7221、7222页,卷225,7251页;《册府元龟》,卷359,2页上,卷434,12页下、14页上一下,卷973,18页上,卷987,2页上、2页下、3页上一下。
③《资治通鉴》,卷224,7218页。
④《旧唐书》,卷196下,5243页;《资治通鉴》,卷224,7190页;《册府元龟》,卷980,10页下。
⑤《旧唐书》,卷11,286—287页,卷196下,5243页;《新唐书》,卷216下,6091页;《册府元龟》,卷976,4页上,卷980,10页下,卷981,10页上,卷997,13页下。《册府元龟》卷972,1页下记载,767年阴历七月,还有一名吐蕃使者访唐。
⑥ 吐蕃使节在769、772、774年赴唐,唐使在771、774、779年出访吐蕃,见《旧唐书》,卷11,301页;《新唐书》,卷216下,6092页;《资治通鉴》,卷225,7225页,卷226,7267页;《册府元龟》,卷661,24页下,卷662,24页上,卷663,24页下,卷972,2页上、3页上,卷976,4页上、4页下,卷992,19页上一下。
⑦《旧唐书》,卷196下,5245页;《资治通鉴》,卷226,7267页。唐廷扣押过多达八名吐蕃使者,并将他们流放到唐南部,一些人死于流放,见《资治通鉴》,卷225,7225页。
⑧《新唐书》,卷216下,6092页。
⑨ 唐、吐蕃冲突分别在775、776、777、778年爆发,见《旧唐书》,卷196下,5245页;《新唐书》,卷216下,6092页;《资治通鉴》,卷225,7232、7237—7238、7243、7247—7249、7251—7252页;《册府元龟》,卷358,27页下,卷359,10页下—11页上,卷429,14页上,卷434,14页下,卷987,2页下—3页上。

但双方都未能打破僵局。

德宗与吐蕃修好

德宗在 779 年阴历五月即位后，唐廷对吐蕃政策突然转向。德宗开始担心和猜忌在与吐蕃的战争中权力越来越大的节度使。现在，新皇帝不再视他们为立下汗马功劳的战争英雄，反而认为他们对自己的权威构成严重威胁。[1]他决定与吐蕃言和，以削弱这些节度使的地位。阴历八月，登基刚刚三个月的德宗便匆忙下令释放被羁押的吐蕃使节及五百名战俘，派韦伦护送他们返回吐蕃。他还指示边将在韦伦访问吐蕃期间不得挑起任何边境冲突。[2]

议和的消息完全出乎墀松德赞（756—797 在位）的意料。他起初不认为消息属实，在获悉吐蕃战俘确实已被送回各自部落后，则是又诧异，又欣喜。他下令打扫城中大道，以表示对客人的盛情欢迎。他在接见韦伦时说，自己未得到代宗去世的消息，对没有遣使吊唁、奉上祭品感到遗憾，还为不知德宗已经登基，以及最近吐蕃与南诏联手进攻四川西北谢罪。[3]然后，他派使节带着献给德宗的礼物，和韦伦一起前往长安。[4]外交的大门现在开启了。

不出所料，四川的唐朝将领并没有积极拥护德宗对吐蕃的新立场。当地一名节度使向朝廷献上吐蕃战俘，恳求皇帝不要把他们遣送回吐蕃。一些朝廷官员也力劝皇帝遵循惯例，将这些吐蕃人发配南方。德宗驳斥道："戎狄犯塞则击之，服则归之。击以示威，归以示信。威信不立，何以怀远？"他下令将四川的吐蕃俘虏悉数释放，每人发给一套衣服、两匹精美丝绸用作回家的盘缠。780 年阴历五月，韦伦携带一封唐朝皇帝授权他与吐蕃

---

[1]《新唐书》，卷 216 下，6092 页。关于唐节度使权力扩张的研究，见 Wang Gungwu, *Divided China: Preparing for Reunification 883—947*, Second edition (Singapore, 2007), pp. 7—35。
[2]《旧唐书》，卷 196 下，5245 页；《新唐书》，卷 216 下，6092 页；《资治通鉴》，卷 226，7268 页；《册府元龟》，卷 652，22 页上，卷 662，24 页上，卷 980，11 页上—下。
[3] 此事件发生在 779 年阴历十月，当时吐蕃与南诏联手同时攻击茂州、扶州及文州，见《资治通鉴》，卷 226，7270 页；《册府元龟》，卷 980，11 页上—下。
[4]《旧唐书》，卷 12，327 页，卷 196 下，5245 页；《新唐书》，卷 216 下，6092 页；《资治通鉴》，卷 226，7279 页。

结盟的信件再次出使吐蕃。吐蕃君主见韦伦再次前来十分高兴,将其安置在客馆,还让人为他奏乐。韦伦逗留了九天,然后与一个五十人的吐蕃使团一同回唐。①

781年,熟悉吐蕃事务的崔汉衡前去与吐蕃谈判解决边界争端。②在艰难的谈判过程中,墀松德赞就韦伦不久前递交的书信的格式和措辞与崔汉衡发生争执。他说,韦伦带来的不是皇帝诏书,而是由唐朝官员起草、经德宗批准的文书。德宗当时这样做,是采纳了宰相杨炎的建议,后者认为吐蕃君主不能与唐朝皇帝平起平坐,唐应将吐蕃君主视为属臣。③墀松德赞对此抱怨道:"我大蕃与唐舅甥国耳,何得以臣礼见处?"④他要求唐廷承认自己对贺兰山(位于甘肃)以西,包括甘肃、青海和四川西北部的广袤地域的管辖权。对这个强硬要求给出实质性答复,显然超出了崔汉衡的职权范围。他派一名下属同吐蕃官员一起返回长安向德宗报告。

当时唐朝内部发生了泾州兵变。这起事件使德宗更加确信,自己的首要任务是削弱藩镇,强化皇权,而不是与吐蕃对抗。他满足了吐蕃所有要求,还谦卑地就唐廷信函措辞不当道歉:"前相杨炎不循故事,致此误尔。"此外,他还同意双方在781年阴历十月会盟。⑤

双方在西域的矛盾立即得到缓解。唐在西域各府州的信使现在可以由回纥领地前往长安,重新恢复了自八世纪五十年代以来就被切断的与朝廷的联系。⑥但这些府州的归属依然悬而未决。虽然吐蕃要求对它们行使管辖权,但德宗不准备将它们划给吐蕃。崔汉衡与吐蕃官员在谈判中僵持不下,错过了约定的会盟期限。⑦不过双方都不想立即放弃外交努力。782年,吐

---

① 《旧唐书》,卷12,327页,卷196下,5245—5246页;《新唐书》,卷216下,6092页;《资治通鉴》,卷226,7280、7291页;《册府元龟》,卷980,12页上。
② 《册府元龟》,卷980,12页上。崔汉衡在771年曾任出访吐蕃副使,见《册府元龟》,卷662,24页下;卷654,11页上。
③ 《资治通鉴》,卷226,7280页。
④ 关于这封信措辞的讨论,见 Pan Yihong, "Sino-Tibetan Treaties in the Tang Dynasty", T'oung Pao, 78(1992), pp. 138—139。另见 Wang Zhenping, *Ambassadors from the Islands of Immortals: China-Japan Relations in the Han-Tang Period*, pp. 155—156。
⑤ 《旧唐书》,卷196下,5246页;《新唐书》,卷216下,6093页;《资治通鉴》,卷226,7298页,卷227,7312、7325页;《册府元龟》,卷654,11页上、卷980,12页上、卷981,10页上—下、卷997,17页上;《唐会要》,卷97,1734页。
⑥ 《资治通鉴》,卷227,7303页;卷232,7493页。
⑦ 《册府元龟》,卷981,10页下。

蕃为了表达善意，释放了八百名唐朝俘虏。[1] 同年，双方互派使节，终于达成协议。[2]

清水会盟

783年正月，唐和吐蕃各派两千人赴清水（今甘肃清水）参加隆重的仪式。在这两千人中，"执兵者半之，列于坛外二百步；散从者半之，分立坛下"。唐廷使团由陇右节度使张镒及另外六名大臣率领。吐蕃一方包括宰相尚结赞和六名大臣、将军。当天的主要活动是宰牲献祭。双方原本约定要宰杀一头牛和一匹马，但张镒本来就以与吐蕃结盟为耻，因而试图降低仪式的规格。他在登上盟坛后对尚结赞建议道："汉非牛不田，蕃非马不行，今请以羊、豕、犬三物代之。"尚结赞找不到猪，便代之以羚羊。张镒提供了一只白羊和一只狗。这些动物被宰杀，它们的血液被混在一起倒入两个容器。[3] 双方代表以血涂口，张镒出示了唐廷拟定的盟文：

> 唐有天下，恢奄禹迹，舟车所至，莫不率俾。以累圣重光，历年惟永，彰王者之丕业，被四海之声教。与吐蕃赞普，代为婚姻，固结邻好，安危同体，甥舅之国，将二百年。其间或因小忿，弃惠为雠，封疆骚然，靡有宁岁。皇帝践阼，愍兹黎元，俾释俘隶，以归蕃落。蕃国展礼，同兹叶和，行人往复，累布成命。是必诈谋不起，兵车不用矣。彼犹以两国之要，求之永久，古有结盟，今请用之。国家务息边人，外其故地，弃利蹈义，坚盟从约。
>
> 今国家所守界，泾州西至弹筝峡西口，[4]陇州西至清水县，[5]凤州西至同谷县，暨剑南西山大渡河东，为汉界。
>
> 蕃国守镇在兰、渭、原、会，西至临洮，东至成州，抵剑南西界磨

---

[1]《旧唐书》，卷12，323页，卷196下，5246页；《资治通鉴》，卷227，7321页。
[2]《册府元龟》，卷980，12页下—13页上，卷981，10页下；《资治通鉴》，卷227，7334页；《唐会要》，卷97，1734页。
[3] 关于吐蕃以动物祭祀的习俗的研究，见王尧：《吐蕃金石录》，48页。
[4] 同上书，46页有对弹筝峡位置的论述。
[5] 根据元和年间的唐朝官员沈亚之（781—832）的记录，清水县位于吐蕃的东南边境，见氏著：《沈下贤文集》，《四部丛刊》本，123页上—下。

些诸蛮，大渡水西南，为蕃界。其兵马镇守之处，州县见有居人，彼此两边见属汉诸蛮，以今所分见住处，依前为定。其黄河以北，从故新泉军，直北至大碛，直南至贺兰山骆驼岭为界，中间悉为闲田。①

盟文有所不载者，蕃有兵马处蕃守，汉有兵马处汉守，并依见守，不得侵越。其先未有兵马处，不得新置，并筑城堡耕种。

今二国将相受辞而会，斋戒将事，告天地山川之神，惟神照临，无得愆坠。其盟文藏于宗庙，副在有司，二国之成，其永保之。②

尚结赞也出示了吐蕃盟文，但内容不得而知。他邀请张镒到盟坛西南的帐篷对佛像焚香发誓。然后两人重登盟坛，举杯饮酒，完成了仪式。③

然而，在清水完成会盟仪式并不意味着唐和吐蕃现在已经确立了牢固的盟友关系。双方的盟文不尽相同，未能解决吐蕃的领土要求。此外，唐和吐蕃边将达成的协议需要双方君主的批准才能生效。④清水会盟后不久，悬而未决的领土争端便浮出水面。783年阴历四月，德宗命大臣与在长安的吐蕃宰相区颊赞最终确定盟约。但区颊赞以"清水之会，疆场不定"为由加以拒绝。崔汉衡再次前往吐蕃，带去了解决争议问题的方案交由墀松德赞批准。阴历六月，一名唐判官和一名吐蕃使者在青海会面。他们通过谈判达成最终协议，双方于次月在长安西郊效仿清水之盟举行了隆重的会盟仪式。

会盟在太庙举行，持续了三天。参加者包括区颊赞和十一名唐朝大臣。在前两天，礼仪官员向各位唐朝开国皇帝禀告即将举行的仪式，奉上素馔。第三天，一名唐朝宰相跪读盟文。仪式最后，唐廷设宴庆祝。然后，唐廷会盟使与区颊赞一同返回吐蕃，请吐蕃君主批准盟约。⑤

---

① 有关新泉军以及这个中立地带的论述，见王尧：《吐蕃金石录》，46、47页。
② 这段盟文的英译参见 Pan Yihong, "Sino-Tibetan Treaties in the Tang Dynasty", pp. 155—156。
③ 《旧唐书》，卷125，3548页，卷196下，5246—5248页；《新唐书》，卷216下，6093—6094页；《资治通鉴》，卷228，7338、7343—7344页；《册府元龟》，卷653，19页上，卷654，11页上—下，卷981，11页上—12页下。
④ 在吐蕃政治中，唐和吐蕃的会盟需要双方君主及宰相批准，见王尧：《吐蕃金石录》，48页。
⑤ 《旧唐书》，卷122，3503页，卷196下，5248—5249页；《新唐书》，卷143，4690页，卷216下，6094页；《资治通鉴》，卷228，7341、7343页，卷229，7399页，卷230，7426页；《册府元龟》，卷662，24页上，卷654，11页上，卷973，18页上—下，卷980，13页上—下，卷981，12页下。关于这次会盟的精彩讨论，见 Denis C. Twitchett, "Tibet in Tang's Grand Strategy", pp. 152—154。

清水会盟承认了唐和吐蕃之间脆弱的实力平衡，但没有给唐带来长久和平。783年阴历十一月，会盟后仅四个月便发生了泾源兵变，叛军拥朱泚为主，德宗被迫逃离长安。他在情急之下请求吐蕃协助平叛。墀松德赞欣然应允。作为回报，德宗答应将安西都护府和北庭都护府划给吐蕃，每年还要给吐蕃一万匹绢帛。[①] 但是，当784年朱泚之乱平定后，很多唐廷官员反对兑现承诺。唐廷送给吐蕃一万匹绢帛作为出兵相助的酬谢，但拒绝出让安西和北庭。[②]

唐廷的背信直接葬送了双方短暂的缓和局面。786年阴历二月，水部郎中正式通知墀松德赞，唐廷拒绝其领土要求，双方的紧张关系升级。[③] 吐蕃军队随即在阴历八月发动攻势，袭击唐都西北方的四个州，掠人畜，取禾稼。阴历九月，吐蕃游骑进攻好畤（今陕西乾县西北，距长安西北仅七十公里），迫使唐廷宣布首都戒严。甚至有传闻说，德宗已备好行李及干粮，随时准备离开长安。两万名吐蕃士兵包围凤翔，形势十分危急。[④] 德宗紧急派出一位将军作为使者前去会见尚结赞，试图重启谈判。[⑤]

平凉劫盟

吐蕃在阴历十一月及腊月又多次发动攻势，随后回到了谈判桌前。[⑥] 时值隆冬，严寒使吐蕃军队损失了大量羊马，也影响了吐蕃向灵州和夏州的士兵运送给养。墀松德赞认为已经向唐廷施加了足够的军事压力，因此决定改变策略，重新诉诸外交。他要求修改清水盟约，重新会盟。唐廷急于

---

① 陆贽：《唐陆宣公翰苑集》，《四部丛刊》本，卷10，6页上一下；《旧唐书》，卷12，341页；《资治通鉴》，卷229，7399页，卷231，7442页；《全唐文》，卷464，2128页；王尧：《吐蕃金石录》，43页。另见築山治三郎：《唐代中期における外寇と會盟について》，《古代文化》第40卷第1期，1988年，26—37页；马俊民：《唐德宗割地与吐蕃考论》，《茨城キリスト教大学紀要》第30号，1996年，49—57页。
② 《新唐书》，卷216下，6094页；《资治通鉴》，卷230，7422页，卷231，7442页；《册府元龟》，卷654，11页上。
③ 《旧唐书》，卷196下，5249页；《新唐书》，卷216下，6094页；《册府元龟》，卷980，13页下。
④ 《资治通鉴》，卷232，7470、7472页。
⑤ 《旧唐书》，卷196下，5239页；《册府元龟》，卷980，13页下。
⑥ 他们在阴历十一月攻占盐州，在腊月攻占夏州、银州、临州，然后退回云州、朔州，见《资治通鉴》，卷232，7474、7475、7477页；《册府元龟》，卷980，13页下—14页上。

重启谈判，在787年阴历二月和三月分别派使者造访吐蕃。①与此同时，老于权谋的吐蕃宰相尚结赞试图在李晟、马燧和浑瑊之间制造不合。他说："唐之名将，李晟与马燧、浑瑊耳，不去三人，必为我忧。"尚结赞锁定负责防御回纥的马燧为目标。唐廷曾命令马燧与李晟、浑瑊联手反击吐蕃，但他只想着自保，对朝廷的命令无动于衷。尚结赞很快派出几名信使，以重金贿赂马燧，告诉他吐蕃希望休战。信使还对他说，如果唐廷同意修改清水盟约，重新会盟，吐蕃将交还占据的土地。马燧接受了贿赂，将吐蕃的信息传回唐廷。②

李晟在朝堂上建议皇帝不要轻信尚结赞，应该继续执行反击吐蕃的计划。但马燧并没有因此放弃。他带一名吐蕃将领来到长安，力陈接受吐蕃提议的理由。德宗在做太子时曾遭回纥羞辱，希望利用吐蕃打压回纥。一些唐廷官员也附和他的想法。德宗于是答应了吐蕃的请求。他和马燧都不知道，尚结赞提议的会盟其实只是一个精心设计的圈套。尚结赞的计划是先提出议和，如果唐廷同意，就邀请浑瑊、灵州节度使杜希全、泾原节度使李观前来出席会盟仪式。倘若他们如期而至，就将他们悉数扣押，然后挥师攻打长安。③尚结赞为了实施自己的计划，对787年阴历三月来访的唐使说："清水之会，同盟者少，是以和好轻慢不成。今蕃相及元帅已下凡二十一人赴。灵州节度使杜希全禀性和善，外境所知，请令主盟会。泾州节度李观，亦请同主之。"④

787年阴历四月，唐廷通知尚结赞，只有浑瑊一人将代表唐廷出席会盟，杜希全正忙于灵州防务，李观则在最近调任新职。次月，浑瑊前往长安接受会盟使一职，崔汉衡任副使。他们率两万余名士兵前往平凉（今甘肃平凉西北）参加会盟仪式。浑瑊离开长安前，李晟建议他在会见吐蕃官员时多加防范。但是德宗告诉浑瑊要胸襟开阔，无须多虑。为防万一，德

---

① 《旧唐书》，卷12，356页，卷196下，5250—5251页；《新唐书》，卷216下，6095页，《册府元龟》，卷980，14页上。
② 《新唐书》，卷216下，6095页；《资治通鉴》，卷232，7482、7488页。
③ 《旧唐书》，卷196下，5250页；《新唐书》，卷216下，6096页；《资治通鉴》，卷232，7482—7483页；《册府元龟》，卷998，9页上一下。
④ 《旧唐书》，卷196下，5251页；《新唐书》，卷216下，6095页；《资治通鉴》，卷232，7484页；《册府元龟》，卷998，10页上一下。

宗命另一支唐军在平凉西北约三十五公里处安营。但是他们离浑瑊的营地太远，遇到紧急情况时来不及救援。闰五月十五日，浑瑊在没有充分做好防范措施的情况下，与尚结赞会面。⑤

当天，双方在盟坛东西各部署三千名持兵器的士兵，另有四百名不持武器的士兵立于坛下。会盟前，尚结赞向浑瑊建议，双方可以派几十名骑兵进入对方营地。浑瑊不疑有诈，表示同意。他完全不知道尚结赞已在盟坛以西更远的地方埋伏了数万名骑兵。他们将和吐蕃的骑兵一起，攻入浑瑊的营地，穿插分割，消灭他的部队。浑瑊和部将到达后，尚结赞建议他们下马到帐篷内换上礼服。他们刚一入帐，就听到三声鼓响。没等他们弄清楚发生了什么，吐蕃士兵就冲进帐篷，大肆砍杀。浑瑊趁乱从帐篷后面逃出，来不及为坐骑戴上马嚼铁，便纵身上马，冲回营地。浑瑊侥幸逃生，在阴历七月回到长安。他自知在平凉铸成大错，穿上白衣等待发落。德宗赦免了他。但他的副手崔汉衡和其他官员都被俘虏，三千名部署在盟坛附近持兵器的士兵有一半被杀。⑥而在长安，就在会盟当天，心情愉快的德宗还在朝会上说："今日和戎息兵，社稷之福。"当时，一名官员因对会盟能否顺利完成表示怀疑而受到德宗的斥责。当晚，唐廷收到平凉劫盟的消息，而且听说吐蕃军队正迅速逼近长安。德宗不知所措，打算逃离长安。次日清晨，由于大臣们强烈反对，德宗才不得不作罢。

所幸，吐蕃军队没有继续朝东向长安推进。由于战马缺乏粮草，他们撤回原州。尚结赞在那里接见了被关押的崔汉衡、马燧的侄子和宦官俱文珍，告诉他们所谓的和议不过是个计谋："武功之捷，皆我之力，许以泾州、灵州相报，皆食其言。负我深矣，举国所忿。本劫是盟，在擒瑊也。吾遣以金饰桎梏待瑊，将献赞普。"⑦然后，他对马燧的侄子说："胡以马为命，吾在河曲，春草未生，马不能举足，当是时，侍中渡河掩之，吾全军覆没矣！所以求和，蒙侍中力。今全军得归，奈何拘其子孙？"尚结赞释放

---

⑤《旧唐书》，卷196下，5251页；《新唐书》，卷216下，6095页；《资治通鉴》，卷232，7484—7485页；《册府元龟》，卷981，13页上—下。

⑥《旧唐书》，卷134，3709页，卷196下，5252页；《新唐书》，卷216下，6096页；《册府元龟》，卷787，11页下—12页下，卷981，13页下—15页上、16页上。

⑦《旧唐书》，卷196下，5252—5253页；《新唐书》，卷216下，6096页；《资治通鉴》，卷232，7488页；《册府元龟》，卷981，15页上。

了马燧的侄子和俱文珍，他知道俱文珍会将他的话传给德宗，导致君臣之间出现隔阂。①

马燧的侄子及宦官平安回到唐廷，使处在平凉事件阴影下的德宗重新燃起了以外交手段解决问题的希望。他的信使试图将诏书交给尚结赞，但尚结赞拒而不见。②不过，到了夏季阴历六月，盐州（今陕西北部定边）和夏州的吐蕃兵营疾疫横行，尚结赞被迫软化了立场。吐蕃士兵将这两座城市夷为废墟后撤离。阴历八月，尚结赞释放了崔汉衡和另外两名唐廷官员，以示和解。他们在一名吐蕃使者的陪同下回到长安。这次，德宗坚决不妥协。他对自己的官员表示欢迎，但拒绝接见吐蕃使者。③

孤立吐蕃

双边关系破裂后，吐蕃于789年阴历八九月间大举进攻陇右、泾州及邠州。他们烧毁城镇，掠走大量家畜，屠杀老幼，绑架许多成年男女，将数千名唐朝百姓虏往吐蕃。不愿背井离乡的人多数选择自残，使自己成为对吐蕃无用的废人，还有一些人跳崖自尽。面对敌军猛烈的攻势，唐朝节度使大多紧闭城门，避而不战。德宗在长安极力安抚百姓。他宣称边境局势仍然可控，还下令让两百多名吐蕃俘虏在市场游街示众。

对唐廷而言值得庆幸的是，进入冬季之后，吐蕃暂停了军事行动。④但德宗知道他们来年还会卷土重来，局势仍然严峻。他开始重新思考对吐蕃的策略。宰相李泌提议与回纥、大食、南诏结成广泛的联盟。他解释说："回纥和，则吐蕃已不敢轻犯塞矣。次招云南，则是断吐蕃之右臂也。……大食在西域为最强，代与吐蕃为仇，臣故知其可招也。"⑤

---

① 《资治通鉴》，卷232，7488页。
② 《旧唐书》，卷196下，5253页；《新唐书》，卷216下，6096页；《资治通鉴》，卷232，7488页；《册府元龟》，卷981，15页上。
③ 《旧唐书》，卷196下，5253—5254页；《新唐书》，卷216下，6097页；《资治通鉴》，卷232，7489页，卷233，7496页；《册府元龟》，卷981，15页下。
④ 《旧唐书》，卷196下，5254—5256页；《新唐书》，卷216下，6097—6098页；《资治通鉴》，卷233，7506—7507页。
⑤ 《资治通鉴》，卷232，7495页，卷233，7505页。关于李泌提议的讨论，见 Michael T. Dalby, "Court Politics in late T'ang Times", pp. 98—105；王小甫：《唐、吐蕃、大食政治关系史》，209—211页；Denis C. Twitchett, "Tibet in Tang's Grand Strategy", pp. 157—160。

德宗不得不放下对回纥的厌恶，接受了李泌的建议。这个新策略将给唐带来许多利益，诱惑力极大，难以拒绝。如果上述三方能够联手进攻吐蕃，吐蕃对长安及附近各州的军事压力将大大缓解。但这个新策略不会立即奏效，几年之后才能见到成果。因此，自788至792年，吐蕃一直保持着对唐的军事优势，[1]其作战行动更为频繁，规模也更大。[2]以往吐蕃为了避免士兵在春夏染上瘟疫，仅在秋季发动攻势。现在，吐蕃将领开始强迫那些妻子被扣为人质的唐朝俘虏在盛夏攻唐。[3]唐廷竭力加强西境守备，[4]但吐蕃每年两次进犯使唐难以招架。

唐朝北方和西北的局势令人沮丧，但西南边境的形势日益好转。那里的事态正朝着有利于唐朝的方向发展。剑南西川节度使韦皋致力于笼络南诏及四川西南各部落，成功地在788年阴历四月说服东蛮诸部背弃吐蕃，投靠唐廷。[5]同年阴历十月，韦皋在东蛮的帮助下在清溪关打败吐蕃军队。次年阴历十月，他再次与东蛮联手收复巂州，"生擒笼官四十五人，收获器械一万余事，马牛羊一万余头"。[6]

吐蕃在唐西南的战事失利，使其君主墀松德赞在789年将注意力转向西域的唐朝府州。吐蕃军队在790年阴历五月攻陷北庭都护府，又在792年夺取西州，安西都护府与长安的交通断绝。[7]吐蕃在西域的收获，导致其与回纥发生了大规模正面冲突，后者一直在协助唐廷对抗吐蕃。[8]从八世纪

---

[1] 792年，在灵州、泾州、芳州发生了战事，见《旧唐书》，卷196下，5257—5258页；《新唐书》，卷216下，6098页；《资治通鉴》，卷234，7530—7532、7534、7538页；《册府元龟》，卷987，4页上。
[2] 788年阴历五月，吐蕃军队袭击了五个州治所的郊区；阴历九月，又攻击了另外三个州，见《新唐书》，卷216下，6098页；《资治通鉴》，卷233，7515页。
[3] 《旧唐书》，卷196下，5256页；《新唐书》，卷216下，6098页；《资治通鉴》，卷233，7513页。
[4] 唐军重建了两处被吐蕃摧毁的要塞，见《资治通鉴》，卷233，7513页。
[5] 《旧唐书》，卷140，3822—3823页；《资治通鉴》，卷232，7513页；《册府元龟》，卷397，26页下，卷965，8页上，卷974，20页上。
[6] 《旧唐书》，卷196下，5256—5257页；《新唐书》，卷216下，6098页；《资治通鉴》，卷233，7515—7516、7519页。关于韦皋为争取南诏所做的努力，见 Denis C. Twitchett, "Tibet in Tang's Grand Strategy", pp. 157—160。
[7] 《旧唐书》，卷196下，5256页；《新唐书》，卷216下，6098页；李吉甫：《元和郡县图志》，卷40，1031页；《资治通鉴》，卷233，7520—7522页；《册府元龟》，卷452，21页下—22页上。西州陷落的准确年份仍有待商榷，见薛宗正：《安西与北庭》，292页。
[8] 吐蕃与回鹘在791、792、794年爆发冲突，见《旧唐书》，卷197，5283页；《资治通鉴》，卷233，7524页；《册府元龟》，卷973，18页下，卷995，15页下—16页上。

八十年代到九世纪初，吐蕃与大食之间也爆发了战争，吐蕃几乎每年都要发兵西征。①吐蕃同时与大食、回纥、南诏、唐为敌，战线过长，资源消耗殆尽，军事实力开始衰退。

唐廷趁机在八世纪九十年代发起战略反攻。793 年，韦皋的部队在四川西北摧毁了五十多处吐蕃要塞。②六名当地部落首领归顺唐廷。③第二年，唐军从两个方向发动攻击，在西北方的峨和城击败三万多名吐蕃士兵，在西南方则与南诏并肩同吐蕃作战。④795 和 796 年，一些吐蕃部落首领向唐朝投降。⑤唐军现在牢牢控制着唐的西南、西北边境。在北方，唐军于793 年收复盐州，并在当地筑城。⑥墀松德赞为夺回战争主动权，在 796 年阴历九月对庆州（今甘肃庆阳）发动最后一次猛烈攻击。不过，随着好战的吐蕃宰相尚结赞和吐蕃君主墀松德赞于 796、797 年相继去世，吐蕃突然撤军。⑦

外交和战争的双重手法

墀松德赞和尚结赞之死为双方的和解带来了一线希望。吐蕃新君牟尼赞普（796—798 在位）的信使在 797 年正月与唐地方官员会面，请求唐朝官员允许他前往唐廷递交表达善意的书信。但他的努力落空了。德宗十分厌恶吐蕃之前屡次破坏盟约，不相信吐蕃求和的诚意，拒绝接受吐蕃的书信。⑧吐蕃随即对甘肃东北部的庆州以及四川西南唐军最近才收复的巂州发起新攻势。⑨在这紧要关头，牟尼赞普在吐蕃宫廷激烈的权力斗争中离奇死

---

① 《旧唐书》，卷 198，5316 页；《新唐书》，卷 221 下，6262 页。
② 《旧唐书》，卷 13，376 页；《资治通鉴》，卷 234，7547 页；《册府元龟》，卷 987，4 页上。
③ 《旧唐书》，卷 13，376 页；《资治通鉴》，卷 234，7548 页；《册府元龟》，卷 977，22 页下。
④ 《旧唐书》，卷 196 下，5358 页；《资治通鉴》，卷 235，7562 页；《册府元龟》，卷 359，16 页下，卷 977，23 页上，卷 987，4 页上。
⑤ 《旧唐书》，卷 196 下，5358 页；《册府元龟》，卷 977，23 页上，卷 987，4 页下。
⑥ 白居易：《白氏长庆集》，卷 3，13 页下—14 页下；《旧唐书》，卷 13，376 页，卷 196 下，5258 页；《新唐书》，卷 216 下，6098 页；《资治通鉴》，卷 233，7540 页；《册府元龟》，卷 359，16 页下，卷 993，16 页上—17 页下。
⑦ 《旧唐书》，卷 196 下，5258 页；《新唐书》，卷 216 下，6099 页；《资治通鉴》，卷 235，7575 页。
⑧ 《旧唐书》，卷 196 下，5258 页；《新唐书》，卷 216 下，6099 页；《资治通鉴》，卷 235，7575 页；《册府元龟》，卷 993，17 页下。
⑨ 《旧唐书》，卷 196 下，5258 页；《新唐书》，卷 216 下，6099 页；《资治通鉴》，卷 235，7576—7577 页；《册府元龟》，卷 987，4 页下。

去。但他的继任者从798到801年继续进攻唐朝。① 吐蕃在唐西北边境进展顺利,但在唐西部和西南边境损失惨重。803年,唐廷成功地将防线向西推进至平凉。

同年,吐蕃使者前来试探休战的可能性。唐廷积极回应,立即派右龙武将军出使吐蕃,以示善意。② 804年,吐蕃赞普去世,吐蕃使者前来告丧,为双方进一步和解提供了机会。德宗下令废朝三日,命三品及以上官员向使者致哀,还命工部侍郎赴吐蕃吊唁,不过唐使在前往吐蕃途中死于驿站。吐蕃新主墀德松赞(804—815在位)趁机向唐释放善意,命下属将这位侍郎的灵柩运回长安。③ 一年后的805年,德宗去世。墀德松赞再次向唐示好。吐蕃使者带来金银钱币、织物、牛马作为祭祀德宗的供品。④ 尽管此时双方互派使节大都只是礼仪性的,但仍然有助于改善双边关系。

九世纪前二十年,唐和吐蕃往来频繁。⑤ 双方都释放了对方的战俘,⑥ 并开放边市,允许边民互市。⑦ 吐蕃还许诺将部分侵占的领土归还唐朝。⑧ 不过,双方的冲突仍在持续。吐蕃试图攻占唐在西域的最后一个据点安西,当地

---

① 798、799、800和801年的战斗分别在盐州、巂州、灵州、黎州、巂州、盐州、临州发生,见《旧唐书》,卷196下,5259—5261页;《新唐书》,卷216下,6099页;《资治通鉴》,卷235,7581、7585、7589、7593页;卷236,7597—7599页;《册府元龟》,卷434,16页上,卷987,5页上一下,卷993,18页上。
②《旧唐书》,卷13,398页,卷196下,5261页;《新唐书》,卷216下,6100页;《资治通鉴》,卷236,7601页;《册府元龟》,卷980,14页下。
③《旧唐书》,卷13,400页,卷196下,5261页;《新唐书》,卷216下,6100页;《资治通鉴》,卷236,7605页;《册府元龟》,卷661,25页上,卷662,24页下—25页上,卷976,7页下。六年后的810年,吐蕃还把在平凉事件中被俘,后客死吐蕃的两名唐朝官员的灵柩送回唐朝,见《旧唐书》,196下,5261页;《新唐书》,216下,6100页。
④《旧唐书》,卷14,408页,卷196下,5261页;《新唐书》,卷216下,6100页;《唐会要》,卷97,1737页。
⑤ 吐蕃使节于806、807、809、810及812年赴唐,唐使于806、807、809、810及812年出访吐蕃,见《旧唐书》,卷196下,5261页;《新唐书》,卷216下,6100页;《资治通鉴》,卷237,7660页,卷238,7676页;《册府元龟》,卷756,11页下,卷972,5页下、6页上一下,卷980,15页上;《唐会要》,卷97,1737页。
⑥ 807年,吐蕃送回了包括僧侣在内的多达四百五十名唐人;810、820年,吐蕃将平凉事件中抓住的唐朝官员送回;806、824、825年,唐廷下令遣返分居各州、已沦为奴仆的吐蕃战俘,见《旧唐书》,卷196下,5261页;《册府元龟》,卷42,2页上,卷90,15页上、16页上,卷147,15页下—16页上,卷444,14页下。关于在湖南沦为奴仆的吐蕃人的记载,见韩愈:《昌黎先生集》,《四部丛刊》本,卷10,8页上。
⑦ 809、815年,唐廷发布诏书,允许吐蕃在陇州交易,见《新唐书》,卷216下,6100页;《资治通鉴》,卷239,7720页;《册府元龟》,卷999,25页下。
⑧ 810年谈判开始,吐蕃答应归还秦州、原州、安乐州,见《旧唐书》,卷196下,5261页。关于这次谈判的细节,见一份唐廷致吐蕃的信函,其中讨论了划界、会盟的可能性,以及送还战俘等问题,见白居易:《白氏长庆集》,《四部丛刊》本,卷39,10页上—12页上。

唐军在回纥的帮助下苦苦支撑。808 年，安西陷落。① 同年，回鹘从吐蕃手中夺取凉州作为报复。②809 年，吐蕃与回鹘这两个宿敌之间的战事进一步升级。吐蕃五万多名骑兵攻入丰州（治所在今内蒙古临河以东），切断了唐与回鹘之间的联系；一支万余人的吐蕃骑兵部队截留了从长安返回的回鹘使团。③ 816 年，一位吐蕃将领挥师北进，穿过沙漠，长途奔袭回鹘牙帐。他估计士兵只需三天就可以抵达目的地并将其摧毁。所幸墀德松赞之死使回鹘逃过一劫，这名将领闻讯突然回军。④

吐蕃新君墀祖德赞（816—838 在位）继承前任政策，继续以外交和战争的双重手法处理对唐关系。817 年，他不等自己派出的使者离开长安，就迫不及待地从两条战线——北方的宥州（治所在今内蒙古鄂托克旗以南）、灵州、夏州和南方的剑南——对唐发动攻势。唐廷以相同的方法应对。唐使参加墀德松赞葬礼未回，唐军便开始备战。战争爆发后，唐军不但挫败了吐蕃军队，还夺取了数处吐蕃要塞。宪宗（806—820 在位）还下令扣押一名吐蕃使者。⑤ 同样是在 817 年，进士沈亚之（781—832）前往咸阳（今陕西咸阳）以西地区巡视。当地百姓以亲身经历向他描述了吐蕃军队的优势以及入唐后的策略："其众蚁多，包山川，沮陆之利。其兵材虽一不能当唐人，然其策甚远，力战不患死，所守必险，所取必地。"他们还讲述了凉州的陷落："闻其始下凉城时，围兵厚百里，伺其城既窘，乃令能通唐言者告曰：'吾所欲城耳。城中人无少长，即能东，吾亦谨兵，无令有伤去者。'城中争号曰：'能。'围即东解。其后取他城，尽如凉城之事，由此人人皆固生，无坚城意。"⑥

这次，唐廷面对吐蕃新的威胁，决意组织更有效的抵抗。墀祖德赞决定调整战略，集中攻打唐北部边境。819 年阴历八月，吐蕃十五万大军在庆州方渠（今甘肃环县）安营扎寨，然后从那里出发，三面包围盐州。吐蕃

---

① 关于安西陷落的讨论，见薛宗正：《安西与北庭》，292—295 页。
② 《资治通鉴》，卷 237，7651 页。
③ 《新唐书》，卷 216 下，6100 页；《资治通鉴》，卷 238，7666 页。
④ 《旧唐书》，卷 196 下，5265 页；《新唐书》，卷 216 下，6103 页。
⑤ 《旧唐书》，卷 196 下，5261—5262 页；《新唐书》，卷 216 下，6100 页；《资治通鉴》，卷 240，7754—7755 页；《册府元龟》，卷 111，2 页下—3 页上，卷 972，7 页下，卷 980，16 页上，卷 987，6 页上—下。
⑥ 沈亚之：《沈下贤文集》，《四部丛刊》本，卷 10，106 页下—107 页上。

围城一月有余，这期间几乎每天都发生激战。吐蕃士兵几度严重破坏了城墙，险些夺城。但守城士兵拼死奋战，力保城池不失。唐朝援军从后方袭击吐蕃军队，迫使他们撤退。①

宪宗死后，穆宗（821—824 在位）继位，唐与吐蕃恢复了往来。820 年，唐使向墀祖德赞告丧时得知吐蕃希望与唐订立新盟约。不久之后，吐蕃使者来到长安与唐廷谈判。②但谈判尚未取得任何成果，吐蕃大军就突然出现在泾州，对唐施压。吐蕃统帅声称自己是为会盟而来。唐廷为化解危机，在短时间内先后任命两名大臣充当"和好使"访问墀祖德赞，同时派援军加强泾州防卫。③

整个八世纪二十年代，唐军竭尽全力防卫唐朝北部和西南边境。④然而，单靠这些军队不足以阻止吐蕃的骚扰。四川西北的一位节度使建议拉拢回鹘以应对吐蕃的威胁。821 年，唐廷决定将太和公主嫁给回鹘首领。回鹘新郎为确保新娘的安全，从北庭和安西各调遣一万名骑兵护送公主前往牙帐。唐与回鹘和亲，使墀祖德赞十分不悦。他立即出兵攻打盐州，以示对唐廷的不满，但吐蕃军队被当地唐军击退。⑤墀祖德赞意识到，唐、回鹘联盟的主角是回鹘，而不是唐，他应该停止袭击唐朝边境，与唐会盟，确定双方边界，以便集中精力击败回鹘。

长庆会盟

821 年，吐蕃使者提议会盟。唐穆宗立即批准了建议。为了使会盟更加庄重，三位唐朝大臣建议告庙。但穆宗否决了这个建议。他为了压制吐蕃使者的气焰，下令在京城西郊的佛寺举行会盟仪式。821 年阴历十月初十，

---

① 《旧唐书》，卷 196 下，5262—5263 页；《新唐书》，卷 216 下，6101 页；《资治通鉴》，卷 241，7772 页；《册府元龟》，卷 170，21 页下—22 页上，卷 987，6 页下。
② 《册府元龟》，卷 111，4 页上，卷 976，10 页下，卷 980，16 页下。
③ 《旧唐书》，卷 196 下，5263 页；《新唐书》，卷 216 下，6101 页；《资治通鉴》，卷 241，7779、7783—7784、7785；《册府元龟》，卷 667，4 页下—5 页上，卷 987，6 页下—7 页上。
④ 在长泽、安乐、白池、雅州都爆发了战事，见《旧唐书》，卷 196 下，5263 页；《资治通鉴》，卷 241，7785、7787 页。
⑤ 《旧唐书》，卷 196 下，5263 页；《新唐书》，卷 216 下，6101 页；《资治通鉴》，卷 241，7791—7792 页。

十七名唐大臣和吐蕃使者一同宣誓,然后在吐蕃宰相起草的条约上签字。[1]该条约有三个主要条款:[2]第一,双方"各守见管本界";第二,彼此不得征,不得讨,不得相为寇仇,不得侵谋境土;[3]第三,若因可疑事件抓捕对方百姓,应在审问后,为他们提供衣服和口粮,将其送回。[4]

长庆会盟的实质是双方承诺互不侵犯。但它只是迈向和平的第一步,并没能解决与争议地区有关的全部问题。此外,条约还需要吐蕃君臣的正式批准,因此双方还要在吐蕃再次举行会盟仪式。大理寺卿刘元鼎不久后便动身前往吐蕃继续谈判。谈判一直持续到第二年。[5]822年阴历二月,十五名吐蕃使节来到长安"请定界"。[6]阴历五月,双方终于确定了条约的最后文本,并同意当月在吐蕃首都逻些(今西藏拉萨)举行会盟仪式。[7]

长庆会盟承认吐蕃领有陇右、河西、安西和北庭,因此满足了吐蕃的要求,为双方的持久和平奠定了基础。唐帝和吐蕃君主现在宣称他们"社稷如一"。[8]为确保好战的吐蕃边将不违背条约,一位吐蕃元帅和刘元鼎一同前往大夏川(今甘肃康乐),在那里召集了百余名吐蕃将领,向他们宣布双方已经订立盟约。[9]822年阴历九月,唐廷在长安接待了一名吐蕃使者,

---

[1]《旧唐书》,卷196下,5263—5264页;《新唐书》,卷216下,6102页;《资治通鉴》,卷241,7791页,卷242,7800页;《册府元龟》,卷111,4页上,卷981,16页上—18页上。有关盟约签订的讨论,以及唐、吐蕃官员誓词的英译,见Pan Yihong, "Sino-Tibetan Treaties in the Tang Dynasty", pp. 156—158; Michael T. Dalby, "Court Politics in late T'ang Times", pp. 676—677。
[2] 这些条款刻在唐为庆祝会盟所立的石碑上,见王尧:《吐蕃金石录》,41页。
[3] 该条文似乎也暗示双方不得接收对方的叛逃者。831年,驻扎在维州的吐蕃副将及其部众向成都的唐朝官府投降,但文宗决定将他们遣回吐蕃。见《新唐书》,卷216下,6104页;《资治通鉴》,卷244,7878、7880页,卷247,7976—7978页;《册府元龟》,卷434,21页下。有关维州事件的讨论,见Pan Yihong, Son of Heaven and Heavenly Qaghan, pp. 340—341。
[4] 唐及吐蕃边将常为获取军功命令士兵捕捉对方人员。关于这类事件的记载,见赵璘:《因话录》,载《唐五代笔记小说大观(上册)》,上海:上海古籍出版社,2000年,卷4,857页;段成式:《酉阳杂俎(续集)》,《四部丛刊》本,卷7,4页下;元稹:《元氏长庆集》,《四部丛刊》本,卷24,8页上—下;白居易:《白氏长庆集》,《四部丛刊》本,卷3,18页下—20页上。
[5]《旧唐书》,卷196下,5264页;《新唐书》,卷216下,6102页;《资治通鉴》,卷241,7791页,卷242,7800页;《册府元龟》,卷981,16页上。
[6]《册府元龟》,卷980,17页上。
[7]《旧唐书》,卷196下,5265页;《新唐书》,卷216下,6103页;《册府元龟》,卷981,18页下。会盟誓词的英译见Hugh Edward Richardson, Ancient Historical Edicts at Lhasa and the Mu Tsung/Khri Gtsung Lde Brtsan Treaty of A. D. 821—822 from the Inscription at Lhasa (London, 1952), pp. 35—86。
[8] 王尧:《吐蕃金石录》,41页。
[9]《新唐书》,卷216下,6103页;《册府元龟》,卷660,14页上—下,卷981,19页下。

庆祝双方签约。①阴历十月，唐太仆寺少卿在吐蕃首都也出席了类似仪式。②此后，双方经常互派使者，直到836年墀祖德赞离奇去世为止。③吐蕃在这十五年和平期内，集中精力攻打回鹘。823年，长庆会盟后仅过了一年，吐蕃便出兵攻打回鹘。战事持续了十年之久，直至832年才结束，吐蕃因此大伤元气。④

838年，墀达磨吾东赞（838—842在位）通过流血政变登上王位，他的宫廷充斥着权力斗争和阴谋诡计。不仅如此，839年后吐蕃自然灾害频发。一场大地震引发山体滑坡和洪水，庄稼被毁。饥荒和瘟疫又夺去许多人的生命。⑤吐蕃满目疮痍。实力下降的吐蕃在与唐保持友好关系的同时，⑥加强了对回鹘的军事行动。回鹘汗国最终在840年瓦解。⑦

842年墀达磨吾东赞去世，吐蕃朝廷再次陷入激烈的派系斗争。他的两名妃子都声称自己的儿子是合法的新君主。⑧敌对派系之间爆发了大规模武装冲突。⑨这时，黠戛斯已取代回鹘成为草原霸主。他们趁吐蕃内乱之机，挑战吐蕃对安西和北庭的控制。⑩黠戛斯崛起，吐蕃发生内乱，武宗（841—846在位）认为现在正是收复被吐蕃侵占的领土的大好时机。他在844年召集宰相商议此事，并派出巡边使督促边地唐军打造武器、准备给养、搜集

---

① 《册府元龟》，卷111，4页下；卷976，11页上。
② 同上书，卷980，17页上。
③ 吐蕃使者在823、824、825、826、827、830、831、832、833、834及836年访问长安，唐使在823、824、825、826、828、830、832、834、835及836年出访吐蕃，见《旧唐书》，卷196下，5266页；《新唐书》，卷216下，6104页；《册府元龟》，卷662，26页上，卷664，4页上，卷699，16页上，卷841，7页下，卷972，8页上—下、9页上—下，卷976，12页上，卷980，17页上、18页下、19页上，卷999，20页上；《唐会要》，卷87，1739页。
④ 《新唐书》，卷216下，6104页。关于吐蕃与回鹘在北庭地区的竞争，见森安孝夫：《ウイグルと吐蕃の北庭争奪戦及びその後の西域情勢について》，《東洋学報》第55卷第4号，1973年，60—87页。
⑤ 《新唐书》，卷216下，6105页；《资治通鉴》，卷246，7938页。关于疾病与唐吐蕃战争关系的研究，见于赓哲：《疾病与唐蕃战争》，《历史研究》2004年第5期，39—52页。
⑥ 837、839年唐与吐蕃互派使者，见《册府元龟》，卷980，19页下；《唐会要》，卷97，1739页。
⑦ 《旧唐书》，卷15，5213页；《新唐书》，卷217下，6130—6131页；《资治通鉴》，卷246，7947页。
⑧ 《旧唐书》，卷196下，5266页；《新唐书》，卷216下，6105页；《资治通鉴》，卷246，7969—7970页。
⑨ 吐蕃各派系之间在842、843、844、845、848、849年都爆发了冲突，见《资治通鉴》，卷246，7970页，卷247，7986—7987、7992、8000、8021、8037页。
⑩ 《册府元龟》，卷994，7页上。

吐蕃军队的情报。[①] 后来武宗因为服用道士炼的金丹中毒而死，这个雄心勃勃的计划也随之夭折。

唐朝重新控制河西地区

武宗去世后不久，吐蕃军队便于847年进攻河西地区，以试探新皇帝宣宗（847—859在位）的反应。宣宗当即命令唐军对盐州发动反击，打退敌军。这是长庆会盟后双方首次爆发重大军事冲突。唐军的胜利标志着吐蕃丧失了对唐朝的军事优势。[②] 这一事态发展促使沙州豪右张议潮起兵反叛当地吐蕃政权。848年，他驱逐了沙州和瓜州的吐蕃将领，投靠唐廷。随后，他又在849和850年相继收复了邻近的肃州、甘州和伊州。[③] 851年，张议潮被唐廷封为归义军节度使，掌管收复的府州。[④]

849年阴历二月，吐蕃在河西地区的统治再遭重创——原州以西七关的吐蕃官兵倒戈。他们夹在吐蕃朝廷的敌对派系之间，认为投靠唐廷于己最为有利。宣宗打算抓住这个难得的机会收复这些地区。他任命一名"宣慰使"欢迎投靠唐廷的吐蕃将士，将他们安置在唐土。阴历六月，唐军从吐蕃手中夺回原州及六座城堡。接下来的阴历七月和八月，安乐州、秦州、宁州和萧关也落入唐军之手。[⑤]

阴历八月，数千名来自已收复失地的士兵和百姓来长安朝见宣宗。皇帝大喜，登上延喜门与他们见面，命他们改掉吐蕃发式，还赐给他们唐朝服饰和绢帛。一个月后，皇帝再次接见他们。这些来自刚刚收复的领土的百姓载歌载舞，欢呼雀跃。皇帝宣布免除他们五年的赋税和徭役。唐廷为了加强对这些地区的控制，将当地戍卒的衣食供给增加一倍，发给他们种子和耕牛，还将服役时间缩短为两年。唐廷还把首都被判流刑的犯人全部

[①]《资治通鉴》，卷247，7999—8000页。
[②] 同上书，卷248，8030页。
[③] 同上书，卷249，8044页。关于唐朝收复上述各州的讨论，见荣新江：《归义军史研究——唐宋时代敦煌历史考索》，上海：上海古籍出版社，1996年，149页；薛宗正：《吐蕃王国的兴衰》，198页。
[④]《资治通鉴》，卷249，8049页。
[⑤]《旧唐书》，卷196下，5266页；《新唐书》，卷216下，6106—6107页；《资治通鉴》，卷248，8037—8038、8039页；《册府元龟》，卷20，9页下—10页上，卷170，23页下，卷429，25页下。

发配到这些地区,以增加当地人口。宣宗指示山南道(治所位于今陕西汉中)和剑南道将领,可以视情况收复被吐蕃侵占的土地。①剑南节度使接到命令后立即采取行动,于阴历十月攻克维州。②连同秦州、原州、安乐州,唐军现在已从吐蕃手中收复了四个州。

与此同时,河西地区两员吐蕃大将恐热和婢婢之间的矛盾在850年恶化。阴历八月和九月,双方几次交锋,婢婢伤亡惨重。③效忠唐朝的张议潮趁两名吐蕃将领不和,于851年出兵攻打恐热。恐热的部下开始叛变。恐热为鼓舞士气,巩固自身地位,对部下说:"吾今入朝于唐,借兵五十万来诛不服者,然后以渭州为国城,请唐册我为赞普。"恐热在阴历五月来到长安,请求唐廷封他为节度使。但宣宗无意接纳他为外臣,虽接见了恐热,却拒绝了授封的请求。恐热返回渭州集结部下,但许多曾追随他的人现在拒绝听命。恐热带着区区三百人前往西北的廓州,从此不再对唐朝构成威胁。④

从851年到九世纪六十年代初,张议潮在回鹘的帮助下从吐蕃手中收复了更多的州。⑤许多吐蕃部落首领向唐地方官府投降。⑥866年,张议潮还派一名回鹘将领攻击恐热,恐热被活捉、分尸,首级被送往长安。⑦除了个别孤悬于外的地区,吐蕃此时的势力范围仅限于青藏高原。具有讽刺意味的是,唐朝很快也将面临相同的悲惨命运。唐廷表面上从吐蕃手中收复了许多失地,但这只是有名无实的胜利,因为张议潮及其回鹘同伴对唐廷始终三心二意。事实上,正是像张议潮这样实力强大的节度使最终在907年推翻了唐王朝。

吐蕃自从与唐建立关系以来,一直认为自己与唐是对等关系,而不是听命于宗主的属国。吐蕃君主怀着向家园之外扩张的雄心,将势力范围拓

---

① 《资治通鉴》,卷248,8039—8040页。
② 同上书,卷248,8040页;《册府元龟》,卷429,26页上。
③ 《资治通鉴》,卷249,8043—8044页。
④ 同上书,卷249,8047页。
⑤ 《新唐书》,卷216下,6107—6108页;《资治通鉴》,卷249,8048—8049页,卷250,8104、8113页;《册府元龟》,卷170,23页下—24页上。
⑥ 《资治通鉴》,卷249,8064—8065页;卷250,8101—8102页。
⑦ 《新唐书》,卷216下,6108页;《资治通鉴》,卷250,8115页;《册府元龟》,卷973,19页上—下。

展至昆仑山脉以外。他们在青海高原建立基地,阻断丝绸之路,威胁并击败了西域的绿洲国家,挑战唐朝对西域的统治。西域的多极性质,使吐蕃得以踏足这片广袤的土地。[①]吐蕃军队为了取得对唐朝的优势,采取灵活的策略,与该地区其他权力角逐者,例如回鹘、西突厥以及当地其他部落,时而合作,时而竞争。唐廷不能左右这个地区的地缘政治格局,只能兼用软、硬两种实力保护自身利益。吐蕃在激烈的权力竞争中,取代唐成为当地最强大的势力,从西、西北和西南(通过与南诏国合作)三个方向对唐施加压力。唐朝与吐蕃的关系生动地展示了古代亚洲的多极本质。

---

① Mark Edward Lewis, *China's Cosmopolitan Empire: The Tang Dynasty* (Cambridge, 2009), p. 155.

第五章

二马拉车
唐代对外关系的双重管理体系

广袤的唐帝国与近邻和远国都保持着来往。唐廷为更好处理对外关系，采用了双重管理体制。中央和地方官员都参与收集情报，制定和实施政策。这一独特的惯例显然与以严格的中央控制为特点的现代国际关系大不相同。

朝见中的情报收集

唐帝及唐中央、地方官员出于制定对外政策的需要和对异域的好奇，都尽力搜集有关外邦风土人情的信息。[①]当皇帝接见刚从异域返回的唐人或是来访的外国人时，唐朝君臣可以听到大量这样的信息。645年，太宗接见了刚从天竺返回的玄奘，后者是一位极具胆识的僧人。太宗向玄奘提出了很多问题，涉及的范围非常广泛，包括印度和喜马拉雅西部的地理，当地的物产和风俗，八位天竺国王和四位佛陀的遗迹。[②]皇帝对天竺的兴趣似乎纯粹出于好奇，但他问到喜马拉雅地区的情况，其实与唐在西域的地缘政治利益有关。实际上，太宗对上述地区的地理知识非常渊博。一年之前的644年，唐军远征焉耆。太宗在和大臣讨论远征进展时说，有人奏称部队已于阴历八月十一日出发，他估计军队将在二十日到达目的地，二十二日击破焉耆，"朕计其道里，使者今日至矣"。据唐代史料记载，太宗话音未落，信使便策马赶到。[③]

唐廷东道主与访客间的交谈，是为外国客人举行的朝会中的重大事项。这种对话通常被称作"奉对"或"对见"，是在一套复杂仪式中完成

[①] Pan Yihong, *Son of Heaven and Heavenly Qaghan*, p. 87.
[②] 慧立、彦悰：《大慈恩寺三藏法师传》，北京：中华书局，1983年，129页；杨廷福：《玄奘年谱》，北京：中华书局，1988年，213页；646年，玄奘撰写的《大唐西域记》记述了中亚、南亚一百多个地区的风土人情。有关玄奘的研究，见Sally H. Wriggins, *Xuanzang: A Buddhist Pilgrim on the Silk Road* (Boulder, 1996); Stanley Weinstein, *Buddhism under the T'ang* (New York, 1987), pp. 24—31.
[③]《资治通鉴》，卷197，6212页。

的。①通事舍人首先从皇帝那里接到对使者的问候,以及有关这个国家的历史和现状的问题,然后把它们传达给来客。来客跪拜两次,接受问候,回答问题,完毕后再跪拜两次。②659年,日本遣唐使阪合部石布来到长安。他与高宗的对话透露出皇帝会对访客提出什么样的问题:

> 卅日,天子相见问讯之:"日本国天皇平安以不?"使人谨答:"天地合德自得平安。"天子问曰:"执事卿等好在以不?"使人谨答:"天皇怜重亦得好在。"天子问曰:"国内平不?"使人谨答:"治称天地,万民无事。"天子问曰:"此等虾夷国有何方?"③使人谨答:"国有东北。"天子问曰:"虾夷几种?"使人谨答:"类有三种,远者名都加留,次者粗虾夷,近者名熟虾夷。今此熟虾夷,每岁入贡本国之朝。"天子问曰:"其国有五谷?"使人谨答:"无之。食肉存活。"天子问曰:"国有屋舍?"使人谨答:"无之。深山之中止住树本。"天子重曰:"朕见虾夷身面之异,极理喜怪。使人远来辛苦,退在馆里,后更相见。"④

在上述对话中,高宗礼节性地问候了日本君臣,询问了日本各方面的一般情况。但在另外一个场合,当他在672年接见吐蕃使者时,却对访客提出了极为尖锐和敏感的问题。他的问题涉及掌权的吐蕃君主的性格、与大臣的关系以及吐蕃的政治惯例。高宗问道:"赞普孰与其祖贤?"使者答

---

① 关于"对"的用例,见唐代僧人昙靖的诗歌,弘法大师空海全集编辑委员会编:《弘法大师空海全集》,東京:筑摩書房,第15卷,1968年,358頁。有时也称"奏",日本使者"对龙颜奏事",见菅野真道等编:《続日本紀》,東京:吉川弘文館,1935年,卷35,445頁。日文史料中的其他用例,见舎人親王等编修:《日本書紀》,東京:吉川弘文館,1964—1966年,卷25,256頁,卷35,444頁;藤原緒嗣等编:《日本後紀》,東京:吉川弘文館,1934年,卷12,42頁;藤原不比等等编:《律》,東京:吉川弘文館,1964年,卷3,41頁;《律逸文》,載藤原不比等等编:《律》,東京:吉川弘文館,1964年,150頁。
② 萧嵩:《大唐开元礼》,《四库全书珍本》本,台北:商务印书馆,1978年,卷79,6頁下;《新唐书》,卷16,382頁。
③ "Yemishi"汉文记为虾夷,见《唐会要》,卷100,1792頁;《册府元龟》,卷959,15頁下。
④ 舎人親王等编修:《日本書紀》,卷26,270—271頁。英译采用 W. G. Aston, trans. *Nihongi: Chronicles of Japan from the Earliest Time to A. D. 697* (Tokyo, 1972), vol. 2, pp. 261—262。高宗的太子同样对日本感兴趣。几年前的654年,日本第三次派遣唐使出使长安,由高向玄理率领。东宫监门郭丈举"悉问日本国之地里及国初之神名,皆随问而答"。见舎人親王等编修:《日本書紀》,卷25,255頁。英译见 W. G. Aston, trans. *Nihongi*, vol. 2, p. 246。

道:"勇果善断不逮也,然勤以治国,下无敢欺,令主也。"使者在皇帝的催促下继续说道:"且吐蕃居寒露之野,物产寡薄,乌海之阴,盛夏积雪,暑毷冬裘。随水草以牧,寒则城处,施庐帐。器用不当中国万分一。但上下一力,议事自下,因人所利而行,是能久而强也。"然而,皇帝对这番回答并不满意。他要求使者就吐蕃最近征服吐谷浑、攻击凉州之事做出具体解释。机智的吐蕃使者巧妙地回复说:"臣奉命来献,它非所闻。"①

唐中央官员搜集的异域情报

尽管皇帝有时会亲自接见访客,取得想要的信息,不过他通常是从朝廷官员那里获得大量域外情报。他的消息来源之一是鸿胪卿及其下属,他们有时专程前往边疆搜集第一手情报。② 743 年,玄宗向王忠嗣询问西域二十五国的位置。王忠嗣当时兼任河西、陇右节度使,对西域情况了如指掌。他引用《西域图》的详细信息,即时为玄宗做出了满意的答复。③

按照唐令的规定,当外国使节到达首都后,"鸿胪勘问土地风俗,衣服贡献,道里远近,并其主名字报"。④ 王忠嗣的官职是鸿胪卿,有机会接近外使,因此拥有外交方面的专业知识。贞元时期(785—805)的贾耽是另一例。他是宰相兼鸿胪卿,关于异域的著述颇丰。他毕生喜好地理之学,因此广交唐使和外使,向他们询问异域的地形地貌。801 年,他凭借自己多年积累的大量知识写成《古今郡国县道四夷述》。这部四十卷的著作详细记录了邻国的位置、前往该国的道路、与唐的距离等信息,很快成为唐廷官员的标准参考书。大约四十年之后的 843 年,一个七人的黠戛斯使团向唐廷献上两匹马。但是,由于黠戛斯与唐已经很久没有往来,唐廷官员无法

---

① 《新唐书》,卷 216 上,6076 页;《资治通鉴》,卷 202,6368 页。
② 《资治通鉴》,卷 246,7953 页。
③ 《唐会要》,卷 100,1797 页。阎立本为此图绘者,见张彦远:《历代名画记》,《四库全书》本,卷 9,5 页上;汤麟:《中国历代绘画理论评注:隋唐五代卷》,武汉:湖北美术出版社,2009 年,27—60 页。王忠嗣在任职鸿胪寺之前,在征讨吐蕃、突厥的战争中积累了丰富经验,他根据这些经验写成一部重要著作《唐平戎十八策》,见《旧唐书》,卷 103,3199 页;王应麟:《玉海》,《四库类书丛刊》本,上海:上海古籍出版社,1992 年,卷 61,18 页下。
④ 《唐会要》,卷 63,1089 页。此段英译见 Denis C. Twitchett, *The Writing of Official History under the T'ang* (Cambridge, 1992), p. 27. 译官负责访谈外国来使。见《新唐书》,卷 217 下,6150 页。

确定该使团身份。① 秘书少监吕述为解决这一问题,带着贾耽的著作来到客馆。他向来客询问贾耽对黠戛斯的记述是否准确,并由此确定了来者的身份。② 同样是在 801 年,贾耽还向皇帝献上另一部重要著作《海内华夷图》。这是一幅大尺寸、高质量的地图,宽三丈,长三丈二尺,两地之间的距离用比例尺标示。有一次,德宗向来使展示这幅地图,使者们确认图中有关自己国家的信息是准确无误的。③ 一个世纪之后,唐廷官员仍在诗作中对这幅优秀的地图赞不绝口。④

唐廷进一步明确规定,鸿胪寺官员应把异域国家相关信息加进地图,把地图和外国来使的画像一并呈交尚书省。这些地图及画像的副本须交付史馆和兵部职方司保管。⑤ 这些画像后来成为画家阎立德(? —656)在 629 年创作《王会图》的素材。是年,东谢蛮(活跃于今云贵地区的一个部落)首领访问长安。中书侍郎颜师古认为这是"远国归款"的表现。太宗听从颜师古的建议,命阎立德作画以示庆祝。阎立德在画中绘下了部落首领独特的头饰、服装、靴鞋。⑥ 阎立德的弟弟阎立本与兄长一样,也是位卓越

---

① 李德裕:《李文饶文集》,《四部丛刊》本,卷 6,1 页上;《唐会要》,卷 100,1785 页。
② 后来,吕述自己也撰写了有关黠戛斯的著作《黠戛斯朝贡图传》一卷,李德裕为此书作序,见李德裕:《李文饶文集》,卷 2,8 页上—9 页下;《新唐书》,卷 58,1508 页;王应麟:《玉海》,卷 58,18 页下。对此序言的讨论,见 Edwin G. Pulleyblank, "The Name of the Kirghiz", *Central Asiatic Journal*, 34, nos. 1—2 (1990), pp. 103—104。
③ 比例尺的单位是 1 寸相当于 100 里。贾耽还撰写了《地图》十卷、《皇华四达记》十卷、《吐蕃黄河录》四卷,见《旧唐书》,卷 138,3784 页;《新唐书》,卷 43 下,1146 页,卷 58,1506 页,卷 166,5083—5084 页;《唐会要》,卷 36,659 页。唐末还绘制了唐与越南之间的海路图,见崔致远:《桂苑笔耕集》,《四部丛刊》本,卷 10,10 页上;党银平:《桂苑笔耕集校注》,北京:中华书局,2007 年,302 页。
④ 《全唐诗》,卷 716,8225 页;卷 735,8400 页;卷 744,8462 页。由于缺乏将最新的域外情报汇总的书籍,朝廷命给事中高少逸编修《四夷朝贡录》二十卷。此书记录了与唐有往来的二百一十个国家,后来修订时减至十卷。见《旧唐书》,卷 171,4453 页;《新唐书》,卷 58,1508 页,卷 177,5286 页;王应麟:《玉海》,卷 58,32 页上;陈振孙:《直斋书录解题》,上海:上海古籍出版社,1987 年,卷 5,147 页。
⑤ 《唐六典》,卷 5,30 页下;《通典》,卷 23,137 页;《新唐书》,卷 46,1198 页;马端临:《文献通考》,卷 52,480 页。兵部职方郎中负责保管唐各州及域外地图,史馆有"画直",其职责包括为外国人画像,见张彦远:《历代名画记》,卷 9,13 页下。
⑥ 《旧唐书》,卷 197,5274 页;《新唐书》,卷 222 中,6320 页;《资治通鉴》,卷 193,6068 页;郭若虚:《图画见闻志》,《四部丛刊》本,卷 5,1 页下。文成公主下嫁吐蕃君主时,阎立德绘制了《文成公主降蕃图》,见张彦远:《历代名画记》,卷 9,2 页上。日本使者藤原清河 752 年入唐,玄宗命人绘制使者及两名副使的肖像。有关藤原清河使唐的讨论,见 Wang Zhenping, *Ambassadors from the Islands of Immortals*, pp. 49—50。804 年,日本著名僧侣空海入唐,唐廷也为其画像,见昙靖的诗作,载《弘法大师空海全集》,卷 15,358 页。为外国使节画像及绘制域外地图的传统一直持续到晚唐。843 年,黠戛斯使者访问长安,李德裕提议再次绘制《王会图》,见《新唐书》,卷 217 下,6150 页。

的画师，时人誉其为"丹青神化"。他在 643 年受命绘制《外国图》。阎氏兄弟的画作描绘了朝廷接待外国使者的盛大场面，生动、细致地记载了外国使者的贡物、他们在宫殿大门外的站位顺序、朝会上的礼仪以及他们独特的外貌和服饰。唐人李嗣真擅长书画评论，他对阎氏兄弟画作的评价是："尽该毫末，备得人情。二阎同在上品。"①

除了鸿胪寺的官员，唐廷很多文武官员也十分重视外部情报。名将李靖向其手下出身域外的将领打听契丹、奚及西域诸部落的地理、道路状况和政治倾向。②与李靖同时代的韦机曾担任过左千牛胄曹参军，他在搜集情报时尽心全力、足智多谋。韦机曾奉命出使西突厥牙帐，完成使命后正欲起程返回，不料石国发生内乱，只得在突厥又停留三年。其间，他在该地区四处游历，撕裂衣衫作纸张，详细记录下当地的风俗、物产。回唐后，他将笔记整理成《西征记》献给皇帝。③

恪尽职守的韦机是唐使的典型代表。这些使者出访时要搜集情报，回来后要向主客司提交报告。④远征在外的唐朝将领也有同样的职责。他们返回后要提交报告，列明所攻占的城市、要塞，杀死的官员、百姓人数，夺取的家畜、物品数量。⑤奉命出征或出使的人未完成上述报告是失职行为。唐律规定："诸受制出使，不返制命，辄干他事者，徒一年半。"⑥

兵部职方郎中陈大德是另一位堪称表率的唐使。641 年，他出使高句丽，说服东道主带他参观战略要地。⑦两年后的 643 年，王玄策护送天竺使者返

---

① 张彦远：《历代名画记》，卷 9，5 页上。唐代史料还记载了下述精于绘制外来的人、马、佛像的画家：齐皎、李渐、胡瑰、张南本、尉迟跋质那及其子尉迟乙僧。尉迟跋质那与尉迟乙僧来自于阗，前者绘有《六番图》。还有一幅无名氏所作的《百国人图》。参见张彦远：《历代名画记》，卷 3，28 页下；卷 8，9 页上；卷 9，6 页上、下；卷 10，4 页上、9 页下；郭若虚：《图画见闻志》，卷 2，3 页下、4 页；盛熙明：《图画考》，卷 1，6 页下，卷 6，4 页下、7 页上、7 页下。
② 《李卫公问对》，卷中，3 页上、下。
③ 《旧唐书》，卷 185 上，4795 页；《新唐书》，卷 100，3944 页；王应麟：《玉海》，卷 57，42 页下。
④ 《新唐书》，卷 46，1196 页。日本朝廷也有类似制度，见山内晋次：《延暦の遣唐使がもたらした唐・吐蕃情報：『日本後紀』所收「唐消息」の基礎的研究》，《史學雜誌》第 103 卷第 9 号，1994 年，1609—1628 页。
⑤ 《唐会要》，卷 63，1089 页。
⑥ 长孙无忌：《唐律疏议》，北京：中华书局，1983 年，卷 10，203 页。英译采自 Wallace Johnson, *The T'ang Code* (Princeton, 1979—1997), vol. 2, p. 87. 另见藤原不比等等编：《律》，卷 3，42—43 页。
⑦ 《资治通鉴》，卷 196，6169 页。

回天竺,沿途经过一百多地。后来,他又于647和657年再度出访天竺。多次出使经历使他十分了解天竺,并完成了《中天竺国行记》十卷,图三卷。①除了天竺,高宗的使节还前往康国、吐火罗,了解当地的风俗、物产。回唐后,他们将旅途见闻写成文章,配以插图,呈给皇帝。皇帝命史官利用这些新获得的资料编写了一部新著《西域国志》。史官们于658年完成了这部六十卷的著作,并把它献给皇帝。②

唐廷低级官员在行军、作战、出使过程中也撰写了一些关于异域的有价值的著作。唐代著名史家杜佑的侄子杜环就是其中之一。751年,杜环在唐与大食的怛逻斯之战中被俘,并被关押十年之久。他利用在中亚的这段时间写成了《经行记》。③顾愔是另外一例。八世纪六十年代初,他作为唐廷派往新罗的副使,参加了新罗王葬礼,回唐后写下了《新罗国记》。④788年,赵憬护送咸安公主与回纥君主和亲。归来后,他写成《北征杂记》一卷,描述了自己的经历。⑤

唐廷官员不遗余力地搜集外部情报,撰写了大量关于异域的著作。其中一些是奉朝廷之命编纂而成,另一些则是出于个人兴趣。张陟撰有《唐经略志》十卷。此书以记叙唐军出征邻国为始,以其中一些向唐遣使朝贡结尾。⑥

---

① 这些图像主要是菩萨像,见张彦远:《历代名画记》,卷3,22页上、下,30页上;盛熙明:《图画考》,卷1,7页下。关于王玄策,见《旧唐书》,卷46,2016页;《全唐文》,卷204,921页。另见岑仲勉:《王玄策〈中天竺国行记〉》,《中外史地考证上》,1934年初版,香港:太平书局,1966年再版,300—303页。
②《新唐书》,卷58,1506页。唐征服西突厥后,王名远于661年向高宗献上《西域图记》。编撰此书所依据的信息,很可能是早些时候曾到过这些地方的唐廷官员所提供。王名远根据此书向朝廷建议,在于阗以西设立八十个都督府、州,一百个县,一百二十六个军府。参见《通典》,卷193,1044页。张楚金是高宗时期编撰有关域外诸国学术著作的代表人物。他的《翰苑》是三十卷本的类书,其中仅有一卷存世,这一卷的记载涉及多达十四个国家和地区。
③《通典》,卷191,1029页。杜佑在鸿篇巨著《通典》中引用了其侄子对大宛的记载,包括该国的位置、与唐的距离、城镇、兵力,以及751年和义公主与其君主和亲之事,见《通典》,卷192,1034页。布恩内尔在其博士论文 "Hsi Jung, the Western Barbarians: An Annoted Translation of the Five Chapters of the T'ung Tien on the Peoples and Countries of Pre-Islamic Central Asia" 中多次引用《经行记》。杜佑在编撰《通典》有关西域百姓的章节时还参考了唐代之前行僧的著作,见《通典》,卷191,1029页;《旧唐书》,卷46,2016页;《新唐书》,卷58,1505页。关于唐及唐之前行僧的著作,见李锦绣、余太山:《〈通典·边防七·西戎三〉要注(上)》,《文史》2006年第1辑,155—160页;《〈通典〉西域文献要注》,上海:上海人民出版社,2009年,25—26页。
④《新唐书》,卷58,1508页;卷220,6205页。
⑤ 陈振孙:《直斋书录解题》,卷7,197页。
⑥ 王应麟:《玉海》,卷57,50页上。

此外，陆贽有《唐遣使录》一卷，李渤有《御戎新录》二十卷，[1] 李德裕有《异域归忠传》两卷。李德裕的书包括秦汉和唐代三十位归附中原王朝并忠贞不渝的人的传记。[2]

唐地方官员搜集的域外情报

有关异域的著作虽然大多由唐中央官员修撰，但其中大量信息实际来自地方官员。他们在各自的管辖范围内遇到外敌入侵或其他政权派来的使者时，需要立即向中书省报告。[3] 当其他政权的君主或部落首领希望与唐廷联系时，他们会派使者和唐州一级官员联系。官府会把他们的请求汇总，然后上奏唐廷。[4]

唐朝县、州、道官员与他们在京师的上司一样，也需要与异域访客面谈。705年，日本遣唐使粟田朝臣真人到达盐城（今江苏盐城）后，当地官吏随即前来询问：

> 有人来问曰："何处使人？"答曰："日本国使。"我使反问曰："此是何州界？"答曰："是大周楚州盐城县界也。"更问："先是大唐，今称大周，国号缘何改称？"答曰："永淳二年，天皇太帝崩，皇太后登位，称号圣神皇帝，国号大周。"问答略了，唐人谓我使曰："亟闻海东有大倭国。谓之君子国。人民丰乐，礼义敦行。今看使人，仪容大净，岂不信乎？"[5]

---

[1] 王应麟：《玉海》，卷58，30页上。
[2] 李德裕：《李文饶文集》，卷2，6页上—7页下；《唐会要》，卷36，662页；王应麟：《玉海》，卷58，18页上；陈振孙：《直斋书录解题》，卷7，198页。唐代史料所记有关异域的书籍有李仁实《卫公平突厥故事》两卷、李仁实《戎州记》一卷、李繁《北荒君长录》三卷、张建章《渤海国记》三卷、达奚通《海南诸蕃行记》一卷、戴斗《诸蕃记》一卷，见《新唐书》，卷58，1475、1507、1508页。李仁实和李繁均为朝廷官员，见《旧唐书》，卷73，2601页，卷130，3623—3624页；《新唐书》，卷102，3986页，卷139，4638—4639页。其余三位作者的背景不详。
[3]《唐会要》，卷63，1089页。
[4] 刘俊文：《敦煌吐鲁番唐代法制文书考释》，北京：中华书局，1989年，278页；谢元鲁：《唐代中央政权决策研究》，128—133页。
[5] 菅野真道等编：《续日本纪》，卷3，21页。英译见 J. B. Snellen trans. "Shoku nihongi", *The Transactions of the Asiatic Society of Japan* (2nd series), pt. 1, vol. 11 (1934), pp. 151—239; pt. 2, vol. 14 (1937), pp. 209—278, pp. 216—217。

唐地方官员与外国访客见面叙谈的惯例一直延续到九世纪。838 年阴历七月，僧人圆仁随日本使团来到淮南道海陵县（今江苏泰州）。使团成员与当地盐官取得联系，寻求帮助。一名官员"乘小船来慰问"，通过笔谈了解日本的"国风"。① 圆仁及其他日本留学僧随后到达扬州，住在开元寺。阴历十一月，淮南节度使李德裕来到寺中，接见了日本僧人。圆仁在日记中写道：

> 相公对僧等近坐，问："那国有寒否？"留学僧答云："夏热冬寒。"相公道："共此间一般。"相公问云："有僧寺否？"答云："多有。"又问："有多少寺？"答："三千七百来寺。"又问："有尼寺否？"答云："多有。"又问："有道士否？"答云："无道士。"相公又问："那国京城方圆多少里数？"答云："东西十五里，南北十五里。"又问："有坐夏否？"答："有。"相公今度时有语话慰勤问。②

作为最先与外国人接触的人，唐地方官员需要向朝廷报告他们的到来，监视其行踪。如果他们打算前往其他州县，地方官还要上奏朝廷，请求朝廷的批准。839 年正月，圆仁请求李德裕帮助他获得前往台州的许可。李德裕回复说："须得闻奏。敕下即得，余不得。"③ 七个月后，圆仁和另外两名僧人决定不随日本使团回国，而是私自留在赤山（今山东威海文登东南）的一座佛寺。文登县司很快得到消息，立即向清宁乡下帖：

> 得板头窦文至状报：日本国船上抛却人三人。……其船今月十五日发讫，抛却三人，见在赤山新罗寺院，其报如前者。依检，前件人既船上抛却，即合村保板头当日状报，何得经今十五日然始状报？又不见抛

---

① 圆仁：《入唐求法巡礼行记》，台北：文海出版社，1971 年，卷 1，3 页。英译见 Edwin O. Reischauer, *Ennin's Diary* (New York, 1955), pp. 11—12。
② 840 年阴历三月，圆仁在同一寺庙落脚时，当地官员再次拜访他，询问日本"国风"，见圆仁：《入唐求法巡礼行记》，卷 1，11—12 页；卷 2，48 页。英译见 Edwin O. Reischauer, *Ennin's Diary*, pp. 52—53, 178。
③ 圆仁：《入唐求法巡礼行记》，卷 1，17 页。英译见 Edwin O. Reischauer, *Ennin's Diary*, p. 72。

却人姓名，兼有何行李衣物？并勘：赤山寺院纲维、知事僧等，有外国人在，都不申报。事须帖乡专差人勘事由。限帖到当日，具分折状上。如勘到一事不同及妄有拒注，并进上勘责。如违限，勘事不子细，元勘事人必重科决者。①

圆仁日记的这段记载表明，直到唐末，地方官员向上司通告外国人情况的制度仍然存在。唐廷正是通过这套制度得到了大量相关的军事、外交情报。

唐朝的很多地方官员本身就是异域事务的专家。例如，夏州都督窦静便对东突厥的情况了如指掌。他在七世纪三十年代曾为唐远征军详细分析突厥的优势和弱点。唐军根据窦静的情报和建议行动，果然大败敌军。②郭元振在七世纪九十年代曾与吐蕃谈判。他于701年就任凉州都督，705年改任检校安西大都护，七年后的712年又充任朔方道行军大总管。郭元振凭借与境外部族交涉的丰富经验，撰写了《定远安边策》三卷。③郭元振并不是唯一一个将自己掌握的关于异域的专门知识整理成书的唐地方官员。安西都护盖嘉运著有《西域记》。④李德裕可能是这类官员中最著名的一位。830年，担任剑南西川节度使的李德裕下令修建筹边楼，在那里向当地人打听南诏和吐蕃的情报。后来，他又用了两年时间完成《西南备边录》十三卷，于九世纪四十年代献给皇帝。这部著作详细记录了西南地区各政权和部落的情况。书中的地图尤为珍贵，上面绘有西南诸政权攻唐时经常走的路线。为便于参考，这些道路在图上用红色标明，与各卷相关的地图被置于每卷之首。⑤唐代有关异域国家的著作大多已亡佚，《蛮书》是罕有的例外。此书共十卷，于864年上呈给懿宗。作者樊绰曾任安南经略使，参加

---

① 圆仁：《入唐求法巡礼行记》，卷2，35页。英译见 Edwin O. Reischauer, *Ennin's Diary*, pp. 138—139。另见董志翘：《〈入唐求法巡礼记〉词汇研究》，北京：中国社会科学院出版社，2000年，253—255页。
② 《新唐书》，卷95，3848页。
③ 王应麟：《玉海》，卷61，18页上。
④ 《唐会要》，卷100，1785页。
⑤ 《新唐书》，卷180，5331页；王应麟：《玉海》，卷58，30页上、下；陈振孙：《直斋书录解题》，卷7，198页。

过同南诏的战争,因此书中对云南各部落和南诏国的记载全面且可靠。①

所得信息的真实性

尽管唐中央和地方官员向唐廷提供了大量有关异域的信息,这些信息的质量却参差不齐。古代的通讯方式落后,快速传递信息非常困难。因此,唐廷收到的信息必然是零散、杂乱的。更成问题的是,唐廷往往无法验证收到的消息的真伪。外国使节的外交手法之一,就是有时在朝堂上"不以实对"。②部分唐朝边将有时也向朝廷提供错误情报。他们为了建立军功以获得赏赐,往往在上书中夸大其词,吹嘘自己击败、消灭了北方的游牧部落,或声称附的部落已被安置在唐土,不再为患。③即便是为外国人绘制的肖像,其可信度也不无疑问,因为画家可能没有忠实地记录下到访者的面部表情。元代作家盛熙明曾对此解释说,只有表现出"慕华钦顺"的外国人画像才堪称上乘之作。④不符合这个政治标准的画作不会被朝廷接受,也很难被保存下来。因此,对唐廷官员而言,辨别信息的真伪永远是一件极具挑战性的工作。他们通常只能根据一些质量堪忧的关于域外国家及其百姓的情报,做出重要的外交、军事决策。

唐廷的决策

决策是一个多步骤的连续过程,包括分析现有情报、明确政策预期结果、权衡各种方案的利弊、制定具体政策。制定政策后,决策的下一个重要阶段是收集反馈信息,监督政策的执行情况。反馈信息能帮助决策者修

---

① 《新唐书》,卷58,1508页;陈振孙:《直斋书录解题》,卷7,199页。唐代还有另外四部关于南诏的著作,但均已佚失,包括窦滂《云南别录》一卷、《云南行记》一卷,徐云虔《南诏录》三卷,袁滋《云南记》五卷,见《新唐书》,卷58,1508页;《唐会要》,卷99,1766页。《旧唐书》载《西南蛮入朝首领记》一卷,作者佚名,此书可能有关于南诏的记载,见《旧唐书》,卷46,2016页。883年,崔致远的《补安南录异图记》论述了安南、南诏情况,见氏著:《桂苑笔耕集》,卷16,8页下—10页下;陆心源:《唐文拾遗》,卷41,4869页;党银平:《桂苑笔耕集校注》,553—561页。
② 一个典型例子是圆仁对日本首都面积的描述,他说日本国都"东西十五里,南北十五里",见圆仁:《入唐求法巡礼行记》,卷1,12页。日本都城的实际面积要小很多,大约为东西5.1公里,南北5.7公里。关于最近对日本平安时代首都的研究,见堀内明博:《日本古代都市史研究——古代王権の展开と変容》,京都:思文閣,2009年,144—170页。
③ 《旧唐书》,卷93,2987页。
④ 盛熙明:《图画考》,卷3,2页上。

改政策，直至达到预期结果。决策者有时会废除被证明不可行的既定政策。

外交决策是唐朝皇帝的核心权力，是需要皇帝亲自过问、批准的重大国家事务之一。①但皇帝在这个过程中扮演的角色并非一成不变。参与外交决策的唐朝中央、地方官员的角色同样是变化的。这些变化折射出皇帝和臣僚之间不断演进的权力关系。

初唐的两位皇帝高祖和太宗都是意志坚定、足智多谋的人，常独自做决定，并要求大臣立即执行。618年，高祖责备萧瑀没有及时宣行他的旨意。萧瑀只得解释说，自己有必要谨慎行事，以确保皇帝的各项命令不互相矛盾。②太宗与专断的父亲一样，认为君主必须乾纲独断。他的大臣也建议："人主当独运威权，不可委之臣下。"③

不过，初唐两位皇帝并没有沦为独裁君主。恰恰相反，他们吸取了前朝隋朝的道德教训和政治经验，鼓励群臣进谏。高祖及唐初的许多官员不久之前都曾为隋廷效力，目睹了庞大、强盛的隋朝（581—618）如何在立国不到四十年的时间便分崩离析。他们清楚地知道这个短命王朝崩溃的真正原因——独断的君主大兴土木、用兵过度导致民不聊生，农民起义风起云涌。为了避免重蹈覆辙，太宗在登基当年便敦促大臣，不能以皇帝的好恶作为政策建议的基础。他警告他们说，这种做法"乃亡国之政"。④630年，他在反思隋炀帝的统治之道时说："隋炀帝暴虐，臣下钳口，卒令不闻其过。"⑤他进一步指出："[炀帝]不肯信任百司，每事皆自决断。……朝臣既知其意，亦不敢直言。宰相以下，惟即承顺而已。朕意则不然，以天下之广，四海之众，千端万绪，须合变通，皆委百司商量，宰相筹画，于事稳便，方可奏行。岂得以一日万机，独断一人之虑也？"⑥一年后的631年，他对房玄龄说，自己已经意识到，"自古帝王多任情喜怒，喜则滥赏无功，怒则滥杀无罪。是以天下丧乱，莫不由此"。⑦

---

① 《新唐书》，卷2，45页；《资治通鉴》，卷198，6241—6242页。
② 《资治通鉴》，卷185，5793—5794页。
③ 同上书，卷193，6085页。
④ 同上书，卷192，6041页。
⑤ 谢保成：《贞观政要集校》，北京：中华书局，2003年，83页。
⑥ 谢保成：《贞观政要集校》，31页；《资治通鉴》，卷193，6080页。
⑦ 谢保成：《贞观政要集校》，87页。

集体决策

太宗十分清楚隋的经验教训。他决定依靠官员的集体智慧来治理庞大的帝国,处理与四邻复杂多变的关系。遇到紧急问题时,宰相、六部大臣、地方官员都要出谋划策。太宗的这一决定也是他对当时朝廷政治形势审慎评估的结果。他在 627 年发动宫廷政变,逼迫父亲禅让。然而与他共事的大臣大多比他年长,而且曾为其父效过力,对他夺取皇权心怀不满。一些人多少以他的同侪自居,行事不符合为臣之道。太宗需要以开明君主的形象笼络这些大臣。而且,太宗当政初期,唐王朝的前途仍不明朗。他当时还不到三十岁,治国理政的经验不足,而这正是他的大臣们所拥有的。他由此发展出了独具特色的执政风格,即他的决策过程比一般皇帝更加开放、透明。[①]

但是,七世纪三十年代以后,太宗巩固了自己的权力,初唐朝廷的开放风气开始减弱。他的领导风格趋于专断,[②] 其本人也变得喜怒无常,对臣属盛气凌人。他曾连夜下诏,不容群臣置喙。这件事促使谏臣告诫他不要故伎重演。[③] 太宗有时在朝会上对臣下大发雷霆,[④] 一些人因此胆战心惊,举止失态。[⑤] 魏征不得不上谏,"以义制主之情"。[⑥] 太宗其实也知道,他暴躁的脾气已经使大臣不敢提出异议。为了鼓励群臣直抒己见,他有时故作温言软语,和颜悦色。[⑦] 但这番虚情假意改变不了大臣对他的态度。太宗对此困惑不解。629 年,他对大臣说:"中书、门下,机要之司,诏敕有不便者,皆应论执。比来唯睹顺从,不闻违异。"[⑧] 其实此事只能归咎于太宗自身。他

---

① Denis C. Twitchett, "Introduction", in *Sui and T'ang China 589—906*, vol. 3, pt. 1 of *The Cambridge History of China*, edited by Denis C. Twitchett (Cambridge, 1979), pp. 12—13; R. W. l. Guisso, *Wu Tse-t'ien and the Politics of Legitimation in T'ang China* (Bellingham, 1978), p. 110.
② 关于太宗的统治,见 Denis C. Twitchett, "How to Be an Emperor: T'ang T'ai-tsung's Vision of his Role", *Asia Major* (3rd series), 4, nos. 1—2 (1996), pp. 1—102, 尤其是 pp. 1—7, 92—99.
③《资治通鉴》,卷 195,6158 页。
④ 同上书,卷 193,6058—6060 页;卷 197,6202 页。
⑤ 同上书,卷 192,6040 页。
⑥《旧唐书》,卷 51,2165 页。
⑦《资治通鉴》,卷 192,6040 页。
⑧ 同上书,卷 193,6064 页。

博学多识、能言善辩，经常引经据典驳回下属的建议。①太宗如此对待大臣，臣子们自然对他百依百顺。长此以往，太宗似乎变得对这种新的领导作风习以为常。641年，已经执政十五年的太宗得意地对下属说："朕为人主，常兼将相之事。"②太宗改变了对谏言的态度，唐廷的决策过程也随即从公开转为秘密，由君臣商议变为皇帝专断。太宗开始对少数几名大臣直接发号施令。他成了所有政策提案的最终裁决者，对所有政策事务拥有最终决定权。皇帝滥用权力、错误估计形势的大门由此打开。

常参决策

初唐时，皇帝与大臣通常每日在两仪殿举行的朝会（常参）上集体制定政策。史料称这种惯例为"正衙奏事"。③出席人员包括皇帝，五品及以上官员，中书、门下两省供奉官，尚书省各部员外郎，监察御史，太常博士。④他们利用这个机会讨论政策，彼此时常出现重大意见分歧，有时还会展开激烈辩论。⑤

这个公开、透明的决策方式是基于道义与实际的考虑。一位开明的君主应该先与大臣达成共识，然后再行动。⑥否则，大臣对政策的异议和批评将妨碍政策的执行。⑦630年针对应如何安置被击败的东突厥进行的激烈辩论就是一例。当时，太宗"诏群臣议区处之宜"，包括中书侍郎颜师古、礼部侍郎李百药、夏州都督窦静、中书令温彦博、秘书监魏征在内的许多朝廷官员纷纷建言献策。太宗最终采纳了温彦博的建议。⑧

---

① 《资治通鉴》，卷197，6209页。
② 同上书，卷196，6173页。
③ 《唐会要》，卷25，478页。关于正衙的讨论，见松本保宣：《唐王朝の宫城と御前会議：唐代聽政制度の展開》，京都：晃洋書房，2006年，263—265页。另见氏著：《唐代常朝制度試論——吉田歓氏『日中宮城の比較研究』によせて》，《立命館東洋史學》26，2003年，43—86页。还可参见谢元鲁：《唐代中央政权决策研究》，台北：文津出版社，1992年，53—58页。
④ 《旧唐书》，卷43，1830页；《资治通鉴》，卷241，7783页。另见 Denis C. Twitchett, *The Writing of Official History under the T'ang*, pp. 35—38；黎虎：《汉唐外交制度史》，兰州：兰州大学出版社，1998年，269—273页。
⑤ 《唐六典》，卷7，9页上；《资治通鉴》，卷192，6031页，卷197，6196页。自高宗开始，唐朝皇帝通常在紫宸殿举行"常参"。
⑥ 《唐大诏令集》，卷112，534页。
⑦ 《全唐文》，卷705，3248页。
⑧ 《资治通鉴》，卷193，6075—6077页。太宗时期还有一次在643年共商国是的（接下页）

常参决策充分发挥了唐朝官员的集体智慧，减少了决策中的误判。但这样做也有明显弊端。朝会气氛庄重、礼仪繁复而且有时间限制，不利于自由交换意见或进行深入讨论。不仅如此，由于御史和起居郎在场，君臣发言都十分小心谨慎。他们的言论不仅会招致御史的批评，还会被记入《起居注》，并最终载入《国史》。太宗曾说："朕每日坐朝，欲出一言，即思此言于百姓有利益否，所以不能多言。"起居郎还告诉他："君举必书，言存左史。臣职当修起居注，不敢不尽愚直。陛下若一言乖于道理，则千载累于圣德，非直当今有损于百姓。愿陛下慎之。"① 此外，常参经常因突发事件而缩短或取消。即便常参按时进行，由于与会者众多且意见纷纭，君臣也很难在短时间内就如何处理紧迫、复杂的问题达成共识。于是，与皇帝的非正式会见便成为另一种决策方式。

与皇帝非正式会见时做出的决策

根据这种新的决策方式，皇帝、中书省和门下省三品及以上官员、谏官、史官、侍卫将"入阁议事"。② 与正式朝会相比，非正式会见礼仪从简，气氛更为轻松，君臣有更多时间深入商讨重大问题。因此，这种方式更有利于制定出周密的政策。出席人数不多，也有利于避免讨论中的敏感信息外泄。在 627 年的一次正式朝会中，很多官员提议趁草原局势动荡一举消灭突厥。太宗为了深入研究这个问题，召萧瑀和长孙无忌入见。他最终采纳了长孙无忌不对突厥用兵的意见。③ 七世纪中期以后，与皇帝的非正式会见成为决策的主要方式。即便举行正式朝会，也只是徒具形式。

一些政治、军事问题涉及国家机密，即使在非正式会见中也不便讨论。

（接上页）例子，见《资治通鉴》，卷 197，6205 页。
① 《唐会要》，卷 56，961、962 页。
② 《资治通鉴》，卷 192，6031 页，卷 211，6728 页，卷 241，7783 页；程大昌：《雍录》，北京：中华书局，2002 年，63—64 页。另见 Denis C. Twitchett, *The Writing of Official History under the T'ang*, p. 36. 中宗时，这个方式被称为"对仗面奏"，见《唐会要》，卷 25，477 页。相关讨论见松本保宣：《唐王朝の宫城と御前会議——唐代聽政制度の展開》，京都：晃洋書房，2006 年，225—247 页；《唐朝御史對仗彈奏小考》，《立命館文學》598 号，2007 年，770—776 页；《唐の代宗朝における臣僚の上奏過程と枢密使の登場——唐代宮城における情報伝達の一齣》，《立命館東洋史學》29 号，2006 年，1—42 页。关于唐廷官员向皇帝提出意见、建议的程序，见中村裕一：《唐代制敕研究》，東京：汲古書院，1991 年，412 页等多处。
③ 《旧唐书》，卷 65，2447 页。

太宗为处理这类问题，要求少数大臣在会见结束后留下，与他继续商讨。这些会议非常私密，被称为"仗下"。①"仗下"最初仍保持着一定程度的公开性，因为皇帝允许起居郎在场。高宗即位后，情况彻底改变。他的手握大权的宰相们把决策变成了一个秘密过程。皇帝仍举行非正式会见，但见面时既不商讨政策问题，也不做任何决定，只是宣读诏书，供恪守职责的起居郎记录。在这种会见中，"有司唯奏辞见二事"，而皇帝则是"端拱无言"。②然后，皇帝命起居郎、御史随仪仗队士兵离场，再开始与他的高级幕僚密谈。③

高宗与大臣密谈时将起居郎排除在外的做法，实际上违背了惯例。武则天掌权后，一些官员终于公开对这种做法表示担忧。姚璹在693年指出，君主的计划和旨意十分重要，不能没有记录。他建议君臣密谈时应由一位宰相记录所讨论的重大军事、政治议题，每月把记录的抄本密封后交付史馆。该记录被称为《时政记》。由于撰写人也是与会者，他的记载难免主观片面，有美溢之嫌。《时政记》的编纂很快就停止了。④中宗（705—710在位）在短暂的当政期间，提高了决策的透明度。除了机密事项，官员若想私下向皇帝报告，需要有中书省和门下省官员在场。⑤玄宗登基后，决策过程变得更加透明。715年，他鼓励官员们针砭过时的政策，举报不称职和贪污的官吏，在朝会上辩论。⑥两年后的717年，他改变了密谈的做法，允许史官旁听政策讨论。同年阴历九月，皇帝宣布："比来百司及诏使奏陈，皆待仗下。颇乖公道，须有革正。自今以后，非灼然秘密，不合彰露者，并

---

① 《新唐书》，卷47，1208页；《唐会要》，卷56，961页。另见黎虎：《汉唐外交制度史》，273—281页。643年，太宗决定废黜太子，他在两仪殿朝会结束后，仅留下四名大臣讨论这个敏感问题，见《资治通鉴》，卷197，6196页。有关"对仗"和"仗下"的区别，见松本保宣：《唐王朝の宫城と御前会议——唐代听政制度の展开》，128—130页；谢元鲁：《唐代中央政权决策研究》，58—59页。
② 《新唐书》，卷47，1208页；《唐会要》，卷56，961页。第二条史料的全部英译见 Twitchett, *The Writing of Official History under the T'ang*, p. 51。
③ 《资治通鉴》，卷211，6729页；《唐会要》，卷25，477页。
④ 《唐六典》，卷9，19页下—20页上；《唐会要》，卷63，1104页。七世纪九十年代之后，唐官员曾尝试恢复撰写《时政记》。但总体而言，《时政记》的编纂时断时续。参见 Twitchett, *The Writing of Official History under the T'ang*, pp. 52—56。
⑤ 《唐会要》，卷25，477页。
⑥ 《唐大诏令集》，卷105，489页。

令对仗。……其太史官,自依旧例。"①与此同时,皇帝继续通过密谈处理机要事务或因为过于琐屑而不宜在朝会上讨论的事务。②八世纪三十年代,皇室远亲、独揽大权的宰相李林甫再次禁止史官参加政策讨论。直到835年,文宗才允许左史和右史在非正式会见时在场。③后世学者称赞说,开成(836—840)年间史官的记载"最详"。④他们的地位似乎也有所提高。文宗在与宰相讨论之后,会就政策的可行性咨询他们的看法。⑤起居郎能否参加政策讨论直接反映了唐廷决策公开性的高低。

　　八世纪六十年代以后,皇帝和大臣通常在延英殿密谈。该殿位于紫宸殿西南,是皇帝在朝会前后休憩的便殿。⑥延英殿在肃宗朝成为皇帝私下接见大臣的指定场所。皇帝和大臣都可以要求密谈。若是大臣希望密谈,他需要提前一天将要讨论的问题告知皇帝。当天,皇帝不带侍卫前来。在这样宽松的气氛中,与会人可以从容讨论政策的利弊,坦率表达观点,而不必担心泄密。⑦自八世纪五十年代末至八世纪六十年代初,肃宗与大臣们在便殿的密谈中认真商议相关议题,并做出最终决定。⑧与此相反,皇帝在正式朝会上只是广泛听取群臣意见。代宗继承了肃宗的做法。⑨同时,他还为密谈找到了新理由——他希望让因年迈和行动不便而不适合参加朝会的大臣也能有面圣的机会。⑩不过,一些官员始终认为,朝会才是他们发言的适当场合。德宗时的御史中丞韩皋就是其中一位。他每次都在紫宸殿当着其他同僚的面向皇帝奏事。皇帝只得告诉他:"我与卿言,于此不尽,可来

---

① 《唐会要》,卷25,477页;《资治通鉴》,卷211,6729页。
② 《唐会要》,卷25,477页。
③ 《新唐书》,卷47,1208页;卷182,5370页。有关非正式会见的记载,见《旧唐书》,卷172,4485页;卷173,4491、4506页。
④ 《旧唐书》,卷17下,572页。
⑤ 周墀就是这样一位起居郎。文宗曾就政策问题向他"每数十顾",见《全唐文》,卷755,3514页上;《册府元龟》,卷560,9页下—10页上;《文苑英华》,卷938,6页下—7页上。
⑥ 《旧唐书》,卷105,3219页;卷185下,4820页;《全唐文》,卷855,4208页。另见黎虎:《汉唐外交制度史》,281—287页;谢元鲁:《唐代中央政权决策研究》,60—71页。
⑦ 例如,李泌在便殿与德宗密谈过十五次后才说服德宗同意与回鹘和亲,见《新唐书》,卷139,4638页;《资治通鉴》,卷233,7502页。皇甫惟明的事例,见《资治通鉴》,卷213,6790页。
⑧ 《全唐文》,卷855,4028页。有关延英殿功能的论述,见松本保宣:《唐王朝の宫城と御前会議——唐代聴政制度の展開》,24—40页。
⑨ 《唐会要》,卷25,477页。
⑩ 《新唐书》,卷140,4643页。

延英。"韩皋友人也对他说:"自乾元已来,群臣启事,皆诣延英得尽。公何独于外庭对众官以陈之?无乃失于慎密乎?"韩皋答道:"御史,天下之平也。摧刚直柱,唯在于公,何故不当人知之?奈何求请便殿,避人窃语,以私国家之法?"① 然而,皇帝其实并不像韩皋那样关心国事的公开、透明。786年,吐蕃侵袭盐州、夏州,皇帝为表示对此事负责,宣布停止在紫宸殿朝见十五日,国事将在延英殿处理。② 但这一临时措施在802年成为惯例。是年阴历七月,皇帝颁布《罢百官正衙奏事勅》。他以优待臣子为名写道:"比者百官正衙奏事,至有移时者。公卿庶寮,属当寒暑,为弊亦深。在于朕意,岂谓优礼。自今勿正衙奏事。如陈奏者,宜诣延英门请对。"③

从正式朝会到密谈,唐廷的决策愈加被少数统治精英把持。久而久之,他们在决策过程中的作用甚至比皇帝更为重要。高祖和太宗通常在公开朝会上拟定政策,但后来的皇帝不像他们那样积极参与政策制定。一些皇帝仅仅是批准宰相的政策提议,后者是唐中央政府的行政核心。宰相人数并不固定,初唐到710年左右有十余人,到了741年仅有二三人,756年以后人数虽然又有所增加,但其中只有少数几位享有很高的威望,掌握实权。④

门下省的政策审议

宰相们每日早晨聚集在门下省政事堂讨论政务。⑤ 683年,中书令裴炎将讨论场所移至中书省。723年,中书令张说将政事堂改为宰相办公之所,称"中书门下",政策讨论在中书省进行。⑥ 宰相们在某些问题上难免意见相左,为避免在制定政策时僵持不下,他们十天一秉笔,轮流为皇帝起草政策议案。皇帝批准后,起草者再向群臣解释。这种做法从八世纪五十年代一

---

① 周勋初:《唐语林校证》,北京:中华书局,1987年,195—196页。
② 《全唐文》,卷51,246页。
③ 《唐大诏令集》,卷101,469页;《唐会要》,卷25,478页;《全唐文》,卷53,252页。
④ 白居易:《白氏长庆集》,卷31,7页上;礪波護:《唐代政治社會史研究》,京都:同朋舍出版,1986年,219—220页。
⑤ 《通典》,卷23,135页;马端临:《文献通考》,卷49,451页。
⑥ 《旧唐书》,卷43,1842页;马端临:《文献通考》,卷50,455页。有关这一演变的论述,见 Denic C. Twitchett, "Hsuan-tsung (reign 712—756)", pp. 377—379;刘后滨:《唐代中书门下体制研究》,济南:齐鲁出版社,2004年,39页;谢元鲁:《唐代中央政权决策研究》,77—83页。中书省有时也是会见外使的场所,810年来访的吐蕃使者就是一例,见《旧唐书》,卷196下,5261页;《新唐书》,卷216下,6100页。

直持续到八世纪九十年代。① 但宰相们的地位高低不一,他们的权力和对皇帝的影响力也不尽相同。例如,玄宗在统治初期对姚崇言听计从。② 从 840 到 844 年,李德裕深得文宗、武宗信任,握有任命将军、起草诏书的大权。③

宰相的重要职责之一是主持会议,征求百官对争议性政策的意见。④ 这类会议是决策的重要环节,由皇帝下令召开,但他不亲自参加。760 年阴历三月,肃宗要求百官讨论一项货币政策。他在敕书中写道:"且两汉旧规,典章沿革,必朝廷会议,共体至公。盖明君不独专法,当从众议,庶遵行古之道,俾广无私之论。"⑤

"公卿集议"与"百官众议"类似,但规模较小。846 年,武宗命大臣讨论颁赐黠戛斯君主可汗称号的问题:"事新体大,须归至当。必询于众,方免有疑。宜令中书门下五品以上,御史台尚书省四品以上,集议闻奏。"⑥ 九世纪四十年代,回鹘的两个部落在回鹘汗国灭亡后先后进入唐境。我们可以通过考察唐廷如何处理这两次事件,了解唐朝决策过程的更多细节。

嗢没斯案例

嗢没斯是第一个入唐的回鹘部落的首领。⑦ 他的部落在 842 年阴历二月离开草原,穿过戈壁沙漠,于当年秋天抵达天德军(黄河河曲附近)塞下,请求内附。天德军使田牟、监军韦仲平将回鹘人的到来看作建立军功的良机。他们在同年阴历八月上奏朝廷,声称军镇遭回鹘袭击,请求朝廷批准他们与吐谷浑、沙陀、党项联手驱逐嗢没斯。

---

① 《唐会要》,卷 53,922 页。
② 李德裕:《明皇十七事》,上海:上海古籍出版社,1988 年,3 页下。
③ 《旧唐书》,卷 174,4527 页。八世纪八十年代以后,翰林学士开始在决策中扮演重要角色,从而削弱了宰相的权力。784、810、902 年都发生了这类事件,见《资治通鉴》,卷 230,7418 页;卷 238,7676 页;卷 263,8573—8574 页。
④ 九品及以上京师文武官员参加在中书省或尚书省举行的这类会议,见《唐大诏令集》,卷 105,489 页;《旧唐书》,卷 105,3219 页,卷 172,4471 页,卷 174,4522 页,卷 185 下,4820 页,卷 194 下,5192 页;《资治通鉴》,卷 244,7878 页,卷 253,8204 页。另见谢元鲁:《唐代中央政权决策研究》,99—107 页。
⑤ 《唐大诏令集》,卷 112,534 页。
⑥ 《唐会要》,卷 100,1786 页。
⑦ 有关嗢没斯及其在唐边境活动的论述,见 Michael R. Drompp, *Tang China and the Collapse of the Uighur Empire*(Leiden, 2005), pp. 40—44, 47—53; Pan Yihong, *Son of Heaven and Heavenly Qaghan*, pp. 315—316。

武宗下令百官讨论此事。大多数臣僚认为，嗢没斯背叛其主，不应接纳，而应准许田牟所请，将他们驱逐出境。皇帝命宰相在延英殿进一步讨论。李德裕建议道："穷鸟入怀，犹当活之。况回鹘屡建大功，今为邻国所破，部落离散，穷无所归，远依天子，无秋毫犯塞，奈何乘其困而击之！宜遣使者镇抚，运粮食以赐之，此汉宣帝所以服呼韩邪也。"但陈夷行与李德裕意见相左。他支持田牟的方案，批评李德裕的建议是"借寇兵赍盗粮"。李德裕则针锋相对地通过批评田牟利用当地部落攻击嗢没斯的计谋来驳斥陈夷行："彼吐谷浑等各有部落，见利则锐敏争进，不利则鸟惊鱼散，各走巢穴，安肯守死为国家用！今天德城兵才千余，若战不利，城陷必矣。不若以恩义抚而安之，必不为患。纵使侵暴边境，亦须征诸道大兵讨之，岂可独使天德击之乎？"武宗对两种意见不置可否，于是任命了一名巡边使，派其前去搜集更多情报。

与此同时，皇帝召见李德裕，给他出了道难题："嗢没斯等请降，可保信乎？"李德裕回答说："朝中之人，臣不敢保，况敢保数千里外戎狄之心乎！然谓之叛将，则恐不可。若可汗在国，嗢没斯等帅众而来，则于体固不可受。今闻其国败乱无主，将相逃散，或奔吐蕃，或奔葛逻禄，惟此一支远依大国。观其表辞，危迫恳切，岂可谓之叛将乎？……愿且诏河东、振武严兵保境以备之，俟其攻犯城镇，然后以武力驱除。或于吐谷浑等部中少有抄掠，听自仇报，亦未可助以官军。仍诏田牟、仲平毋得邀功生事，常令不失大信，怀柔得宜，彼虽戎狄，必知感恩。"阴历八月二十四日，皇帝向田牟发出敕令，命他约束官员、士兵及当地部落，不得首先攻击回鹘。一周后的阴历九月初一，皇帝下诏河东镇和振武镇，命令他们严加防备。①

李德裕此时仍然希望武宗能够采纳他的建议，遣使安抚嗢没斯，赐其大批粮食。但皇帝对此议持保留态度。闰九月初三，武宗在延英殿再次召见宰相。在等候进殿时，李德裕走到陈夷行身边对他说："今征兵未集，天德孤危。倘不以此粮啖饥虏，且使安静，万一天德陷没，咎将谁归！"拒绝向回鹘提供粮食的可怕后果显然使陈夷行感到害怕。陈夷行在皇帝面前没

---

① 《资治通鉴》，卷 246，7952—7954 页。

有对李德裕的建议提出任何反对意见。皇帝同意向回鹘发放粮食。①

唐廷处理嗢没斯内附一事的方式表明，唐廷决策过程有四大环节，分别是百官众议、与皇帝的非正式会面、宰相召开的会议以及与皇帝密谈。前两个环节意在广泛收集百官的政策建议。然后，宰相们在宰相会议上评估各项提议，制定出给皇帝的政策建议。皇帝与少数大臣通常在非正式会面时做出最后决定。②

乌介案例

乌介可汗是另一个内附的回鹘部落的首领，该部"转侧天德、振武间"。③ 唐廷敦促他们退回漠南，但未奏效。④ 乌介反而在 842 年阴历八月率众东进，逼近云州（今山西大同）。他们在向云州行进途中，驱逐了原本居住在河东道的部落，夺取了成千上万的牛马。当他们最终到达云州时，云州刺史闭门自守，吐谷浑、党项部众也举家逃入附近山中躲藏。

乌介的活动引起唐廷的警觉。武宗在延英殿召见宰相。李德裕建议从五个以上的州调兵进驻太原、振武和天德。但他强调，这些士兵应协助当地军队加强防御，待来年春季再进攻回鹘。皇帝采纳了这个建议，并于当月初九颁布了诏书。⑤

然而，该方案却招致其他官员的强烈批评。一些人主张，朝廷不应等到来年春季才进攻回鹘。他们担心，等到黄河冬季结冰，回鹘可能大举来袭。他们力促唐廷在天气转冷之前立即采取行动。他们计划从河朔地区派兵，帮助河东道的部队在两个月之内击败乌介。

二十七日，李德裕上书，请求皇帝令"公卿集议"。李德裕在解释他的请求时写道："伏以自两汉，每四夷有事，必令公卿集议。盖以国之大事，最在戎机。"李德裕援引元和年间和长庆年间两次平叛的例子，指出每

---

① 《资治通鉴》，卷 246，7954—7955 页。
② 黎虎：《汉唐外交制度史》，306—308 页。
③ Michael R. Drompp, *Tang China and the Collapse of the Uighur Empire*, pp. 53—59; Pan Yihong, *Son of Heaven and Heavenly Qaghan*, pp. 317—318。
④ 《资治通鉴》，卷 246，7963 页。
⑤ 同上书，卷 246，7963 页；《全唐文》，卷 705，3247 页。关于这次事件的讨论，见 Pan Yihong, *Son of Heaven and Heavenly Qaghan*, pp. 317—318。

次都是在"集议"之后才做出决定。他继续解释道:"况闻向［内］外议论不一,互有异同,若不一度遍询群情,终为闲词所挠。"武宗批准了李德裕的请求。他指示宰相们,讨论后得出的解决方案必须切实可行、便于操作。皇帝还让宰相们在两日内提交对会议中提出的所有方案的分析报告。①

李德裕很快就将报告呈交给皇帝。②他告诉皇帝,大多数参与讨论的臣僚都赞成他的方案,即等到来年春季再攻打乌介。到那时,回鹘人马羸困,唐军也可免受在严寒中作战的痛苦。李德裕认为,集议未能客观评估当前形势,也没有得出可行的解决方案。(当然,他自己的方案不在此例。)他列举了五份提交讨论的奏章,批评它们空洞无物。第一份奏章称,选将练兵一直没有取得显著成效。李德裕批评这份奏章过于笼统,指出上奏者应该具体说明边地将领、刺史中何人称职,何人不称职。第二份奏章提到要害之地的防御尚不完备。李德裕指出,上奏者应该指明哪些战略要地应该派兵驻守,哪些需要加强防务以互为应援。李德裕对第三份奏章的批评尤其尖锐。该奏章提出的策略是,回鹘"来即驱逐,去亦勿追"。他认为,这个策略不会结束双方的紧张关系,只会导致边境出现僵局,造成唐军的日常开支过于庞大,给当地百姓带来难以承受的负担。李德裕强调,在制订计划时,唐军的给养问题至关重要。解决这个问题的方案必须是切实可行的。第四份奏章提议让当地部落主动攻击回鹘。李德裕认为这个想法不切实际,因为这些部落不具备独立行动的军事实力。他提醒皇帝,就在不久之前,当回鹘逼近云州时,这些部落仓皇失措,四散奔逃。他们并不是一支统一的力量,也不会为唐朝竭尽全力与回鹘作战。李德裕称,这份奏章应该说明,哪些部落可以为唐军所用,可以把他们派往何处。最后一份奏章建议,朝廷应该指示边将自行招募新兵,以便逐步撤回已经长期驻守在偏远地区的戍卒。对此,李德裕在自己的奏章中挖苦道:"此事朝廷非不素知。……戍卒如何抽罢,亦须更别陈方略。"

李德裕对这些提议颇为失望,建议皇帝允许自己与牛僧孺、陈夷行进一步讨论。不过,这次讨论的结果仍然不能令李德裕满意。二人对李德裕

---

① 《资治通鉴》,卷246,7966页;《全唐文》,卷705,3248页。
② 李德裕奏章的英译见 Michael R. Drompp, *Tang China and the Collapse of the Uighur Empire*, pp. 265—266。

先前在奏章中提出的问题没有做任何评论，只是同意李德裕最初的计划："今既云守备，过冬方图进取，斯为上策，便可施行。"①

李德裕对其他大臣的提议确实有吹毛求疵、不屑一顾之嫌。他也许并非诚心诚意地征询他们的意见。②但李德裕作为武宗朝最有权势的宰相，在出兵攻打回鹘之前，仍然需要遵守百官合议的程序。这清楚地表明，决策过程的四个关键环节一直到晚唐仍然存在。

在唐代官僚体系中，官员经常在中央和地方之间调动，中央官员和地方官员并非一成不变。嗢没斯事件表明，地方官员是制定对外政策的积极参与者。天德军的田牟和韦仲平最先提出了应当如何处理嗢没斯及其部众的问题，他们对这个问题的意见影响了很多中央官员。一个地方官员如果政绩卓著，会被提拔到朝廷任职。而且由于他对地方及对外事务了如指掌，常常在朝廷讨论中提出独到见解。③李德裕就是一个典型的例子。他在被任命为宰相之前，曾担任过好几个州一级的职务，包括剑南西川节度使。一些中央官员由于熟悉地方情况，也兼任州府的职务。④有些边将在战争中立下战功，成为朝廷对外事务的顾问。他们常被召到朝廷参与对外政策的讨论。⑤因此，有唐一代的外交与战争是中央和地方官员的共同职责。

唐地方官员在对外关系中的作用

当外国使者来到唐边境或港口时，唐地方官员就在来使与朝廷之间扮演着中间人的角色。地方官员要核实来使的身份，向朝廷通报其到访，并把他的外交文书转交朝廷。朝廷允许来使前往长安后，地方官员要为他提供交通工具和食宿。外国使节若要顺利完成出访使命，唐地方官员的帮助是不可或缺的。除了接待外国使者和转呈外交文书，唐地方官员管辖的地域如果与其他政权接壤，或毗邻已降服的部落，他们还要管理与这些地方的民众的来往。

---

① 李德裕：《李文饶文集》，卷 14，6 页上—8 页下；《资治通鉴》，卷 246，7965—7966 页；《全唐文》，卷 705，3248 页。英译见 Michael R. Drompp, *Tang China and the Collapse of the Uighur Empire*, p. 269.
② Michael R. Drompp, *Tang China and the Collapse of the Uighur Empire*, p. 92.
③ 张亮是一例，见《资治通鉴》，卷 197，6203 页。
④ 唐休璟是一例，见《旧唐书》，卷 93，2979 页。
⑤ 王方翼是一例，见《资治通鉴》，卷 203，6409 页。

初唐时，负责对外关系的最高地方负责人是"总管"。随着唐代军事、行政制度的发展，都护、都督、节度使等官员也被赋予这一职责。①《通典》记，在七世纪五十年代，都护的职责包括"掌所统诸蕃慰抚、征讨、斥堠，安辑蕃人"。②这些职责表明，唐廷认为"内""外"事务几乎是不可分的。当一位干练的地方官妥善处置降服部落，满足其要求，使其在边疆安居乐业时，他是在处理"内"务。但如果一个贪官虐待境外百姓，就会迫使他们揭竿而起，不再效忠于唐。于是"内"务便演变成了"外"务。因此，唐地方官员是否能够成功履行职责，决定着唐朝边境海疆的局势。

外交往来中的协调人

外国君主及边境部落首领与唐廷没有直接联系。他们首先需要亲自前来或遣使联系唐地方官员。唐地方官员会考虑是否向唐廷转交来使的书面或口头信息。③ 685年颁布的一道敕令说明了这个程序："诸蕃部落见在诸州者，宜取州司进止。首领等如有灼然要事须奏者，委州司录状奏闻。非有别敕追入朝，不得辄发遣。"④

益州（位于今四川）刺史章仇兼琼在742年曾为了请求朝廷允许吐蕃使者入唐，上过这样一封奏章。⑤他的做法符合唐廷的"例"，即除了前来庆贺新年、冬至以及确认友好关系，吐蕃使节需要得到唐廷批准才能前往首都。⑥ 842年，幽州（今北京附近）节度使向朝廷转达了契丹新主的迫切请求，后者决定断绝与回鹘的关系，向唐廷效忠，希望朝廷颁授官印，承认其在部落中的最高地位。⑦直到唐末，唐廷边境将领在处理外交信函和贡

---

① 622年开始使用"总管"，624年改为都督，701年又改称节度使，见陈仲安、王素：《汉唐职官制度研究》，北京：中华书局，1993年，217—219，222—225页。有关节度使管理外事的例子，见《通典》，卷172，911页；李吉甫：《元和郡县图志》，卷30，886页；张九龄：《唐丞相曲江张先生文集》，卷9，8页上；圆仁：《入唐求法巡礼行记》，卷2，54页；周绍良：《唐代墓志汇编》，1718页。另见薛宗正：《安西与北庭》，310—311页。
②《通典》，卷32，186页；《唐六典》，卷30，38页上。
③《旧唐书》，卷83，2775页。
④ 刘俊文：《敦煌吐鲁番唐代法制文书考释》，278页。
⑤《全唐文》，卷405，1862页。797、818、824年吐蕃事例，见《旧唐书》，卷196下，5258页；《册府元龟》，卷980，16页下，卷999，20页上。
⑥《册府元龟》，卷699，16页上一下。
⑦《唐会要》，卷96，1719页。

品时,仍须遵循这些规定。[1]

唐地方官员还会代表唐廷与其他政权沟通。这一间接交流方式在处理敏感的双边问题时尤其有助益。九世纪初,唐与吐蕃正就会盟进行谈判。唐廷通知吐蕃,如果需要讨论悬而未决的次要问题,吐蕃宰相可以联络凤翔节度使,"令其奏闻,……亦冀速成"。[2]

808年,朔方节度使王佖向吐蕃北道节度使递交了一封信,许诺在他指挥之下的唐要塞都会遵守唐廷"但令慎守封疆,不许辄令侵轶"的指示。实际上,王佖不是此信的作者,真正的作者是白居易(772—846)。后世享有文学巨擘盛名的白居易当时是唐廷官员,他依据朝廷指令起草了这封信。[3] 他同样还为泾原节度使朱忠亮起草过书信。[4] 九世纪四十年代,门下侍郎李德裕也曾以地方官员的名义给回鹘写过信。[5]

当双边关系陷入困境时,唐廷常常指示地方官向其他政权的地方官致信,以保持外交渠道畅通。819年,一位吐蕃使者在完成赴唐的使命后踏上归途。但在他离境之前,吐蕃出兵袭击了唐朝。宪宗没有扣押使者,而是指示凤翔节度使告诉使者,皇帝不会把吐蕃的战争行为归咎于他或将来入唐的吐蕃使者。这样,皇帝就保留了日后接触的渠道。[6]

有时,外使呈递的书信出言不逊,多有冒犯,唐廷为表达不满和轻蔑,就以地方官员的名义回信。875年,中书省收到南诏的来信,信中充斥着抱怨之词。中书省官员决定不予理睬。但户部侍郎卢携表示反对:"如此,则蛮益骄,谓唐无以答。宜数其十代受恩以责之。然自中书发牒,则嫌于体敌。"卢携建议唐廷发诏书给剑南西川节度观察使高骈以及岭南西道节度使辛谠,命他们以个人名义将诏书内容传达给南诏。[7]

---

[1] 白居易:《白氏长庆集》,卷39,28页下;《唐会要》,卷99,1766页;《资治通鉴》,卷253,8190页。
[2] 白居易:《白氏长庆集》,卷39,11页上—下,31页上。
[3] 同上书,卷39,27页下。
[4] 同上书,卷40,30页上—32页下。
[5] 李德裕:《李文饶文集》,卷8,5页上—7页上,7页上—8页上,8页上—9页下。
[6] 《册府元龟》,卷170,21页下—22页上;《全唐文》,卷58,278页。
[7] 《资治通鉴》,卷252,8177页。878年,南诏使者返回南诏前,中书省指示剑南西川节度使向使者发信,作为对南诏外交信函的回复,见《资治通鉴》,卷253,8204页,8209页;《新唐书》,卷222中,6291—6292页。

对外事务的积极参与者

唐地方官员还向唐廷提供对外政策建议，而他们的观点常常决定着唐廷是否与一个域外国家或边境部落建立关系。782年，云南东谢蛮部落首领希望朝见德宗。但皇帝认为他无足轻重，不应受到如此隆重的接待。这位首领不甘心，与黔中观察使王碪取得联系，提议随牂牁使团一起入唐。王碪奏请朝廷批准这个请求。他称东谢蛮与牂牁同样人口众多、军力强大，二者都是令四邻望而生畏的部落，建议允许东谢蛮"三年一朝"。朝廷采纳了这个建议。①

王碪的奏章表明，唐地方官员与中央官员一样，能够左右唐对外关系的走向。他们不只是发挥着辅助作用的唐廷信息的传递者和对外政策的执行者。在朝廷讨论对外问题时，由于地方官员熟悉情况而且掌握着最新情报，他们的意见通常很有分量。皇帝是否采纳他们的意见会给唐的对外关系带来直接影响。644年，安西都护郭孝恪请求讨伐焉耆，唐廷随即任命他为西州道行军总管指挥这次军事行动。②与此相反，707年，安西都护郭元振建议允许两个敌对突厥部落中的一个内附。唐廷否决了他的提议，该突厥部落遂成边患。③

唐地方官员的建议甚至可能会影响到唐的长期战略安全。鄯州（治所在今青海乐都）都督杨矩的例子很好地说明了这一点。他在710年前后收受吐蕃大量贿赂，请求朝廷将九曲地区作为汤沐邑赐给金城公主。结果，吐蕃控制了九曲，并把它当作攻唐的跳板。④

唐廷依据地方官员的建议做出的决定，常常会立即对唐与四邻的关系产生影响。859年，剑南西川节度使请求朝廷允许减少南诏访客的人数，因为迎送和接待他们的费用巨大，使他不堪重负。朝廷批准了他的请求。这一政策变化立刻使唐和南诏的关系恶化。⑤ 897年，另一位剑南西川节度使

---

① 《新唐书》，卷222中，6320页。有关唐地方官员在制定边疆政策中的作用，见Skaff, "Tang Military Culture and Its Inner Asian Influence", pp. 176—179。
② 《资治通鉴》，卷197，6211页。
③ 《旧唐书》，卷92，2972页。
④ 《旧唐书》，卷196上，5228页；《新唐书》，卷216上，6081页；《册府元龟》，卷998，9页上。节度使王昱是另外一个例子，他与南诏的往来在本书第三章中已有讨论。
⑤ 《资治通鉴》，卷249，8078页；周勋初：《唐语林校证》，97页。

建议朝廷对南诏新君的来信不予理会，他提出的理由是："南诏小夷，不足辱诏书。臣在西南，彼必不敢犯塞。"他的建议实际上阻碍了南诏与唐修好的努力。①

素质参差不齐的唐地方官员

太宗在谈到边境防务时曾把干练的地方官员比作长城。这是他在641年赞扬李勣的杰出政绩时说的话。李勣曾任并州（治所在今山西太原）大都督长达十六年之久。他在任期内"令行禁止，民夷怀服"。太宗说："隋炀帝劳百姓，筑长城以备突厥，卒无所益。朕唯置李勣于晋阳而边尘不惊，其为长城，岂不壮哉！"②

可惜，李勣只是唐朝官员中的特例。大多数官员都不愿接受偏远地区的任命。太宗曾在朝会时对卢祖尚说："交州大藩，去京甚远，须贤牧抚之。前后都督皆不称职，卿有安边之略，为我镇之，勿以道远为辞也。"卢祖尚接受了任命。但朝会一结束，他就以健康不佳为由推辞了。③

像卢祖尚这样有能力的官员不愿到地方任职，导致地方官员的素质偏低。朝廷一项刻意而为的政策使情况更加恶化。637年，侍御史马周对该政策提出了尖锐的批评："今朝廷独重内官，县令、刺史颇轻其选。刺史多是武夫勋人，或京官不称职，方始外出。……边远之处，用人更轻。……所以百姓未安，殆由于此。"太宗认为他的谏言很有道理，决定亲自挑选部分刺史。④

不过，太宗直到去世也没能解决地方官吏素质堪忧的问题。704年，纳言李峤等再次提到选任地方官的问题。⑤右御史台中丞卢怀慎甚至担忧，这个问题可能会影响到唐的安全：

---

① 《资治通鉴》，卷261，8511、8512页。
② 同上书，卷196，6170页。
③ 《旧唐书》，卷69，2522页。
④ 同上书，卷74，2618页；《资治通鉴》，卷195，6133页；《唐会要》，卷68，1197页。对这个问题的讨论，见 Penelope A. Herbert, "Perceptions of Provincial officialdom in Early T'ang China", *Asia Major* (3rd series), 2, pt. 1 (1989), pp. 25—58.
⑤ 《唐会要》，卷68，1198、1199页。

况边徼之地，夷夏杂处。负险恃远，易扰难安。弥藉循良，以寄绥抚。若委失其任，官非其才，凌虐黎庶，侵剥蕃部，小则坐致流亡，大则起为盗贼。由此言之，不可用凡材，而况于猾吏乎。①

唐廷有时也能选拔出富有才干的人担任刺史。686年，狄仁杰（630—700）为宁州（今甘肃宁县）刺史。他治理有方，深受各族百姓的尊敬。他们甚至在686年为狄仁杰立碑，歌颂他的美德和政绩。②701年，郭元振（656—713）任凉州都督。他在地方任职十年，各地太平无事。后来，他被朝廷召回首都，担任太仆卿。郭元振启程赴长安那天，"安西士庶，诸蕃酋长，号哭数百里，或剺面截耳，抗表请留，因给之而后即路。其至玉门关也。去凉州八百里，河西诸州百姓蕃部落，闻公之至，贫者携壶浆，富者设供帐，联绵七百里不绝"。③

不过，狄仁杰和郭元振是罕有的例外。很多唐地方官员昏庸无能，甚至专横暴虐，最终酿成事端。营州都督赵文翙刚愎自用，侮辱契丹、靺鞨首领，把他们视为自己的奴仆。更有甚者，赵文翙在契丹和靺鞨遇到饥荒时拒绝救济。忍无可忍的部落首领率部反叛，于696年攻克营州，杀死赵文翙。④二十多年后的720年，营州都督许钦澹插手契丹内政。他在契丹错综复杂的权力斗争中，公开支持一名契丹部落首领，派出五百名唐兵攻击这名首领的竞争对手。但唐军战败，指挥官被活捉。⑤二十年后，契丹和奚两部落的命运掌握在安禄山手里。安禄山为了邀功争宠，几次出兵攻击他们。745年，不堪忍受的两部落首领各杀唐和亲公主，起兵反叛。这起事件为安禄山提供了出兵的借口。⑥九世纪五十年代的河东节度使李业可能是北方最暴虐无道的官员。他"纵吏民侵掠杂虏，又妄杀降者"。李业的暴政令唐北方边境动

---

① 《旧唐书》，卷98，3067页。
② 同上书，卷89，2887页；范仲淹：《范文正公集》，《四部丛刊》本，卷11，2页上。
③ 《全唐文》，卷233，1504页。早些时候的642年，凉州也有一位能干的都督，他兼任西州刺史，对战败的高昌国百姓以及流放到西州的唐朝囚犯以诚相待，赢得了他们的尊重和拥护，见《资治通鉴》，卷196，6177页。
④ 《旧唐书》，卷185下，4814页，卷199下，5350页；《新唐书》，卷130，4494页，卷219，6168页；《唐大诏令集》，卷107，507页；《资治通鉴》，卷205，6505—6506页，卷211，6695页；《文苑英华》，卷464，2368页；《全唐文》，卷27，133页。
⑤ 《资治通鉴》，卷212，6743页。
⑥ 同上书，卷215，6868页。

荡不安，他最终在852年被调离。他的继任者立即派副手前去安抚部落首领，还规定"唐民毋得入房境侵掠，犯者必死"。局势终于得到了控制。[1]

　　腐败的性质虽然不及暴政恶劣，但同样危害唐朝统治。很多唐边境官员都有此恶行。一些官员参与走私贩私，还有一些索贿受贿。[2]太宗曾指出，广州都督大多贪腐，其劣迹引起当地部落和外国商人的愤慨。[3]路元叡就是其中之一。他大肆敲诈勒索在港口的外商，最终激怒了他们，于684年被杀。[4]地方官员的贪腐之风在玄宗时进一步恶化。717年，皇帝指责他们"其心不至公，所视唯利"。

　　玄宗意识到，若是任由暴虐、贪腐的官员掌管边疆事务，边境将永无宁日，因为这就像"使豺狼以掌牧"。[5]然而，一些边境文武官员对皇帝的警告充耳不闻。他们罔顾朝廷指令，侵扰、劫掠甚至奴役边陲部落民众。他们的所作所为使一些部落不再效忠唐廷。玄宗把这一不幸的事态发展直接归罪于当地官员。他在721年斥责他们道："若非共行割剥，何乃相继离散？"[6]但皇帝的愤怒并不能根除地方官员的腐败。仅仅一年之后的722年，室利佛逝（在今印度尼西亚苏门答腊）使者向唐廷递交了一份态度恳切而措辞强硬的信件，着重指出"边吏凌侮"外国使者。[7]信中没有指名道姓，但罪魁祸首很可能是广州官员，因为很多东南亚访客在广州登岸。

　　758年，当时肃宗登基仅仅三年，广州官吏便因对居住在当地的外国人及从事贸易的阿拉伯人管理不当而酿成一场重大危机。当年阴历九月，一支由大食、波斯士兵组成的军队从海上攻打广州城。刺史韦利见弃城而逃。[8]持平而论，这起事件不能完全归咎于韦利见，因为治理广州向来是一项极

---

[1]《资治通鉴》，卷249，8051页。
[2]《旧唐书》，卷75，2633页，卷92，2972页，卷100，3130页，卷147，3980页；《资治通鉴》，卷209，6631—6632页。本书第三章讨论过段纶、张虔陀、鲜于仲通、李象谷、李琢、喻士珍的贪腐事例。《册府元龟》卷455，8页下—12下列出了十七个贪官污吏，其中包括刺史、节度使、都督等高官。
[3]《旧唐书》，卷187上，4873页。
[4] 同上书，卷89，2897页；《新唐书》，卷116，4223页；《资治通鉴》，卷203，6402页。
[5]《唐大诏令集》，卷107，507页。
[6]《册府元龟》，卷992，10页上。
[7] 同上书，卷997，16页下。
[8]《旧唐书》，卷10，253页。另见 Wang Zhenping, "T'ang Maritime Trade Administration", *Asia Major* (3rd series), 4, pt. 1 (1991), pp. 15—24.

具挑战、十分艰难的任务。733年，唐设置岭南五府经略使，治所广州。经略使的职责不仅包括接待外国访客，管理外国商人，还要安抚五个州的部落民众。① 晚唐文人韩愈曾评论道，岭南节度使的任命事关重大，"非有文武威风、知大体、可畏信者，则不幸往往有事"。②

唐廷与边将之间的利益冲突

唐廷渴望完全掌控其对外关系，在和平时期尤其如此。为达此目的，朝廷指示边陲官员、将领"驭众宽简，夷夏安之"。③ 717年，玄宗向边将发布诏敕，告诫他们说：

> 分命督将，保宁封疆。且变无知之俗，长为不叛之臣，必也仁明，在乎备整。若脂膏不润，毫发无私，开怀纳戎，张袖延狄，彼当爱官吏犹父母，安国家如天地。④

唐廷若要落实这一策略，需要"良将"。⑤ 朔方节度使王忠嗣便是其中一位。他在745年谈到自己的职责时说："太平之将，但当抚循训练士卒而已，不可疲中国之力以邀功名。"王忠嗣将自己的弓收入囊中，以示不会鲁莽用兵。他只在胜券在握时才会采取军事行动。⑥

唐廷虽然希望能由自己来处理对外事务，但它也允许边将在紧急情况下便宜行事。这个做法源于便利性和必要性的考量。由于当时通信手段十分落后，边将和朝廷难以及时互通消息。边将在面临危机时需要独立判断，立即应对。丰州总管张长逊是一个广为人知的例子。619年年初，一名唐使奉命前往突厥。在途经丰州时，该唐使收到朝廷指令，突厥君主刚刚去世，行程就此取消。突厥得到消息后怒不可遏，计划袭击丰州。在此紧急关头，

---

① 《通典》，卷172，911页；李吉甫：《元和郡县图志》，卷34，886页。
② 韩愈：《昌黎先生集》，卷21，8页上—9页下。
③ 《旧唐书》，卷60，2347页。
④ 《唐大诏令集》，卷107，507页；《全唐文》，卷27，133页。在九世纪六十年代，懿宗像前代皇帝一样，要求将领们"抚宁蕃部，无邀功以生事，勿慢政以启戎"，见《资治通鉴》，卷250，8104页；《全唐文》，卷962，4484页；《文苑英华》，卷453，9页下—10页上。
⑤ 《旧唐书》，卷92，2947页。
⑥ 《资治通鉴》，卷215，6863—6864页。

张长逊不顾朝廷指示,要使者继续出使任务。突厥于是取消了计划。张长逊随机应变,避免了突厥的入侵。① 同样是这位足智多谋的张长逊,在得知割据势力首领梁师都和薛举已经要求突厥提供军事援助后,伪造了一封唐朝皇帝发给突厥首领莫贺咄设的诏书。这份伪造的文书使突厥首领误认为唐廷已经对二人的计谋了如指掌。结果,突厥首领回绝了他们的请求。高祖对这个结果十分满意,对张长逊厚加赏赐。②

太宗同样奖赏了那些能够相机行事并为唐带来利益的地方官员。刘师立(？—640)是岐州(今陕西凤翔)都督,曾请示朝廷允许他出兵征讨吐谷浑。他在得到朝廷指示之前,先行派下属在吐谷浑部民之间挑拨离间,鼓动他们投靠唐廷。许多人因此向刘师立投降。他还对党项的一位部落首领运用了相同的策略,同样效果卓著。③ 营州都督薛万淑甚至比刘师立更加大胆。他没有派自己的部下去游说东北各部落投降,而是委任一名契丹部落首领代行其事。这位首领后来带着十多个部落前来投靠薛万淑。④

有唐一代,一些棘手的对外事务是由地方官员处理的。他们有时能够取得令人瞩目的成果,有时则会酿成大祸。671 年,唐驻高句丽镇将薛仁贵写信谴责新罗最近对唐军采取的敌对行动,但并未能够挽救唐与新罗的联盟。⑤ 722 年,北庭节度使张孝嵩派四千名骑兵击败了围困小勃律的吐蕃军队。这次行动挫败了吐蕃向西北扩张的企图,捍卫了唐在西域的利益。⑥ 736 年,河西节度使崔希逸向吐蕃的地方节度使提议,拆除双方的边境防御工事。崔希逸反复劝说,成功地打消了吐蕃将领的顾虑,二人订立了同盟。⑦ 787 年,剑南西川节度使韦皋秘密遣使游说南诏君主归顺唐廷,成功

---

① 《资治通鉴》,卷 187,5847—5848 页。
② 《旧唐书》,卷 57,2301 页。刘政会是另外一例,618 年他奉命留守唐在太原的根据地,通过"外和戎狄"巩固了对太原的控制,见《旧唐书》,卷 58,2313 页。有关太宗时期唐地方官员主动采取行动的更多事例,见《资治通鉴》,卷 195,4136、6141、6153 页。
③ 《旧唐书》,卷 57,2299 页。会州(今甘肃泾源)都督郑元璹是另一个例子,见《旧唐书》,卷 198,5291 页。还可参考夏州都督窦静(？—635)的事例,见《新唐书》,卷 95,3848 页。
④ 《资治通鉴》,卷 193,6082 页。
⑤ 陆心源:《唐文拾遗》,卷 16,4732 页;金富轼:《三國史記》,卷 7,60—62 页。
⑥ 《资治通鉴》,卷 212,6752 页。
⑦ 《旧唐书》,卷 196 上,5233 页;《新唐书》,卷 216 上,6085 页;《册府元龟》,卷 981,8 页上一下。

地削弱了吐蕃与南诏的关系。韦皋是在南诏君主表达了归顺唐朝的意愿后，才将自己的行动上报朝廷。唐廷指示韦皋以个人名义与南诏联络，并委派他全权处理此事。在接下来的两年，韦皋两度致书南诏。唐与南诏的接触引起吐蕃的猜忌，吐蕃因此解除了与南诏的军事联盟。① 870年，南诏军队兵临成都城下。当地节度使及其副手为避免一场大战，主动写信与南诏将军沟通。他们还紧急向朝廷建议，遣使造访南诏。这些努力虽然未能使成都转危为安，却为唐军赢得了宝贵的时间，为应对南诏最终发起的攻势做好了准备。②

武周朝廷在巩固了内部统治后，开始加强对外交事务的控制。701年的一封敕书规定："化外人及贼须招慰者，并委当州及所管都督府审勘当奏闻，不得辄即招慰及擅发文牒，所在官司亦不得辄相承受。……若别敕令招慰得降附者，挟名奏听处分。"③

唐廷尤其担心的是，一些地方官员置总体对外战略于不顾，甚至反其道行之。这种忧虑是有充分依据的，因为唐廷与边将的利益并非完全一致。从唐开国到八世纪二十年代的鼎盛期，一些边将由于在行政、军事方面的出色表现而飞黄腾达，有些人甚至官拜宰相。④ 但随着唐进入和平期，武将靠军功加官晋爵的机会逐渐减少。一些边将为了建功立业故意挑起边境冲突，然后通过战争获取军功。但是，唐廷为了维护皇帝言而有信的形象，必须禁止边将擅自在边境采取军事行动。不仅如此，唐廷为了安抚四邻，还需要限制以军事手段解决外交问题的主张。⑤ 唐廷与边吏、边将的利益冲突，为亚洲国际关系增添了新的动力，深刻地影响着唐朝边疆局势的发展变化。下面是几则典型案例。

吐蕃、南诏边境上的唐朝将领

陈子昂曾向武后谏言，朝廷内外都有官员和将帅"贪夷狄之利"。他警

---

① 《旧唐书》，卷197，5282页；白居易、孔传：《白孔六帖》，卷76，14页下；《资治通鉴》，卷232，7480、7485、7489、7515—7517、7520页，卷236，7620页。793年，韦皋再次致信南诏，见《资治通鉴》，卷234，7549页。
② 《资治通鉴》，卷252，8153—8154页。
③ 刘俊文：《敦煌吐鲁番唐代法制文书考释》，279页。这个惯例一直实行到晚唐，见宣宗（847—859在位）颁布的一份敕书，载《全唐文》，卷79，366页。
④ 《资治通鉴》，卷216，6888—6889页。
⑤ 《旧唐书》，卷139，3087—3088页。715年，宋璟以强硬手段对待郝灵荃就是一例。

告说，这些人"又说陛下以广地强武为威，谋动甲兵以事边塞。陛下未知天下有危机。万一听之，臣惧机失祸构"。[1]

一些将帅的肆意妄为确实常常使唐和吐蕃的关系恶化。697年，吐蕃宰相抱怨说："然缘边守将，多好功名，见利而动，罕守诚信，此蕃国之所为深忧也。"[2] 730年阴历九月，皇甫惟明在与玄宗讨论吐蕃事务时，分析了一些边境官员行为恶劣的根源："夫边境有事，则将吏得以因缘盗匿官物，妄述功状以取勋爵。此皆奸臣之利，非国家之福也。"[3]一个月后，一位来访的吐蕃使者强调说，双边关系恶化是因为唐朝边将制造事端。[4]733年唐与吐蕃会盟后，金城公主特别请求，为了使协议能够顺利落实，吐蕃和唐朝官员应该一同前往边境，告诫各自将帅"更不相侵"。[5] 779年，德宗为了改善与吐蕃的关系，颁布了一份措辞强硬的诏书，命令边境将帅只需强化边地军事要塞的防御，"无辄侵虏地"。[6] 783年唐与吐蕃在清水会盟时，唐廷为了确保边将恪守盟约，特意命令陇右节度使张镒出席会盟仪式。[7]

然而，唐帝常常不能约束这些不服号令，想要"生事邀功"的将领。[8]其实，"生事"的不仅是唐将，吐蕃将领也难辞其咎。[9]唐和吐蕃边将最常用的伎俩是派士兵趁夜色潜入对方领土绑架百姓，然后把俘虏献给各自的朝廷，声称他们最近击败了敌军，要求朝廷论功行赏。挟持百姓的事件在

---

[1] 陈子昂：《陈伯玉文集》，《四部丛刊》本，卷8，18页上—19页上。关于唐边疆文武官员在唐、南诏关系中所扮演的角色的讨论，见方铁：《从南诏与唐朝之关系看唐朝治边及其边疆官吏》，柯兰、谷岚主编：《边臣与疆吏》，北京：中华书局，2007年，255—287页。
[2] 《通典》，卷190，1023页。
[3] 《资治通鉴》，卷213，6791页。八世纪二十年代的陇右节度使王君㚟就是一例。中书令张说曾形容他"勇而无谋，常思侥幸"。张说进一步指出，对王君㚟这类人来说，倘若唐与吐蕃和好，他们就没有机会建立军功。见《旧唐书》，卷196上，5229页。
[4] 《旧唐书》，卷196上，5231页；《资治通鉴》，卷213，6791页；《册府元龟》，卷979，9页上。吐蕃使者在这里指的是张玄表、王君㚟这类唐将。前者为安西都护，在710年袭击了吐蕃北部；后者为凉州刺史，710年后"每岁攻击吐蕃"。见《旧唐书》，卷99，3094页；《册府元龟》，卷979，9页上一下；《资治通鉴》，卷110，6661页，卷213，6791页。
[5] 《旧唐书》，卷196上，5231—5232页；《新唐书》，卷216上，6085页；《资治通鉴》，卷213，6800页；《册府元龟》，卷653，18页上，卷979，11页上一下。
[6] 《旧唐书》，卷196上，5245页；《新唐书》，卷216下，6092页；《资治通鉴》，卷226，7267—7268页。
[7] 《旧唐书》，卷196下，5247页；《新唐书》，卷216下，6093—6094页。
[8] 《旧唐书》，卷129，3609页；卷133，3672页。
[9] 726年，皇甫惟明指出，吐蕃将领在未获得君主批准的情况下制造了多起边境事件，见《旧唐书》，卷196上，5230页；《新唐书》，卷216上，6084页；《资治通鉴》，卷213，6790—6791页。还可参考730年玄宗颁布的敕书，见《全唐文》，卷40，192页。

边境屡见不鲜,甚至成为唐代一些作家写作的主题。[1]有时,一方还会以小规模边境冲突为借口大举进攻对方。[2]

八世纪五十年代,唐四川守将在西南边境挑起了与南诏之间的大规模冲突。支持他们这样做的是朝廷重臣杨国忠,他是深受玄宗宠爱的杨贵妃的堂兄。唐朝地方将领在很大程度上影响着双边关系。从八世纪五十年代到九世纪初担任剑南西川节度使的韦皋,大力安抚南诏,双方因此能够和谐相处。他甚至成功地说服南诏王背弃吐蕃,效忠唐朝。但韦皋死后,他的继任者再次以高压手段对待南诏民众,激起民愤。[3]九世纪二十年代边境局势显著恶化,最终导致南诏在829年大举进攻巂州、戎州。剑南西川节度使强烈谴责南诏犯境。但南诏答复说,此举是对前任西川节度使杜元颖屡次侵犯南诏边境的报复。[4]十五年后的879年,徐云虔赴南诏修复双边关系。他认为唐和南诏边将的轻举妄动是导致双方关系恶化的主因。[5]

宋代史家司马光对唐代边将的行为有十分精辟的阐述:"史言唐之边镇,自将帅至于偏裨,详于身谋,略于国事,故夷人窥见其肺肝,亦得行其自全之谋。"[6]宋初大臣张齐贤的评论更是一针见血:"自古疆场之难,非尽由戎狄,亦多边吏扰而致之。"[7]

唐将与党项

党项是活跃在今青藏地区的半游牧部落联盟,他们与唐的关系一直动荡不安。唐和党项的关系是贪腐的唐地方官员欺虐边民,引起边民复仇,从而导致边疆乱局的典型案例。[8]在唐以前,党项已经受到过隋的不公待遇。

---

[1] 白居易:《白氏长庆集》,卷3,13页下—14页下,18页下—20页上;元稹:《元氏长庆集》,卷24,8页上—下;赵璘:《因话录》,卷4,857页;段成式:《酉阳杂俎》,卷7,4页下。
[2] 有关820年事件的记载,见《旧唐书》,卷196下,5236页。
[3] 白居易:《白氏长庆集》,卷3,11页上;《资治通鉴》,卷233,7505页;《全唐文》,卷744,3457页。
[4]《旧唐书》,卷120,7505页。
[5]《资治通鉴》,卷253,8212页。
[6] 泾原节度使李承勋就是这样一位官员,见《资治通鉴》,卷249,8065页。
[7] 赵汝愚:《宋名臣奏议》,《四库全书》本,卷129,3页上—下。
[8] Michael T. Dalby, "Court Politics in late T'ang Times", in *Sui and Tang China 589—906*, vol. 3, pt. 1 of *The Cambridge History of China*, edited by Denis C. Twitchett (Cambridge, 1979), pp. 679—680; Pan Yihong, *Son of Heaven and Heavenly Qaghan*, p. 357.

当时隋廷请求党项与自己一道出兵进攻吐谷浑,但隋远征军在击败吐谷浑后不但没有对党项表示感激,反而趁机劫掠他们。635 年,同样的悲剧再次上演。当时,唐廷命李道彦和李靖攻打吐谷浑,请求党项充当唐军向导,并许以丰厚的回报。党项首领对与隋交往的不愉快经历仍记忆犹新,对唐廷的计划有所保留。他来到李靖大帐,对他说:"今将军若无他心者,我当资给粮运。如或我欺,当即固险以塞军路。"李靖为获得党项首领的信任,让唐军诸将和党项首领歃血为盟。然而这位首领没有想到,李道彦无意守信。李道彦见党项毫无防范,便下令突袭,掳获了几千头牛羊。党项大怒,派兵把守隘口,拦截并重创李道彦的部队,杀死数万名唐兵。[①]

七世纪五十年代,吐蕃崛起,党项不得不离开青藏地区,迁至庆州。755 年安史之乱爆发后,吐蕃控制了河西、陇右地区,党项被迫向东迁往陕西北部和山西。[②]史料记载,党项开始袭击当地城镇,甚至进犯京畿道西北的邠州、宁州。他们还与吐蕃、回纥一起,在 764 年帮助唐朝叛将仆固怀恩。[③]然而,上述史料也指出,唐与党项关系破裂的罪魁祸首是贪腐的唐地方官员。八世纪六十年代,永安镇将阿史那思暕对居住在石州的六个党项部落"侵渔不已",屡次骚扰他们,向他们索取骆驼和马匹。党项不堪忍受,纷纷西逃。他们渡过黄河,进入甘肃。[④]他们在那里与吐蕃建立联系,为吐蕃充当向导。

甘肃的这一新事态发展,为当地唐将提供了建功立业的机会。806 年,他们请求唐廷批准进攻党项。但检校工部郎中杜佑对他们的建议嗤之以鼻,认为是"匹夫之常论"。他一针见血地指出:"间者边将非廉,亟有侵刻,或利其善马,或取其子女,便赂方物,征发役徒。劳苦既多,叛亡遂起,或与北狄通使,或与西戎寇边,有为使然,固当惩革。"[⑤]

唐廷为了挽回局面,任命一名党项宣抚使,并在 814 年设置宥州(今

[①]《旧唐书》,卷60,2343 页;《新唐书》,卷221 上,6215 页;《资治通鉴》,卷194,6115 页。
[②] 有关党项在七世纪五十年代、八世纪五十年代迁徙的研究,见周伟洲:《唐代党项》,西安:三秦出版社,1988 年,27—34 页图表。
[③] 杜牧:《樊川文集》,《四部丛刊》本,卷15,3 页下;《资治通鉴》,卷220,7060 页,卷221,7090、7092、7093、7100 页,卷222,7105 页,卷223,7164、7172 页。
[④]《旧唐书》,卷198,5293 页;《新唐书》,卷221 上,6217页;《资治通鉴》,卷235,7585页。
[⑤]《旧唐书》,卷147,3979—3980 页;《新唐书》,卷166,5088—5089 页。

内蒙古鄂托克），将一些党项部落安置在那里。但这个措施并未奏效。在宥州及其他州，虐待当地党项百姓之风十分猖獗。820年，贪暴的夏州节度使田缙侵扰党项，党项人为了报复，与吐蕃一起几次袭击唐要塞。① 在文宗统治时期，一些节度使仍然如此。他们"恣其贪婪，不顾危亡，或强市其羊马，不酬其直"。党项人被逼为盗，他们的活动切断了长安与灵州、盐州之间的联系。②

党项在九世纪二十至三十年代相对平静，仅有零星骚乱。但到了四十年代，骚乱演变为大规模叛乱。武宗为了控制局面，命李德裕起草给党项的诏书。皇帝承认："边将不守朝章，失于绥辑，因缘征敛，害及无辜。"他指示党项不要用暴力对付暴虐的唐朝官员，而应将问题上报唐廷。他许诺："朝廷必为申理。"③ 遗憾的是，这封诏敕对党项及唐朝边吏的影响微乎其微。

宣宗（847—859 在位）在处理与党项的关系时面对同样的难题。他采用双管齐下的方式处理此事。一方面，他派兵平定党项的叛乱，这次军事行动耗费不赀、旷日持久；另一方面，他开始撤换恣意妄为的边境将帅，以忠诚可靠者取而代之。皇帝在新被任命的将帅离开首都之前会亲自接见他们，叮嘱他们要秉公办事。④ 这些措施最终成功地使党项与唐廷合作。875 年黄巢起义爆发后，他们为唐廷提供了军事援助。

唐将与回纥

唐地方将领肆意妄为，严重干扰了唐与回纥的关系。回纥确实让唐廷头疼，但同时也是不可或缺的盟友。780 年，一位回纥使者带着九百多名随从以及唐廷赏赐的贵重物品、精美丝绸离开长安。归途中，他们在振武军治所停留数月。他们每天索取大量肉类和其他必需品，在寻找柴火和放牧马匹时毁坏果树、庄稼。振武留后张光晟十分厌恶他们的行为。他

---

① 《旧唐书》，卷 196 下，5263 页；《资治通鉴》，卷 241，7785 页。
② 《旧唐书》，卷 198，5293 页；《新唐书》，卷 148，4786 页。另见 Ruth Dunnell, "The Hsi Hsia", in *Alien Regimes and Border States*, *907—1368*, vol. 6 of *The Cambridge History of China*, edited by Herbert Franke and Denis C. Twitchett (Cambridge, 1994), p. 161.
③ 李德裕：《李文饶文集》，卷 6，10 页下—11 页上。
④ 《唐大诏令集》，卷 130，651、652 页；《资治通鉴》，卷 249，8045 页。

三次上奏朝廷，声称如果让这些回纥人带着财物离开，无异于借兵给敌人，为强盗提供粮食。他请求朝廷批准他杀掉这群回纥人，取其辎重。皇帝驳回了他的请求。但是，张光晟给回纥人设下陷阱。他派副将到客舍门前挑衅回纥人。回纥使者大怒，抓住这名副将并鞭打了他数十下。此举为张光晟提供了必要的借口。他亲自率兵杀戮回纥人，仅留下两个活口，然后命令士兵收集尸体建成京观。两名幸存者被允许回国向回纥君主报告这起事件的前因后果："回纥鞭辱大将，且谋袭据振武，故先事诛之。"该事件严重损害了唐与回纥的关系。德宗派一名宦官前去安抚回纥，但是回纥坚持让唐廷交出张光晟及其部下，为死者报仇。皇帝最终同意贬谪张光晟作为惩罚。①

振武事件在唐与回纥交往史上不是孤例，也不是最严重的事件。一些晚唐将领擅自对回鹘发动了更大规模的攻击。841年，天德军使田牟及监军上奏朝廷："回鹘叛将嗢没斯等侵逼塞下，吐谷浑、沙陀、党项皆世与为仇，请自出兵驱逐。"李德裕认为这个计划不可行，他怀疑这些部落不会真心帮助唐朝。但是田牟决定不理会朝廷旨意。一年后的842年，他向朝廷奏称："回鹘侵扰不已，不俟朝旨，已出兵三千拒之。"②

唐廷与边将在处理对外事务上的利益冲突，根源在于唐廷对地方的控制不力，从而导致双方在权力关系中产生了矛盾。③唐廷的这个薄弱环节为地方官员处理辖区内的对外事务留下了很大空间。安史之乱期间，河北的一些节度使通过平叛大幅扩张了自身的权力。叛乱平息后，他们所辖的藩镇已处于自治或半自治状态。④这些地区的官员因此能够在对外关系中拥有更大的话语权和行动自由。不过，这并不意味着唐边境上的战事必然增多。边境冲突在一些地区反而有所减少。这是因为，割据藩镇的节度使意识到，

---

① 《资治通鉴》，卷226，7287—7288页。《旧唐书》，卷127，3573—3574页对这一事件的记载稍有不同。
② 《资治通鉴》，卷246，7952—7954、7960页。
③ 初唐时，朝廷的行政管理效率不高。650年的人口登记是一个很好的例子。当时登记的人口仅为隋朝时的一半。见Twitchett, "Tibet in Tang's Grand Strategy", p. 112. 另见他的 Financial Administration under the T'ang Dynasty, Second edition (Cambridge, 1970), pp. 120—123.
④ 参见 Twitchett, "Varied Patterns of Provincial Autonomy in the T'ang Dynasty", in Essays on T'ang Society, edited by John Curtis Perry and Bardwell l. Smith (Leiden, 1976), pp. 90—109; 王寿南：《唐代藩镇与中央关系之研究》，42—101、247—272页。

为了自保,他们应该保存和增强自身实力,避免挑衅边境部落,不对边境事件做过度反应,这样才符合他们的最大利益。① 总而言之,唐的对外关系是在双重管理体系之下发展、演变的。在这个体系中,朝廷和地方官府是地位相当的"合伙人",各自在不同层面发挥作用。

---

① 《旧唐书》,卷 199 下,6356 页;《新唐书》,卷 219,6172 页。个案研究见 David A. Graff, "Provincial Autonomy and Frontier Defense in Late Tang: The Case of the Lulong Army", in *Battle Fronts Real and Imagined: War, Border, and Identity in the Chinese Middle Period*, edited by Don J. Wyatt(New York, 2008), pp. 43—58。

第六章

在变化的世界中制定合宜的政策
唐代外交和对外政策思想

在唐王朝近二百九十年的历史上，与其来往的国家及政权差异极大，有的非常友好，有的则敌意横生。历代皇帝为创造对唐生存和发展有利的国际环境，时常从古代丰富的遗产中为自己的行动寻找灵感和依据。这项遗产大约形成于西周（前11世纪—前771）至东汉（25—220）时期。当时，中原统治者与四邻往来频繁，在处理对外关系方面积累了大量经验。历朝历代为了实现自身目标，使用了一系列和平或暴力手段，例如安抚、联盟、分而治之、贸易、防御性战争、主动出击、屯垦戍边等。这些有时成功，有时失败的策略，特别是它们的思想基础，为李渊及其追随者以及他之后的唐朝皇帝提供了非常宝贵的、与自身所处环境直接相关的经验教训。

古代的中国中心性

西周建立后，如何处理与诸侯及四邻部落的关系成为周廷的头等大事。"中国中心性"正是为处理此类事务而产生的观念，其内涵是周天子应在名义上或实际上统治天下，即所谓的"普天之下莫非王土，率土之滨莫非王臣"。[①] 由于中心性只能存在于等级制度中，周廷因此将诸侯及四邻部落首领按照他们与周天子的关系亲疏以及封地与西周都城的距离远近划入"五服"。"五服"构建了一个理想化的世界，周天子居于中心，内臣、外臣及四邻部落首领居于其外。[②] 天子是权力的唯一来源，也是宗教、道德的绝

---

① 孔颖达：《毛诗正义》，《十三经注疏》本，卷13，463页；赵岐、孙奭：《孟子注疏》，《十三经注疏》本，卷9上，2735页。英译见 James Legge, *The Chinese Classics* (Oxford, 1893; rpt., Hong Kong, 1960), vol. 2, p. 352.
② 所谓"服"包括甸服、侯服、绥服、要服、荒服，统称五服。史料中记载的服的数目与名称有所出入。有的记六服，有的记九服。参见贾公彦等撰：《周礼注疏》，《十三经注疏》本，卷29，835页，卷37，892页；《国语》，《四部丛刊》本，卷1，3页上一下；《史记》，卷2，75—77页。相关讨论见 Michael Loewe, "China's Sense of Unity as Seen in（接下页）

对权威。臣子向他效忠，定期朝贡，还要履行其他义务。作为回报，周天子给予他们政治承认和军事援助。[1] 如果诸侯没能履行义务，天子可以剥夺他的头衔；倘若他再次或第三次犯下同样的错误，天子会没收其封地，甚至出兵征讨作为惩罚。[2] 四邻部落也应对周天子俯首听命，充当他的"藩篱"。[3]

这种理想模式使周天子的统治合法化。刻意区分"华"与"夷"，则为周天子统治其他政权提供了正当性。但这两个概念其实是对现实和历史的歪曲。所谓的"华夷之分"在古代基本不存在。当时，中国有五个主要部落，分别是中原的夏、东方的夷、西方的戎、北方的狄、南方的蛮。"夷"通过文化交往和军事行动频繁与"夏"接触，共同对早期中国及其文化的形成做出了贡献。孔子注意到了这样的历史发展进程，指出传说中的舜是"东夷之人"，西周文王是"西夷之人"。他对他们的治绩赞不绝口："地之相去也，千有余里；世之相后也，千有余岁。得志行乎中国，若合符节。先圣后圣，其揆一也。"[4] 孔子认为，"夷"人不仅对中国文化做出了积极贡献，还是其坚定不移的捍卫者。孔子在世时，许多诸侯势力膨胀，他们虽然在名义上臣服东周（前770—前256）天子，但并不履行对周王的义务。诸侯践踏中国政治传统，孔子为此忧心忡忡。他对弟子们说："吾闻之，天子失官，学在四夷，犹信。"[5] 孔子的话表明，他不认为夷、戎、狄、蛮在文化上不如夏。这五个字原本主要是用于表述位于中国不同地理位置的各部落，只是到了西周时期，才逐渐成为带有价值判断的政治语言。周廷自

（接上页）the Early Empires", *T'oung Pao*, 80, nos. 1—3（1994）, p. 12。还可参考他的"The Heritage Left to the Empires", in *The Cambridge History of Ancient China: From the Origins of Civilization to 221 B. C.*, edited by Michael Loewe and Edward l. Shaughnessy（Cambridge, 1999）, p. 995—997。

[1] 朝献的频率不一，有每年一次、两年一次、六年一次，取决于中外诸侯"服"的具体地点，见贾公彦等撰：《周礼注疏》，卷37，892页；《国语》，卷5，14页下—15页上；邢昺等撰：《尔雅注疏》，《十三经注疏》本，卷1，2570页。关于朝献的讨论，见刘恒：《关于商代纳贡的几个问题》，《文史》2004年第4辑，6—7页。

[2] 赵岐、孙奭：《孟子注疏》，卷12下，2759页。

[3]《春秋左传正义》，《十三经注疏》本，卷50，2103页。英译见 James Legge, *The Chinese Classics*, vol. 5, p. 700。

[4] 赵岐、孙奭：《孟子注疏》，卷8上，2725页。

[5]《春秋左传正义》，卷48，2084页。英译见 Yuri Pines, "Beasts or Humans: Pre-imperial origins of the Sino-Barbarian Dichotomy", in *Mongols, Turks, and Others: Eurasian Nomads and the Sedentary World*, edited by Reuven Amitai and Michal Biran（Leiden, 2005）, p. 73。

称得天命而统治中国,为了支持这个主张,需要将夷、狄、戎、蛮贬低为"非中国"的"野蛮人"。夷、戎、狄、蛮从此便成了贬义词,有地位卑贱、文化落后、经济停滞的含义。①

尽管华夷二分法实际上是对历史的曲解,②它却不可避免地左右了未来皇帝和大臣的外交思维。朝堂上针对这个概念的辩论通常会对政策产生重大影响。反对"华夷有别"的人大都支持包容性的政策,主张怀柔远人,将内附的部落安置在边境或近畿。与此相反,有强烈华夷观念的人则会支持领土扩张或孤立政策。一些人以"华夷有别"为由,支持中央王朝出兵征讨其他部落;另一些人则主张,华夷之间有不可逾越的文化鸿沟,任何征服和汉化的尝试都注定会失败。

实际上,以周天子为中心的天下观与现实情况相去甚远。边境部落首领有时会向周天子奉献贡品,但其中大多数可能只是用于交易的商品。同时,他们还鼓动、支持周诸侯反抗周天子,成为导致周朝内乱的主要因素。③春秋时期(前720—前476),周王的权威进一步衰落。前706年发生的一起事件,使周天子所谓的"中心性"荡然无存。当年,周王亲率诸侯大军讨伐拒绝向周王朝贡的郑国,但以失败收场。周廷在这次颜面尽失的挫败之后既无力继续伐郑,也无法命令其他诸侯国代行其事。④这个信号清楚地表明,周王已经丧失了对诸侯的权威。势力强大的诸侯见机而动,吞并弱小邻国,中国自此陷入混乱。

齐(今山东北部)、楚(今湖北南部)、秦(今陕西中部)、晋(今山西西南部)四国在战乱中脱颖而出,成为争夺霸权的强劲对手。⑤

中国的政治中心性和华夷二分法一样,远非政治现实。但"大一统"

---

① 沈长云:《由史密簋铭文论及西周时期的华夷之辨》,《河北师院学报》1994年第3期,26—28页;王献唐:《人与夷》,《中华文史论丛》第1辑,1982年,203—226页。
② 有关这个二分法的讨论,见小倉芳彦:《中国古代政治思想研究——『左伝』研究ノート》,京都:青木書店,1970年,320—335页;王明荪:《论上古的夷夏观》,《边政研究所年报》第14期,1983年,19—22页。
③ Poo Mu-chou, *Enemies of Civilization: Attitudes toward Foreigners in Ancient Mesopotamia, Egypt, and China* (Albany, 2005), pp. 77—79.
④ 《春秋左传正义》,卷6,1748页。英译见 James Legge, *The Chinese Classics*, vol. 5, p. 45—46。
⑤ 《史记》,卷4,149页。

观念，即中国必须实现和维护统一，并居于世界中心，[1]却成为历代统治者的政治抱负。齐国首先成为霸主，并将新的政治秩序强加给其他诸侯国。[2]但它的霸主地位只维持了很短时间便被晋国取代。[3]同时，其他诸侯国合纵连横，努力维护自身的独立性。当中原陷入内乱时，西北方的戎和狄变得越来越危险。[4]周王不得不依赖诸侯国击退他们的进犯。[5]

在这个竞争激烈的环境中，对所有诸侯国君主来说，与其他诸侯国及周边部落的关系比与周天子的关系更加重要。《春秋左氏传》生动地描述了这种情形："诸侯守在四邻，诸侯卑，守在四竟。慎其四竟，结其四援。"[6]

早期外交思想

战国时期（前 475—前 221），中国四分五裂，诸侯国间惨烈的战事不断。外交对任何一国来说都极其重要，不管它是想加强自身地位，谋求自保，还是想与其他诸侯国竞争，谋求霸权。[7]各国君主都认为，在所有因素中，成功的外交斡旋的重要性仅次于高明的军事策略。外交因此得以发展并逐渐成熟。[8]

---

[1] 这个字眼最早出现在公羊高：《春秋公羊传注疏》，《十三经注疏》本，卷 1，2196 页。汉代文人董仲舒进一步发展了这一思想，汉代朝廷则将"大一统"作为国家意识形态的一部分，见董仲舒：《春秋繁露》，卷 6，3 页上。对这个问题的讨论，见杨向奎：《大一统与儒家思想》，长春：中国友谊出版公司，43—55 页；Yuri Pines, "'The one That Pervades All' in Ancient Chinese Political Thought: Origins of 'The Great Unity' Paradigm", *T'oung Pao*, 86, nos. 4—5（2000），pp. 208—234；冉光荣：《中国古代"大一统"国家观与民族关系》，《中华文化论坛》1994 年第 1 期，25—32 页。
[2] 邢昺：《论语注疏》，《十三经注疏》本，卷 14，2512 页；《史记》，卷 62，213 页。
[3] 《春秋左传正义》，卷 42，2030 页。
[4] 孔颖达等撰：《尚书正义》，《十三经注疏》本，卷 3，130 页；公羊高：《春秋公羊传注疏》，卷 10，2249 页；《春秋左传正义》，卷 14，1811 页、卷 25，1898 页、卷 26，1903 页；《国语》，卷 1，1 页上—下。
[5] 《春秋左传正义》，卷 50，2103 页；贾昌朝：《群经音辨》，《四部丛刊》本，卷 6，6 页下。
[6] 《春秋左传正义》，卷 50，2103 页。英译见 James Legge, *The Chinese Classics*, vol. 5, p. 700。另见贾昌朝：《群经音辨》，卷 6，6 页下。关于春秋时期中国与四邻关系的讨论，见小仓芳彦：《中国古代政治思想研究——『左伝』研究ノート》，324—328 页。另见 Yan Xuetong, "A Comparative Study of Pre-Qin Interstate Political Philosophy", in *Ancient Chinese Thought, Modern Chinese Power*, edited by Daniel A. Bell and Sun Zhe; translated by Edmund Ryden（Princeton, 2011），pp. 26—42。
[7] 《国语》，卷 14，2 页下。
[8] 吉天保：《孙子集注》，《四部丛刊》本，卷 3，3 页下—5 页下："故上兵伐谋，其次伐交。"英译见 Ralph D. Sawyer, *The Seven Military Classics of Ancient China*（Boulder, 1993），p. 161。另见《汉书》，卷 45，2183 页。有关诸国关系的讨论，见 Richard Louis Walker, *The Multi-State System of Ancient China*（Westport, 1953）。

各诸侯国的君主和大夫虽然都认为外交在国家事务中意义重大,但他们对在何时和何种程度上使用有限的资源去处理外交事务持有不同的看法。各外交思想流派正是在这种背景下发展和繁荣起来的。外交与内政孰轻孰重是各派争论的问题之一。许多人认为,统治的第一要务是妥善处理内政,而非外交。在他们看来,社会有序、经济繁荣、军队强大是国家安全的最佳保障。他们建议国君"自近者始",[①]提出了"利之内""外利"等观念。[②]但是,对于任何一位诸侯来说,内政井井有条并不是最终目标,而只是取得或维持霸权的手段。诸侯受野心驱使,想要成为天下之主,竭力扩张自己的统治,这就是所谓的"王者无外"。[③]任何一位中国君主总是面临一个挑战,即如何根据国内形势变化有效地处理对外事务。

中国的思想家、政治家提出了应对这个挑战的两个步骤:首先,在与邻国保持友好关系的同时,集中精力处理内政;确保内部事务井然有序后,精心挑选敌手,各个击破。齐相管仲(?—前645)正是以这套方法处理对外关系。他首先推行了一系列国内改革,最终目的是使齐国成为霸主。与此同时,他建议齐国君主不要轻率地对其他诸侯国发动战争,归还从邻国夺取的土地以安抚它们,承认它们的领土,遣使给其国君献礼。管仲向齐王保证,该外交政策可以创造出一个有利于国内改革的外部环境。待改革完成之后,齐国就能从其他国家君主中"择其淫乱者而先征之"。[④]

三百多年后,孟子(前372—前289)为齐宣王(前319—前303在位)提供了妥善处理与邻国关系的办法——"惟仁者能以大事小"。他主张,大国应容忍小国的挑衅,只有一再受到挑衅时才予以还击;而小国的明君为了生存应该奉侍大国,因为顽强抵抗大国只会招致灭亡。孟子将自己的外

---

① 公羊高:《春秋公羊传注疏》,卷18,2297页。同页还写道:"春秋,内其国而外诸夏,内诸夏而外夷狄。"英译见 Yuri Pines, "Beasts or Humans", p. 83。
② 《国语》,卷2,3页下。汉代思想家进一步阐发了这一观点,见董仲舒:《春秋繁露》,卷4,4页上—下;王利器:《盐铁论校注》,天津:天津古籍出版社,1983年,206页。后者的英译见 Esson M Gale, *Discourses on Salt and Iron: A Debate on State Control of Commerce and Industry in Ancient China* (Rpt., Taipei, 1967), pp. 100—101。
③ 公羊高:《春秋公羊传注疏》,卷1,2199页。该书卷18,2297页写道:"王者欲一乎天下。"英译见 Pan Yihong, *Son of Heaven and Heavenly Qaghan*, p. 19; Yuri Pines, "Beasts or Humans", p. 83。汉代史家司马迁认为"天下"思想可以追溯到黄帝及夏代,见《史记》,卷1,11—12、14页;卷2,75—77页。
④ 《国语》,卷6,10页上—下。

交之道概括为:"以大事小者,乐天者也。以小事大者,畏天者也。乐天者保天下。畏天者保其国。"[1]

孟子在给齐宣王的建议中使用了"仁"这个概念。他认为道德准则与利用外交为本国谋利的愿望之间是有关联的。这个观点向同时代的政策制定者和哲学家提出了一个挑战,即如何在制定政策时既使本国获利,又符合道德原则。[2]

德与义:两个互补的概念

孔子是第一个批评诸侯贪得无厌地追求私利、权力、财富的学者,他认为这是中国所有问题的根源。他试图用德和义来遏制人们攫取私利的冲动。在他的道德体系中,德和义是绝对原则。[3]

孔子作为哲学家,强烈反对将任何对利益的考量作为其道德体系的基础,以维护其纯洁性。[4]但他同时也是改革家(孟子称孔子是"圣之时者"),深切关心现实问题,决意用自己的学说改变中国。[5]孔子承认对利益的渴求是人性的一部分,[6]他认为国君有责任使百姓富足。[7]同时,他希望人们以合乎道义的方法追求利益。[8]他告诫人们不要自私自利,[9]敦促他们在面对有利

---

[1] 赵岐、孙奭:《孟子注疏》,卷2上,2674—2675页。英译见James Legge, *The Chinese Classics*, vol. 2, pp. 154—155.

[2] 关于"德""义""利"相互间关系的讨论,见尼子昭彦:《義利相関説考》,载飯田利行博士古稀記念論文集刊行会編集:《東洋学論叢——飯田利行博士古稀記念》,東京:国書刊行会,1981年,339—350页;侯家驹:《孟子义利之辨的涵义与时空背景》,《孔孟月刊》第23卷第9期,1985年,29—33页;张守军、冯郁:《儒家先义后利思想及其现实意义的再认识》,《齐鲁学刊》第5期,1995年,28—35页;黄俊杰:《孟子义利之辨章集释新诠》,《人文及社会科学集刊》第1卷第1期,1988年,151—170页。

[3] 邢昺:《论语注疏》,卷2,1463页;卷7,1481页;卷12,2504页;卷17,2526页。"义"在《论语》中共出现24次,见杨伯峻:《论语译注》,北京:中华书局,1980年,291页。

[4] 孔子说:"君子喻于义,小人喻于利。"见邢昺:《论语注疏》,卷4,2471页。英译见James Legge, *The Chinese Classics*, vol. 1, pp. 170. 还可参考杨利荣:《从义利之辨看儒家价值观》,《中国文化月刊》第152期,1992年,6—20页。

[5] 赵岐、孙奭:《孟子注疏》,卷10上,2741页。

[6] 邢昺:《论语注疏》,卷4,2471页。英译见James Legge, *The Chinese Classics*, vol. 1, p. 166。同书:"富与贵是人之所欲也。"

[7] 邢昺:《论语注疏》,卷13,2507页。同书,卷8,2487页记:"邦有道,贫且贱焉,耻也。"英译见James Legge, *The Chinese Classics*, vol. 1, p. 212。

[8] 孔子强烈反对"不义而富且贵",见邢昺:《论语注疏》,卷7,2482页。英译见James Legge, *The Chinese Classics*, vol. 1, p. 200。

[9] 孔子说:"放于利而行,多怨。"又曰:"见小利则大事不成。"见邢昺:《论语注疏》,卷4,2471页;卷13,2507。英译见James Legge, *The Chinese Classics*, vol. 1, p. 169, p. 270。

可图之事时要首先想到"义",不能舍义逐利。① 因此,孔子的学说有内在与外在两种价值,内在价值强调"德""义"是该学说的根本道德原则,外在价值是指该学说能充分阐述和包容百姓与国家之间不同的,甚至相互冲突的利益。一些与孔子学说相关联或从儒家派生出来的思想流派同样持这种看法。

孟子同样十分关注各诸侯如何用合乎"义"的手段为本国谋利。他建议梁(国都在今河南开封)惠王在处理内政与外交时不要公开宣布以逐利为目标,更不要宣称逐利是唯一目标。这样做不仅在道德上是不正确的,在政治上也是不慎重的,只会引起其他诸侯的反感,反而对本国不利。② 在国家事务中以"义"为原则,才能给国家带来利益。只有国君、大夫、百姓全都按照"义"的原则行事,国家才能兴旺发达。③

墨子(前470—前391)及其门生对"义"和"利"的看法又有所不同。④ 该学派以实用主义的态度看待忠、孝、德、义,认为这些观念都是获取利益的具体手段。⑤ 他们主张,价值判断的终极标准是对国家、百姓是否有利,⑥ 因此只有对国家有利的政策才是合理的。同时,墨子对义、利关系的看法具有深刻的普遍性。在他的哲学里,"利"不是指一人或一国的私利,而是一国百姓乃至各国百姓的集体利益,这就是所谓的"相利"。⑦ 这个概念衍生自墨子另一个广为人知的观念"兼爱"。如果一个人按"相利""兼爱"的原则行事,他的行为就体现了德与义,墨子宣称这就是古代的圣人之道。⑧ 他基本上同意孔子及孟子的观点,即"义"应该是处理个人利益的原则。

---

① 邢昺:《论语注疏》,卷14,2511页;卷16,2522页;卷19,2531页。
② 赵岐、孙奭:《孟子注疏》,卷1上,2665页。英译见 James Legge, *The Chinese Classics*, vol. 2, p. 126.
③ 赵岐、孙奭:《孟子注疏》,卷12上,2756页。
④《墨子》,《四部丛刊》本,卷10,21页上。对墨子哲学思想的讨论,见 David S. Nivison, "The Classical Philosophical Writings", in *The Cambridge History of Ancient China: From the Origins of Civilization to 221 B. C.*, edited by Michael Loewe and Edward l. Shaughnessy (Cambridge, 1999), pp. 760—763. 还可参考 Fung Yulan (Derk Bodde trans.), *A History of Chinese Philosophy*, vol. 1 (Princeton, 1983), pp. 85—86, 248—249.
⑤《墨子》,《四部丛刊》本,卷10,1页上—下有"忠以为利而强低也""孝,利亲也"等语。
⑥ 同上书,卷9,2页上。
⑦ 同上书,卷1,8页下;卷4,4页上—下,8页上,13页下;卷9,3页下。英译见 James Legge, *The Chinese Classics*, vol. 2, p. 107.
⑧《墨子》,卷4,13页下记:"兼相爱,交相利,此自先圣六王者亲行之。"关于"兼爱"的讨论,见 David S. Nivison, "The Classical Philosophical Writings", pp. 763—765.

荀子（活跃于前298—前238）的学说也在某种程度上统一了"德"和"义"这两个概念。在他看来，"义"不再是抽象的、绝对的道德原则，而是一种意识形态工具，帮助人们在迅速变化的社会中实现个人根本利益。荀子阐释的一个重要观点是，逐利的欲望和对道德的偏好都是人性的一部分。圣王不应试图泯灭逐利的欲望，而应教导人们认识到对道德的天生偏好有利于实现他们的根本利益。[①]生活在一个秩序井然的社会中的人，并没有忽视个人利益，他们只是相较于利益，更偏好道德。每当遇到有利可图之事的时候，他们首先会充分考虑相关的道德问题，然后再决定该如何行事。[②]荀子说："先义而后利者荣，先利而后义者辱。"[③]对荀子来说，道德价值观（仁、义等）为个人和社会带来秩序。[④]道德与利益的统一性构成了孟子"先义后利"这一著名论断的基础。

孔子、孟子、墨子和荀子显然都不认为"义"和"利"是完全互斥的，二者可以相互包容。这一思想传统也体现在唐代的外交思想中。

了解外部世界

任何外交思想流派都要研究国外的情况，了解那里的风土人情，以及外国与中国接触的目的。理解了这些问题，才能制定出合理的对外政策，否则任何政策都将流于空谈。春秋时代诸侯国的大夫们已经认识到："中国戎夷，五方之民，皆有性也，不可推移。"[⑤]统治他们最适宜的方式是按照他们的本性。而戎夷本性"无亲而贪"，[⑥]"冒没轻儳，贪而不让"。[⑦]这样的性情也决定了他们的战术。他们在战场上"轻而不整，贪而无亲。胜不相让，败不相救。先者见获，必务进。进而遇覆，必速奔。后者不救，则

[①] 荀况：《荀子》，《四部丛刊》本，卷19，13页下—14页上。
[②] 同上书，卷2，9页上—下。
[③] 同上书，卷2，14页上。
[④] 同上书，卷2，17页上。对荀子哲学思想的讨论，见 David S. Nivison, "The Classical Philosophical Writings", pp. 794—796.
[⑤] 孔颖达：《礼记正义》，卷12，1338页；卷52，1625页。
[⑥]《春秋左传正义》，卷29，1933页。英译见 James Legge, The Chinese Classics, vol. 5, p. 424。关于贪婪的非汉民族的记载，见《春秋左传正义》，卷11，1786页；卷15，1818页；英译见 James Legge, The Chinese Classics, vol. 5, p. 124, 192。另见《国语》，卷13，1页上—2页上。
[⑦]《国语》，卷2，9页上。

无继矣"。①这些官员虽然使用了贬低、诋毁的言辞,却表现出对境外部落民众的思维方式、行为模式的深入了解——他们不会按中国的道德原则行事,而是"直情而径行"。②

晋国大夫魏绛就是这类官员的代表。他指出:"戎狄荐居,贵货易土。"他基于这样的认识,建议晋国与戎保持和睦关系,这种政策将为国家带来"五利":"土可贾焉,一也;③边鄙不耸,民狎其野,稿人成功,二也;戎狄事晋,四邻振动,诸侯威怀,三也;以德绥戎,师徒不动,甲兵不顿,四也;鉴于后羿,而用德度,远至迩安,五也。"④他由此得出结论:"和夷狄国之福也。"⑤

魏绛可能是第一个倡导和平外交政策的人。该政策包含下述几个层面:中原政权应满足游牧部落的物质需求,以确保边境安全,而且这将使农民能够在和平环境中安心务农;保持与其他国家的友好关系,以避免战争;以互利的方式安抚四邻;在政治分裂期,应与强大的游牧邻居结成友好关系,以加强自身地位。这种处理外交关系的方式可以概括为"耀德不观兵"。⑥

但是,和平外交政策遭到主战派的强烈批评。他们主张使用或威胁使用武力来解决与四邻及其他国家间的问题,即"刑以威四夷"。⑦与四邻兵戎相见还是和平共处是中国对外政策中最富争议的问题。

汉代朝廷中的鸽派、鹰派和中间派

秦国最终结束中国的战乱,击败敌手,建立了统一的秦王朝(前212—前207)。但统一并不能立即消除外来威胁。秦和西汉(前206—8)都不

---

① 《春秋左传正义》,卷4,1734页。英译见 James Legge, *The Chinese Classics*, vol. 5, p. 28。
② 孔颖达:《礼记正义》,卷9,1304页。
③ 当然也有非汉部族觊觎中原,这使得中原的诸侯国只有两个选择——割地或殊死一战,见赵岐、孙奭:《孟子注疏》,卷2下,2682页。英译见 James Legge, *The Chinese Classics*, vol. 2, pp. 175—177。
④ 《春秋左传正义》,卷29,1933页。英译见 James Legge, *The Chinese Classics*, vol. 5, p. 424。
⑤ 《春秋左传正义》,卷31,1951页。英译参照 James Legge, *The Chinese Classics*, vol. 5, p. 424,笔者对此有修订。
⑥ 《国语》,卷1,1页上。
⑦ 《春秋左传正义》,卷16,1821页。英译见 James Legge, *The Chinese Classics*, vol. 5, p. 196。这个观点与荀子人性恶的主张一致,荀子因此认为统治者应该用刑罚约束民众,见《荀子》,卷17,7页上。

得不面对北方草原上实力强劲的匈奴人。① 如何应付这些游牧民成为汉廷最迫切的问题。朝中一位御史把他们比喻为抓不住的影子,建议汉朝开国之君高祖不要对匈奴采取军事行动。但高祖对此置若罔闻,亲自在中国北方指挥大规模军事行动。结果,汉军被匈奴军队围困在平城长达七天。后来,匈奴人从高祖那里收到大批贿赂才解除了包围。② 平城事件意味着简单、教条的鹰派思维方式的失败。中原王朝在面对占据军事优势的敌人时,需要新的战略思维才能确保自身安全。

汉朝官员刘敬建议汉高祖与匈奴和亲,认为与匈奴首领建立姻亲关系后汉朝皇帝便可以影响匈奴。汉高祖可以通过岳父的身份将孝的义务加在难于驾驭的女婿身上,后者为了夺取最高权力刚刚杀死其亲生父亲。刘敬提议:"以岁时汉所余彼所鲜数问遗,因使辩士风喻以礼节。"刘敬真正期待的是和亲的汉公主能生下男婴,将来便可继承单于之位,统帅匈奴。由于这位匈奴新君是汉朝皇帝的外孙,他会臣服于汉。刘敬问道:"岂尝闻外孙敢与大父抗礼者哉?"③

自刘敬开始,汉廷出现了几位鸽派人物。他们的反战立场是基于对汉朝国力的评估。汉朝尚未从内乱中完全恢复,任何对外军事行动都会加重百姓负担,可能引发新的叛乱。季布的话很好地说明了鸽派的立场。当匈奴给吕后(前187—前180在位)送去一封言辞不恭的信时,樊哙主张出兵讨伐匈奴。但季布坚决反对。他对吕后说,主战的樊哙"可斩也",因为这样一场战争将"动摇天下"。④

---

① 关于匈奴,见 Pan Yihong, "Early Chinese Settlement Policies towards the Nomads", *Asia Major* (third series), 5, no. 2 (1992), pp. 61—77; Denis Sinor, "The Establishment and Dissolution of the Türk Empire", in *The Cambridge History of Early Inner Asia*, edited by Denis Sinor (Cambridge, 1990), pp. 285—316; Yü Ying-shih, "Han Foreign Relations", in *The Ch'in and Han Empires, 221B. C.—A. D. 220*, vol. 1 of *The Cambridge History of China*, edited by Denis C. Twitchett and Michael Loewe (Cambridge, 1986), pp. 377—462; Chang, Chun-shu, *The Rise of the Chinese Empire*, vol. 1 (Ann Arbor, 2007), pp. 4—5。
② 《史记》,卷110,2894页;《汉书》,卷64上,2801页。
③ 《史记》,卷99,2719页。英译见 Burton Watson, *Records of the Grand Historian: Han Dynasty* (*I & II*) Revised edition (New York, 1993), pp. 238—239。有关秦汉时期中国对外政策形成的论述,见王明荪:《中国北边政策之初期形成》,载林恩显编:《国际中国边疆学术会议论文集》,台北:政治大学,1985年,283—303页。
④ 《史记》,卷100,2730—2731页。英译见 Burton Watson, *Records of the Grand Historian*, p. 249。

鸽派阐述、设计了一整套应对匈奴的非暴力手段。贾谊建议文帝（前179—前157在位）用宣德和利诱的手段使匈奴与汉结好。他将自己的策略概括为"三表五饵"。皇帝应对游牧民族示好，认可和欣赏他们的技能，对他们真诚相待。如果匈奴首领和民众内附，应重重赏赐他们，以鼓励其他人效仿。匈奴使节到访汉廷，也应受到礼遇。[1]

贾谊认为，汉在与匈奴的关系中居于劣势。他将汉比喻为人首，匈奴为双脚，当前的双边关系就好似一个人首脚倒置。[2] 这样的局面虽然使汉颜面尽失，难以接受，但贾谊劝文帝认清现实。文帝最终承认了匈奴的势力范围，放弃了做天下之主的理想。他在给匈奴君主的信中写道："长城以北，引弓之国，受命单于；长城以内，冠带之室，朕亦制之。"[3]

文帝的这种说法是对传统意义上理想的中华世界的背弃，因此必须证明其合理性。历史悠久的华夷二分法为鸽派提供了现成的理由。有人用流行的阴阳学说来证明华夷有别；[4] 还有人提出域外之人既不用汉历，也不穿汉朝服饰，因此可以将这些地方视为"绝域"。[5] 鸽派有一个共同看法，即古代圣人对蛮夷"非威不能制，非强不能服也。以为远方绝域，不牧之民，不足以烦中国也"。[6]

武帝（前140—前87在位）登基后，鸽派失去了对外政策的主导权。汉廷转而奉行扩张政策，出兵攻打匈奴，还进军越南、朝鲜半岛北部和西域，极大地拓展了版图。熟悉边境事务的大行令王恢为这个新的对外政策提出了有力的辩护："臣闻五帝不相袭礼，三王不相复乐，非故相反也，各因世宜也。"[7]

尤其需要注意的是，王恢以"宜"为外交政策的改变辩护。他的论点代表着一种根植于战国时期的思想传统，他本人则代表了一批以实用主义态度对待传统的官员，而且这样的人越来越多。他们的主要观点是，政策

---

[1] 贾谊：《新书》，《四部丛刊》本，卷4，62页下—66页下。
[2] 《汉书》，卷48，2240页。
[3] 《史记》，卷110，2902页。
[4] 《汉书》，卷60，2671页。
[5] 其他汉代文人称这些地区为"不食之地"，见王利器：《盐铁论校注》，205页。
[6] 刘向：《新书》，《四部丛刊》本，卷10，15页下。更早时，秦朝丞相李斯得出了相同结论，夺取匈奴土地，征服其民众不会给秦带来实质利益，见《汉书》，卷64上，2800页。
[7] 《汉书》，卷52，2400页。

应合乎时宜,而不必拘泥于任何传统。这个观点最早是由秦国著名的改革家商鞅提出的。他主张:"治世不一道,便国不必古。"① 赵武灵王也因在治国时实行合"宜"的政策而广为人知。他命令士兵穿胡服,学习胡人的骑术和箭术,从而造就了一支善战的队伍。他说:"夫服者,所以便用也。礼者,所以便事也。是以圣人观其乡而顺宜。"②

到了武帝统治时期,鸽派和鹰派都将真实或想象的"宜"作为强有力的论据,以此来推动自己的政策。武帝认为,进攻是抵御匈奴和其他游牧民族侵扰的最有效手段。他希望防止他们联手袭击距汉都城很近的今甘肃、青海地区。但鸽派不同意他的看法,他们认为战争只对少数野心勃勃的将领和官员有利,对社稷和百姓并无益处。他们争辩说,战争不会带来持久和平,只会给边境地区及当地百姓招来灾难性后果。③ 征服和吞并邻国从根本上来说就是错误的,因为中国和四邻的情况截然不同。④ 鸽派对边境冲突的解决办法是"以夷制夷",强化防务。贾谊提议将某些特定部落纳入汉廷防御体系,让他们负责保卫边境。⑤ 但他未能就一些重要问题——例如,如何征召部落民众为这项任务效力,如何控制内附部落的人口增长,如何为这个防御体系提供资金——提出具体解决办法。

西汉后期,鸽派恢复了在朝廷政治中的影响力。当时,匈奴各部落为了争夺权力而彼此攻伐,匈奴的实力因此被削弱。这样的事态发展使一些汉朝将领在公元前60年左右主张对匈奴采取军事行动。但魏相驳斥了他们的建议:"恃国家之大,矜民人之众,欲见威于敌者,谓之骄兵。兵骄者

---

① 见商鞅:《商子》,《四部丛刊》本,卷1,2页下。秦国相吕不韦的看法相似,参见 James D. Sellman, *Timing and Rulership in Master Lü's Spring and Autumn Annals*(*Lüshi chunqiu*)(Albany, 2002), p. 115。仲长统(179—220)在《损益篇》中阐释了这一观点:"故行于古有其迹,用于今无其功者,不可不变。变而不如前,易而多所败者,亦不可不复也。"见《后汉书》,卷49,1650页。
② 吴师道:《战国策校注》,《四部丛刊》本,卷6,18页下—19页下。英译见 Yuri Pines, "Beasts or Humans", p. 78。关于汉代官员对待传统的态度,见 Michael Loewe, "China's Sense of Unity as Seen in the Early Empires", p. 23。
③《汉书》,卷52,2401页;卷59,2641—2642页;卷64下,2813页;王利器:《盐铁论校注》,205—206页。
④《汉书》,卷64上,2777页。
⑤ 贾谊:《新书》,卷4,61页上—62页下。晁错(前200—前154)赞成贾谊的观点,并进而主张汉廷应与域外部落结盟,鼓动他们相互攻击,分化他们,并学习他们的军事技能,见《汉书》,卷49,2281页。

灭。此……非但人事，乃天道也。间者匈奴尝有善意，所得汉民辄奉归之，未有犯于边境。……今闻诸将军欲兴兵入其地，臣愚不知此兵何名者也。今边郡困乏，父子共犬羊之裘，食草莱之实，常恐不能自存，难于动兵。"①汉宣帝最终决定不攻打匈奴。

公元前52年，匈奴的实力进一步被削弱。南匈奴呼韩邪单于请求归顺汉朝，并于次年造访汉廷，结束了与汉的长期对立。跨境贸易和文化交流因此繁荣起来。但当他的对手被汉朝军队击败以后，他改变了对汉廷的态度，率部返回故地，重树在草原的权威。

直到东汉初年，匈奴才最终不再对中原王朝构成威胁。当时匈奴部落联盟发生内讧，再次分裂为互相敌对的南北两支。北匈奴西迁，南匈奴各部落首领及其从众附汉。汉廷将他们安置在塞外，受汉朝官员节制。汉廷终于能较好地控制边境，与四邻和平相处。但大多数汉廷官员似乎没意识到，他们的安置政策给汉朝带来了潜在威胁。内附的匈奴部落的人口和实力随着时间的推移而增加，他们总有一天会叛汉，从而严重破坏边境的稳定。

在这样的历史背景下，鸽派在朝廷中的影响力上升，但鸽派和鹰派的争论并未结束。②我们仍然可以读到"戎狄可以威服，难以化狎"之类的鹰派主张。③公元123年，宰相陈忠为武帝征匈奴辩护。他感叹道，许多人完全不理解那场战争的重要战略意义，它使汉廷控制了甘肃和青海，使长安免受匈奴威胁。他警告说："河西既危，不得不救，则百倍之役兴，不訾之费发矣。"④但蔡邕驳斥道："得地不可耕农，得民不可冠带，破之不可殄尽。"⑤

东汉时期有关对外政策的辩论中最值得注意的声音不是来自鸽派或鹰派，而是来自中间派班固（32—92），他是不朽巨著《汉书》的作者。他批评鸽派和鹰派目光短浅，对一时的得失斤斤计较，⑥缺乏对匈奴的透彻理解。班固对游牧民族以及汉与匈奴的实力对比做了更加全面的分析。他认为双

---

① 《汉书》，卷74，3136页。英译见 Burton Watson, *Courtier and Commoner in Ancient China: Selections from the History of the Former Han by Pan Ku* (New York, 1974), pp. 178—179。
② 关于东汉初年朝廷中的论争，见《后汉书》，卷18，695页。
③ 同上书，卷88，2912页。
④ 同上。
⑤ 《蔡中郎文集》，《四部丛刊》本，卷6，5页上。
⑥ 班固批评贾谊利用境外部落的建议是"其术固以疏矣"，见《汉书》，卷48，2265页。

方的关系是动态的、不断变动的。在他看来，处理这种关系最好的政策既不是战争，也不是和平，而是介于二者之间的"常备不懈"。他写道："故先王度土，中立封畿，分九州，列五服，物土贡，制外内，或修刑政，或昭文德，远近之势异也。是以春秋内诸夏而外夷狄。夷狄之人贪而好利，被发左衽，人面兽心，其与中国殊章服，异习俗，饮食不同，言语不通，辟居北垂寒露之野，逐草随畜，射猎为生，隔以山谷，雍以沙幕，天地所以绝外内也。是故圣王禽兽畜之，不与约誓，不就攻伐；约之则费赂而见欺，攻之则劳师而招寇。其地不可耕而食也，其民不可臣而畜也，是以外而不内，疏而不戚，政教不及其人，正朔不加其国；来则惩而御之，去则备而守之。其慕义而贡献，则接之以礼让，羁縻不绝，使曲在彼，盖圣王制御蛮夷之常道也。"①

班固显然认为，不存在可以一劳永逸解决与匈奴边境冲突的方法。当冲突发生时，汉应该只用有限度的武力加以应对。他在文章中使用了"羁靡［縻］"这个概念，②即中原王朝在对外交往中要做到"羁縻之义，礼无不答"。③只要其他政权的君主和使节遵循中原王朝的礼仪，就应得到觐见皇帝的机会，因为他们的到访证明了天子德化远播四方。但双方的关系应该仅止于此，中原王朝不应试图将外国君主变为自己的外臣，这种实质性的关系将成为负担。④

高祖对"宜"的追求

617 年起兵时，李渊和他的支持者们发现自己所处的环境虽然极富挑战性，但并不是完全陌生、不可驾驭的。他们需要面对两项挑战，一个是如

---

① 《汉书》，卷 94 下，3830、3833—3834 页。英译参照 Yuri Pines, "Beasts or Humans", pp. 79—80，笔者对英译有修订。后世官员及史家赞同班固对域外民族的分析。东汉官员宋意曾评论道："夫戎狄……简贱礼义，无有上下，强者为雄，弱即屈服。"见《后汉书》，卷 41，1415—1416 页。《后汉书》作者范晔也指出："匈奴贪利，无有礼信，穷则稽首，安则侵盗。"见《后汉书》，卷 18，695 页。
② 有关"羁縻"政策的讨论，见彭建英：《中国传统羁縻政策略论》，《西北大学学报》2004 年第 1 期，104—106 页；《中国古代羁縻政策的演变》，北京：中国社会科学出版社，2004 年，15—66 页。
③ 《后汉书》，卷 89，2946 页。
④ 同上。萧望之（？—前 47）以匈奴单于为例阐述上述政策："单于非正朔所加，故称敌国。宜待以不臣之礼，位在诸侯王上。外夷稽首称籓，中国让而不臣。此则羁縻之谊，谦亨之福也。"《汉书》，卷 78，3282 页；卷 94 下，3814 页。英译见 Burton Watson, Courtier and Commoner in Ancient China, pp. 212—213。

何应对来自北方其他叛军领袖的激烈竞争,另一个是如何化解来自当时草原霸主东突厥可能的威胁。他们巧妙地解决了这些棘手问题,成功地在618年建立了唐王朝。但是,在唐朝建立之后的一个半世纪中,李渊的继任者们面对的是与此前完全不同的外部环境。唐的四邻,特别是朝鲜半岛上的国家以及突厥、吐蕃和后来的南诏国,逐渐从组织松散、不稳定的部落演变为强大的政治实体。一些发明了自己的文字,另一些则由畜牧业转为定居农业或半农半牧经济。较之过去,它们的政治更稳定,军事更强大。自八世纪中叶至十世纪初灭亡时为止,唐所处的外部环境比此前任何一个朝代都更加复杂,更具竞争性。[1]历代皇帝为确保唐王朝能够在这样风云变幻的环境中生存下去,无不求助于中国丰富、渊博的传统。不过,他们也发展出了一套指导外交活动的准则,其中最为重要的是合宜、效用、便宜行事和相互的一己利益。这些准则的实质是实用主义和功利主义,它们在很大程度上摆脱了信、义、忠等儒家道德的桎梏。

李渊决定接受突厥头衔,名义上向突厥称臣。他告诫自己的使节,只能接受少量象征性的突厥军事援助。这些举措表明,审慎、合宜是李渊思维中不可分割的组成部分。"宜"意味着准确评估自己和竞争对手以及敌人的相对实力,仔细计算未来行动的时机,认真考量行动可能带来的后果。有唐一代,一项行动是否合宜经常是朝廷政策讨论的中心议题。[2]

最早提到合宜问题的例子,可能是619年当时已经称帝的李渊发布的一份诏书:"朕祗应宝图,抚临四极;悦近来远,追革前弊。要荒蕃服,宜与和亲。其吐谷浑已修职贡,高句丽远送诚款,边外远人,咸求内附。因而镇抚,允合机宜。分命行人,就申好睦,静乱息民,于是乎在。布告天下,明知朕意。"[3]

不过,需要注意的是,高祖这道诏书是在强调唐应打消外部势力的敌

---

[1] Denis C. Twitchett, "Tibet in Tang's Grand Strategy", p. 145; Mark Edward Lewis, *China's Cosmopolitan Empire: The Tang Dynasty* (Cambridge, 2009), pp. 145—147.
[2] 相关事例见《旧唐书》,卷194下,5193页;《新唐书》,卷215,6037—6038页;《资治通鉴》,卷194,6117页。
[3]《唐大诏令集》,卷128,632页;《册府元龟》,卷170,9页下—10页上;罗国威:《日藏弘仁本文馆词林校证》,北京:中华书局,2001年,246页。关于这一时期唐与吐谷浑、高句丽关系的论述,见 Hans Bielenstein, *Diplomacy and Trade in the Chinese World, 589—1276* (Leiden, 2005), pp. 111—116, 279—281.

意，以便集中精力巩固内部统治，而不应被理解为他要做天下之主，使唐成为四邻的宗主，与它们保有实质性的君臣关系。从 618 到 619 年年初，唐逐步完成统一大业。唐军陆续向西南和东部前进，将唐的版图扩展至西北的甘肃和青海、南部的四川，以及湖北全境和河南大部分地区。但此时的高祖仍然只控制着中国的一小部分。他将全部精力都放在征服仍然控制着中国其他重要地区的割据政权和建立内部秩序上。

此时，唐的实力仍然不及东突厥，而且这种状况还将继续十多年。其他游牧部落也没有臣服于高祖，他远非天下之主。例如，吐谷浑没有向唐称臣纳贡，高祖反倒需要请吐谷浑提供军事援助。他曾遣使要求与吐谷浑结盟，共同对付反唐势力首领李轨。[1] 实际上，高祖在位时，边境冲突是双边关系的常态。吐谷浑曾在 622、623、624 和 626 年出兵攻唐。仅仅是 624 一年，唐朝边境就五次遭到袭扰。[2] 高祖主要关心的是如何确保边境安全，这样他才能集中精力消灭内部割据势力。他为此改善了同新罗、百济、高句丽的关系，其中高句丽是前朝隋朝几次发兵试图征服的对象。[3] 确保边境安全将成为唐代所有皇帝最关切的问题。高祖和他的继承人面临的一项艰巨挑战，是在两个相互矛盾的目标之间取得平衡。他们既要维持开放的国际体系，同时又要有效控制边境。为了实现这个目标，唐廷必须制定出一套合宜的对外政策，既要避免开支过分庞大，又不致闭关自守。

太宗采取攻势

太宗在 627 年登基后宣布，"文"和"德"是其内外政策的指导原则。[4]

---

[1] 双方达成协议，高祖同意遣返从隋都逃亡、现居唐都的原吐谷浑首领；作为回报，吐谷浑承诺进攻李轨的军队。吐谷浑使者不久便造访长安。但此行的目的不是朝贡，而是催促唐廷兑现诺言。见《资治通鉴》，卷 187，5841 页。

[2]《资治通鉴》，卷 190，5951、5953、5966—5967、5969、5982 页；卷 191，5984、5988、5991、5993—5994、5998—6000 页。关于唐与薛延陀的关系，见 Howard J. Wechsler, "T'ai-tsung (reign 626—49)", pp. 230—231。

[3] 622 年，他在给高句丽王的敕书中释放善意："各保疆场，岂非盛美。"见《旧唐书》，卷 199 上，5320—5321 页；《册府元龟》，卷 170，10 页上。有关这一时期唐与新罗、唐与百济关系的论述，见 Hans Bielenstein, *Diplomacy and Trade in the Chinese World, 589—1276*, pp. 121—122, 125—127。关于唐廷与其他主要亚洲邻居关系的研究，见 Warran I. Cohen, *East Asia at the Center: Four Thousand Years of Engagement with the World* (New York, 2000), pp. 66—82。

[4]《旧唐书》，卷 28，1045 页

初唐的许多大臣和太宗一样，以谨慎和务实的态度处理降服的境外部落首领。李大亮（586—644）建议唐采用"羁縻"之策，允许降服的部落留在长城以北的故土。这个政策可以为唐廷带来实际利益，而部落首领只能得到名义上的好处。①

太宗在位的最初几年实力尚弱，还不能立即废除父亲与突厥结成的君臣关系，不得不贿赂他们以求和平。考虑到七世纪三十年代唐与突厥的实力对比，这是维持和平唯一可行的策略，而太宗正是制定和实施该策略的主要人物。

七世纪三十年代以后，唐廷采取"耀兵振武，慑服四夷"的新策略，开始转入战略攻势。②唐军发动了三次重大军事行动，分别于630年平定东突厥，634年在青海湖地区击败吐谷浑，640年灭高昌国（都城哈喇和卓，在今新疆吐鲁番）。③唐廷在征伐的同时，依据李大亮早些时候的建议，在新征服地区设置羁縻州。羁縻州是仿照中原地区的行政机构设立的，由被击败的游牧部落首领担任首长。唐朝全盛时有八百多个羁縻州。唐廷为确保对这些州的控制，建立了都督府。唐廷派人到都督府任职，为都督府提供支持，还组织和部署军队用以监督羁縻州。唐在西域（今甘肃以西地区）、越南北部和朝鲜半岛都建立了都护府，用来管理日常事务。④一个庞大的唐帝国初露端倪，它最终将东西横跨九千多里，南北绵延一万余里，朝鲜半岛北部、蒙古大漠和西域皆为唐土。⑤

魏征的外交"供求"论

太宗的大臣魏征（580—643）最先认识到，唐的军事胜利会导致危险

---

① 《旧唐书》，卷62，2389页。
② 同上书，卷71，2558页；《资治通鉴》，卷193，6085页。
③ 对这一事件的讨论，见辻正博：《魏氏高昌国と中国王朝》，载夫馬進编：《中国東アジア外交交流史の研究》，京都：京都大学学術出版会，2007年，70—78页。
④ 参见礪波護：《唐中期の政治と社会》，《岩波講座世界歷史》5，東京：岩波書店，471—473页；Cheung Hok-ming, "Conquerors and Consolidators in Anglo-Norman England and T'ang China: A comparative study", *Asian Culture*, 13, no.1 (1985), pp. 63—85。彭建英：《中国古代羁縻政策的演变》，72—79页有表详细列出唐羁縻州的名称及所在地。谭其骧：《唐代羁縻州述论》，《长水粹编》，石家庄：河北教育出版社，2000年，136—162页也有类似表格。有关都护体系的研究，参见李大龙：《都护制度研究》，哈尔滨：黑龙江教育出版社，2003年，112—127页；李鸿宾：《唐朝中央集权与民族关系》，北京：民族出版社，2003年，99—120页。
⑤ 《资治通鉴》，卷195，6156页。

的扩张政策，从而给唐带来灾难性后果。太宗曾对长孙无忌说："贞观之初，上书者……又云：'宜震耀威武，征讨四夷。'"但魏征反对朝廷中的主流观点。他提出了著名的处理内政外交的十六字方针："偃革兴文，布德施惠；中国既安，远人自服。"①

魏征的政策显然受到传统思想的影响。他的政策既体现了儒家的理想（在与四邻交往时应"耀德不观兵"），②也反映了道家的主张（君主为了天下太平，应以善政造福百姓，避免不必要地介入百姓生活）。③但归根结底，他的政策主要源于他对唐朝内外不断变化的形势和唐廷应采取的合宜行动的透彻了解。唐廷可资使用的资源有限，在制定目标时必须量力而为。它需要合理分配资源以妥善应付内政、外交方面相互竞争的需要。唐廷还须遏制单纯凭武力实现对外目标的冲动，这样才能够集中精力通过行政手段解决内部问题。④

魏征的对外政策是冷静的，是建立在对唐朝实力的客观评估和清醒认识之上的。在他看来，唐朝建立不过十年，刚从内战的创伤中恢复过来，好似一个大病十年，刚刚痊愈的人。这个人现在骨瘦如柴，不可能背负沉重的米袋日行百里。⑤唐的军事能力有限，只能选择与其他政权和平共处，战争将使唐本就匮乏的资源消耗殆尽。

对唐朝实力的上述评估，使魏征以唐满足其他政权各种需求的能力为基础制定自己的对外政策。在他看来，其他政权的君主对唐提出的请求，包括遣使入朝、内附、和亲等，都可视为他们对唐的"需求"。魏征认为，唐在满足这些需求时必须量力而行。628 年，魏征劝谏太宗拒绝西域十个小国前来朝贡。他说："中国始平，疮痍未复，若有劳役则不能安。往年高昌主来入贡，马才数百匹，所经州县犹不能供，况复加于此也。若任其兴贩，边人则获其利，若引为宾客，中国则受其弊矣。……今若许十国入贡，其使

---

① 《旧唐书》，卷 71，2558 页；《新唐书》，卷 221 上，6241 页；《资治通鉴》，卷 193，6085 页。另见 Howard J. Wechsler, *Mirror to the Son of Heaven*, pp. 192—200。
② 《国语》，卷 1，1 页上—2 页上。
③ 对道家主要学说的概括性介绍，见《史记》，卷 130，3292 页。唐代文人颜师古注解《汉书》时，也提出了他对道家主要思想的阐释，见《汉书》，卷 62，2708—2710 页。
④ 《旧唐书》，卷 28，1045 页。
⑤ 同上书，卷 71，2560 页；谢保成：《贞观政要集校》，125—126 页。

不减千人,使缘边诸州将何取给?"①向唐廷名义上的外臣提供耗费巨大的军事援助,尤其令魏征担忧。李百药(565—648)对此也有同感。他的《封建论》通过赞颂太宗表达了内心的忧虑:"陛下每四夷款附,万里归仁,必退思进省,凝神动虑,恐妄劳中国,以事远方。"②魏征和李百药的担忧显然影响到了太宗,以致他在631年拒绝康国(撒马儿罕)成为唐属国的请求。他对大臣们说:"前代帝王,好招来绝域,以求服远之名,无益于用而糜弊百姓。今康国内附,倘有急难,于义不得不救。师行万里,岂不疲劳!劳百姓以取虚名,朕不为也。"③

魏征在检讨任何一项政策时主要考虑的是该政策所需的开支及其给百姓造成的负担。632年,他上书反对太宗举行封禅典礼。这是一个为宣示天下太平而祭祀天地的盛大仪式,唐朝大臣和外国君主都会参加。④魏征直言不讳地指出:"诸夏虽安,未足以供事,远夷慕义,无以供其求。……岂可引彼夷狄,示以虚弱。"⑤

太宗采纳了魏征的谏言。太宗执政初期的政策受道家的影响大于儒家。初唐时,源于北朝(386—581)的游牧文化影响仍然根深蒂固,还远不是儒学的全盛期。当时的一位僧人写道:"是时国基草创,兵甲尚兴,孙、吴之术斯为急务,孔、释之道有所未遑。"⑥唐皇室崇尚武力,重视实用主义,进一步强化了游牧文化遗产。当时,建立军功是加官晋爵、博取社会名望的主要手段,儒家学者被嘲笑为书虫。⑦太宗在登基前一年的616年就已经

---

① 《旧唐书》,卷71,2548页;王方庆:《魏郑公谏录》,《四库全书》本,卷1,8页上—下。
② 同上书,卷72,2576页。
③ 《资治通鉴》,卷193,6091页。关于这一时期唐与康国关系的研究,见 Hans Bielenstein, *Diplomacy and Trade in the Chinese World*, 589—1276, pp. 327—328。
④ 关于这次事件的讨论,见 Howard J. Wechsler, *Offerings of Jade and Silk*, pp. 176—183。
⑤ 《旧唐书》,卷71,2560页;刘肃:《大唐新语》,北京:中华书局,1984年,卷13,196页。
⑥ 慧立、彦悰:《大慈恩寺三藏法师传》,卷1,7页。太宗在登基两年之后的628年宣布:"朕所好者,唯尧、舜、周、孔之道,以为如鸟有翼,如鱼有水,失之则死,不可暂无耳。"同年,他就治国问题征询王珪的意见。后者回答说:"近世重文轻儒。……此治化之所以益衰也。"太宗对王珪的意见表示赞同。见《资治通鉴》,卷192,6054页。629年,太宗与孔颖达就《论语》中的一些章句展开讨论,见《资治通鉴》,卷193,6058、6067页。魏征为向太宗提供治国的经验教训编纂了《群书治要》,此书就中《老子》的一些章节,见魏征:《群书治要》,《四部丛刊》本,卷34,1页上—16页下。太宗为此下诏褒奖魏征,见《全唐文》,卷9,41页。
⑦ 《旧唐书》,卷61,2364页。

明确说出自己的治国理念是"安静为务"。[①] 630 年,他写下《政本论》,阐明道家的清净观念是其处理政务的主要原则。他写道:"为政之要,务全其本。若中国不静,远夷虽至,亦何所益。"[②]

穷兵黩武、繁徭重役正是导致隋朝灭亡的主要原因,太宗对此仍然记忆犹新。当突厥一再骚扰唐朝边境时,一些大臣建议修缮长城,让百姓驻守在烽火台。但太宗否决了他们的提议,认为不能将如此繁重的任务加在百姓身上。[③] 635 年,他对侍臣说:"故夙夜孜孜,惟欲清净,使天下无事。……夫治国如栽树,本根不摇,则枝叶茂盛。君能清净,百姓何得不安乐乎?"[④] 637 年阴历二月,太宗发布诏书,称老子是唐皇室祖先,[⑤] 将道士的地位提高到僧人之上,并进一步确认了道家思想在政治生活中的关键作用:"老君垂范,义在清虚。……天下大定,亦赖无为之功。"[⑥] 诏书中提到的道家政治理想,是初唐对外政策思想的另一种表现形式。

羁縻政策

无为而治的观念,以及对唐与四邻相对实力的仔细评估,使初唐官员

[①]《旧唐书》,卷 194 上,5158 页;《资治通鉴》,卷 191,6020 页。太宗的观点与老子的下述思想十分接近:"民之难治,以其上之有为,是以难治。"见李耳:《老子德经》,《四部丛刊》本,18 页下。英译见 D. C. Lau, (trans.) *Tao Te Ching* (Hong Kong, 1963), p. 109.
[②]《全唐文》,卷 10,48 页。628 年,太宗对王珪"志尚清净,以百姓之心为心"的治国理念深表赞同,见谢保成,《贞观政要集校》,卷 1,29 页。唐人张守节在为《史记》做注释时指出:"无为者,守清净也。"见《史记》,卷 130,3292 页。另一位唐人颜师古在注释《汉书》时也有同样解释,见《汉书》,卷 62,2798—2710 页。有关道教对唐代政治影响的研究,见吕锡琛:《道家道教与中国古代政治》,长沙:湖南人民出版社,2002 年,282—319 页;李大华等著:《隋唐道家与道教》,广州:广东人民出版社,2003 年,4—16 页;沈世培:《唐太宗政治思想探源》,《中国史研究》1995 年第 2 期,103—104 页;Timothy H. Barrett, *Taoism under the T'ang: Religion and Empire during the Golden Age of Chinese History* (London, 1996), pp. 29—45. John Lagerwey, "Taoist Ritual Space and Dynastic legitimacy", *Cahiersd'Extrême-Asie*, 8 (1995), pp. 87—94.
[③]《资治通鉴》,卷 192,6049 页
[④] 谢保成:《贞观政要集校》,41、424 页。
[⑤] 慧立、彦悰:《大慈恩寺三藏法师传》,卷 9,193 页;张君房:《云笈七签》,《四部丛刊》本,卷 122,4 页下—5 页上。其实早在 619 年,高祖就提出了同样的主张,见《唐会要》,卷 50,865 页;谢守灏《混元圣纪》,《正统道藏》本,台北:新文丰出版公司,1977 年,卷 8,117 页;《全唐文》,卷 928,4343 页。
[⑥]《唐大诏令集》,卷 113,537 页;道宣:《广弘明集》,《四部丛刊》本,卷 25,11 页上一下。但对太宗来说,"无为"并非无所事事,而是不做违背"道"的事情。太宗的一首诗表明,在他的政策考量中,"清静无为"的前提是"执契静三边,持衡临万姓"。见彭定求:《全唐诗》,卷 1,3 页。对本诗的注释,可参考吴云、冀宇:《唐太宗全集校注》,天津:天津古籍出版社,2004 年,16—19 页。

认为,唐对四邻政权的百姓既不能过于慷慨,也不能频频出兵征讨。羁縻政策才是处理与四邻关系最有效的政策。汉代的羁縻政策明显带有"大同论"的色彩,当唐廷在630年就如何安置最近降服的东突厥进行辩论时,一些官员的观点便受到该政策的影响。

当时大多数官员认为,突厥各部人数达十余万,应把他们拆散,然后分别安置到不同的州、县,教他们织耕,以达到"化胡虏为农民,永空塞北之地"的目的。[①]部分官员反对该观点,其代表人物是温彦博。他建议将突厥人安置在长城沿线,准许他们保留原有的部落组织和风俗习惯。温彦博认为这才是明智之举,因为突厥安置地区将成为唐的缓冲地带。更为重要的是,这有助于提升太宗天下之主的形象。温彦博对皇帝解释说:"王者之于万物,天覆地载,靡有所遗。今突厥穷来归我,奈何弃之而不受乎?孔子曰:有教无类。若救其死亡,授以生业,教之礼仪,数年之后,悉为吾民。"他还建议将突厥各部落首领留在长安为质,使他们与本部落民众完全分开。他反问道,如果采用这个政策,"何后患之有"?[②]

但魏征反对上述意见。在他看来,唐的羁縻政策不应照搬汉朝的模式。唐与外部势力的接触应该是有限的。这个政策的核心观念是与外部政权保持政治距离,不建立实质性关系,不做过度的政治、经济、军事承诺。这种外交关系才符合唐的最大利益。魏征认为,唐廷应该把突厥人送回草原故地,而不是把他们留在中原。该政策对唐和匈奴都有利,因为突厥对唐总是时叛时降,"强必寇盗,弱则卑服,……其天性也"。[③]魏征对允许十多

[①]《资治通鉴》,卷193,6075页。唐廷官员对安置投降的突厥部落的地点和方法的看法不完全相同。关于颜师古、李百药、窦静的观点,见《资治通鉴》,卷193,6075—6076页;《新唐书》,卷95,3849页。潘以红总结了这次争论中的三种主要意见,见她的"Early Chinese Settlement Policies towards the Nomads", pp. 61—66。对唐代突厥部落安置问题的讨论,见石见清裕:《唐の突厥遺民に対する措置をめぐって》,载日野開三郎博士頌寿記念論集刊行会编:《論集中国社会・制度・文化史の諸問題》,福岡:中国書店,1987年,109—147页;任大熙:《唐代太宗・高宗期の政治史への一視角——対外政策の諸対立を糸口にして》,《人文学科論集》第22号,1989年,21—22页;吴玉貴:《唐朝における東突厥の降衆の安置問題に関する一考察》,载村川行弘监修:《7・8世紀の東アジア——東アジアにおける文化交流の再検討》,八尾:大阪経済法科大学出版部,2000年,58—67页;Jonathan Karam Skaff, *Sui-Tang China and Its Turko-Mongol Neighbors: Culture, Power, and Connections*, 580—800, pp. 53—59。
[②] 谢保成:《贞观政要集校》,503—504页;《新唐书》,卷99,3912页;《资治通鉴》,卷193,6076—6077页。
[③] 两年之前的628年,突厥颉利可汗向唐廷投降。太宗在评论此事时表现出了对双方微妙关系的深入理解。他说:"夷狄弱则边境无虞。……然见其颠狈,又不能不悯,所以然者,(接下页)

万降服的突厥人留在唐朝境内忧心忡忡。他告诫太宗："数年之后,蕃息倍多,必为腹心之疾。"①

基于上述看法,魏征及其支持者不仅反对温彦博的安置建议,也反对任何用武力征服四邻的企图。他们强调,唐应修文德以吸引四邻民众("徕之"),传播德化使之服从("附之"),派受信任的大臣加以安抚("抚之")。他们支持唐军击退扰边的外敌,主张唐军应常备不懈("防之")。②但唐军不应寻求开疆辟土。他们把境外之地比喻为"石田",意思是说那里的土地不能耕种,当地百姓也不会轻易接受中原习俗。③唐得到这些"石田"无益,失去了也无害。④"取石田"在唐代外交辞令中是尖酸刻薄的嘲讽,用于批评那些不能带来实际利益的扩张政策。⑤魏征及其支持者认为,只要那些桀骜不驯的边远部落不犯唐境,唐廷最好的策略是宽容相待。与此同时,他们主张唐应在边境采取积极防御态势。也就是说,唐廷一方面应避免出兵征伐不顺从的域外部落,另一方面要时刻保持战备状态,即便是对那些已经归降的部落也不能松懈。唐廷必须加强边境防御,在战略要地修筑要塞,以防患于未然。在魏征看来,内部政治稳定、军队战备状态良好是维持与四邻友好关系的最佳保障。⑥即使必须动武,唐廷也应以宽松的法令稳定新征服地区的局势,不要派遣官员,更不要屯驻士兵。⑦

初唐的羁縻政策在魏征的影响下表现出相当大的包容性和灵活性("阔略")。⑧从七世纪到八世纪初,亚洲一直呈两强并立的格局,最初是唐与突

(接上页)虑己有不逮,恐祸变亦尔。"见《旧唐书》,卷 194 上,5160 页;《资治通鉴》,卷 192,6049 页。魏征、令狐德棻(583—666)、李延寿持相同看法,见魏征等撰:《隋书》,卷 84,1833—1834 页;令狐德棻等撰:《周书》,卷 49,899 页;李延寿:《北史》,卷 99,3304 页。对这一问题的讨论,见牛致功:《唐初史学家的民族观》,《唐代史学与墓志研究》,西安:三秦出版社,2006 年,38 页。

① 《资治通鉴》,卷 193,6076 页;王方庆:《魏郑公谏录》,卷 2,5 页下—7 页上。
② 《旧唐书》,卷 199 下,5364 页;《通典》,卷 185,985 页;《册府元龟》,卷 997,8 页上。
③ 《通典》,卷 185,985 页。
④ 《旧唐书》,卷 199 下,5364 页。
⑤ 李延寿曾以"不以无用害有用"来解释中原王朝为何不应为对外事务增加百姓的负担。他还警告说,过度扩张会导致一个王朝崩溃,见《北史》,卷 94,3138 页;卷 97,3239—3240 页。
⑥ 《旧唐书》,卷 71,2558 页;《资治通鉴》,卷 193,6085 页,卷 194,6213 页。
⑦ 《旧唐书》,卷 91,2940 页。
⑧ 同上书,卷 66,2466 页。630 年的一次事件是一个很好的例证。当时林邑使者向唐廷奉表。一些唐廷官员认为其国书言语不敬,力劝皇帝出兵讨伐。太宗引用老子的话反驳道:"兵者,凶器,不得已而用之。言语之间,何足介意。"见谢保成:《贞观政要集校》,475 页;《资治通鉴》,卷 193,6078—6079 页。关于唐与林邑关系的讨论,见 Hans Bielenstein, *Diplomacy and Trade in the Chinese World*, 589—1276, pp. 36—38。

厥对立，然后是唐与吐蕃争锋。一些政权对唐的政治态度暧昧。在这样的背景下，唐廷不要求四邻对自己绝对忠诚，允许西域诸国实行等距离外交。即便是那些忠诚心可疑的域外国家派出的使节，只要他们遵守唐朝礼仪，唐廷一概表示欢迎。

太宗称赞魏征的羁縻政策是"上策"，符合上古圣王的治国之道。① 后来的唐朝大臣经常在廷论中提到这个政策，将它与秦朝（前246—前207）的"中策"——修筑长城——相比较。长城虽然使秦边境无虞，但修建长城劳民伤财，致使百姓揭竿而起，推翻了秦朝。与前两者相反，汉朝的扩张政策遭到一些唐朝官员的强烈抨击，他们斥其为"无策"，因为它为了一些毫无用处的土地消耗了大量资源。②

唐羁縻政策的实质是互惠。它使唐能在与四邻交往的过程中以低成本满足双方的需求。凭借羁縻政策，唐能在与外界保持接触的同时，和四邻保持一定的政治距离，唐朝皇帝不需要对外承担政治、经济、军事义务。依据羁縻政策，唐不对外扩张，因而省去了四处征战、在新征服地区建立行政机构、派驻军队和平叛的庞大开支。③ 羁縻政策还使唐的邻居能够接触到唐的物质文明和先进文化，而几乎不必承担风险。它们不必在政治上效忠唐朝，也不必改变自身的风俗习惯。唐羁縻政策的这一特质，正是唐在外交上取得成功的原因。647年太宗自己就曾指出："朕于戎、狄所以能取古人所不能取，臣古人所不能臣者，皆顺众人之所欲故也。"④

---

① 《资治通鉴》，卷193，6067页；《新唐书》，卷215上，6023页。
② 《新唐书》，卷215上，6023—6024页。
③ 《旧唐书》，卷91，2940页。
④ 《资治通鉴》，卷198，6246页。太宗还援引古圣先贤的统治方法进一步阐发如下观点：他们成功的治绩是因为能"与民同利"。但实际上，唐人与域外百姓的需求和利益并不总是完全吻合。716至734年的突厥首领真珠毗伽可汗认为，唐廷的羁縻政策只不过是裹着蜜糖的毒药。他说："唐人的话语甜蜜，宝物华丽。他们用甜蜜的话语，华丽的宝物诱惑，使得远处的人民靠近（他们）。当住近了以后，他们就心怀恶意。他们不让真正英明的人、真正勇敢的人有所作为。一人有错，连其族人、人民、后辈都不饶恕。由于受到他们甜蜜的话语，华丽的宝物诱惑，突厥人民，你们死了很多人。"见耿世民：《古代突厥文碑铭研究》，北京：中央民族大学，2005年，118页。这段碑文的英译，见 Talat Tekin, *A Grammar of Orkhon Turkic* (Bloomington, 1968), pp. 261—262. 对此问题的讨论见 David Wright, "The Northern Frontier", in *A Military History of China*, edited by David A. Graff and Robin Higham (Boulder, 2002), pp. 68—69.

百姓福祉是治国之本

太宗上述一番话还表明，他的羁縻政策源自"德惟善政，政在养民"这一古代政治思想。[①]孟子发展了这个思想，提出了"民本论"。他特别强调，仁君应将百姓的福祉放在首位。[②]头脑清醒的唐廷官员也认为："中国百姓，天下根本。"[③]他们因此反对过多介入外部事务，因为这会增加百姓负担。在魏征和当时的一些唐朝官员看来，"民本"是制定政策的基本原则，应该优先考虑唐朝的内部秩序、繁荣、安全，而不是对外扩张。当国家资源有限，又同时面临内政和外交难题时，应优先处理内政问题。[④]唐应将稀缺的资源用于自身，而不应浪费在与外国不必要的接触上。

李大亮正是出于这样的考量才会在 630 年左右上书朝廷，建议不要将新近降服的西突厥人安置在首都附近。[⑤]褚遂良（596—658）和魏征反对安抚北方游牧民族和征高昌国。[⑥]642 年，褚遂良用七个字说明了自己反对的理由："先华夏而后夷狄。"[⑦]魏征则质疑征服高昌国并在那里设置州县的可行性："则常须千余人镇守，数年一易，往来死者什有三四，供办衣资，违离亲戚，十年之后，陇右虚耗矣。陛下终不得高昌撮粟尺帛以佐中国，所谓散有用以事无用，臣未见其可。"[⑧]

大臣们担心的问题同样令太宗感到担忧。他在《政本论》一文中写道："为政之要，务全其本。若中国不静，远夷虽至，亦何所益？"[⑨]一些大臣还

---

① 孔颖达等编撰：《尚书正义》，《十三经注疏》本，卷 4，135 页。英译见 James Legge, The Chinese Classics, 1, pp. 55—56。
② 对此问题的讨论，见 Hsiao Kung-chuan (trans., F. W. Mote), A History of Chinese Political Thought (Princeton, 1979), 1, pp. 155—156。
③《旧唐书》，卷 62，2388 页；《资治通鉴》，卷 195，6132 页。
④《旧唐书》，卷 72，2567 页。
⑤《旧唐书》，卷 62，2388—2389 页；《资治通鉴》，卷 193，6081—6082 页。另见 Pan Yihong, "Early Chinese Settlement Policies towards the Nomads," Asia Major (third series), 5, no. 2 (1992), pp. 61—77；伊瀬仙太郎：《塞外系内徙民に対する唐朝の基本的態度》，《歷史教育》第 15 卷，1967 年，8—19 页；Hans Bielenstein, Diplomacy and Trade in the Chinese World, 589—1276, pp. 397—402。
⑥《旧唐书》，卷 80，2733、2736—2737 页；《资治通鉴》，卷 196，6178 页。
⑦《旧唐书》，卷 80，2736—2737 页；《资治通鉴》，卷 196，6178 页；谢保成：《贞观政要集校》，507 页。
⑧《资治通鉴》，卷 195，6155—6156 页；谢保成：《贞观政要集校》，507 页。褚遂良认为，高昌是"他人手足"，陇右是中国的"腹心"，这一观点与唐廷视关中、陇右为安全重心的整体战略一致，见陈寅恪：《外族盛衰之连环性及外患与内政之关系》，133、136—137 页。
⑨《全唐文》，卷 10，48 页。

用生动的类比,让太宗的观点形象化。李大亮将唐比喻为树干,四邻比喻为树枝。树木要繁茂,树干必须强壮,树枝则要相对弱小。①这个类比源自"尊君卑臣"的传统政治理念。②根据这个原则,欲维持天下秩序,中国必须强大,天子的"外臣"必须弱小。任何使中国消耗大量人力、物力,过度介入外国事务的对外政策都是不明智的,因为这样的政策势必会削弱中国。

633年,魏征在奏章中使用了同样的类比:"求木之长者,必固其根本。欲流之远者,必浚其源泉。思国之安者,必积其德义。"奉行冒险主义的外交政策无异于"根不固而何求其长"。③太宗在《金镜》一文中反思了自己的统治之术。他写道:"四海之内莫非王土,要荒为枝叶,畿内乃根本。"他用一句古语进一步阐明了自己对中外关系的看法:"皮之不存,毛将安傅。"不过,太宗也担心"枝叶落而不存"。他坦承,如何妥善处理这些问题使他深感忧虑。④

与"枝干"相似的另一个比喻是"疥疽"。中原王朝与四邻的边境冲突就像长在人手上瘙痒难耐的"疥"。它虽让人不舒服,对健康却无大碍,抓挠足以解痒。与之相对,迫在眉睫的内政问题犹如长在胸前的"疽"。若不精心医治,它会越长越大,危害健康,到最后只有烧灼才能脱疽。⑤

在一些唐朝官员心目中,唐好似人的身体,两京(长安与洛阳)分别为心和腹,四邻为手足,不与唐接壤的外国不是身体的一部分,它们存在于中国之外。⑥唐廷不必对其他政权武力相向,只需在表面上与其周旋("虚外"),同时以切实的政策解决好内部问题("实内")。⑦毫不令人奇怪的是,魏征、李延寿、褚遂良是该政策的主要推动者。⑧

由此可见,唐的羁縻政策源于一些深层的传统理念。例如,将国家视

---

① 《旧唐书》,卷62,2388页;《资治通鉴》,卷193,6081页。在639年的另一个场合,太宗使用了同样的类比,见《资治通鉴》,卷195,6149页。
② 《旧唐书》,卷128,3587页。
③ 同上书,卷71,2551页。
④ 《全唐文》,卷10,51页。
⑤ 《旧唐书》,卷195,5216页。汉代文人蔡邕最早使用"疥"的比喻,见氏著:《蔡中郎文集》,《四部丛刊》本,卷6,4页下。
⑥ 《旧唐书》,卷80,2734、2737页;《资治通鉴》,卷196,6178页;谢保成:《贞观政要集校》,507页。
⑦ 《旧唐书》,卷80,2733页。
⑧ 《资治通鉴》,卷197,6200—6201页。

作政治"身体";再如,重内部稳定,轻对外干预。这就引出了一个问题,唐廷的政策究竟在多大程度上受儒家的"德""义"观念束缚呢?

"德""义"意味着"功效""合宜"

唐廷经常宣称,其对外政策目标是使德义远播。它还宣称,本朝的外交成就之所以远超古人,正是因为把"德"和"义"作为国家行为的准则。627 年,刚刚登基的太宗便宣布:"朕虽以武功定天下,终当以文德绥海内。"① 636 年,他下令赦免反叛的吐谷浑部落,并在诏书中表示:"文德怀远,列圣之弘规。兴亡继绝,至仁之通训。"② 他在《金镜》一文中写道:"理人必以文德。"③

太宗有关"德""义"的言论,为他的对外政策涂上了一层炫目的道德色彩。但唐廷实际上是否依据"德""义"这样抽象的道德原则处理对外关系,则是有疑问的。例如,唐廷只是在东北、北方和西北的军事行动胜利之后才开始将"德"作为政策指导原则。而且,唐廷只有在自身实力较强,与弱小、友善的邻居打交道时,才有可能践行"德""义"的原则。实际上,唐曾经数次被迫以武力抵御强邻的威胁。④ 在这种情况下,"德""义"毫无用处。更有甚者,当唐朝实力羸弱,面对内外敌人束手无策时,唐朝皇帝还不得不寻求外部援助或保护。这就出现了一个耐人寻味的矛盾现象:一方面,中亚和东亚诸势力的实力对比不断变化;另一方面,唐廷官员固执地坚持以"德""义"为原则处理外交事务。这种现象促使我们重新思考"德""义"在唐代外交中到底意味着什么。当我们试图了解古代中国对外关系时,史料中的"德""义"的真实含义是一个重要问题。我们不需要面面俱到地讨论这两个字的全部意涵,只需探讨它们在具体语境中的含义以

---

① 《旧唐书》,卷 28,1045 页。
② 《唐大诏令集》,卷 129,642 页;《资治通鉴》,卷 194,6119 页。
③ 《全唐文》,卷 10,50 页。
④ 《旧唐书》,卷 198,5371 页。古代学者深谙此义。韩非说:"是故力多则人朝,力寡则朝于人。"见氏著:《韩非子》,《四部丛刊》本,卷 19,9 页下。左丘明有同样的见解:"刑以威四夷。"见《春秋左氏传》,《十三经注疏》本,卷 16,1821 页。英译见 James Legge, *The Chinese Classics*, 5, p. 196. 汉代官员对秦与四邻的关系有类似的评论,见王利器:《盐铁论校注》,天津:天津古籍出版社,1983 年,497 页。

及如何翻译它们。[1]

"德"通常指令人敬佩的行为所体现出的优秀道德品质。"德"可以被翻译为"virtue",它们的含义相近。"吉德"一词就是例子,它指孝敬忠信等良好行为。"德"用在皇帝身上时,通常用来形容这位君主仁慈、有感召力、有智慧。632年,魏征在向太宗进谏时说,如果太宗能"焚鹿台之宝衣,毁阿房之广殿,惧危亡于峻宇,思安处于卑宫",百姓就会认为他是一位德行高尚("德之上")的君主。魏征认为,皇帝如果能以身作则,厉行节俭,便可以"神化潜通,无为而理"。[2]不过,在他看来,太宗也有可能被百姓视为德行稍逊一筹("德之次")的君主,因为太宗现在"宫观台榭,尽居之矣;奇珍异物,尽收之矣;姬姜淑媛,尽侍于侧矣"。尽管如此,太宗仍然有可能令百姓满意,只要他能"除其不急,损之又损。杂茅茨于桂栋,参玉砌以土阶。……常念居之者逸,作之者劳"。魏征认为,太宗的平易近人将使"亿兆悦以子来,群生仰而遂性"。但是,倘若太宗"不慎厥终,忘缔构之艰难,谓天命之可恃,忽采椽之恭俭,追雕墙之侈靡",[3]那他肯定会被百姓视为德行低劣("德之下")的君主。更为重要的是,在"帝德"这个具体语境中,仁慈的君主必须将上天的恩德传布到人世间,[4]通过有效的政策展现自己的内在美德。[5]实行这样的政策要求皇帝有很高的素养,这些素养在古代文献中也被称为"德",皇帝应有"九德"("心能制义曰度,德正应和曰莫,照临四方曰明,勤施无私曰类,教诲不倦曰长,赏庆刑威曰君,慈和遍服曰顺,择善而从之曰比,经纬天地曰文")。[6]一位皇帝如果具备这

---

[1] David Wright, "Son of Heaven and Heavenly Qaghan: Sui-Tang China and its Neighbors"(Book Review), *The Journal of Asian Studies*, 4(1999), pp. 1117—1118.
[2] 《旧唐书》,卷71,2550页;谢保成:《贞观政要集校》,17页。
[3] 《旧唐书》,卷71,2551页。"德"具有多重含义,其确切含义应根据具体语境而定。"凶德"是另外一个例子。这个字意指盗窃、作恶、窝藏盗贼、接受赃物等。见《春秋左氏传》,卷20,1861页。英译见 James Legge, *The Chinese Classics*, 5, p. 282. 关于"凶德"的用例,见孔颖达等编撰:《尚书正义》,《十三经注疏》本,卷9,172页。关于"德"在《春秋左氏传》中含义的讨论,见小仓芳彦:《中国古代政治思想研究——『左伝』研究ノート》,京都:青木書店,1970年,62—72、73—79页。
[4] 《春秋左氏传》,卷5,1741页。
[5] 孔颖达:《周易正义》,《十三经注疏》本,卷8,86页。
[6] 《春秋左氏传》,卷52,2119页。英译见 James Legge, *The Chinese Classics*, 5, p. 727。"九德"也可指称其他的能力、素质,见孔晁:《逸周书》,《四部丛刊》本,卷1,6页上;卷4,5页下。《春秋左氏传》,卷19上,1846页。

些出众的素质,就能恰当地运用道德、教化、武力等手段治理百姓。在这种政治背景下,"德"的要义是功效性,因此它成为初唐朝廷处理内政、外交问题时最合适的指导原则。李延寿对"德"在外交政策中的作用概括如下:"夫无德则叛,有道则服。"①

在政策辩论中,"德"还有另外一种含义,即"得事宜也","德"与"得"是同音通假字。②"德"在这里的意思是,君主和大臣可以运用"德"的力量妥善处理各种事务,以暴力或和平的手段说服他人。③例如,唐廷在639年颁布的诏书中便以"德"为攻打高昌国辩护:"命将出军,王者成定乱之德。"④因此,在政策讨论的语境下,"德"最好翻译成"in virtue of""efficacy"或"power"。⑤

常与"德"连用的"义"通常被译为"righteousness"。但"righteousness"具有很强的道德意味,这与唐代外交语言中的"义"有所不同。"义"

---

① 李延寿:《北史》,卷96,3196页;《南史》,卷79,1987页。房玄龄(579—648)也持类似观点,见《唐会要》,卷99,1775—1776页。
② 孔颖达:《礼记正义》,《十三经注疏》本,卷37,1528页;邢昺:《论语注疏》,《十三经注疏》本,卷2,2461页;刘熙:《释名》,《四部丛刊》本,卷4,25页上。汉代《黄石公素书》,《四库全书》本,1页下记载:"德者,人之所得,使万物各得其所欲。"德的终极目标是:"德惟善政,政在养民。"见孔颖达:《尚书正义》,卷4,135页。英译见James Legge, *The Chinese Classics*, 1, pp. 55—56。大英博物馆、巴黎国家图书馆各藏有唐人杜正伦作品《百行章》手抄本。在卷1及卷16中,"德"字写作"得"。见林聪明:《唐杜正伦及其百行章》,台湾:东吴大学中国文学研究所,1979年,53—54、75页;福井康顺:《百行章についての諸問題》,《東方宗教》13—14,1958年,1—23页。
③ 参见 Arthur Waley, *The Way and Its Power: A Study of the Tao Te Ching and its Place in Chinese Thought* (London, 1934), pp. 31—32; A. C. Graham, *Disputers of the Tao, Philosophical Argument in Ancient China* (La Salle, Illinois, 1989), p. 13; David S. Nivison, "Royal Virtue in Shang Oracle Inscriptions", *Early China*, 4 (1978—1979), pp. 52—55;小南一郎:《天命と德》,《東方学報》第64号,1992年,39—40页;小南一郎:《古代中国天命と青銅器》,京都:京都大学学術出版会,2006年,201、220—226页;小野澤精一:《德論》,载《中国文化叢書》第2卷,東京:大修館書店,1968年,151—184页。另见王健文:《有盛德者必有大业——"德"的古典义》,《大陆杂志》第1期,1992年,33—46页;Yuri Pines, *Envisioning Eternal Empire: Chinese Political Thought of the Warring States Era* (Honolulu, Hawai'i, 2009), pp. 39, 43。
④《唐大诏令集》,卷130,643页。
⑤ Arthur Waley, *The Analects of Confucius* (London, 1938), p. 33. Jay Sailey, "A. C. Graham's Disputers of the Tao and Some Recent Works in English on Chinese Thought", *Journal of the American Oriental Society*, 112, no. 1 (1992), pp. 36—41; Fung Yu-lan (Derk Bodde trans.), *A History of Chinese Philosophy*, vol. 1. (Princeton, New Jersey, 1983), p. 179. 早期中国典籍中的一个典型例子是"武有七德",即"禁暴、戢兵、保大、定功、安民、和众、丰财",见《春秋左氏传》,卷23,1882—1883页。英译见James Legge, *The Chinese Classics*, 5, p. 320。

与"功效"是同义词,与"宜"是同音通假字。①"义"的核心含义是在某个具体场合采取某项行动的合宜性。所谓合宜的行动是指该行动符合当时的情况和当事人的地位。②没有任何普遍的道德观念可以判定某人或整个国家的行为是否合宜。③例如,唐对外用兵也可能是合宜的,④如果征讨的对象是某个拒绝履行义务的属国,或者它骚扰唐边境,抑或它一贯与唐为敌。⑤

其实,自古以来,"宜"一直是政策制定者主要考虑的因素。⑥依据功效("德")、合宜("义")的原则制定对外政策是国家根本利益之所在,因为这种政策不仅符合国家利益,也能为相关各方带来好处。⑦一些思想家指出,"利者,义之和也",⑧"义,利之本也",⑨"以义生利",⑩"以义为利",⑪"以义建利"。⑫一些政治家认为,"义"是一种国家行为准则,对国家的存续至关重要。合宜的行动因而是赢得战争的一种手段("战之器也")。⑬

制定政策时的合宜性,指君主应依据具体情况处理问题并造福百姓。⑭他必须"以义制事"。⑮举例来说,他应该允许习惯寒冷天气的百姓住在北

---

① 孔颖达:《礼记正义》,《十三经注疏》本,卷48,1598页,卷52,1629页;《国语》,卷3,1页下,卷7,5页上;贾昌朝:《群经音辨》,《四部丛刊》本,卷5,7页下。
② 管仲:《管子》,《四部丛刊》本,卷13,3页上;刘安:《淮南子》,《四部丛刊》本,卷9,13页下。《淮南子》卷9英译,见 Roger T. Ames, *The Art of Rulership: A Study in Ancient Chinese Political Thought*(Honolulu, Hawai'i, 1983), pp. 165—209。 在 A. C. Graham, *Disputers of the Tao*, pp. 11, 45 和 James D. Sellman, *Timing and Rulership in Master Lü's Spring and Autumn Annals*(*Lüshi chunqiu*)(Albany, New York, 2002), p. 115 中,"义"被译为"proper timing"。
③ 凶杀在中国社会一般会被判处死刑,但如果一个人杀死的是凌辱其父母、兄弟或长辈的恶徒,那么他的行为就可以被认为是正当的,见贾公彦等撰:《周礼注疏》,卷14,732页。
④ 《唐大诏令集》,卷130,645页。
⑤ 《旧唐书》,卷66,2466页。
⑥ 孔颖达:《礼记正义》,卷12,1338页;《汉书》,卷52,2400页;《后汉书》,卷89,2946页;《新唐书》,卷215,6037页;《资治通鉴》,卷193,6075—6076页,卷194,6117页。
⑦ 《春秋左氏传》,卷16,1822页。英译见 James Legge, *The Chinese Classics*, 5, p. 201。
⑧ 《春秋左氏传》,卷30,1942页,卷51,2107页。英译见 James Legge, *The Chinese Classics*, 5, p. 440。另见孔颖达:《周易正义》,卷1,15页。
⑨ 《春秋左氏传》,卷45,2059页。英译见 James Legge, *The Chinese Classics*, 5, p. 629。
⑩ 《春秋左氏传》,卷25,1894页。英译见 James Legge, *The Chinese Classics*, 5, p. 334。《国语》,卷2,2页上,卷3,3页下,卷7,7页上,卷8,9页下。《国语》最后一条资料将"义"比喻为"利之足"。
⑪ 孔颖达:《礼记正义》,卷60,1675页。
⑫ 《春秋左氏传》,卷28,1917页。
⑬ 同上。
⑭ 刘熙:《释名》,卷4,25页上;孔颖达:《礼记正义》,卷48,1598页,卷52,1629页。
⑮ 孔颖达等编撰:《尚书正义》,卷8,161页。

方，习惯炎热天气的人住在热带；① 对百姓发号施令时，应确保这些命令不违农时，不干扰农业生产；② 面对域外之民，应该"修其教不易其俗，齐其政不易其宜"。③ 太宗称这种能力为"众欲斯从，是名敦义"。④

在外交活动中追求功效和合宜，必须以对域外百姓及其生活方式的了解为基础。唐朝的四邻多为游牧或半游牧民族。他们随季节迁徙，逐水草而居，与定居的唐朝农民接触不多，只是偶尔以牛马换取生活必需品。但是，当游牧民族遭受重大灾难无法维持生计时，情况就会发生重大改变。干旱和暴风雪会导致牧民赖以生存的牛羊大批死亡，迫使他们骚扰唐朝边境村庄以获取食物。部落联盟内部激烈的权力斗争以及部落之间的征战，往往使失败一方南下寻求唐朝的庇护。唐和四邻由此形成了一种连锁关系。⑤

唐朝君臣十分清楚这种连锁关系。尽管他们常常用带有负面色彩的"蛮夷"一词指称四邻，但他们对其语言、意图和对唐的态度多少有所了解。唐朝官员知道，自古以来中原王朝就与"蛮夷"有着密切的关系。"蛮夷"受圣王德化的影响，成为中原王朝防御体系的一部分。⑥ 但是，当中原王朝君主的权威因内乱而遭到削弱时，北方的"狄"和西方的"戎"开始对中原抱有敌意，而南方的"蛮"和东方的"夷"仍然相安无事。⑦ 四邻对中原王朝的不同态度，并不仅仅取决于各自军事实力的强弱，更多的是特定地理环境的产物，而且轻易不会改变。⑧ 中原王朝不可能不与"蛮夷"接触，他们将永远是内地百姓生活方式的一部分。⑨ 那些地理位置和文化各不相同的游牧部落或国家，会根据情况进犯或撤出中原。因此，中原王朝和

---

① 孔颖达：《礼记正义》，卷12，1338页。
② 邢昺：《论语注疏》，卷5，2474页。
③ 孔颖达：《礼记正义》，卷12，1338页。
④《全唐文》，卷8，39页。太宗也以此评价其他政权君主的行为。他表扬突利可汗在北方草原遭遇自然灾害和饥馑时投靠唐朝。这使突厥君主"转祸为福"，因此"厥义可嘉"。见《全唐文》，卷4，15页。
⑤ 对游牧民族社会的综合论述，见 Nicola Di Cosmo, "Ancient Inner Asian nomads: Their Economic Basis and Its Significance in Chinese History", The Journal of Asian Studies, 53, no. 4 (1994), pp. 1092—1126. 另见萧启庆：《北亚游牧民族南侵各种原因的检讨》，《食货月刊》复刊第1卷第12期，1972年，1—11页。
⑥《春秋左氏传》，卷50，2103页。
⑦《国语》，卷16，1页上一下。
⑧ 孔颖达：《礼记正义》，卷12，1338页；《旧唐书》，卷199下，5364页。
⑨ 汉代官员杜钦将四邻比作"中国之阴"，见《汉书》，卷60，2671页。

四邻的互动有一定程度的流动性。[1]

　　如果唐朝实力较强，唐廷在处理对外关系时就有选择的余地。唐君臣会权衡、讨论应当如何妥善处置"蛮夷"。才华横溢的太宗宠妃徐惠在648年的一份奏章中总结了内外政策之间的复杂联系以及它们对唐朝国运的影响。她写道："地广非长安之术，人劳乃易乱之源。"[2]魏征也持同样的看法。他以隋朝为例告诫太宗，野心过大但考虑欠周的内外政策是这个强大王朝覆灭的主要原因。隋廷的鲁莽举措（"动"）最终导致其灭亡。与此相反，唐慎重行事，正逐步实现内部稳定。[3]深谋远虑的唐朝大臣认为，他们的职责就是建议皇帝避免意气用事。魏征便是一个例子。

　　魏征为使太宗不要做出不明智的举动，向他提出了"十思"的谏言。"十思"强调君主应改善与臣下的关系，厉行节俭，保持谦卑。其内容如下："见可欲则思知足以自戒，将有作则思知止以安人，念高危则思谦冲而自牧，惧满溢则思江海而下百川，乐盘游则思三驱以为度，恐懈怠则思慎始而敬终，虑壅蔽则思虚心以纳下，想谗邪则思正身以黜恶，恩所加则思无因喜以谬赏，罚所及则思无因怒而滥刑。"[4]这些睿智的建议得到了皇后的赞赏。她称赞魏征"实乃能以义制主之情，可谓正直社稷之臣矣"。[5]

　　唐朝大臣认为，审慎、克制地处理外交事务，维持唐与四邻的和睦关系符合唐朝的根本利益。他们认识到，若想与四邻和谐共处，就要"畜之"，要给他们生衍繁息的空间，不能将其逼入绝境。[6]唐应试图理解"蛮夷"的志向和需求（"达其志，通其欲"），他们希望与唐贸易、通婚，有时想称臣于唐。唐朝官员基于这样的认识，发展出一种外交思维模式，兼顾

---

[1] 令狐德棻等编撰：《周书》，卷50，921页。《旧唐书》卷196下，5266页在评论唐与突厥关系时解释道："盛则侵我郊圻，衰则服我声教。"李延寿对游牧民族有相同的评论："考之前代，屡经叛服。窥觎首鼠，盖其本性。"见氏著：《北史》，卷96，3196页。另见 Robin D. S. Yates, "Body, Space, Time, and Bureaucracy: Boundary Creation and Control Mechanism in Early China", in *Boundaries in China*, ed. John Hay (London, 1994), pp. 56—80; Joseph Chan, "Territorial Bundaries and Confucianism", in Daniel A. Bell ed. *Confucian Political Ethics* (Princeton, New Jersey, 2007), pp. 61—84.
[2] 《旧唐书》，卷51，2168页。
[3] 同上书，卷71，2554页；谢保成：《贞观政要集校》，441页。
[4] 《旧唐书》，卷71，2552页。
[5] 同上书，卷51，2165页。
[6] 同上书，卷66，2466页。

相互的一己利益、合宜性、功效性、"德"和"义"。这些奉行实用主义的政策制定者主要考虑的是对外政策会给唐朝带来怎样的影响。但他们也知道，为了与四邻和平共处，唐朝的外交必须使参与各方全都感到满意。只有国际社会各方均能实现相互的一己利益，唐才能真正获益。不仅如此，在外交中依照相互的一己利益行事也是符合道义的。它兼顾了唐与相关各方的利益，因此是体现了"德""义""宜"原则的国家行为。唐廷官员认为，外交思想中的"德""义""利"并不是必然冲突的，他们能够通过实行合宜的政策，使三者相互协调。

唐廷官员在道德性和实用性两个层面上使用"德"和"义"两个概念，极好地体现了辩证思维。对他们来说，外交语言中的"德"和"义"并不是意识形态或道德原则的空洞陈述，它们是相关各方追逐相互的一己利益的具体手段。唐廷经常引用儒家道德观为自己的对外行为辩护，但它对一项政策的最终评价标准其实是建立在对相互的一己利益以及合宜性的仔细评估之上的。

由从善如流到我行我素的君主

通过宣武门事变上台的太宗在当政之初集中精力巩固权力，避免对外过度扩张。628年，他对大臣们说："人言天子至尊，无所畏惮。朕则不然。上畏皇天之监临，下惮群臣之瞻仰，兢兢业业，犹恐不合天意，未副人望。"魏征称赞太宗的这些想法"诚致治之要"，希望太宗能够"慎终如始"。[①]

太宗也能做到从谏如流。629年，他命大臣举贤荐能，还力促他们对不合时宜的政策提出批评。太宗以调侃的口吻说："比来唯睹顺从，不闻违异。若但行文书，则谁不可为，何必择才也！"[②] 两年后的631年，当时突厥已降服，太宗再次对大臣们说："今中国幸安，四夷俱服，诚自古所希，然朕日慎一日，唯惧不终，故欲数闻卿辈谏诤也。"太宗渴望听到不同意见，魏征为此感到高兴。他对皇帝说："内外治安，臣不以为喜。唯喜陛

---

① 《资治通鉴》，卷192，6408页。
② 同上书，卷193，6063—6064页。

下居安思危耳。"同年，太宗再次重申："朕常恐因喜怒妄行赏罚，故欲公等极谏。"①

但仅仅过了几年，太宗就开始偏离早些时候小心谨慎的为政之道。632年，他不顾群臣强烈反对，大兴土木。魏征上书劝谏，太宗大度地接受了他的意见，但拒绝停工。大臣们很快注意到皇帝对公开批评的态度已经有所改变，许多人不再反对太宗的意见。②太宗对直言敢谏的魏征也渐渐失去了耐心。632年阴历三月的一天，魏征又因强谏惹怒太宗。太宗罢朝回到宫中后怒气冲冲地对皇后说："会须杀此田舍翁。魏征每廷辱我。"皇后为使丈夫息怒，退入内宫，穿上只在重大场合才穿的朝服，立于殿庭。太宗见此大吃一惊，问她为何如此装扮。皇后答道："妾闻主明臣直。今魏征直，由陛下之明故也，妾敢不贺！"③

太宗试图改善自己对待大臣的态度。他有时谦恭地与他们交谈，和颜悦色地鼓励他们提出对统治有益的政策。④但实际上他越来越不耐烦。皇甫德参上书指出修洛阳宫劳民伤财，太宗勃然大怒，想要治他诽谤罪。⑤皇后对太宗的急躁脾气深感忧虑，当时她的健康状况已经急剧恶化。她在与太宗诀别时仍然提醒后者要"纳忠谏"。⑥遗憾的是，她的遗言被当成耳旁风。朝廷的言路越来越闭塞，许多朝臣不再参与任何政策讨论。637年，魏征恰如其分地描述了太宗对进谏态度的变化："陛下贞观之初，恐人不谏，常导之使言，中间悦而从之。今则不然，虽勉从之，犹有难色。"⑦641年，魏征为促太宗重新积极纳谏做出最后努力。他甚至责难皇帝道："陛下临朝……横加威怒，欲盖弥彰，竟有何益！"⑧

---

① 《资治通鉴》，卷193，6091页。
② 同上书，卷194，6100页。
③ 同上书，卷194，6096页。
④ 同上书，卷194，6097页、6105页；《册府元龟》，卷109，17页下—18页上。太宗清楚自己的脾气急躁。628年，他谈到自己需要"抑情损欲，剋己自励"。魏征也反复提醒他不要"纵情以傲物"。见谢保成：《贞观政要集校》，424页。
⑤ 《资治通鉴》，卷194，6109页。
⑥ 同上书，卷194，6121页。
⑦ 同上书，卷195，6137—6138页。639年，魏征列出了皇帝十项有始无终的事情，见《资治通鉴》，卷195，6129、6147页。实际上，637年洛水泛滥，殃及六百多户百姓后，太宗仍能听取批评意见。但他是否接受批评则另当别论。见《旧唐书》，卷37，1351—1352页。
⑧ 《资治通鉴》，卷196，6172、6176页。

642年，魏征逝世，太宗悲伤不已。他把这位忠臣比喻为一面可以如实映现君主功过的镜子，并感慨道："魏征殁，朕亡一镜矣。"①但是，太宗很快就抛弃了魏征的对外政策，连续对外用兵。他在644、647和648年征伐高句丽，646年讨灭薛延陀，648年平定龟兹。太宗还在646年接受铁勒内附，完全不考虑此举会给唐朝带来多么沉重的负担。他在接见这个新近归降的部落派来的使者时，首先询问了铁勒的近况，然后极为慷慨地说："汝来归我，领得安存，犹如鼠之得窟，鱼之得水。不知夫我窟及水，能容汝否？纵令不能容受，我必为汝大作窟，深作水，以容受汝等。"②

　　太宗礼遇铁勒是基于"大唐"这个新观念。"大唐"指的是这样一个政体：它向一切愿意加入唐王朝体系的外国人开放，并将所有外国人纳入这个大家庭，不管他们是一直顺从唐朝，还是被击败后投降唐朝。③早在626年太宗就曾说过："王者视四海如一家，封域之内，皆朕赤子。"④高祖和太宗都视自己为"苍生父母"，对所有人的福祉负责。⑤630年，太宗应西域各部落首领之请，接受了"天可汗"的称号。⑥新可汗的祖先和夫人都是讲突厥语的鲜卑人，对"蛮夷"的态度非常开放。⑦这种开放的心态在633年唐廷为太上皇李渊举行的一场酒宴上表现得淋漓尽致。当时一位臣服于唐朝的突厥可汗翩翩起舞，另一位来自南方的部落首领献诗作歌。高祖看过他们的表演后心满意足地说："胡、越一家，自古未有也！"⑧太宗的态度与父亲完全相同。此前中原王朝的皇帝大都认为境外部落之民是自己的敌人，视他们为野兽。但太宗不同，认为他们同样有人心。⑨他曾在644年说："夷狄亦人耳，其情与中夏不殊。人主患德泽不加，不必猜忌异类。盖德泽

---

① 《资治通鉴》，卷196，6184页。
② 《新唐书》，卷217下，6139页；《册府元龟》，卷170，12页上。
③ 王柯：《「天下」を目指して——中国多民族国家の步み》，農山漁村文化協会，2007年，5—6页；李鸿宾：《唐朝中央集权与民族关系》，北京：民族出版社，2003年，41—51页。
④ 《资治通鉴》，卷192，6022页。
⑤ 《旧唐书》，卷199下，5346页。太宗还以"华夷父母"著称。629年，太宗自称"四海之主"。见《资治通鉴》，卷193，6070、6088—6089页。对这个问题的讨论，见越智重明：《華夷思想と天下》，《久留米大学論叢》第37卷第2号，1988年，1—40页。
⑥ 《旧唐书》，卷3，39—40页；《资治通鉴》，卷193，6073页。
⑦ 李渊的母亲来自独孤氏，李世民的妻子则来自长孙氏。
⑧ 《资治通鉴》，卷194，6103—6104页。
⑨ 《旧唐书》，卷194上，5157页。

恰，则四夷可使如一家。"①这种包容精神为唐帝国兼收并蓄的开放体制奠定了基础。

初唐时，太宗十分清楚，建立"大唐"并不意味着他应该把"天下"尽收囊中。他在627年宣称"以武功定天下"时肯定是这么想的。②唐朝文官所说的"天下"通常是指唐廷实际管辖的州县和羁縻府州。③唐代法律文书中的"天下"一词也是这个含义。④"天下"的范围不是一成不变的，但在任何特定时期都有具体明确的疆界。⑤不过，雄心勃勃的皇帝和有抱负的大臣同样能将"天下"解释为带有世界主义色彩的词语，以此为对外用兵辩护。⑥太宗晚年在处理与高昌关系时就是如此。

639年，太宗借口高昌国王近年没有向唐廷朝贡，未能履行属国应尽的义务，决定攻打高昌国。⑦唐廷许多官员反对这一行动。有些人争辩说，高昌国是"天界绝域，虽得之，不可守"。⑧但太宗对反对意见置若罔闻，他认为自己的权力具有普遍性。他在给高昌国王的诏书中宣称："朕受天之命，君临四海，地无远近，人靡华夷，咸加抚育，使得安静。"⑨太宗正是以这种普遍权力的说辞为即将开始的远征辩解。640年，唐灭高昌国。

太宗处理与薛延陀关系的手法是另一个例子。642年，房玄龄建议太宗把唐公主嫁给薛延陀可汗。唐随即开始为和亲做准备。但这桩婚事完全是

---

① 《资治通鉴》，卷197，6215—6216页；《唐会要》，卷94，1690页。房玄龄主张，践行仁义者都可以被视为"中国人"，见他编纂的《晋书》，卷97，2550页。有关唐对外邻态度变化的研究，见傅乐成：《唐代夷夏观念之演变》，《汉唐史论集》，台北：联经出版事业公司，1978年，210—214页；冉光荣：《中国古代"大一统"国家观与民族关系》，《中华文化论坛》1994年第1期，25—32页；越智重明：《華夷思想の成立》，《久留米大学比较文化研究所纪要》第11号，1992年，43—137页。
② 《旧唐书》，卷28，1045页。
③ 陈子昂：《陈伯玉文集》，《四部丛刊》本，卷8，18页下—19页下。
④ 《唐会要》，卷40，722页；王方庆：《魏郑公谏录》，《四部丛刊》本，卷1，4页上—下。
⑤ 733年，"天下"包括十五个道；742年，"天下"扩大为331个县，800个羁縻府州，见《旧唐书》，卷38，1385页；《资治通鉴》，卷215，6847页。有关兵部、礼部、户部官员使用"天下"的例证，见《唐六典》，卷4，125页，卷5，161—163页；《资治通鉴》，卷217，6269页。"天下"在《唐六典》中出现了约六十次，见渡邊信一郎：《中國古代の王権と天下秩序——日中比較史の視點から》，東京：校倉書房，2003年，33—39、46、53—60页。
⑥ 自八世纪五十年代，唐内部叛乱减弱了唐廷对四邻的影响力，"天下"因此失去了世界主义的色彩，见《通典》，卷171，907页；《旧唐书》，卷196下，5247页；《新唐书》，卷216下，6107页；韩愈：《昌黎先生集》，卷31，3页上。
⑦ 《旧唐书》，卷198，5294页；《资治通鉴》，卷195，6146页。
⑧ 《新唐书》，卷221上，6221页。
⑨ 罗国威：《日藏弘仁本文馆词林校证》，247页。太宗在同一道诏书中还声称，自己"抚有天下"，"子育万方"，无论这些人是否已成为他的臣民。

权宜之计("便")。① 太宗实际上完全无意信守对薛延陀的承诺,因为他一直希望以武力消灭薛延陀。一年之后,太宗重新评估局势,改变了最初的想法。他下令停止和亲的准备,还告诉与薛延陀敌对的部落,复仇的时机已经到来。一些大臣对此表示反对,但太宗嘲笑他们"皆知古而不知今"。他还说:"今吾绝其婚,杀其礼,杂姓知我弃之,不日将瓜剖之矣。"② 646年,唐灭薛延陀。

一年之后的647年,太宗出兵攻打绿洲王国龟兹。他为给这个决定辩护,背离了决策时应优先考虑中原王朝自身的传统政治智慧,对"义"提出了新的解释——"劳己安人者义也"。他还提出:"众欲斯从,是名敦义。"太宗坚称,攻打龟兹的决定是适时、合宜的("时宜"),将为唐朝西陲带来永久和平。③ 一年之后的648年,他又用自己对"义"的新诠释为大举征讨高句丽辩护。但这次战役以唐军惨败告终。④

太宗时期的李延寿是《北史》的作者。他在书中将以前朝代浪费资源与偏远国家打交道的君主和大臣称为"宏放之主"和"好事之臣"。⑤ 李延寿显然是要用这些事例警告太宗和朝中大臣,因为在他看来,太宗已经变成了这样的君主。太宗曾在634年自豪地称自己"年二十四平天下,未三十而居大位",现在又令四邻臣服。⑥ 639年,太宗认为自己的成就可以与秦始皇、汉武帝媲美。⑦ 他的文章和谈话充分展示了这种豪放之情。他在《皇德颂》一文中写道,自己的目标是"齐一华夷",使"八蛮职贡,六狄怀柔"。⑧ 646年,他在接见铁勒部落首领时说:"我今为天下主,无问中国及四夷,皆养活之。"⑨ 648年,他甚至大谈征服北方部落,"使穷发之地尽为编户"。⑩

唐廷中当然不乏"好事"的将帅和官员。他们想要建功立业、求取皇

---

① 《资治通鉴》,卷196,6179—6180页。
② 《旧唐书》,卷80,2733页;《资治通鉴》,卷197,6201页。
③ 《全唐文》,卷8,39页;《册府元龟》,卷985,18页上一下。
④ 《唐大诏令集》,卷130,645页。
⑤ 李延寿:《北史》,卷97,3239页。
⑥ 《旧唐书》,卷72,2567页。
⑦ 《新唐书》,卷221上,6233页。
⑧ 《全唐文》,卷4,15页。还可以参考太宗的一首诗,见彭定求:《全唐诗》,卷1,4页。
⑨ 《新唐书》,卷217下,6139页;《册府元龟》,卷170,12页上。
⑩ 《资治通鉴》,卷198,6253页。

恩、加官晋爵，因而十分乐于支持太宗的冒险思想，甚至包括一些道德上有瑕疵的激进政策。649年，李靖为支持一项积极的对外政策辩护，宣称华夷之间的鸿沟可以轻易逾越。他说："天之生人，本无番汉之别。……若我恩信抚之，衣食周之，则皆汉人矣。"①令狐德芬主张："夫时者，得失之所系；几者，凶吉之所由。……因其时而制变，观其几而立权，则举无遗策，谋多上算。"②李大亮也上书为对外关系中的实用主义辩护："自古明王，化中国以信，驭夷狄以权。"③

太宗与高句丽

但是，合宜性和功效性并总不能确保唐廷一定会采取明智的对外政策。这并不奇怪。这两个概念有多重意义，唐廷官员常常用它们为相互冲突的政策建议辩护。有些人不切合实际地坚持唐在世界的中心地位，有的则顽固地认为唐应履行对朝贡国的道德义务。不仅如此，高祖和太宗都是老谋深算的实用主义者，不相信任何教条，愿意采取任何他们认为恰当的措施去处理复杂的国际问题和化解难以预料的危机。作为天子，他们将决定什么是"合宜"的国际行为，采取怎样的行动才符合唐及四邻的最大利益。不过，皇帝有时会误判唐廷的真正利益，实施灾难性的对外政策。太宗征高句丽遭遇惨败就是一个有名的例子。

625年，裴矩和温彦博劝高祖不要对高句丽的不敬之举无动于衷，因为"若与高丽抗礼，四夷必当轻汉"。④太宗627年登基后，主动调停朝鲜半岛的争端。他对百济王说："朕自祗承宠命，君临区宇，思弘王道，爱育黎元。"他命百济王立即停止进攻新罗："新罗王金真平，朕之藩臣，王之邻国。……王必须忘彼前怨，识朕本怀，共笃邻情，即停兵革。"⑤此时太宗对朝鲜半岛事务似乎还是持中立态度。但到了七世纪四十年代，他改变了立场。

---

① 《李卫公问对》，《四部丛刊》本，卷中，4页下。英译见 Ralph D. Sawyer, The Seven Military Classics of Ancient China, p. 337. 对这部作品的讨论见 Alastair Iain Johnston, Cultural Realism: Strategic Culture and Grand Strategy in Chinese History (Princeton, New Jersey, 1995), pp. 91—93。
② 令狐德棻等编撰：《周书》，卷50，921页。
③ 《旧唐书》，卷62，2388页。
④ 《唐会要》，卷95，1705页。
⑤ 《旧唐书》，卷199上，5329页。

643 年，为参加荣留王葬礼而出使高句丽的唐使邓素建议唐廷在怀远镇（今辽宁怀远）部署更多士兵，对高句丽施加压力。太宗拒绝了这个提议，还训斥邓素说："远人不服，则修文德以来之。未闻一二百戍兵能威绝域者也。"①但唐使告诉太宗，渊盖苏文派人暗杀了高句丽王，攫取了高句丽大权，自任兵部尚书、中书令，还将一名傀儡立为国王。太宗因此开始暗中谋划惩罚高句丽的远征。

然而，长孙无忌认为，计划中的惩罚行动缺乏正当性，因为不管是高句丽王室还是大臣都没有向唐廷控诉渊盖苏文的所作所为，也没有要求唐廷采取行动。长孙无忌建议太宗不要理会篡权者，并承认傀儡国王。这种做法能安抚高句丽王，对其提供支持，最终将其争取过来。太宗依长孙无忌之计行事，决定承认高句丽现状，并册封傀儡君主为上柱国、辽东郡王、高句丽王。太宗还用上古圣王的"礼不伐丧"的例子为自己辩护。②

644 年，司农丞相里玄奖将册书交给高句丽。册书开篇写道："怀远之规，前王令典，继世之义，列代旧章。"这或许是到那时为止唐廷颁布的最心口不一的诏书，因为太宗将在当年稍晚时候亲率大军征讨高句丽。③但相里玄奖对此一无所知。他极力劝说渊盖苏文放弃从新罗夺回失地。他说："既往之事，焉可追论！至于辽东诸城，本皆中国郡县。中国尚且不言，高丽岂得必求故地。"④但渊盖苏文断然回绝了这个建议。

渊盖苏文拒绝听命，正好为太宗出兵高句丽提供了理由。他宣称："盖苏文弑其君，贼其大臣，残虐其民，今又违我诏命，侵暴邻国，不可以不讨。"⑤不过，太宗虽然声称征高句丽是正义之举，许多唐廷官员却并不赞同。褚遂良称这次行动是"兴忿兵"。他还担心，太宗亲征是以身涉险。⑥但太宗对褚遂良的意见置之不理。他相信现在是行动的良机，而且胜利是

---

① 《资治通鉴》，卷 197，6198 页。
② 《新唐书》，卷 220，6188 页；《资治通鉴》，卷 197，6202 页。有关这个惯例的典型例子，见谷梁赤：《春秋谷梁传》，《十三经注疏》本，卷 16，2429 页。
③ 《旧唐书》和《新唐书》的编撰者显然认为，这份诏书过于口是心非，不应收入他们的著作。但朝鲜史料和清代著作都忠实地记录了这份诏书，见金富轼：《三國史記》，卷 21，1 页下—2 页上；《全唐文》，卷 7，31 页。
④ 《资治通鉴》，卷 197，6206 页。
⑤ 《旧唐书》，卷 199 上，5322 页；《新唐书》，卷 220，6189 页；《资治通鉴》，卷 197，6207 页。
⑥ 《新唐书》，卷 220，6189 页；《资治通鉴》，卷 197，6207 页。

唾手可得的。他说："[高句丽]民延颈待救，此正高丽可亡之时也。"①太宗为表示自己对渊盖苏文的不满，故意怠慢早些时候与相里玄奖一同来长安的高句丽使者。他拒不接受渊盖苏文的礼物，还斥责高句丽使者道："汝曹皆事高武，有官爵。莫离支弑逆，汝曹不能复仇，今更为之游说以欺大国，罪孰大焉！"太宗下令将使者关押在大理寺。②

太宗在离开首都之前接见了一些长者，他们的儿子或孙子将作为士兵参战。太宗为了鼓舞军队的士气，赐给长者们大量布匹和粮食，还保证会细心照顾这些士兵，让长者们"毋庸恤也"。但太宗其实也没有必胜的把握。他坦言，这次行动是"去本而就末，舍高以取下，释近而之远"。尽管如此，他仍然固执地认为，那些意见与自己相左的官员未能看到高句丽百姓正翘首等待唐军把他们从篡权者的独裁统治下解救出来。③

644年阴历十月，太宗颁布诏书，开始亲征高句丽。诏书开篇便愤怒地声讨渊盖苏文的罪行："高丽莫离支盖苏文，杀逆其主，酷害其臣，窃据边隅，肆其蜂虿。……若不诛剪遐秽，何以惩肃中华。"有人怀疑，这次耗费不赀的军事行动会重蹈隋征高句丽的覆辙，以惨败告终。太宗为打消人们的顾虑，宣称自己的高句丽之行将免除一切不必要的繁文缛节。

太宗相信，唐军英勇善战，自己的军事战略才能出众，内部形势也对出征有利，这些都确保他能够取得胜利。他说："朕缅怀前载，抚躬内省。昔受钺专征，提戈拨乱，师有经年之举，食无盈月之储，至于赏罚之信，尚非自决。然犹所向风靡，……以定海内，以安苍生。然则行军用兵，皆亿兆所见，岂虚言哉！……北殄匈奴种落，有若摧枯；西灭吐谷浑、高昌，易于拾芥。包绝漠而为苑，跨流沙以为池。皇帝不服之人，唐尧不臣之域，并皆委质奉贡，……此亦天下所共闻也。况今丰稔多年，家给人足。……虽足以为兵储，犹恐劳于转运。故多驱牛羊，以充军食。……如斯之事，岂不优于曩日！"

诏书结尾处列举了唐军的五大优势：以大击小，以顺讨逆，以安乘乱，

---

① 《资治通鉴》，卷197，6207页。
② 《新唐书》，卷220，6189页；《资治通鉴》，卷197，6212页；谢保成：《贞观政要集校》，460页。
③ 《新唐书》，卷220，6189页；《册府元龟》，卷985，13页上一下。

以逸待劳，以悦当怨。因此，唐征高句丽"何忧不克，何忧虑不摧。可布告元元，勿为疑惧耳"。①

但太宗没能说服太多官员支持这场战役。他在赴高句丽途中来到东都洛阳，听取了郑元璹的建议，后者曾参加过隋与高句丽的战争。郑元璹向太宗着重指出高句丽之役的两个战术难点：唐军的后勤补给和高句丽的顽强抵抗。但太宗对他的看法不以为意，告诉他："今日非隋之比，公但听之。"②

曾用"枝干"比喻唐与四邻关系的李大亮也在洛阳。他同样认为高句丽之役是严重的战略失误。此时李大亮已重病在身，但仍然上书劝皇帝放弃军事行动。他在奏章中写道："京师宗庙所在，愿深以关中为意。"③李大亮的意见也没有任何成效。

此时的太宗一心想着报仇，已经丧失了理性思考的能力。他在定州（今河北定州）对随从说："辽东本中国之地，隋氏四出师而不能得；朕今东征，欲为中国报子弟之仇，高丽雪君父之耻耳。"在太宗看来，征服高句丽将使未来辽东安宁无事，这将是他对唐朝最大贡献。④

但高句丽之役的发展完全出乎太宗意料。高句丽西部与渊盖苏文对立的势力没有开城欢迎太宗，也没有揭竿而起反对篡权者。相反，他们在安市城顽强抵抗唐军。太宗首次征服高句丽的尝试以失败告终。

回到长安后，太宗开始反思在高句丽遭遇的挫折。他承认自己在战术上有一些失误，⑤但不认为征服高句丽的计划从根本上就是错误的。他与太子的对话清楚地显示了他的这种心态。648年正月，他将自己刚刚完成的《帝范》赐给太子，并对他说："汝当更求古之哲王以为师，如吾，不足法也。……吾居位以来，不善多矣。"随后，太宗列举了自己曾经犯下的一些

---

① 《唐大诏令集》，卷130，644页；《全唐文》，卷7，32页。
② 《资治通鉴》，卷197，6213页。
③ 《旧唐书》，卷62，2390页；《资治通鉴》，卷197，6215页。张亮是另一名反对征高句丽的唐朝官员，见《旧唐书》，卷69，2515页。
④ 《新唐书》，卷220，6190页；《资治通鉴》，卷197，6217—6218页；《册府元龟》，卷117，16页上一下。
⑤ 《资治通鉴》，卷198，6230、6234—6235页。对这些战术错误的分析，见于赓哲：《隋、唐两代伐高句丽比较研究》，载王小甫编：《盛唐时代与东北亚政局》，上海：上海辞书出版社，2003年，62—63页。

过失："锦绣珠玉不绝于前，宫室台榭屡有兴作，犬马鹰隼无远不致，行游四方，供顿烦劳。"但他只字未提自己在高句丽的失败。①

其实，太宗在《帝范》第十一篇《阅武》中批评了好战之徒。他写道："夫兵甲者，国之凶器也。土地虽广，好战则人凋；邦国虽安，亟战则人殆。"②太宗当然不认为自己是这样的好战之徒。但许多朝廷官员，包括受他宠幸、直言敢谏的妃子徐惠，都认为皇帝在高句丽问题上犯了大错，征高句丽本身就是穷兵黩武的行为。她上书批评太宗道："以有尽之农功，填无穷之巨浪；图未获之他众，丧已成之我军。"她得出结论："是知地广非常安之术，人劳乃易乱之源也。"③

太宗"善其言，甚礼重之"，但没有接受她的谏言。④不久之后，太宗开始准备第二次征高句丽。曾在高祖和太宗两朝任宰相长达三十二年之久的老臣房玄龄对此深感忧虑，当时他已经病入膏肓。648年阴历六月，他对儿子们说："当今天下清谧，咸得其宜。唯东讨高丽不止，方为国患。主上含怒意决，臣下莫敢犯颜。吾知而不言，则衔恨入地。"房玄龄上了一封措辞强烈的奏章，力劝太宗取消军事行动。他写道："陛下威名功德亦可足矣；拓地开疆，亦可止矣。彼高丽者，边夷贱类，不足待以仁义，不可责以常理。古来以鱼鳖畜之，宜从阔略。若必欲绝其种类，恐穷兽则搏。"

房玄龄认为，只有当高句丽王不守臣道，或者他派军队侵扰唐朝百姓，再或者高句丽对唐构成长期威胁时，武力征讨才名正言顺。但是，高句丽"今无此三条"，唐只是"内为旧王雪耻，外为新罗报仇"便兴师动众，"岂非所存者小，所损者大"？⑤遗憾的是，房玄龄的上书同样没有起到任何作用。不过，太宗在649年去世，对高句丽的军事行动因此夭折。

---

① 《资治通鉴》，卷198，6251页。
② 宋钢、修远编撰：《帝范》，呼和浩特：内蒙古人民出版社，1999年，199页。英译参照 Denis C. Twitchett, "How to Be an Emperor: T'ang T'ai-tsung's Vision of his Role", *Asia Major* (3rd series), 4, nos. 1—2, p. 83, 笔者对英译稍有修改。
③ 《资治通鉴》，卷198，6254页。
④ 太宗一意孤行要从高句丽手中收复辽东，并消灭高句丽。他的意图如此明显，以至于646年开始编纂《晋书》的官员决定不谈及这个有争议的问题。《晋书》第九十七卷是对"东夷"的记载，但其中完全没有关于高句丽的论述。见黄约瑟：《薛仁贵》，74页。
⑤ 《旧唐书》，卷66，2464、2466页；《资治通鉴》，卷197，6215页；卷199，6260页。

从谥号看唐人对太宗治绩的评价

太宗为继任的高宗留下了一个庞大的帝国和丰富的内政外交政策遗产。新皇帝为太宗上谥号"文皇帝",以此来概括太宗一生的作为和成就。① 乍看起来,这个谥号似乎是称赞太宗在道德方面无可指摘,但其实不然。在唐代政治批评的语境中,"文"用于描述下述个人品质:在天地间建立秩序("经纬天地");通达古人之道,了解道的力量("道德博厚");虚心好学,不耻下问("学勤好问");对百姓慈爱为怀("慈惠爱民");体恤百姓,尊崇礼法("悯民惠礼");给贤能之人封官晋爵("赐民爵位")。② 这种性质的"文"其实带有"得事宜"中"得"的含义。此外,谥号中"皇"和"帝"二字的用法相近,指能安抚百姓、依法行事("静民则法"),广布德泽于天地之间("德象天地")的君主。③ 因此,太宗的谥号主要是赞扬他政治干练、无所不知、从善如流、善用礼仪。对高宗来说,太宗的成就与个人道德无关,主要是以实用、功利的手段治理唐境内外的百姓。太宗是通过血腥政变登上皇位的,上谥号"孝"的可能性因此大大降低。

674年,太宗被加谥为"文武圣皇帝"。这个谥号赞扬太宗是一位有权势的皇帝,能平定叛乱("武"),使百姓奉公守法("文"),扬善赋简("圣")。④ 不过"武"也是对野心勃勃、穷兵黩武的批评。⑤ 这个谥号同样不是在颂扬太宗的个人德行。749年,太宗又被加谥为"文武大圣皇帝"。直到754年,"孝"才最终出现在他的谥号中,⑥ 但几乎没有影响到对太宗的总体评价。显然,唐朝历代皇帝在根据太宗的成就为其上谥号时,选择了不涉及信、义、忠等儒家道德标准的谥号。

到了宋代,史家才开始用儒家道德棱镜对太宗详加检视。著名史学家司马光(1019—1086)责备唐太宗在643年取消与薛延陀和亲是言而无信

---

① 《唐会要》,卷1,2页。在唐代政治文化中,谥号概括了逝者的所作所为("谥行之迹也")和功绩("号者功之表也"),见孔晁:《逸周书》,《四部丛刊》本,卷6,5页下;汪受宽:《谥法研究》,上海:上海古籍出版社,1995年,1—10页。
② 孔晁:《逸周书》,卷6,5页下;张守节:《史记正义论例》,载泷川资言编纂:《史记会注考证》,北京:文学古籍刊行社,1954年重印,9页。
③ 张守节:《史记正义论例》,8页。
④ 同上。
⑤ 同上书,9页;孔晁:《逸周书》,卷6,5页下。
⑥ 《唐会要》,卷1,2页。

的行为。他批评道："唐太宗审知薛延陀不可妻，则初勿许其婚可也。既许之矣，乃复恃强弃信而绝之，虽灭薛延陀，犹可羞也。王者发言出令，可不慎哉。"①范祖禹也指责高祖和太宗为了取得突厥的支持而向突厥称臣是置道义于不顾，这种做法"何以示后世矣"。他甚至还批评太宗在630年接受"天可汗"的称号是"不师古"。②

但是，司马光和范祖禹的道德义愤可谓无的放矢。他们不理解高祖和太宗的意识形态背景，唐初的两位君主是按照完全不同的道德原则来制定对外政策。③在高祖和太宗的价值体系中扮演重要角色的是功效、合宜、权宜之计、相互的一己利益等观念，而不是诚、信等儒家道德。

高宗时期的战略再定位：从东北到西北

高宗在650年登基后继承其父的政策，将注意力几乎完全集中在朝鲜半岛事务上。他在给高句丽、新罗、百济君主的信中直言不讳地训示他们要为实现唐廷在朝鲜半岛的目标效力。651年，他向百济王颁布诏书，命其归还从新罗夺取的土地和百姓。诏书威胁说："王可深思朕言，自求多福，审图良策，无贻后悔。"④这封诏书是对百济的最后通牒。高宗早已决定，为使新罗全力协助唐朝平定高句丽，必须首先消灭新罗的宿敌百济。660年，唐军征服了百济。

现在，唐军在北，唐罗联军在南，高句丽腹背受敌，在劫难逃。高宗对此十分满意，认为自己终于可以实现父亲平定高句丽的目标了。他决定御驾亲征。武后考虑到丈夫的安全，反对这一决定。⑤蔚州（今山西灵丘）

---

① 《资治通鉴》，卷197，6201—6202页。
② 范祖禹：《唐鉴》，上海：上海古籍出版社，1984年影印南宋本，卷1，1页上—2页下；卷2，4页上。有关宋代文人对唐太宗的其他批评，见李焘：《续资治通鉴长编》，台北：世界书局，1983年，卷35，13页下。
③ 史怀梅（Naomi Standen）指出，十世纪时，人们对忠、信的看法并不拘泥于一种明确的解释，他们对这些概念似乎有更为宽泛的理解，并以此指导自己的行为，见他的 Unbounded loyalty: Frontier Crossing in Liao China（Honolulu, Hawai'i, 2007），pp. 62—63。笔者认为，唐代的情况也是如此。关于初唐的外交及对外政策思想的研究，见笔者的文章"Ideas concerning Diplomacy and Foreign Policy under the Tang Emperors Gaozu and Taizong", Asia Major（3rd series），22, part 1（2009），pp. 239—285。
④ 《旧唐书》，卷199上，5330—5331页；《新唐书》，卷220，6199页；《资治通鉴》，卷199，6277页；《全唐文》，卷15，72页。
⑤ 《新唐书》，卷220，6196页；《资治通鉴》，卷200，6324页。

刺史李君球看出了这场战争对唐朝的长期战略影响。他建言:"高丽小丑,何至倾中国事之?有如高丽既灭,必发兵以守,少发则威不振,多发人不安,是天下疲于转戍。臣谓征之未如勿征,灭之未如勿灭。"①

高宗从不认为平定高句丽会带来任何消极后果。对他来说,彻底战胜敌人的诱惑是难以抗拒的。667年,高句丽发生内乱,他趁机下令大举进攻辽东。许多唐廷官员积极支持这场战争,没有人质疑其正当性。

但是,唐朝的军事行动刚刚开始两个月便出现了不祥之兆。史籍记载:"彗星见于五车。"而根据中国古代的风水理论,五车星与统治者有关。高宗认为这象征着上天对他的施政不满,于是"避正殿,减常膳,撤乐",以示知错。②

实际上,这位反躬自省的皇帝更应该认为,彗星的出现预示着唐对高句丽的统治将不会一帆风顺。唐在668年征服高句丽之后,在当地设置府州,派官员进行统治。但唐很快便遇到了新的挑战。新罗曾与唐结盟一起消灭了高句丽,现在却试图驱逐唐军,由自己统一朝鲜半岛。高宗打算征讨新罗。当时卧病在家的侍中张文瓘决意阻止皇帝这样做。675年,他命侍从用轿子将自己抬入宫中,然后劝谏高宗道:"彼为吐蕃犯边,兵屯寇境。新罗虽未即顺,师不内侵。若东西俱事征讨,臣恐百姓不堪其弊。请息兵修德以安百姓。"③高宗采纳了他的谏言,于676年将唐在朝鲜半岛设置的府州迁到辽东。

张文瓘的谏言透露出了一个重要信息——吐蕃正成为唐廷的新威胁。高宗减少唐在朝鲜半岛军事活动的决定也表明,唐廷的军事战略重心已经从东北转到西北。这个重大转变的根源就在于唐过度介入半岛事务。650年,登基不久的高宗为了确保有足够的兵力征讨高句丽,同时避免唐在西域的防线拉得过长,下令弃置安西都护府。唐减少在西域的驻军后,刚刚在648年归顺唐廷的西突厥汗国末代可汗阿史那贺鲁随即在651年反叛,唐在当地设置的府州再次受到威胁。吐蕃趁机进入西域,并最终成为西域的一个

---

① 《新唐书》,卷220,6195—6196页。
② 《资治通鉴》,卷201,6355页。
③ 《旧唐书》,卷85,2815—2816页。

主要竞争者。

唐廷新的战略定位实际上是对新局势的回应。它不情愿地默认了自己没有能力在东北和西北同时打两场重要战争的事实。但是，唐廷新的战略定位并没能立即阻止吐蕃在西域逐步扩大自己的势力。

678年，忧心忡忡的高宗就西域事务咨询中书省官员："吐蕃小丑，屡犯边境，我比务在安辑，未即诛夷。而戎狄豺狼，不识恩造，置之则疆场日骇，图之则未闻上策，宜论得失，各尽所怀。"①大臣们提出了三个备选方案：和亲、巩固边防但不直接与吐蕃交战、战争。

高宗并不想同吐蕃开战。他说："往者灭高丽、百济，比岁用师，中国骚然，朕至今悔之。今吐蕃内侵，盍为我谋？"中书舍人刘祎之劝皇帝忍耐："吐蕃时扰边隅，有同禽兽，得其土地，不可攸居，被其凭凌，未足为耻。"他劝高宗不要立即对吐蕃采取军事行动。另一位中书舍人郭正一也持同样观点："近讨则徒损兵威，深入则未穷巢穴。望少发兵募，且遣备边，明烽堠，勿令侵抄。使国用丰足，人心叶同，宽之数年，可一举而灭。"但中书侍郎薛元超表示反对："纵敌生患，不如料兵击之。"②在场的大臣未能提出应对吐蕃的全面政策。

由于唐廷缺乏考虑周详的应对吐蕃及西突厥的战略，唐地方官员只能相机行事（"权"）。他们往往以"合宜"为自己的行为辩护。西州刺史骆弘义的建言完全建立在唐的利益之上，没有任何道德修辞。他提议："安中国以信，驭夷狄以权，理有变通也。"③由于大臣们未能就对吐蕃政策达成共识，西域局势进一步恶化。679年，唐军击败吐蕃收复了四镇。但就在同年，西突厥首领阿史那都支与吐蕃联手进攻安西都护府，西域唐军处在危险之中。一些唐廷官员建议出兵击退来犯者。但吏部侍郎裴行俭对此表示怀疑："吐蕃为寇，审礼覆没，干戈未息，岂可复出师西方！"高宗采纳了他的意见，未采取任何应对措施。安西四镇不久后再次陷落。④

---

① 《旧唐书》，卷87，2847—2848页。
② 同上书，卷196下，5224页；《新唐书》，卷216上，6077页；《资治通鉴》，卷202，6386页。
③ 《新唐书》，卷215下，6061页；《全唐文》，卷186，844页。七世纪的文学天才骆宾王也持相同的观点，见氏著：《骆宾王文集》，卷9，7页上。
④ 《新唐书》，卷216上，6077页；《资治通鉴》，卷202，6390页。

四镇失守迫使反战派大臣为自己的立场辩解。684年进士及第的陈子昂提出了一个新见解:"戎狄不足灭,中国可永宁。"他请求朝廷停止对外用兵,以减轻百姓的负担。他写道:"当今国家事,最大者在兵甲。岁兴赋役不省,神皇欲安人思化,理不可得,何者?兵之所聚,必有所资。千里运粮,万里应敌。十万兵在境,则百万家不得安业。以此徭役,人何取安?臣伏见,国家自有事北狄,于今十有余年。兵甲岁兴,竟不闻其利。岂中国无制胜之策,朝廷无奇画之臣哉?臣窃谓不然,是未计之庙算尔。……突厥小丑,何足诛灭?……今国家又命将出师,臣愿神皇审图庙算,量其损益,计其利害。……臣恐人日以疲劳,不得安息。伏愿熟察臣言,审图庙算,则戎狄不足灭,中国可永宁。"

陈子昂将自己的论点浓缩成一个,即君主应具有处变不惊,从容应对局势的能力。他写道:"天下有危机,祸福因之而生。机静则有福,机动则有祸。"①

陈子昂的观点,显然在很大程度上受到了魏征关于率性而为(动)和避免盲动(静)的思想的影响。当时,一些唐朝官员正想方设法同进入西域的吐蕃达成妥协,陈子昂的观点可以代表他们的想法。

从遏制到谈判:武则天对吐蕃政策的演变

684年武后当权时,吐蕃已经吞并了西方的羊同,西北方的安西四镇和东北方的党项,成为一个实力强大、疆土广袤的政权。能否提出合宜、有效的政策以应付这个强邻,是对武后统治能力的重大考验。在朝廷讨论中,是否合宜成为她和大臣们评估政策建议时最重要的标准。②685年的一个例子可以证明上述观点。当时,唐廷命金山都护田扬名发金山道西突厥十姓之兵三万余人东向平叛。田扬名成功平叛后要求前往长安朝见武后,希望能得到丰厚的赏赐。但武后拒绝了这个请求,因为他们在平叛过程中擅自攻击回纥。武后命令这些突厥人在凉州就地解散,返回故土。此时担任麟

---

① 陈子昂:《陈伯玉文集》,《四部丛刊》本,卷8,6页上一下,18页下—19页下。
② 实际上,在十年前的674年,她就已经以"宜"来评估丈夫的政策,见《资治通鉴》,卷202,6374页。

台正字的陈子昂认为这个决定不妥,因为拒绝赏赐会使这些突厥人失望,他们不仅帮助唐廷平叛,还在作战中自备马匹和口粮。陈子昂甚至担心他们可能会反叛。无故与突厥交恶显然是不合宜的。[1]

一年后的686年,武后制定了遏制吐蕃的战略。唐廷的第一步举措是册封已经归顺的高句丽王为朝鲜郡王。此举意在确保唐东部边界的安全,使唐廷能够集中力量对付吐蕃。[2]唐廷的下一步举措是在四川西部开辟对吐蕃的第二战场,在雅州开山辟道,出兵降伏当地部落,以他们的领地为跳板进攻吐蕃。[3]但陈子昂认为,这个计划注定失败。他在奏章中写道:"雅州边羌,自国初以来未尝为盗。今一旦无罪戮之,其怨必甚;且惧诛灭,必蜂起为盗。西山盗起,则蜀之邑邑不得不连兵备守,兵久不解,愚臣以为西蜀之祸,自此结矣。臣闻吐蕃爱蜀富饶,欲盗之久矣,徒以山川阻绝,障隘不通,势不能动。今国家乃乱边羌,开隘道,使其收奔亡之种,为乡导以攻边,是借寇兵为贼除道,举全蜀以遗之也。蜀者国家之宝库,可以兼济中国。今执事者乃图侥幸之利以事西羌,得其地不足以稼穑,财不足以富国,徒为糜费,无益圣德,况其成败未可知哉!夫蜀之所恃者险也,人之所以安者无役也;今国家乃开其险,役其人,险开则便寇,人役则伤财。……今无故生西羌、吐蕃之患,臣见其不及百年,蜀为戎矣。"

陈子昂在奏章的最后一段劝武后不要在雅州开辟对吐蕃的第二战场,因为山东、京畿、青海和甘肃的百姓遭遇了饥荒,已陷入贫困。他警告说,如果武后"徇贪夫之议,谋动甲兵",唐必将走向衰落。他恳求道:"自古国亡家败,未尝不由黩兵,愿陛下熟计之。"[4]

一些官员也支持陈子昂的看法,认为唐应集中力量与吐蕃在甘肃、青海作战,而不应把兵力分散到四川西部或西域。他们甚至希望朝廷放弃刚在692年收复的安西四镇,唐军为此曾付出过极大代价。这些官员相信此举同高宗在七世纪七十年代放弃在朝鲜半岛的都护府和都督府一样,不会

---

[1] 陈子昂:《陈伯玉文集》,卷8,20页上—21页上;《新唐书》,卷107,4071—4072页。
[2] 《旧唐书》,卷199上,5328页;《新唐书》,卷200,6198页。该政策一直实施到武后朝结束,见《旧唐书》,卷199上,5328页;《新唐书》,卷220,6198页。
[3] 金子修一:《则天武后治政下的国际关系に関する覚书》,《唐代史研究》第6号,2003年,17—27页。
[4] 《资治通鉴》,卷204,6455—6456页。

给唐带来任何损失。但他们严重误判了形势。唐军撤出朝鲜半岛后，新罗确实未对唐的东北边境构成任何威胁。但撤出四镇与撤出朝鲜半岛的区别在于，吐蕃一定会趁机攻占四镇，威胁唐在西域的利益。崔融因此强烈反对这些官员的建议，称他们的想法是"自毁成功而破完策也"。①

武后现在面临着艰难的抉择。唐为遏制吐蕃，必须维持在四镇及甘肃、青海地区的驻军。但唐资源有限，无力支持如此庞大的计划。处于两难境地的武后和大臣不得不认真考虑用非武力手段解决与吐蕃的冲突。经过激烈辩论后，一个新政策诞生了，唐将以平等的姿态对待吐蕃，以合宜为原则指导与吐蕃的谈判。

运用建设性模糊策略

696 年郭元振出使吐蕃是新政策的第一个实例。武后命令他"往察其宜"，以合宜的方式处理吐蕃和亲的请求。同年，郭元振返回长安，向朝廷报告，和亲只是吐蕃和议内容的一部分，另外两个要求分别是唐放弃对四镇、西突厥各部居住地的控制，以及青海地区由吐蕃统治。这些要求令武后和她的朝廷左右为难，接受提议会损害唐在西域的利益，但断然拒绝也不明智。

郭元振上书强烈反对任何使唐介入外部争端，为外部事务耗费国家资源的举动。他建议朝廷模糊处理这个棘手问题："终不可直拒绝，以阻其意，使兴边患也。……使彼既和未绝，则其恶亦不得顿生。"②

郭元振极力主张武后在评估所有政策建议时应使用三个标准：该政策对内政外交的影响，该政策的利弊，执行该政策时是否会劳民。对郭元振来说，经验丰富的君主"当先料内以敌外，不贪外以害内"。而"惠百姓"应该永远是其终极目标。③

---

① 《新唐书》，卷 216 上，6079 页。
② 尽量满足吐蕃的请求，避免不必要地使他们失望，日后成为唐廷官员中流行的意见。702 年，张鹫起草了一份给鸿胪寺的诏令："听其市取，……宜顺其性，勿阻蕃情。"见《全唐文》，卷 172，784 页。
③ 《通典》，卷 190，1024 页；《资治通鉴》，卷 205，6508 页；《册府元龟》，卷 655，15 页下，卷 662，24 页上。

狄仁杰的战略：消极军事反应、积极巩固防务

鸾台侍郎狄仁杰在对外政策上与郭元振看法相似，他也认为"固本安民"应该是制定任何对外政策的准则。被动抵御外敌和积极巩固边防是狄仁杰外交政策的核心。697 年，狄仁杰在一份长篇奏疏中写道："若其用武荒外，邀功绝域，竭府库之资，以争硗确不毛之地，得其人不足以增赋，获其土不可以耕织。苟求冠带远夷之称，不务固本安人之术。……近者国家频岁出师，所费滋广，西戍四镇，东戍安东，调发日加，百姓虚弊。……方今关东饥馑，蜀、汉逃亡，江、淮以南，征求不息。人不复业，则相率为盗，本根一摇，忧患不浅，其所以然者，皆为远戍方外，以竭中国，争蛮貊不毛之地，乖子养苍生之道也。"

狄仁杰为帮助朝廷削减防务开支，提出了一个替代方案——任命亲唐的突厥首领为可汗，为唐守卫四镇。另一个类似的措施是，恢复高句丽王室，命其负责安东都护府的防务。① 狄仁杰认为，消灭突厥和吐蕃超出了唐的能力。因此，唐应满足于保障边境安全。他提议："当敕边兵，谨守备，远斥候，聚资粮，待其自致，然后击之。以逸待劳则战士力倍，以主御客则我得其便，坚壁清野则寇无所得；自然二贼深入则有颠踬之虑，浅入必无寇获之益。如此数年，可使二虏不击而服矣。"

狄仁杰的许多同僚认为他的建议是万全之策，但武后并未采纳。不过，她认为狄仁杰提出的"本根"的说法在决策时十分重要。她同意了狄仁杰的部分意见，遣使与吐蕃修好，在吐蕃主和派与主战派之间制造不和。这个计策大获成功。吐蕃君主处决了主战派的一名主要官员，迫使他的弟弟和儿子逃离吐蕃，寻求唐朝的庇护。②

武后的许多大臣和郭元振、狄仁杰一样，不信任吐蕃和突厥。有些人甚至认为，与其他政权的正常接触也会对唐的安全构成威胁。695 年，尚书左丞薛登上书，对朝廷的两个惯例——留外国王子为武后的侍子（即人

---

① 《旧唐书》，卷 89，2891 页。
② 同上书，卷 89，2890—2891 页；《册府元龟》，卷 655，16 页下；《资治通鉴》，卷 206，6524—6525 页。关于狄仁杰所提建议的讨论，见 Jonathan Karam Skaff, "Tang Military Culture and its Inner Asian Influence", in *Military Culture in Imperial China*, ed. Nicola Di Cosmo（Cambridge, Mass., 2009）, pp. 171—172, 175—176。

质)以及允许外国人无限制地接触唐朝文化——表示担忧。他写道:"突厥、吐蕃、契丹等……语兼中夏,明习汉法,……知经国之要,窥成败于国史,……识边塞之盈虚,知山川之险易。或委以经略之功,令其展效,或矜其首邱之志,放使归蕃。于国家虽有冠带之名,在夷狄广其纵横之智。虽则慕化之美,苟悦于当时,而狼子孤恩,旋生于过后。及归部落,鲜不称兵,边鄙罹灾,实由于此。"①

这种不信任感在突厥反复骚扰唐北部边境后演变为敌意。就连曾经极力反对出兵远征的狄仁杰也改变了立场。698年,他参加了一场重要战役。唐朝出动三十万大军和十五万援军先在赵州(今河北赵县)和定州与突厥作战,然后一路追至戈壁沙漠,但未能将他们全部歼灭。②此战过后,唐牢固了对北方边境的控制,但与吐蕃和突厥的关系仍不稳定。武后的大臣们反思初唐的对外关系,检讨当前形势,对唐朝的地缘政治环境有了自己的认识。他们认定八个政权及其与唐的关系直接影响着唐朝的利益,它们分别是东方的新罗,西方和西南的波斯、坚昆(黠戛斯)、吐蕃,南方的真腊,北方和东北方的突厥、契丹、靺鞨。("东至高丽国,南至真腊国,西至波斯、吐蕃及坚昆都督府,北至契丹、突厥、靺鞨,并为入番,以外为绝域。")③但是,唐朝如何才能在这个复杂的地缘政治环境中取得最大利益呢?他们各执己见,无法达成共识。

玄宗的"吞四夷之志"

玄宗712年登上皇位后,用了两年时间仔细思考自己的对外政策。713年阴历十月,他征询姚崇对国事的看法。姚崇针对十个政策问题给出了建议,其中之一就是对外关系。他问皇帝:"圣朝自丧师青海,未有牵复之悔;臣请三数十年不求边功,可乎?"玄宗回答可以。④但仅仅一年之后,

---

① 乐史:《太平寰宇记》,卷200,4页上—6页下;《全唐文》,卷281,1277—1278页。在稍早的686年,当新罗使节表示要购买汉文书籍时,薛登对此表示了同样的顾虑。关于此事的讨论,见 Wang Zhenping, *Ambassadors from the Island of Immortals*, p. 197。
②《资治通鉴》,卷206,6533—6535、6543—6544页。
③《唐会要》,卷100,1798页。另见《新唐书》,卷221下,6264—6265页;白居易:《白氏六帖事类集》,卷16,65页下;白居易、孔传:《白孔六帖》,卷57,33页下;仁井田陞:《唐令拾遗》,東京:東京大學出版會,1933年初版,1964年重印,852页。
④《新唐书》,卷124,4383、4395页;刘肃:《大唐新语》,卷1,10页;《资治通鉴》,卷216,6689页。

玄宗就抛弃了诺言，明确表示自己更愿意用武力，而非外交来解决与其他势力的争端。714年阴历六月，玄宗下诏褒奖击退吐蕃军队的陇右防御使薛讷，期望他能在不久之后平定吐蕃。[1]

四个月后，吐蕃袭击渭源的消息传到朝廷。玄宗立即颁布了一份措辞强硬的诏书，谴责来犯者，宣布将亲率大军反击。他认为讨伐吐蕃是正义之举。[2]稍后的阴历十二月，玄宗放弃御驾亲征，但重申"彼戎狄之为患，必在诛夷"。[3]

唐军将领把这些诏书看作玄宗期望在任内取得军事胜利的声明。安西都护府副大都护郭虔瓘立即上书请求朝廷从关中地区募兵一万，派往安西平定叛乱。各地官府要为赴安西的士兵提供口粮，为战马和驮畜提供草料。郭虔瓘的请求很快得到朝廷的批准。

将作大匠韦凑对朝廷的决定提出质疑。他在奏章中写道："今西域诸蕃，莫不顺轨。纵鼠窃狗盗，有戍卒镇备兵。……此师之出，未见其名。"不仅如此，募兵前往安西会削弱首都长安所在的关中地区的防务，郭虔瓘的建议因此严重违背了一项基本军事原则，即一切战略部署必须优先考虑长安的安全。韦凑告诫朝廷："安不忘危，理必资备。自近及远，强干弱枝。"他批评拟议中的军事行动不合宜，建议朝廷官员仔细估算作战所需的开支，"即知利害"。宰相姚崇也支持韦凑的意见。可是玄宗对他们的意见充耳不闻，发动了耗费不赀的战争，但未取得重大战果。[4]

安西之战令人失望的结局，引起了另一位宰相宋璟的注意。他认为这场战事是郭虔瓘为博取皇帝恩宠的手段。他担心其他唐将会仿效郭虔瓘，夸大、制造边境冲突，然后发起代价高昂、全无必要的战役为自己建立军功。宋璟为阻止将领邀功生事，决定不按常例赏赐献上突厥可汗默啜首级的安西都护府军将郝灵荃。716年，拔野古部杀默啜可汗，将首级交给郝灵荃。郝灵荃将其献给唐廷，自认为立下大功，应得到重赏。但宋璟拖延了

---

[1]《册府元龟》，卷135，10页下—11页上；《全唐文》，卷26，128页。
[2]《册府元龟》，卷118，1页上；《全唐文》，卷21，103页。
[3]《册府元龟》，卷142，9页上—下；《全唐文》，卷26，130页，卷34，161页。
[4]《旧唐书》，卷103，3188—3189页；《新唐书》，卷133，4543页；《资治通鉴》，卷211，6712—6713页；《全唐文》，卷26，130页。

一年多，才授予其右武卫郎将，与他的期待相去甚远。郝灵荃大怒，绝食以示抗议，不久便撒手人寰。[①]

宋璟阻止郝灵荃受赏固然武断，但他的决定无关个人恩怨，而是基于合理的担忧。他想要防止好战的将帅邀功生事，避免军费过度增长，失去控制。

八世纪二十年代前后，唐朝连年丰稔，政治稳定，玄宗变得好大喜功。[②]他渐渐萌生出"吞四夷之志"。[③]唐廷接连对西域用兵，强化自身在该地区的存在。715年，安西都护从当地部落征兵，西出龟兹，连下数百城。这一行动震惊了西域，八国遣使请降。[④]在721年的另一次战役中，唐军制伏兰池（今宁夏灵武）的反叛部落。[⑤]726年，唐军在大非川与吐蕃激战，大获全胜。同时代的唐人郑棨对此情景生动地描述道："开元初（713—741）……不六七年，天下大治。……安西诸国，悉平为郡县。自开远门西行，亘地万余里，入河隍之赋税。"[⑥]当时张贴在开远门上的告示提醒旅行者："西极道九千九百里。"[⑦]

玄宗现在更加确信，武力是确保边境安宁最好的方法。[⑧]他在谈论吐蕃和他认为与唐为敌的部落时清楚地表现出了这样的心态。他蔑称吐蕃为"小蕃"，侮辱其君主是"丑类"。[⑨]727年，他以威胁的语气对臣下说，对吐蕃应该"固敌是求，殄戎可期"。[⑩]740年，他重申："四夷不久当渐摧丧。"[⑪]玄宗发布的征讨越巂的诏书同样言辞强硬。他命令将军们"须穷其巢穴，杜绝飞走，使无遗类"。[⑫]

---

① 《旧唐书》，卷147，3980页，卷194上，5173页；《新唐书》，卷124，4394页，卷166，5089页，卷215上，6049页；白居易：《白氏长庆集》，卷3，11页下。
② 《资治通鉴》，卷211，6722页；洪迈：《容斋续笔》，《四部丛刊》本，卷13，3页上。
③ 《资治通鉴》，卷216，6889页；范祖禹：《唐鉴》，卷5，7页上。
④ 《资治通鉴》，卷211，6713页。
⑤ 《全唐文》，卷34，163页。
⑥ 郑棨：《开天传信记》，上海：上海古籍出版社，1988年，1页上—2页下。
⑦ 《新唐书》，卷216下，6107页。
⑧ 《资治通鉴》，卷213，6776页。
⑨ 《册府元龟》，卷118，1页上；《全唐文》，卷8，40页，卷21，103页，卷23，112、113页，卷26，128、130页，卷40，192页。
⑩ 《册府元龟》，卷992，13页上—14页上；《全唐文》，卷23，112页。
⑪ 《旧唐书》，卷196上，5235页；《册府元龟》，卷992，15页上。
⑫ 《全唐文》，卷27，131页。

反战的声音

玄宗的好战态度遭到一些大臣的严厉批评。716 年升为同平章事的苏颋上书反对皇帝御驾亲征吐蕃。他认为应对吐蕃最好的方法是"来则拒之，去则勿逐"。他建议玄宗用对待游猎的态度处理战争问题。他在奏章中写道："羽毛不入服用，体肉不登郊庙，则王者不射也。况万乘之重，与犬羊蚊虻语胜负哉？远夷左衽，不足以辱天子。"①

但玄宗不认为吐蕃来犯如蚊虫叮咬般无足轻重，他坚持亲征。苏颋再次上书道："王者之师，有征无战，藩贡或缺，王命征之，于是乎治兵其郊，获辞而止。非谓按甲自临，敌人畏之莫敢战也。"他希望玄宗向传说中的黄帝学习，后者在战胜炎帝后"修身闲居，无为无事"。苏颋为说服玄宗放弃军事行动，举出了三个理由：其一，河西、陇右地区民生凋敝，无力支持大规模军事行动；其二，唐军难于与吐蕃军队交战，后者十分灵活，往往在遭受攻击前就四散奔逃；其三，与吐蕃之战艰苦卓绝，将严重损害皇帝的健康。苏颋认为，对付吐蕃的"策之上者"是皇帝"居中制胜"。②玄宗最终决定放弃亲征，但对吐蕃的军事行动仍按计划进行。

唐军很快就在一次战役中取得重大胜利，玄宗的心意更加坚定。他在《讨吐蕃制》中写道："戎狄乱华，帝王所以耀武。"③在一次朝会上，玄宗赐给即将赴朔方的兵部尚书张说一首送别诗，希望他能在朔方厉兵秣马，建功立业。他在诗中写道："戈剑靖要荒，命将绥边服，雄图出庙堂。"④张说为了回应玄宗的期许，赋诗应答："连年大军后，不日小康辰。"⑤参加朝会的其他官员纷纷预祝张说顺利完成使命。⑥但直言不讳的中书令张九龄却在朝会中提出了反对意见："庙算在休兵。"⑦

皇甫惟明是另一位反战的高官。他在 730 年的一次讨论中指出，对吐蕃作战不过是为边吏和边将提供了中饱私囊、夸大功绩以求晋升的机会而

---
① 《新唐书》，卷 215，4400 页；《全唐文》，卷 255，1158 页。
② 《新唐书》，卷 215，4401 页；《全唐文》，卷 255，1158—1159 页。
③ 《册府元龟》，卷 986，21 页下—22 页上；《全唐文》，卷 23，113 页。
④ 《全唐诗》，卷 3，39 页。
⑤ 同上书，卷 88，967 页。
⑥ 张嘉贞、卢从愿、徐知仁、席豫的诗，见《全唐诗》，卷 111，1138—1139、1143 页。
⑦ 同上书，卷 49，596 页；计有功：《唐诗纪事》，《四部丛刊》本，卷 15，16 页上—下。

已。他说："夫边境有事，则将吏得以因缘盗匿官物，……非国家之福也。兵连不解，日费千金，河西、陇右由兹困蔽。"①

唐代的伟大诗人杜甫在一首诗中入木三分地刻画了战争对平民百姓的可怕影响。他还愤怒地谴责热衷领土扩张的玄宗道："武皇开边意未已。"② 皇甫惟明和杜甫都认为，与吐蕃和亲才是"永息边境，……永代安人之道"。③

玄宗战略中的软实力

玄宗虽倾向于在对外关系中使用武力，但他知道仅凭武力并不能解决所有问题。为实现对外目标，他必须运用综合实力，包括作为硬实力的军事力量和各种软实力，诸如天子的道德感召、唐的物质文化和政治制度的吸引力，以及与其他政权的君主和亲等。

基于这种认识，玄宗下诏放还诸藩宿卫子弟。这个姿态意在"淳德以柔之，中孚以信之"。④ 传统上，"中孚"指一种精神状态，它能使人"柔在内而刚得中，……孚乃化邦"。因此，"中孚"是合宜的对外政策的基石之一。⑤ 这个姿态体现了"皇唐之德"，其核心是："［戎狄］来则纳其朝谒之礼，去则随其生育之心。推我至诚，崇彼大顺。"⑥

724 年，玄宗依据"皇德"的观念，决定赦免一批吐蕃战俘。他对这些战俘说："凡事俘囚，法当处死，我好生恶杀，覆育万方。汝等虽是外蕃，物类亦同中国。今舍汝性命，以申含养。"⑦ 740 年，玄宗在唐军收复要塞安戎城前强调，展开军事行动的同时必须"获彼戎心"。⑧

---

① 《旧唐书》，卷 196 上，5230 页；《资治通鉴》，卷 213，6791 页。
② 《全唐诗》，卷 216，2254—2255 页，卷 218，2292 页。英译见 Stephen Owen (ed. & trans.), An Anthology of Chinese Literature (New York, 1996), pp. 469, 473. 李白也描写了战争造成的毁灭性场面，见《全唐诗》，卷 17，166 页。
③ 《旧唐书》，卷 196 上，5230 页；《资治通鉴》，卷 213，6791 页；《全唐诗》，卷 225，2406—2407 页。
④ 《全唐文》，卷 26，127—128 页。
⑤ 孔颖达：《周易正义》，卷 6，71 页。英译见 Richard Wilhelm, Cary F. Baynes (trans.), The I Ching or the Book of Changes (third edition) (Princeton, New Jersey, 1967, Reprint 1983), pp. 235, 237.
⑥ 《全唐文》，卷 26，128 页。
⑦ 《册府元龟》卷 42，17 页上。杨国忠也赞扬玄宗："陛下以生成之德，不限华夷。"见《全唐文》卷 346，1573 页。杜甫则用两句话"和虏犹怀惠"和"镇静示专征"概括了玄宗的对外政策：见彭定求编：《全唐诗》，卷 225，2406 页。
⑧ 《全唐文》，卷 24，118 页。

玄宗虽然倾向于以武力制伏吐蕃，但并没有完全放弃外交手段。他的前任中宗在710年与吐蕃结成的姻盟依然存在，金城公主继续为唐与吐蕃的谈判牵线搭桥。双方最终在730年达成和平协议。从713至745年，玄宗为稳定东北及西部边境，先后将唐公主嫁给突厥、契丹、奚、突骑施首领。①

玄宗通过运用综合实力，取得了骄人的成绩。《新唐书》对此有生动描述："唐之德大矣！际天所覆，悉臣而属之，薄海内外，无不州县，遂尊天子曰'天可汗'。三王以来，未有以过之。至荒区君长，待唐玺纛乃能国，②一不为宾，随辄夷缚，故蛮琛夷宝，踵相逮于廷。"③

但是，唐廷为这些辉煌成就付出了令人咋舌的高昂代价。自八世纪第二个十年至八世纪四十年代初，唐廷的年度军费开支大约是二百万贯铜钱。但在接下来的十年间，这个数字飙升为原先的六倍。从742到756年，唐廷每年要用一千万匹布制作军衣，调拨将近二百万石谷物充作军粮，年度军费预算高达一千两百万贯铜钱。④与四邻保持较为密切的关系虽然在政治上对唐有利，但同时也给唐带来了沉重的财政负担。唐廷在接待朝贡使时需要赏赐给他们大量礼物，还要为他们提供食宿。唐廷也要派使节参加藩属国君主的册封仪式或葬礼。这些都耗费不赀。

不仅如此，过度的军事行动还使边将权势大增，唐廷因此面临着极大的内部风险。755年，安史之乱爆发。这场持续了七年的内乱极大地削弱了唐王朝的综合实力，使玄宗的激进政策戛然而止。唐廷为保卫首都匆忙将主力部队从西域撤回，同时命令其他边将率军平叛。唐廷在回纥和吐蕃的协助下才最终平息了叛乱。⑤

唐军撤出西域使唐的西北边疆变得非常脆弱。唐与西方诸政权的实力

---

① 有关这些婚姻的更多信息，见崔明德：《中国古代和亲史》，658页的图表。
② 三十八位君主在玄宗时期被唐封为"王"，见张群：《唐代蕃将研究》，台北：联经出版事业公司，1987年，7—8页。
③《新唐书》，卷219，6183页。
④《通典》，卷6，34页，卷172，911页；《旧唐书》，卷38，1385页；《资治通鉴》，卷215，6851页；范祖禹：《唐鉴》，卷5，4页下。关于天宝年间（742—756）唐廷提供给士兵的口粮、军衣和军马饲料的数量，见李锦绣：《唐代财政史稿（上）》，北京：北京大学出版社，1995年，1219、1231、1257页。
⑤《新唐书》，卷216上，6087页；《资治通鉴》，卷218，6992页。

对比发生了根本变化,开始处于战略守势。从八世纪五十年代后期至唐朝灭亡,除了个别时期,唐朝君臣的战略思维总是倾向于维持边境现状。唐廷还不得不求助友邻帮自己平定内乱或驱逐外敌。

安史之乱爆发一百多年后,宣宗(847—859在位)在诏书中提到了这种令人痛心的状况。诏书写道:"自天宝末,犬戎乘我多难,无力御奸,遂纵腥膻,不远京邑。事更十叶,时近百年。进士试能,靡不竭其长策;朝廷下议,皆亦听其直词。尽以不生边事为永图,且守旧地为明理。"①

制定出能够平衡内部事务和对外关系互相竞争的需求的"长策",的确是对唐朝君臣的挑战。这可能正如一句古语所言:"治己治人,惟圣人能之。"②

肃宗、德宗借外力平定内乱

肃宗在位只有短短六年。其间,他全面颠覆了玄宗的政策,专注于平定内乱这一紧迫任务。他多次接受吐蕃的请和,尽管后者其实并无诚意,多次在和谈后袭击唐朝。③肃宗还与回纥建立了密切关系,此时回纥的军事援助对唐廷戡乱是不可或缺的。但这种援助代价不菲。回纥人无休无止地要求赏赐,劫掠当地百姓,在长安时曾将唐朝官员鞭打致死。他们甚至羞辱皇太子,也就是未来的代宗。④

德宗在780年登上皇位后,与大臣们一道努力强化朝廷对地方政府和节度使的权威,这些节度使在平叛过程中大幅扩张了权力。唐朝由此进入改革、中兴的时期。德宗以武力和谈判的两手策略对付吐蕃。780年,他在给四川诸将的诏书中写道:"戎狄犯塞则击之,服则归之。击以示威,归以示信。威信不立,何以怀远!"⑤诏书的最后一句话并不是泛泛之谈,新皇帝确实有意与吐蕃议和。一年后的781年,他答应了吐蕃的要求,展现了寻求和平的诚意。德宗之所以接受吐蕃的条件,主要还是迫于内部形势。从

---

① 《全唐文》,卷79,366页。
② 《新唐书》,卷219,6184页。
③ 同上书,卷216上,6087页。
④ 同上书,卷217下,6151页。
⑤ 《资治通鉴》,卷216,7279—7280页。

781 到 784 年，长安以东四个镇的节度使举兵叛乱。泾原镇的叛军甚至一度占领首都，拥立朱泚为帝。德宗知道，唐廷现在忙于应对内部危机，无力同吐蕃开战。他许诺将西伊州和北庭划给吐蕃，以换取后者的军事援助。唐廷花了四年时间最终在 784 年平定了叛乱。①

肃宗和德宗的对外政策受到宋代学者的猛烈抨击。他们称这些政策是"引外祸平内乱"，"疗馁以冶葛"。在他们看来，这两位皇帝懦弱、昏庸，他们的政策为唐招致了无穷无尽的祸患。②但这些对肃宗和德宗的尖锐批评完全是无的放矢。两位皇帝其实也是迫不得已才向回纥及吐蕃妥协。若想击败反叛的节度使和部落首领，回纥和吐蕃的援助必不可少，肃宗和德宗别无选择。

接受"不常之势"为对外关系的常态

德宗对外政策的基础在于，他认为天下大势已经改变。边境安宁、四方来朝已是昔日的辉煌。在新的形势下，唐朝需要接受不确定性和流动性（"不常之势"）为对外关系的常态。唐廷在处理错综复杂的对外关系时，无法仰仗自身并不可靠的军事力量，不得不更加依赖与四邻结成的联盟，而四邻常常见风使舵、漫天开价。

许多唐廷官员赞同德宗对时局的评估。793 年，翰林学士陆贽上书朝廷，对如何管理边境事务提出了自己的看法。他首先透彻分析了传统战略思想的利弊。他写道："大抵尊即序者，则曰非德无以化要荒，曾莫知威不立，则德不能驯也。乐武者，则曰非兵无以服凶犷，曾莫知德不修，则兵不可恃也。务和亲者则曰，要结可以睦邻好，曾莫知我结之而彼复解也。美长城者则曰，设险可以固邦国而扞寇雠，曾莫知力不足，兵不堪，则险之不能有也。尚薄伐者则曰，驱遏可以禁侵暴而省征徭，曾莫知兵不锐，垒不完，则遏之不能胜，驱之不能去也。"③

---

① 《旧唐书》，卷 196 下，5248 页；《新唐书》，卷 216 下，6094 页，卷 217 下，6151 页；《资治通鉴》，卷 227，7312、7325 页，卷 231，7442 页。
② 《新唐书》，卷 217 下，6151 页。
③ 《旧唐书》，卷 139，3804—3805 页。有关陆贽及其对政策问题的实用主义态度的研究，见 Josephine Chiu-Duke, *To Rebuild the Empire: Lu Chih's Confucian Pragmatist Approach to the Mid-T'ang Predicament* (Albany, N.Y., 2000), pp. 63—96.

陆贽认为，上述意见各有偏颇，没有一条可以作为对外政策的根本原则。他写道："听一家之说，则例理可征；考历代所行，则成败异效。"关键的问题在于，倡导某种意见的人"执常理以御其不常之势，徇所见而昧于所遇之时"。①

陆贽由此得出自己的结论：一定要仔细评估形势，以合宜的方式处理对外关系。他总结道："夫中夏有盛衰，夷狄有强弱，事机有利害，措置有安危，故无必定之规，亦无长胜之法。……知其事而不度其时则败，附其时而不失其称则成。形变不同，胡可专一。"②

陆贽对世界"三种格局"的分析

在陆贽看来，世界局势存在着三种可能的格局。他进一步分析了唐朝在每种格局下应如何处理对外关系。在第一种格局中，唐享有不容挑战的权威，四邻"能屈膝称臣，归心受制"。在这种情况下，唐应与他们和平相处，将他们纳入唐朝体系。唐理应如此，因为"拒之则阻其向化，威之则类于杀降，安得不存而抚之，即而序之也？……尚弃信奸盟，蔑恩肆毒，谕之不变，责之不惩，安得不取乱推亡，息人固境也"。③

在第二种格局中，唐弱而四邻强。在这种不幸的局面下，唐"图之则彼衅未萌，御之则我力不足"。④有鉴于此，他继续写道："安得不卑词降礼，约好通和，啖之以亲，纾其交祸？纵不必信，且无大侵，虽非御戎之善经，盖时事亦有不得已也。"⑤

在第三种格局中，唐无力安抚或征讨四邻，与四邻形成均衡。在这种局面下，唐"力足以自保，不足以出攻"，因此应该"设险以固军，训师以待寇，来则薄伐以遏其深入，去则攘斥而戒于远追"。⑥

---

① 《旧唐书》，卷139，3805页。
② 同上。与陆贽同时代的韩愈（768—824）也持相似的观点。他说："行而宜之谓义。"见马其昶：《韩昌黎文集校注》，13页。英译见 Foster, "Han Yu, 'The Original Way,'" pp. 359—362。
③ 《旧唐书》，卷139，3805页。
④ 陆贽本人就是最好的例子，他起草的七封诏书都用"大蕃"指称吐蕃，见氏著：《唐陆宣公翰苑集》，《四部丛刊》本，卷10，5页上、7页上、10页上。
⑤ 《旧唐书》，卷139，3806页。
⑥ 同上。

陆贽的"三种格局论"是当时人对唐与四邻实力关系最全面的分析，其立论基础正是合宜。陆贽制定政策的基本原则是"乘其时而善用其势"。他对该原则进一步解释道："有攘却之力，用和亲之谋，则示弱而劳费矣；当降屈之时，务翦伐之略，则召祸而危殆矣。"①陆贽认为，任何政策制定者最重要的职责是"量事势"以确定唐内政、外交目标的轻重缓急。例如，当唐实力占优时，唐廷应毫不犹豫地动用武力以实现困难的对外目标。这样的军事行动虽然会给百姓造成一时的负担，却能带来永久和平。但如果唐处于劣势，唐廷则应以稳定内部局势为主要目标。即使遇到不得不动用武力的情况，唐军的行动也应限于击退来犯的敌人。②

陆贽的合宜思想还体现在"物宜"这个生动的词语上。他用这个词来形容那些对唐与四邻的相对优劣势做过客观评估，并以此为基础制定的政策。他写道："五方之俗，长短各殊。……勉所短而敌其所长必殆，用所长而乘其所短必安。强者乃以水草为邑居，以射猎供饮茹，多马而尤便驰突，轻生而不耻败亡，此戎狄之所长也。戎狄之所长，乃中国之所短；而欲益兵蒐乘，角力争驱，交锋原野之间，决命寻常之内……岂不……亏时势以反物宜者哉！"③

陆贽认为，唐在战略防御方面的长项并不是军事力量，而是能最大限度地利用敌人的弱点，不战而胜。唐朝为加强边境防御，应当屯田以保障食物供给，训练士兵以增强军队战斗力。唐军在遭遇小股骚扰时应该立刻反击，阻止敌人深入。如果发生重大冲突，唐廷需要综合运用不同的谋略说服敌人退兵。而与此同时，唐军应巧妙利用地形袭击疏于防范的敌军，并用虚假情报误导敌人。这些策略的目的是挫伤敌人的士气，使他们不能发挥优势。这样，外敌袭扰唐土既无利可图，也无法取得军事胜利。他们如果孤军深入，则腹背受敌；如果撤军，则首尾难救。④

陆贽尖锐批评那些鼓吹先发制人的官员。这些人主张："深践寇境，复

---

① 《旧唐书》，卷139，3806页。
② 同上书，卷139，3807页。
③ 同上。
④ 同上书，卷139，3808页。

其侵地,攻其坚城。"①倘若这些冒险行动失败,那些对唐不友善的政权会更加敌视唐廷。而且失败会进一步损害唐廷的威望。陆贽警告说:"舍此不务,而反为所乘,斯谓倒持戈矛,以镈授寇者也!"②

杜佑的安边策与华夷观

杜佑(734—812)是唐中期的元老重臣,一生曾为从玄宗到宪宗的六位皇帝效过力。他构想的对外政策与陆贽非常类似。他同样认为唐不应试图收复失地,而应致力于减少边境冲突,最终与四邻划定稳定的——虽然不是永久的——边界。801年,他完成了里程碑式的巨著《通典》。他在书中写道:"画野分疆之制,自五帝始焉。……斯盖羁縻而已,宁论封域之广狭乎!"他告诫德宗不要忘记秦、隋两个王朝因过度扩张而迅速灭亡的历史教训。他特别批评唐朝以前的一些皇帝"以重敛为国富,卒众为兵强,拓境为业大,远贡为德盛"。③

杜佑继承了传统的"华夷之辨"的思维方式,认为唐应始终与四邻保持距离,而不应试图去教化他们,因为这注定是要失败的。他写道:"[夷狄]其地偏,其气梗,不生圣哲,莫革旧风,诰训之所不可,礼义之所不及,外而不内,疏而不戚。"

杜佑提倡以被动防御应对来犯之敌,即"来则御之,去则备之"。不幸的是,很多唐朝皇帝并未按照这个方针行事。他们对外发动血腥的战争,给唐朝带来了可怕的灾难。杜佑不仅没有颂扬玄宗的军事成就,反而对开元、天宝年间好战的唐将严词批评。他写道:"我国家开元、天宝之际,宇内谧如,边将邀宠,竞图勋伐。"他列举了在西面与吐蕃在青海湖的战役,在东北方与奚和契丹在天门岭的冲突,在西域与阿拉伯人在怛逻斯(今吉尔吉斯斯坦托克马克以西)的战事,以及在西南与南诏的战争,认为这些都是开支庞大且全无必要的军事行动。它们不仅导致成千上万的唐军士兵葬身异乡,还使玄宗最终失去了政权。杜佑感叹道:"持盈知足,岂特治身

---

① 《旧唐书》,卷139,3807页。
② 同上书,卷139,3808页。
③ 《通典》,卷171,907页。

之本，亦乃治国之要欤！"①

宪宗 806 年继位时，杜佑已年过七旬。当年早些时候，吐蕃进犯河西地区，一些边将上奏朝廷，请求出兵反击。杜佑当时身居宰相高位，感到自己有责任出面反对将领们的奏议，向新皇帝提出忠告。他谴责那些将领的请求是"未达事机，匹夫之常论"，②痛斥他们开边拓土的野心。他还告诫宪宗："今戎丑方强，边备未实，诚宜慎择良将，诫之完葺，使保诚信，绝其求取，用示怀柔。"③

白居易的生存权论与和解论

同样是在 806 年，正在准备科举考试的白居易也在思考边防问题。他在一座与世隔绝的道观中写下了七十五篇文章，其中一篇的题目是"御戎狄（征历代之策，陈当今之宜）"。这篇文章以模拟回答皇帝提出的问题的形式写成。"[上] 问：戎狄之患久矣，备御之略多矣。……然则古今异道，利害殊宜；将欲采之，孰为可者？……上策远谋，备陈本末。"

白居易在回答问题前首先强调四邻百姓也拥有生存权。"臣闻：戎狄者，一气所生，不可剪而灭也；五方异族，不可臣而蓄也。"白居易基于上述认识，详细分析了王恢、贾谊、刘敬、晁错等人制定的谬误百出的汉代对外政策，并总结道："是以讨之以兵，不若诱之以饵；诱之以饵，不若和之以亲；和之以亲，不若备之有素。……可复而视也。以今参古，弃短取长，亦可择而用焉。然臣终以为近算浅图，非帝王久远安边之上策。"

随后，白居易提出了自己的对外政策："蓄之如犬羊，视之如蜂虿；不以士马强而才力盛，恃之而务战争；不以亭障静而烟尘销，轻之而去守备。但且防其侵轶，遏其虔刘，去而勿追，来而勿纵而已。然后略四子之小术，弘三王之大猷，以政成德盛为图，以人安师壮为计。"白居易确信，他在文章中提出的是"上策远谋"，如果实施，则可在"五年之间，要荒未服之戎，必觙匐而来，河陇已侵之地，庶从容以归"。④

---

① 《通典》，卷 185，985 页。
② 《旧唐书》，卷 147，3979 页。
③ 同上书，卷 147，3980 页。
④ 白居易：《白氏长庆集》，卷 47，15 页下—18 页下。

一年后的 807 年，白居易通过殿试，先后授翰林学士、左拾遗，后来又得到宪宗的信任。在朝任职期间，他早年做出的吐蕃将向唐称臣的预言虽然没能实现，但他的看法显然影响了唐廷的对外政策。

从 808 到 810 年，白居易起草了四份分别给吐蕃宰相和地方节度使的诏书。它们以平和的语气谈及了诸如将三个州归还唐朝，送还扣押在吐蕃的唐廷官员，解释唐军最近在边境的动向等具体问题。这些诏书提倡双边关系以诚信为本，重申唐愿意与吐蕃恢复友好关系。诏书还声明，唐廷已训示边将，他们的职责仅限于守疆保土，不得攻打吐蕃。[1] 这项对吐蕃的政策一直实行到宪宗去世，尽管其间吐蕃不时挑起争端。

维州事件和李德裕处理对外问题方法的转变

文宗（827—840 在位）登基后，唐廷继续对吐蕃实行安抚政策，为此甚至放弃了一个兵不血刃收复维州的机会。维州距离成都西北一百多公里，曾是唐抵御吐蕃防线的重要环节，但在八世纪七十年代落入吐蕃之手。801 年，唐廷试图收回维州未果。三十多年后的 831 年阴历九月，剑南西川节度使李德裕收到了一个令人难以置信的消息，驻守维州的吐蕃将领悉怛谋希望向唐投降。李德裕满心欢喜，立即同意了悉怛谋的请求。他将吐蕃士兵解除武装后暂时安置在成都，然后上奏朝廷，请求正式批准维州的请降。他还请求朝廷批准他从当地部落征兵三千以攻打吐蕃。

大多数朝廷官员支持李德裕的建议，但宰相牛僧孺表示反对，反驳称收回维州并不能真正削弱领土辽阔的吐蕃。此外，这种行为也违反了 821 年长庆会盟的誓词。在他看来，当前处理维州事件最好的办法是"守信为上"。他担心吐蕃会以此事为借口攻打长安。他警告道："事或及此，虽得百维州，亦何补也。"文宗听从了牛僧孺的建议，下令将悉怛谋、他的三百名部下及其家属送回吐蕃。他们一到吐蕃边境，便被残忍地处决。这显然是赞普借机向手下的将领和士兵发出的警告——任何叛逃者都难逃一死。

---

[1] 白居易：《白氏长庆集》，卷 39，10 页上—12 页上；27 页上—28 页下，29 页上—31 页下；卷 40，30 页上—32 页下。这些信的英译见 Josef Kolmaš, "Four Letters of Po Chü-i to the Tibetan Authorities（808—810 AD）", *Archiv Orientální*, 34（1966）, pp. 375—410.

维州事件的结局激起了李德裕在朝廷中的支持者的义愤。他们声称，牛僧孺是因为私人恩怨才会否决李德裕的安置计划，遣返来降者在道德上是错误的，将来恐怕再也不会有人前来归降了。①文宗为了平息众怒，不得不向群臣妥协。他对遣返的决定表示懊悔，将其归咎于牛僧孺的错误建议。②但李德裕一直对此事耿耿于怀。十二年后的843年，已是武宗宰相的李德裕旧事重提。他声称为了一时的和平送还悉怛谋是一个严重的错误，建议朝廷纠正错误，追赠悉怛谋右卫将军。③

维州事件引起了宋代学者的争论。司马光写道："论者多疑维州之取舍，不能决牛、李之是非。"不过，他本人倒是给出了一个简单明了的答案："德裕所言者利也，僧孺所言者义也，匹夫徇利而忘义犹耻之，况天子乎！"④

遗憾的是，司马光对牛僧孺的称赞与事实不符。他断定牛僧孺对维州事件的处理体现了德、诚、信。但牛僧孺其实并不是道德主义者，而是头脑冷静的实用主义者。他建议文宗遵守821年长庆会盟的誓词是因为他深知接纳悉怛谋的请降会激怒吐蕃，由此带来的后果是唐廷无法承受的。因此，他才会对皇帝说："徒弃诚信，有害无利。"⑤牛僧孺主要考虑的显然不是此举是否合乎道义，而是它能否给唐带来实际效益。⑥

李德裕在831年声称收回维州"有莫大之利"时，表现得确实像一个目光短浅的地方官员。⑦但是，在成为武宗的宰相之后，他虽然仍然坚称自己对维州事件的处理是正确的，但同时对国事有了新的见解。我们可以通过一个例子清楚地看出他的转变。843年，黠戛斯请求与唐联手收复安西和北庭。武宗对此颇感兴趣，李德裕却另有考虑。唐在当年早些时候才出兵

---

① 《旧唐书》，卷172，4471页，卷174，4519页；《新唐书》，卷174，5231页，卷180，5332—5333页，卷216下，6104页；《资治通鉴》，卷244，7878页；《册府元龟》，卷434，21页下。
② 《资治通鉴》，卷244，7880页。
③ 同上书，卷247，7976—7977页。
④ 同上书，卷247，7978页。
⑤ 同上书，卷244，7878页。
⑥ 《旧唐书》，卷172，4471页。
⑦ 李德裕：《李文饶文集》，卷12，5页下。对李德裕作品的研究，见 Michael R. Drompp, *The Writings of Li Te-yü as Sources for the History of T'ang-Inner Asian Relations* (Diss. Indiana University, 1986)。对《李文饶文集》的文本分析，见 Zhou Jianguo (Trans., Jonathan Pease) "Consider the Sun and Moon: Li Te-yü and the Written World", *T'ang Studies*, 10—11 (1992—1993), pp. 81—109。

征讨回鹘,唐军现在无力再承担另一项艰巨任务。他对皇帝说:"不可。安西距京师七千里,北庭五千里。……假令安西可得,即复置都护,以万人往戍,何所兴发,何道馈挽?……臣以为纵得之,无用也。"[1]

李德裕的决定是明智、合宜的。但做出这样的决定并不容易,因为它要求决策者能够在某个特定时间对具体情况做出客观评估。这件事非常困难,没有人能保证万无一失。朝廷的一些决定争议重重,另一些则完全是错误的。但所有皇帝和大臣都声称,他们的每一个决定和政策建议无不以"合宜"为基础。李德裕为唐廷改变对吐蕃立场所做的辩解,便是一个很好的例子。

845年,李德裕起草了一份给边将的密诏。当时,唐军刚刚在对回鹘的战事中获胜,吐蕃的实力则因内部权力斗争而大幅削弱。李德裕认为,唐廷应抓住这个大好时机破弃会盟誓词,准备出兵攻打吐蕃。他在密诏里为政策的转变辩解道:"图远开边,诚非朕志,然盛衰倚伏皆有其时。古人云:圣人无巧,时变是守,盖惜其时也。"李德裕以最近对回鹘的胜利为例评论道:"一国销亡,易于拉朽,岂非得其时也?"然后,他认真检讨了自吐蕃君主于842年去世后吐蕃的局势,得出吐蕃已经不堪一击的结论。他写道:"今吐蕃未立赞普已是三年,将相猜携,自相攻击;缘边兵马颇已抽归,想其城镇皆空,守备多缺。倘彼斗战未定,自有党仇。一国之中,疑惧相半,则边备城守固有异心。"

这封密诏命边将为击败吐蕃的宏大计划做准备。他们要挑选可靠的、了解边境情况的人,派他们去打探吐蕃情报,贿赂驻扎在战略要地的吐蕃军官。密诏写道:"如兵数寡少,人心动摇,乘此危机,必易为计。多设反间,密用奇谋,使自归心,岂劳兵力。观衅而动,取若拾遗。……斯乃以直报怨,非是不守和盟。想卿精忠,必达此旨。"[2]

846年,武宗逝世,李德裕的计划随之夭折。但他对吐蕃局势的分析在宣宗(846—859)当政时仍有价值。847年,吐蕃大举进犯唐朝边境,但内部权力争斗使其无法对唐朝构成更大的威胁。吐蕃边将确实如密诏所预

―――――――

[1]《新唐书》,卷180,5337页;《资治通鉴》,卷247,7974页。
[2] 李德裕:《李文饶文集》,卷7,10页下—11页上。

料的，开始向甘肃南部以及陕西北部的唐地方官府投降。但唐廷由于内乱和与南诏的冲突错失良机，未能从吐蕃手中收复更多失地。唐军无力在西北边境发动大规模军事行动。到了九世纪末叶，唐廷官员已经完全放弃了恢复此前唐朝在亚洲的声威，他们"尽以不生边事为永图，且守旧地为明理"。[1]这种心态在863年黠戛斯使者造访长安时表露无遗。来使建议唐与黠戛斯联手攻打回鹘，收复安西。唐廷一口回绝了他的提议。[2]

文化：一个没落帝国的外交手段

随着军事实力的下降，文化开始在唐的对外政策中扮演重要角色。一些唐朝官员希望通过文化影响和控制四邻。这个想法本身并不新颖，很早便有一种政治学说主张四邻有意而且有能力接受中原文化，而且唐人也从未坚持认为自己与四邻在文化上有着不可逾越的鸿沟。九世纪的学者陈黯在上述学说的基础上，提出了"华心"的概念。他认为，一个人是否有"华心"，取决于其教养和文化倾向，而不是出生地。他说："有生于中州而行戾乎礼义，是形华而心夷也。生于夷域而行合乎礼义，是形夷而心华也。"陈黯主张，上述观念应作为对外政策的基础，唐廷应"华其心而不以其地也"。[3]

对于藩镇割据、军力疲弱的唐朝来说，这恐怕是唯一可行的对外政策。它的实际效果虽然成疑，却得到了862年进士及第的王棨的热烈赞扬。王棨在长赋《耀德不观兵》中写道："声教斯播，戎夷自平。"他一厢情愿地认为，唐朝皇帝可以"修文而可致其肃穆"。[4]

同样是在九世纪六十年代进士及第的司空图却对王棨的观点不以为然。在司空图看来，有些官员已经与现实完全脱节，王棨便是其中之一。这些官员泥古不化，因此经常高估中原文化对四邻的实际影响力。另一些官员

---

[1]《旧唐书》，卷18下，623页。
[2]《资治通鉴》，卷250，8103页。
[3]《全唐文》，卷767，3584页。此文的英译见 Ch'en Yüan（Translated and annotated by Ch'ien Hsing-hai and L. Carrington Goodrich），*Western and Central Asians in China under the Mongols: Their Transformation into Chinese*（Los Angeles, California, 1966），pp. 8—11。另外一位九世纪末叶的唐廷官员程晏对华夷之别也持类似的看法，见《全唐文》，卷821，3882页。
[4]《全唐文》，卷769，3596页。

与这些人恰恰相反。他们行事果断，但缺乏缜密的策划能力，一味仰仗武力。在司空图看来，这两种人都不能帮助唐廷"扼阽危之机"。只有"必济德于谋，济谋于险"的人，才能"庶几可以寿宗社之数矣"。[1]可惜的是，唐王朝并没有找到这样的人，它最终在907年灭亡，而司空图也在唐朝灭亡一年后过世。

唐廷在处理对外关系时始终无法把握政策的合宜性，衰落时如此，强盛时亦如此。因此，群臣在讨论政策时意见多有分歧，很少能够达成一致。不过，这种分歧并不意味着唐廷官员素养不高，反而是其思想活跃的表现。他们知道，唐与四邻各自的情况从本质上说是不断变动的，这种不断变动的特性会不时地塑造和重塑它们之间的权力关系。因此，唐朝的对外政策需要不断调整，没有任何一种方案能够实现永久和平，也没有任何一种方法可以一劳永逸地解决纠纷。但是，国际政治中确实存在着一条指导原则——对外政策必须符合当时的具体情况。一国政策的合宜性决定了该国的命运。正所谓："其兴也宜哉，其亡也宜哉。"[2]

---

[1] 司空图：《司空表圣文集》，《四部丛刊》本，卷1，6页下—7页上。
[2]《旧唐书》，卷194下，5193页。

结　论

亚洲的多极性与
唐代对外政策中的合宜性

唐朝的对外关系史足以证明，亚洲确实在向多极世界转化。在这个世界中，唐的实力仍然不容小觑，但已经不是主宰力量。唐与亚洲其他国家、政权的差距在缩小，亚洲的权力关系也不再是零和游戏。面对这些深刻变化，唐朝君臣意识到，仅靠自身的力量不足以阻止亚洲地缘政治环境的不断演变。他们承认流动性是国际关系的常态，仔细思考亚洲的无序流动问题，尝试理解造成这种无序流动的原因，并试图找到应对之道。尽管唐朝的一些官员在处理边疆问题时仍然声称要永远保持对边境的空间支配，但很多人逐渐认识到，这种领土主义不过是构筑在流沙上的美梦。[①]

对亚洲多极性和边疆地区流动性的认识是唐对外政策的思想基础。虽然唐朝官员仍然以"德""义"等道德观念为其对外政策建议辩护，但他们已经悄然放弃了一个原本被视为公理的理论——恪守道德观念必然能创造出一个有序世界。唐为管理对外事务的不确定性，必须根据某个特定时期唐与四邻的权力关系，灵活运用多种政策，从高压手段、调停仲裁到庇护、说服。对唐朝的很多官员来说，"宜"并不仅仅是唐对外政策的抽象准则，也是唐在对外事务中的道德实践。

然而，这种战略思维模式在唐代史料中并不是显而易见的。信奉儒家思想的学者和史官不愿意在著作中承认亚洲是一个多极世界，他们惯于把亚洲国际关系描述成一个以唐为中心的单极世界。在这个理想化的世界中，唐与四邻维持着宗藩关系，四邻承认唐的宗主国地位，向唐廷遣使朝贡，而唐朝皇帝向他们提供军事庇护，政治承认和文化、物质方面的好处作为回报。这样的安排彰显了唐的中心地位，构建了朝贡体系。一些当代学者

[①] 流动性实际上是领土主义的一个核心要素，因为流动性"常常跨越疆界，改变领土主权的实质与内涵"。长远来看，"流动性与领土主义打交道时，在总体上占据上风"。见 David Ludden, "Presidential Address: Maps in the Mind and the Mobility of Asia", pp. 1061, 163.

也采纳了这种解释。①

然而，真实的亚洲世界并不是按照这种理想化、简单化的朝贡模式运行的。传统文人通常用"朝贡"来描述四邻与唐的交往，但这个词既不中性，也不客观，因为它忽略了四邻与唐往来的真实意图。

不仅如此，"朝贡"意味着唐在亚洲享有中心地位，这点也是值得商榷的。唐若想拥有这样的中心地位，需要在三个方面——物质财富、向边疆或境外投放兵力的能力、通过思想和文化影响四邻的能力——具有压倒性的，至少是明显的优势。遗憾的是，唐朝并不总是在这些方面占有优势。唐虽然在物质财富方面一直遥遥领先，但有时并没有实现境外战略目标的军事手段。一些政权，如新罗和吐蕃，在军事实力上即便没有超越唐朝，也足以与其抗衡。前者顽强抵抗，成功地将唐军逐出朝鲜半岛；后者直接挑战唐对西域的控制，对京畿地区施加了巨大压力，甚至曾攻下过唐都长安。吐蕃的军事活动迫使唐廷重新全盘审视自身的军事战略。结果，唐廷放弃了朝鲜半岛，转而集中力量应对吐蕃的威胁。随着唐的地缘战略重心从东北转向西北，唐廷失去了对朝鲜半岛和辽东的控制。唐朝官员未能看出，这样的事态发展对唐的安全产生了深远的影响。十世纪末以后，一个又一个强大的游牧民族从东北南下中原。最终，蒙古人和后来的满人建立起了自己的王朝。②

在通过思想和文化影响四邻的能力上，真实情况也比看上去更加复杂。唐朝确实拥有通过输出自身文化、法律和行政管理制度影响亚洲的强大能力。但唐的四邻并不是唐朝政治制度和意识形态的被动接收者，它们会根

---

① 参见黎虎：《汉唐外交制度史》，6页；李云泉：《朝贡制度史论》，13页；L. I. Duman, "Ancient Chinese Foreign Policy and the Origin of the Tribute System", in *China and her Neighbours: From Ancient Times to the Middle Ages*, ed. S. L. Tikhvinsky (Moscow, 1981), pp. 43—58；John K. Fairbank, "A Preliminary Framework," in *The Chinese World Order*, ed. John K. Fairbank (Cambridge, Mass., 1968). pp. 1—19；栗原朋信：《中華世界の成立》，《史滴》第1卷，1980年，1—2页；濱下武志：《朝貢システムと近代アジア》，東京：岩波書店，1997年，3—32页；金子修一：《東アジア世界論と冊封体制論》，載田中良之、川本芳昭編：《東アジア古代国家論》，東京：すいれん舍，2006年，324—336页；李成市：《東アジア文化圏の形成》，東京：山川出版社，2000年，26—48页；堀敏一：《東アジアのなかの古代日本》，東京：研文出版，1998年，124—126页。
② 王小甫：《总论：隋唐五代东北亚政治关系大势》，载王小甫编：《盛唐时代与东北亚政局》，上海：上海辞书出版社，2003年，14—20页。

据自身情况有意识地加以调整,并由此发展出各自的政治或民族中心论,认为自己——而非唐朝——才是天下的中心。这些互相竞争的中心论无可避免地削弱了唐的政治权威,降低了唐作为亚洲思想、观念主要发源地的重要性。但唐在这方面影响力的下降是不明显的,几乎难以察觉。很多亚洲国家、政权的君主并没有公开挑战唐的中心地位。他们仍然与唐保持着官方联系,接受唐朝皇帝的册封以巩固其在国内的地位,争取唐朝支持自己对他国领土的申索,确保得到唐朝的军事援助和保护,以及获得接触唐朝的物质财富和先进文化的机会。

亚洲国家、政权对"唐朝中心论"的暧昧态度,为其与唐廷的关系增添了新的不确定性和复杂性。一方面,唐声称以自己为中心的世界秩序将惠及亚洲各政权。一些亚洲君主认为,唐能保障其政权的安全,证明其统治的正当性。他们常常在与其他政权发生摩擦和冲突时请唐廷仲裁。他们为了维护在政权内部的独尊地位,接受唐朝的册封。但另一方面,唐并不能左右亚洲的地缘政治环境。亚洲各政权的君主在与唐发生利益冲突时,绝不会对唐廷言听计从。唐发现自己或是由于资源不足,或是由于缺乏将自己构想的世界秩序强加给对方的政治意愿,很难迫使他们就范。唐廷可以用军事行动威胁反复无常的外国君主,[①]也可以剥夺其封号,[②]但这两种方式都无法有效地使其改变想法。朝贡体系的理论框架显然不能解释亚洲的国际关系。将这些关系生搬硬套地纳入以唐为中心的朝贡体系,是对以多极为本质的国际关系现实的过度简化。

理论上说,在多极世界里,没有任何一个国家能够在国际事务中充当唯一的决定性力量。各种不同力量将共同影响和决定某起事件的走向和结果,而该结果往往与相关各方的预期大相径庭。此外,并不是只有具有一定实力、财富或威望的国家才能在国际事务中发挥影响力。各国不论强弱都会按照自己的意志行事,努力创造一个对自身生存和发展有利的外部环境。[③]

---

① 例证之一是高宗在651年给百济王的敕书,见《旧唐书》,卷199上,5330—5331页;《新唐书》,卷220,6199页;《全唐文》,卷15,72页。
② 见674年新罗王的事例,《新唐书》,卷220,6204页。
③ 小约瑟夫·奈指出:"多边外交在没有多极军事平衡的条件下也能够进行。"见他的 *Soft Power: The Means to Success in World Politics*, p. 83。

有中央政府和明确疆界的国家是现代国际关系的核心要素，但古代亚洲国家并没有固定疆界，中央官员也不是国际舞台上的唯一成员。唐朝的边陲地区基本上都是多民族聚居区。那里的人没有共同的血缘、语言和历史，相当自由地四处迁徙。他们没有固定的政治认同，经常同时向不同政权宣誓效忠。他们的四处迁徙和多重效忠，常常使"内部"事务和"对外"事务的界限变得模糊，有时甚至会成为唐与四邻冲突的根源。

唐朝对外事务的双重管理体系使情况更加复杂。在该体系下，中央官员和地方官员都拥有处理对外事务的权力，唐的对外关系因此更加难以预测。地方官员作为君主的代理人，本应忠实执行君主的对外政策，但他们常常我行我素，置朝廷政策于不顾。他们的活动为唐朝的对外关系增添了新的与众不同的特色。不论是唐还是其他政权的地方官员，都是亚洲多极性不可或缺的组成部分。

唐廷为处理这些复杂关系而发展出的策略，承认了一个令人不安的现实，即唐朝实力有限，在面对复杂的对外关系时无法制定出一个迅速、简单解决问题的方案。因此，唐朝的对外政策很少是和平与战争、谈判与拒绝、安抚与融合、强迫与参与之间的二元选择。唐廷需要运用多种合宜的政策来处理多极亚洲的各类问题。

参考文献

史料及二十世纪以前著作

白居易：《白居易集》，北京：中华书局，1979年。

白居易：《白氏长庆集》，《四部丛刊》本。

白居易：《白氏六帖事类集》，北京：文物出版社，1987年影印南宋本。

白居易、孔传：《白孔六帖》，《四库全书》本。

班固：《汉书》，北京：中华书局，1962年。

蔡邕：《蔡中郎文集》，《四部丛刊》本。

陈振孙：《直斋书录解题》，上海：上海古籍出版社，1987年。

陈子昂：《陈伯玉文集》，《四部丛刊》本。

程大昌著、黄永年点校：《雍录》，北京：中华书局，2002年。

崔令钦：《教坊记》，上海：上海古籍出版社，1988年。

崔致远：《桂苑笔耕集》，《四部丛刊》本。

道宣：《广弘明集》，《四部丛刊》本。

道宣：《续高僧传》，《大正新脩大藏經》第50册，東京：大正一切経刊行会，1924年；上海：上海书店，1989年重印。

丁度：《集韵》，上海：上海古籍出版社，1985年宋本影印本。

董诰：《全唐文》，台北：大化书局，1987年。

董仲舒:《春秋繁露》,《四部丛刊》本。

杜牧:《樊川文集》,《四部丛刊》本。

杜佑:《通典》,上海:商务印书馆,1935 年"十通"本;北京:中华书局,1984 年重印。

段成式:《酉阳杂俎》,《四部丛刊》本。

圆仁:《入唐求法巡礼行记》,台北:文海出版社,1971 年。

范晔:《后汉书》,北京:中华书局,1973 年。

范仲淹:《范文正公集》,《四部丛刊》本。

范祖禹:《唐鉴》,上海:上海古籍出版社,1984 年影印南宋本。

房玄龄等编撰:《晋书》,北京:中华书局,1974 年。

藤原不比等等编:《律》,東京:吉川弘文館,1964 年。

藤原緒嗣等编:《日本後紀》,東京:吉川弘文館,1934 年。

高适:《高常侍集》,《四部丛刊》本。

高仲武:《中兴闲气集》,《四库全书》本。

管仲:《管子》,《四部丛刊》本。

郭若虚:《图画见闻志》,《四部丛刊》本。

韩非:《韩非子》,《四部丛刊》本。

韩愈:《昌黎先生集》,《四部丛刊》本。

郝懿行:《尔雅郭注义疏》,北京:中国书店,1982 年影印 1856 本。

洪迈:《容斋续笔》,《四部丛刊》本。

慧立、彦悰:《大慈恩寺三藏法师传》,北京:中华书局,1983 年。

慧琳:《一切经音义》,1737 年本。

一然:《三國遺事》,東京:學習院大學東洋文化研究所藏本,1984 年。

吉天保:《孙子集注》,《四部丛刊》本。

计有功:《唐诗纪事》,《四部丛刊》本。

纪昀等编撰:《四库全书》,台北:商务印书馆,1983 年影印 1781 年本;上海:上海古籍出版社,1987 年重印。

贾昌朝:《群经音辨》,《四部丛刊》本。

贾公彦等编撰:《周礼注疏》,《十三经注疏》本。

贾公彦等编撰：《仪礼注疏》，《十三经注疏》本。

贾谊：《新书》，《四部丛刊》本。

金富轼：《三國史記》，東京：學習院大學東洋文化研究所藏本，1984年。

弘法大師空海全集編輯委員会編：《弘法大師空海全集》，東京：筑摩書房，1965—1968年。

孔晁：《汲冢周书》，《四部丛刊》本。

孔颖达编撰：《礼记正义》，《十三经注疏》本。

孔颖达编撰：《毛诗正义》，《十三经注疏》本。

孔颖达编撰：《周易正义》，《十三经注疏》本。

孔颖达等编撰：《尚书正义》，《十三经注疏》本。

李白：《李太白诗》，《四部丛刊》本。

李百药：《北齐书》，北京：中华书局，1972年。

李德裕：《李文饶文集》，《四部丛刊》本。

李德裕：《明皇十七事》，上海：上海古籍出版社，1988年。

李耳：《老子德经》，《四部丛刊》本。

李昉：《太平广记》，北京：中华书局，1959年。

李昉：《文苑英华》，北京：中华书局，1966年。

李吉甫：《元和郡县图志》，北京：中华书局，1983年。

李筌：《太白阴经》，《四库全书》本。

李时珍：《本草纲目》，《四库全书》本。

李焘：《续资治通鉴长编》，台北：世界书局，1983年。

李延寿：《北史》，北京：中华书局，1974年。

李延寿：《南史》，北京：中华书局，1975年。

李肇：《唐国史补》，上海：上海古籍出版社，1957年。

令狐德棻：《周书》，北京：中华书局，1974年。

刘安：《淮南子》，《四部丛刊》本。

刘肃：《大唐新语》，北京：中华书局，1984年。

刘餗：《隋唐嘉话》，《唐五代笔记小说大观》本，上海：上海古籍出版社，2000年。

刘熙：《释名》，《四部丛刊》本。

刘向：《新序》，《四部丛刊》本。

刘昫等编撰：《旧唐书》，北京：中华书局，1975 年。

陆心源：《唐文拾遗》，台北：大化书局，1987 年。

陆贽：《唐陆宣公翰苑集》，《四部丛刊》本。

骆宾王：《骆宾王文集》，《四部丛刊》本。

马端临：《文献通考》，"十通"本，上海：商务印书馆，1935 年；北京：中华书局，1986 年。

毛凤枝：《关中金石文字存逸考》，清代稿本百种汇刊，台北：文海出版社，1974 年。

墨翟：《墨子》，《四部丛刊》本。

欧阳修、宋祁：《新唐书》，北京：中华书局，1975 年。

彭定求：《全唐诗》，北京：中华书局，1960 年。

钱起：《钱考功集》，《四部丛刊》本。

权德舆：《权载之文集》，《四部丛刊》本。

阮元：《十三经注疏》，台北：大化书局，1982 年。

商鞅：《商子》，《四部丛刊》本。

沈亚之：《沈下贤文集》，《四部丛刊》本。

盛熙明：《图画考》，《四部丛刊》本。

史游：《急就篇》，《四部丛刊》本。

司空图：《司空表圣文集》，《四部丛刊》本。

司马光：《资治通鉴》，北京：中华书局，1956 年。

司马迁：《史记》，北京：中华书局，1959 年。

宋敏求：《唐大诏令集》，上海：商务印书馆，1959 年。

苏鹗：《杜阳杂编》，上海：上海古籍出版社，1988 年。

菅野真道等编：《続日本紀》，東京：吉川弘文館，1935 年。

菅原道真：《類聚国史》，《新訂增補　国史大系》第 2—3 卷，東京：吉川弘文館，1933—1934 年。

孙光宪：《北梦琐言》，《四库全书》本。

孙樵：《孙樵集》，《四部丛刊》本。

舍人亲王等编修：《日本書紀》，東京：吉川弘文館，1964—1966 年。

脱脱等编撰：《宋史》，北京：中华书局，1977 年。

佚名：《春秋公羊传》，《十三经注疏》本。

佚名：《春秋谷梁传》，《十三经注疏》本。

佚名：《春秋左氏传》，《十三经注疏》本。

佚名：《国语》，《四部丛刊》本。

佚名：《黄石公素书》，《四库全书》本。

佚名：《李卫公问对》，《四库全书》本。

王昶：《金石萃编》，1805 年本。

王成棣：《青宫译语》，《靖康稗史七种》本，上海：上海书店，1994 年。

王谠：《唐语林》，上海：上海古籍出版社，1978 年。

王方庆：《魏郑公谏录》，《四库全书》本。

王楙：《野客丛书》，北京：中华书局，1987 年。

王念孙：《广雅疏证》，上海：上海古籍出版社，1983 年。

王溥：《唐会要》，上海：商务印书馆，1936 年《丛书集成初编》本。

王溥：《五代会要》，上海：商务印书馆，1938 年。

王钦若：《册府元龟》，北京：中华书局，1960 年。

王应麟：《玉海》，上海：上海古籍出版社，1992 年四库类书丛刊本。

魏收：《魏书》，北京：中华书局，1974 年。

魏征：《群书治要》，《四部丛刊》本。

魏征等编撰：《隋书》，北京：中华书局，1973 年。

温大雅：《大唐创业起居注》，《四库全书》本。

吴师道：《战国策校注》，《四部丛刊》本。

萧嵩等编撰：《大唐开元礼》，台北：商务印书馆，1978 年《四库全书珍本》本。

萧子显：《南齐书》，北京：中华书局，1972 年。

谢守灏：《混元圣纪》，《正统道藏》本，台北：新文丰出版公司，1977 年。

邢昺：《尔雅注疏》，《十三经注疏》本。

邢昺：《论语注疏》，《十三经注疏》本。

许慎：《说文解字》，《四部丛刊》本。

荀况：《荀子》，《四部丛刊》本。

姚思廉：《陈书》，北京：中华书局，1972年。

叶梦得：《石林燕语》，北京：中华书局，1984年《唐宋史料笔记丛刊》本。

柳得恭：《渤海考》，首尔：弘益出版社，2001年。

元稹：《元氏长庆集》，《四部丛刊》本。

乐史：《太平寰宇记》，北京：中华书局，1999年南宋本影印本。

曾巩：《元丰类稿》，《四部丛刊》本。

张楚金：《翰苑》，辽海丛书本，台北：艺文印书馆，1971重印。

张九龄：《唐丞相曲江张先生文集》，《四部丛刊》本。

张君房：《云笈七签》，《四部丛刊》本。

张守节：《史记正义论例》，载泷川资言编纂：《史记会注考证》，北京：文学古籍刊行社，1954年重印。

张彦远：《历代名画记》，《四库全书》本。

张元济等编撰：《四部丛刊》，上海：商务印书馆，1919年。

长孙无忌：《故唐律疏议》，北京：中华书局，1983年。

赵璘：《因话录》，载《唐五代笔记小说大观 上册》，上海：上海古籍出版社，2000年。

赵岐、孙奭：《孟子注疏》，《十三经注疏》本。

赵汝愚：《宋名臣奏议》，《四库全书》本。

赵翼：《陔余丛考》，1790年本。

郑綮：《开天传信记》，上海：上海古籍出版社，1988年。

钟邦直：《宣和乙巳奉使金国行程录》，《靖康稗史七种》本，上海：上海书店，1994年。

当代研究论著

Abramson, Marc Samuel. *Ethnic Identity in Tang China*. Philadlphia: University of Pennsylvania Press, 2008.

Adami, Norbert R. *Bibliography on Parhae: A Medieval State in the Far East*. Wiesbaden: Harrassowitz Verlag, 1994.

赤羽目匡由:《封敕作「與渤海国王大彝震書」について——その起草・発給年時と渤海後期の権力構成》,《東洋学報》第 85 卷第 3 号, 2003 年, 1—28 頁。

赤羽目匡由:《いわゆる賈耽「道里記」の「营州入安東道」について》,《史學雜誌》第 116 卷第 8 号, 2007 年, 39—59 頁。

尼子昭彦:《義利相関説考》, 載飯田利行博士古稀記念論文集刊行会編集:《東洋学論叢——飯田利行博士古稀記念》, 東京: 国書刊行会, 1981 年, 339—350 頁。

Ames, Roger T. *The Art of Rulership: A Study in Ancient Chinese Political Thought*. Honolulu, Hawai'i: University of Hawai'i Press, 1983.

Aston, W. G. (trans.) *Nihongi: Chronicles of Japan from the Earliest Time to A. D. 697*. Tokyo: Charles E. Tuttle Co., 1972.

東潮:《高句麗考古學研究》, 東京: 吉川弘文館, 1997 年。

Backus, Charles R. *The Nan-chao Kingdom and T'ang China's Southwestern Frontier*. New York, NewYork: Cambridge University Press, 1981.

Bacot, Jacques et al. *Documents de Touen-houang Rélatifs à L'histoire du Tibet*. Paris: P. Geuthner, 1940.

拜根兴:《〈大唐平百济国碑铭〉关联问题考释》,《唐史论丛》第 8 辑, 2006 年, 133—150 页。

拜根兴:《金仁问研究中的几个问题》,《海交史研究》2003 年第 2 期, 72—77 页。

拜根兴:《七世纪中叶唐与新罗关系研究》, 北京: 中国社会科学出版社, 2003 年。

拜根兴:《"唐罗战争"相关问题的再探讨》,《唐研究》第 16 卷, 2010 年, 91—116 页。

拜根兴:《新罗真德王代的对唐外交》,《大陆杂志》总 102 卷 2 期, 2001 年, 1—12 页。

Barat, Kahar. *The Uygur-Turkic Biography of the Seventh-century Buddhist Pilgrim Xuanzang: Ninth and Tenth Chapters*. Bloomington, Indiana: Research Institute for Inner Asian Studies, Indiana University, 2001.

Barfield, Thomas J. "The Hsiung-nu Imperial Confederacy: Organization and Foreign Policy." *The Journal of Asian Studies*, 41, no. 1 (1981), pp. 45—61.

Barfield, Thomas J. *The Perilous Frontier: Nomadic Empires and China, 221 BC to AD 1757*. Cambridge, Mass.: Blackwell, 1989.

Barnes, Gina L. *China Korea and Japan: The Rise of Civilization in East Asia*. New York, New York: Thames and Hudson Inc., 1993.

Barrett, Timothy H. *Taoism under the T'ang: Religion and Empire during the Golden Age of Chinese History*. London: The Wellsweep Press, 1996.

Beckwith, Christopher I. *Empire of the Silk Road: A History of Central Eurasia from the Bronze Age to the Present*. Princeton, New Jersey: Princeton University Press, 2009.

Beckwith, Christopher I. "The Impact of the Horse and Silk Trade on the Economis of T'ang China and the Uighur Empire: On the Importance of International Commerce in the Early Middle Ages." *Journal of the Economic and Social History of the Orient*, 34:2 (1991), pp. 183—198.

Beckwith, Christopher I. *The Tibetan Empire in Central Asia: A History of the Struggle for Great Power among Tibetans, Turks, Arabs and Chinese during the Early Middle Ages*. Princeton, New Jersey: Princeton University Press, 1987.

Beckwith, Christopher I. "The Tibetans in the Ordos and North China: Considerations on the Role of the Tibetan Empire in World History." In *Silver on Lapis*, ed. Christopher I. Beckwith, pp. 3—11. Bloomington, Indiana: Tibet Society, 1987.

Bell, Daniel A. "The making and Unmaking of Boundaries: A Contemporary Confucian Perspective." In Margaret Moore & Allen Buchanan ed., *State, Nations, and Borders: The ethics of Making Boundaries*, pp. 57—85. New

York, New York: Cambridge University Press, 2003.

Berend, Nora. "Medievalists and the Notion of the Frontier." *The Medieval History Journal*, 2, no. 1 (1999), pp. 55—72.

Best, Jonathan W. "Diplomatic and Cultural Contacts between Paekche and China." *HARVARD JOURNAL OF*, 42, no. 2 (1982), pp. 443—501.

Best, Jonathan W. *A History of the Early Korean Kingdom of Paekche, together with an Annotated Translation of the Paekche Annals of the Samguk sagi*. Cambridge, Mass.: Harvard University Press, 2007.

Best, Jonathan W. "Notes and Questions Concerning the *Sanguk sagi*'s Chronology of Paeche's Kings Chŏnji, Kuisin and Piyu." *Korean Studies*, 3 (1979), pp. 125—134.

Bielenstein, Hans. *Diplomacy and Trade in the Chinese World, 589—1276*. Leiden: Brill, 2005.

Bingham, Woodbridge. "Wen Ta-ya: The First Recorder of T'ang History." *Journal of the American Oriental Society*, 57 (1937), pp. 368—374.

Boodberg, Peter A. "Three notes on the T'u-chüeh Turks." In *Selected Works of Peter A. Boodberg*, edited by Alvin P. Cohen, pp. 350—360. Berkeley: University of California Press, 1979.

Brook, Timothy. *Vermeer's Hat: The Seventeenth Century and the Dawn of the Global World*. New York: Bloomsbury Press, 2007.

Bushell, S. W. "The Early History of Tibet." *Journal of the Royal Asiatic Society* (new series), 12:4, (1880), pp. 435—541.

蔡鸿生：《突厥方物志》，郑州：大象出版社，2007年，158—159页。

蔡鸿生：《突厥汗国的军事组织和军事技术》，首载《学术研究》1963年第5期，修订载林斡主编：《突厥与回纥历史论文选集》，北京：中华书局，1987年。

岑仲勉：《隋唐史》，北京：中华书局，1982年。

岑仲勉：《通鉴隋唐纪比事质疑》，香港：中华书局，1977年。

岑仲勉：《王玄策〈中天竺国行记〉》，《中外史地考证 上》，1934年初版；香港：太平书局，1966年再版，300—307页。

岑仲勉：《西突厥史料补阙及考证》，北京：中华书局，1958年。

Chaliand, Gerard and Berrett, A. M. (trans.). *From Mongolia to the Danube: Nomadic Empires*. New Brunswick, New Jersey: Transaction Publishers, 2004.

Chan, Joseph. "Territorial Bundaries and Confucianism." In Daniel A. Bell ed. *Confucian Political Ethics*, pp. 61—84. Princeton, New Jersey: Princeton University Press, 2007.

Chang, Chun-shu. *The Rise of the Chinese Empire* (vol. 1). Ann Arbor, Michigan: The University of Michigan Press, 2007.

Chase, Thomas. "Nationalism and the Net: Online Discussion of Goguryeo History In China and South Korean." *China Information*, 25 no. 1 (2011), pp. 61—82.

Chavannes, Édouard. "Documents sur les Tou-kiue (Turcs) Occidentaux." *T'oung Pao*, 5 (1904), pp. 1—110.

陈青柏：《唐代渤海上京龙泉府遗址》，载孙玉良编著：《渤海史料全编》，长春：吉林文史出版社，1992年，429—432页。

Chen Sanping. "Succession struggle and the ethnic identity of the Tang imperial house." *Journal of the Roral Asiatic Soceity* (3rd series) 6:3 (1996), pp. 379—405.

陈寅恪：《论唐高祖称臣于突厥事》，《寒柳堂集》，上海：上海古籍出版社，1980年，97—108页。

陈寅恪：《唐代政治史述论稿》，上海：上海古籍出版社，1982年。

陈寅恪：《外族盛衰之连环性及外患与内政之关系》，《唐代政治史论稿》，上海：上海古籍出版社，1982年，128—159页。

Ch'en Yüan (Translated and annotated by Ch'ien Hsing-hai and L. Carrington Goodrich). *Western and Central Asians in China under the Mongols: Their Transformation into Chinese*. Los Angeles, California: Monumenta Serica at the University of California, 1966.

陈仲安、王素：《汉唐职官制度研究》，北京：中华书局，1993 年。

陈仲夫点校：《唐六典》，北京：中华书局，1992 年。

程存洁：《唐王朝北边边城的修筑与边防政策》，《唐研究》第 3 卷，1997 年，363—379 页。

程溯洛：《唐宋回鹘史论集》，北京：人民出版社，1994 年。

Cheung, Frederick Hok-ming, "Conquerors and Consolidators in Anglo-Norman England and T'ang China: A Comparative Study." *Asian Culture*, 13, no. 1 (1985), pp. 63—85.

築山治三郎：《唐代中期における外寇と會盟について》，《古代文化》第 40 卷第 1 号，1988 年，26—37 页。

Chiu-Duke, Josephine. *To Rebuild the Empire: Lu Chih's Confucian Pragmatist Approach to the Mid-T'ang Predicament.* Albany, N. Y. : State University of New York Press, 2000.

Cohen, Warran I. *East Asia at the Center: Four Thousand Years of Engagement with the World.* New York, New York: Columbia University Press, 2000.

Creel, Herrlee G. "The Role of the Horse in Chinese History." In his *What is Taoism? And Other Studies in Chinese Cultural History*, pp. 160—186. Chicago, Illinois: Universuty of Chicago Press, 1970.

崔明德：《中国古代和亲史》，北京：人民出版社，2005 年。

Dalby, Michael T. "Court Politics in Late Tang Times." In *Sui and Tang China 589—906*, vol. 3, pt. 1 of *The Cambridge History of China*, ed. Denis C. Twitchett, pp. 561—681. Cambridge: Cambridge University Press, 1979.

党银平：《桂苑笔耕集校注》，北京：中华书局，2007 年。

Di Cosmo, Nicola. *Ancient China and its Enemies, The Rise of Nomadic Power in East Asian History.* Cambridge: Cambridge University Press, 2002.

Di Cosmo, Nicola. "Ancient inner Asian Nomads: Their Economic Basis and its Significance in Chinese History," *The Journal of Asian Studies*, 53, no. 4 (1994), pp. 1092—1126.

丁煌：《唐高祖太宗对符瑞的运用及其对道教的态度》，载《唐代研究论集》

第 2 辑，台北：新文丰出版公司，1992 年，395—420 页。

董志翘：《〈入唐求法巡礼记〉词汇研究》，北京：中国社会科学院出版社，2000 年。

Dotson, Brandon. *The Old Tibetan Annals: An Annotated Translation of Tibet's First History with an Annotated Cartographical Documentation by Guntram Hazod.* Vienna: Österreichische Akadmie der Wissenschaften, 2009.

Drews, Robert. *Early Riders: The beginning of Mounted Warefare in Asia and Europe.* New York, New York: Routledge, 2004.

Drompp, Michael R. "Chinese 'Qaghans' Appointed by Turks." *T'ang Studies*, 25 (2007), pp. 183—202.

Drompp, Michael R. "Late-Tang Foreign Relations: The Uyghur Crisis." In *Hawai'i Reader in Tridational Chinese Culture*, ed. Victor H. Mair et al, pp. 368—375. Honolulu, Hawai'i: The University of Hawai'i Press, 2005.

Drompp, Michael R. "Supernumerary Sovereigns: Superfluidity and Mutability in the Elite Power Structure of the Early Turks." In *Rulers from the Steppe: State Formation on the Eurasian Periphery*, eds. Gary Seaman and Daniel Marks, pp. 92—115. Los Angeles, California: University of Southern California, 1991.

Drompp, Michael R. *Tang China and the Collapse of the Uighur Empire.* Leiden: E. J. Brill, 2005.

Drompp, Michael R. "The Uighur-Chinese Conflict of 840—848." In *Warfare in Inner Asian History (500—1800)*, ed. Nicola Di Cosmo, pp. 73—103. Leiden: Brill, 2002.

Drompp, Michael R. *The Writings of Li Te-yü as Sources for the History of T'ang-Inner Asian Relations.* Diss. Indiana University, 1986.

段连勤：《隋唐时期的薛延陀》，西安：三秦出版社，1988 年。

Duman, L. I. "Ancient Chinese Foreign Policy and the Origin of the Tribute System." In *China and her Neighbours: From Ancient Times to the Middle Ages*, ed. S. L. Tikhvinsky, pp. 43—58. Moscow: Progress Publishers, 1981.

Dunnell, Ruth. "The Hsi Hsia." In *Alien Regimes and Border States*, 907—1368, ed. Herbert Franke and Denis C. Twitchett, vol. 6 of *The Cambridge History of China*, ed. Denis C. Twitchett, pp. 154—214. Cambridge: Cambridge University Press, 1994.

Eckert, Carter J. et al. *Korea Old and New: A History*. Seoul: Ilchokak Publishers, 1990.

Ecsedy, Hilda. "Trade and War Relations between the Turks and China in the Second half of the Sixth Century." *Acta Orientalia Hungaricae*, 21 (1968), pp. 131—180.

Ecsedy, Hilda. "Uighurs and Tibetans in Pei-t'ing (790—791 A. D.)." *Acta Orientalia Hungaricae*, 17 (1964), pp. 83—104.

Eisenberg, Andrew. "Kingship, Power, and the Hsüan-wu men Incident of the T'ang." *T'oung Pao*, 80, nos. 4—5 (1994), pp. 223—259.

Eisenberg, Andrew. "Warfare and Political stability in Medieval North Asian Regimes." *T'oung Pao*, 83, nos. 4—5, (1997), pp. 300—328.

Erickson, Susan N, Yi Sŏng-mi and Nylan, Michael, "The archaeology of the outlying lands." In *China's Early Empires*, eds. Michael Nylan and Michael Loewe, pp. 135—168. Cambridge: Cambridge University Press, 2010.

Fairbank, John K. "A Preliminary Framework." In *The Chinese World Order*, ed. John K. Fairbank, pp. 1—19. Cambridge, Mass.: Harvard University Press, 1968.

范恩实:《渤海的建立及其与周边政治关系》,载王小甫编:《盛唐时代与东北亚政局》,上海:上海辞书出版社,2003年,286—305页。

范恩实:《隋唐五代东北亚关系史大事年表》,载王小甫编:《盛唐时代与东北亚政局》,上海:上海辞书出版社,2003年,487—518页。

方国瑜:《方国瑜文集》第2辑,昆明:云南教育出版社,2001年。

方国瑜:《两爨六诏地理考释》,《历史地理》第2辑,1982年,21—31页。

方国瑜:《南诏邻近的国名及城镇》,载《方国瑜文集》第2辑,昆明:云南教育出版社,2001年,230—252页。

方国瑜:《南诏与唐朝、吐蕃之和战》,载《方国瑜文集》第2辑,昆明:云南教育出版社,2001年,253—324页。

方国瑜:《唐代前期洱海区域的部族》,载《方国瑜文集》第2辑,昆明:云南教育出版社,2001年,42—79页。

方国瑜:《中国西南历史地理考释》,北京:中华书局,1987年。

方铁:《从南诏与唐朝之关系看唐朝治边及其边疆官吏》,载柯兰、谷岚主编:《边臣与疆吏》,北京:中华书局,2007年,255—287页。

冯承钧译:《西突厥史料》,北京:中华书局,2004年。

Fitzgerald, C. P. *Son of Heaven: A Biography of Li Shih-min, Founder of the T'ang Dynasty.* Cambridge: Cambridge University Press, 1933.

Foster, Robert. "Han Yu, 'The original way'." In *Hawai'i Reader in Tridational Chinese Culture*, eds. Victor H. Mair et al., pp. 359—362. Honolulu, Hawai'i: The University of Hawai'i Press, 2005.

Frye, Richard N. *The Heritage of Central Asia from Antiquity to the Turkish Expansion.* Princeton, New Jersey: Markus Wiener Publishers, 1996.

傅乐成:《回鹘马与朔方兵》,《汉唐史论集》,台北:联经出版事业公司,1978年,305—317页。

傅乐成:《李唐皇室与道教》,载《唐代研究论集》第4辑,台北:新文丰出版公司,1992年,95—118页。

傅乐成:《唐型文化与宋型文化》,《汉唐史论集》,台北:联经出版事业公司,1978年,339—382页。

傅乐成:《唐代夷夏观念之演变》,《大陆杂志》25(8),1962年,236—242页;又收入氏著:《汉唐史论集》,台北:联经出版事业公司,1978年,209—226页。

傅乐成:《突厥大事系年》,《汉唐史论集》,台北:联经出版事业公司,1978年,227—273页。

傅乐成:《突厥的文化和它对邻国的关系》,《汉唐史论集》,台北:联经出版事业公司,1978年,275—303页。

藤野月子:《漢唐間における和蕃公主の降嫁について》,《史学雑誌》第 117 巻第 7 号, 2008 年, 38—57 頁。

藤野月子:《唐代の和蕃公主をめぐる諸問題について》,《九州大学東洋史論集》第 34 号, 2006 年, 110—132 頁。

藤沢義美:《剣南節度使韋皋の南詔対策——唐・南詔交渉史研究》,《歴史》第 3 号, 1951 年, 59—65 頁。

藤沢義美:《南詔国家の構成と白蛮文化》,《歴史教育》第 15 巻第 5・6 号, 1967 年, 63—70 頁。

藤沢義美:《南詔国の成立と吐蕃との関係》,《東洋史研究》第 25 巻第 2 号, 1966 年, 66—87 頁。

藤沢義美:《南詔国の都城について》,《岩手大学学芸学部研究年報》第 24 号, 1965 年, 17—29 頁。

藤沢義美:《南詔王権の確立と対吐蕃関係》,《岩手大学教育学部研究年報》第 27 号, 1967 年, 1—19 頁。

藤沢義美:《西南中国民族史の研究——南詔国の史的研究》,東京:大安, 1969 年, 75—108 頁。

藤沢義美:《唐朝雲南経営史の研究》,《岩手大学学芸学部研究年報》第 10 巻第 1 号, 1956 年, 18—38 頁。

福井康順:《百行章についての諸問題》,《東方宗教》13—14, 1958 年, 1—23 頁。

福井重雅:《〈大唐創業起居注〉考》,《史観》63、64 合冊, 1962 年, 83—88 頁。

福宿孝夫:《伎伐浦及び白村江の位置比定——百済滅亡に関する古戦場》,《宮崎大学教育学部紀要 人文科学》第 80 号, 1996 年, 1—38 頁。

Fung Yu-lan (Derk Bodde trans.). *A History of Chinese Philosophy*, vol. 1. Princeton, New Jersey: Princeton University Press, 1983.

古畑徹:《渤海建国関係記事の再検討——中国側史料の基礎的研究》,《朝鮮学報》第 113 号, 1984 年, 1—52 頁。

古畑徹:《張九齢作「勅渤海国王大武芸書」と唐渤紛争の終結——第二、三、

四首の作成年時を中心として》，《東北大學東洋史論叢》第 3 号，1988 年，35—65 頁。

古畑徹：《大門芸の亡命年時について——唐渤紛争に至る渤海の情勢》，《集刊東洋学》第 51 号，1984 年，18—33 頁。

古畑徹：《七世紀末から八世紀初にかけての新羅・唐関係——新羅外交史の一試論》，《朝鮮学報》第 107 号，1983 年，1—73 頁。

古畑徹：《唐渤紛争の展開と国際情勢》，《集刊東洋学》第 55 号，1986 年，20—23 頁。

Gale, Esson M. *Discourses on Salt and Iron: A debate on State Control of Commerce and Industry in Ancient China* (reprint). Taipei: Chengwen Publishing Company, 1967.

高明士：《东亚教育圈形成史论》，上海：上海古籍出版社，2003 年。

Gardiner, Kenneth H. J. "Beyong the Archer and his Son, Koguryŏ and Han China." *Papers on Far Eastern History*, 20 (1979), pp. 57—82.

Gardiner, Kenneth H. J. "The Kung-sun Warriors of Liao-tung (189—238)." *Papers on Far Eastern History*, 5 (1972), pp. 59—107.

葛承雍：《西安出土西突厥三姓葛逻禄炽俟弘福墓志释证》，载荣新江、李孝聪主编：《中外关系史——新史料与新问题》，北京：科学出版社，2004 年，449—456 页。

嚴基珠：《唐における新羅の「宿衛」と「賓貢」》，《專修人文論集》第 77 号，329—349 頁。

耿世民：《古代突厥文碑銘研究》，北京：中央民族大学出版社，2005 年。

Golden, Peter, B. *The Headless State: Aristocratic Orders, Kinship Society, and Misrepresentation of Nomatic Inner Asia* (bookreview), *The Journal of Asian Studies*, 68:1 (2009), pp. 293—296.

Golden, Peter, B. *An Introduction to the History of the Turkic Peoples, Ethnogenesis and State-Formation in Medieval and Early Modern Eurasia and the Middle East*. Wiesbaden: Otto Harrassowitz, 1992.

Golden, Peter, B. "Some Thoughts on the Origins of the Turks and the

Shaping of the Turkic Peoples." In *Contact and Exchange in the Ancient World*, ed., Victor H. Mair, pp. 136—157. Honolulu, Hawai`i: University of Hawai`i Press, 2006.

Goodrich, Chauncey S. "Riding Astride and the Saddle in Ancient China." *Harvard Journal of Asiatic Studies*, 44:2 (1984), pp. 279—306.

Graff, David A. "The Battle of Huo-i." *Asia Major* (3rd series), 5, part 1 (1992), pp. 33—55.

Graff, David A. *Medieval Chinese Warfare, 300—900*. New York, New York: Routledge, 2002.

Graff, David A. "Provincial Autonomy and Frontier Defense in Late Tang: The Case of the Lulong Army." In *Battle Fronts Real and Imagined: War, Border, and Identity in the Chinese Middle Period*, ed. Don J. Wyatt, pp. 43—58. New York: Palgrave Macmillan, 2008.

Graff, David A. "Strategy and Contingency in the Tang Defeat of the Eastern Turks, 629—630." In *Warfare in Inner Asian History (500—1800)*, ed. Nicola Di Cosmo, pp. 33—71. Leiden: Brill, 2002.

Graham, A. C. *Disputers of the Tao, Philosophical Argument in Ancient China*. La Salle, Illinois: Open Court, 1989.

Grousset, René (tr. Naomi Walford). *The Empire of the Stepps: A History of Central Asia*. New Brunswick, New Jersey: Rutgers University Press, 1970.

Guisso, R. W. L. *Wu Tse-t'ien and the Politics of Legitimation in T'ang China*. Bellingham, Washington: Occasional papers, Western Washington University, 1978.

郭声波:《唐代河西九曲羁縻府州及相关问题研究》,《历史地理》第21辑, 2006年, 59—72页。

郭声波:《唐代嶲属羁縻州及其部族研究》,《历史地理》第20辑, 2004年, 20—25页。

Ha Tae-hung and Mintz, Crafton K. (trans.) *Samguk yusa*. Seoul: Yonsei

University Press, 1972.

Haarh, Erik. *The Yarlun Dynasty: A Study with Particular Regard to the Contribution by Myths and Legends to the History of Ancient Tibet and the Origin and Nature of its Kings*. København: Gad, 1969.

濱田耕策:《渤海興亡史》,東京:吉川弘文館,2000年。

濱田耕策:《渤海國王の即位と唐の册封》,《史淵》第135卷,1998年,73—106頁。

濱田耕策:《渤海の対唐外交——時期区分とその特質》,載佐藤信編:《日本と渤海の古代史》,東京:山川出版社,2003年,46—74頁。

濱田耕策:《新羅人の渡日動向》,《史淵》第138卷,2001年,79—104頁。

濱田耕策:《新羅國史の研究》,東京:吉川弘文館,2002年。

濱田耕策:《新羅の遣唐使——上代末期と中代の派遣回數》,《史淵》第145卷,2008年,127—153頁。

濱田耕策:《唐朝における渤海と新羅の争長事件》,載末松保和博士古稀記念会編:《古代東アジア史論集》,東京:吉川弘文館,1978年,339—360頁。

濱下武志:《朝貢システムと近代アジア》,東京:岩波書店,1997年。

韩昇:《白江之战前唐朝与新罗、日本关系的演变》,《中国史研究》2005年第1期,43—66页。

韩昇:《唐平百济前后的东亚国际形势》,《唐研究》第1卷,1995年,227—244页。

羽田亨:《唐代回鶻史の研究》,載《羽田博士史学論文集 上卷(歷史篇)》,京都:東洋史研究会,1957年。

林謙一郎:《南詔国後半期の対外遠征と国家構造》,《史林》第75卷第4号,1992年,554—585页。

林謙一郎:《南詔国の成立》,《東洋史研究》第49卷第1号,1990年,87—114页。

林謙一郎:《南詔・大理国の成立と「白人」の形成》,《アジア民族文化研究》第4号,2005年,63—71页。

林謙一郎:《南詔・大理国の統治体制と支配》,《東南アジア 歴史と文化》

第 28 号，1999 年，28—54 页。

何金龙：《南诏都城防御体系"九重城"的梳理研究》，《边疆考古研究》第 3 辑，2005 年，215—228 页。

Herbert, Penelope A. "Perceptions of Provincial Officialdom in Early T'ang China." *Asia Major* (3rd series), 2, part 1 (1989), pp. 25—58.

日野開三郎：《安史の乱による唐の東北政策の後退と渤海の小高句麗国占領》，《史淵》第 91 号，1963 年，1—35 页。

日野開三郎：《渤海國の隆昌と小高句麗國の子國化》，《史淵》第 93 号，1964 年，1—29 页。

日野開三郎：《高句麗國遺民反唐分子の處置》，《東洋史学論集》第 8 卷，東京：三一書房，1984 年，56—78 页。

日野開三郎：《唐の高句麗討滅と安東都護府》，《東洋史学論集》第 8 卷，東京：三一書房，1984 年，21—55 页。

平井進：《アルタイ山と新羅・百済・倭——北アジアの視点による白村江の戰い》，《古代文化を考える》第 50 号，2006 年，94—120 页。

Hoffman, Helmut. "Early and Medieval Tibet." In *The Cambridge History of Early Inner Asia*, ed. Denis Sinor, pp. 371—399. New York, New York: Cambridge University Press, 1990.

Hook, Brian and Twitchett, Denis C. *The Cambridge Encyclopedia of China* (second edition). Cambridge: Cambridge University Press, 1991.

堀敏一：《東アジアのなかの古代日本》，東京：研文出版，1998 年。

堀内明博：《日本古代都市史研究——古代王権の展開と変容》，京都：思文閣出版，2009 年。

侯家駒：《孟子义利之辨的涵义与时空背景》，《孔孟月刊》第 23 卷第 9 期，1985 年，29—33 页。

Hovdhaugen, Even. "The Relationship between the Two Orkhon Inscriptions." *Acta Orientalia*, 36 (1974), pp. 55—82.

Hsiao, Kung-chuan (trans., F. W. Mote). *A History of Chinese Political Thought*. Princeton, New Jersey: Princeton University Press, 1979.

黄俊杰:《孟子义利之辨章集释新诠》,《人文及社会科学集刊》第1卷第1期,
　　1988年,151—170页。
黄清连:《从〈扶余隆墓志〉看唐代中韩关系》,《大陆杂志》第85卷第6期,
　　1992年,9—27页。
黄约瑟:《读〈曲江集〉所收唐与渤海及新罗敕书》,《东方文化》第26期,
　　1988年,296—298页。
黄约瑟:《略论李唐起兵与突厥关系》,《食货月刊》第16卷第11—12期,
　　1988年,14—25页。
黄约瑟:《武则天与朝鲜半岛政局》,载林天蔚、黄约瑟编:《古代中韩日关系
　　研究》,香港:香港大学亚洲研究中心,1987年,13—26页。
黄约瑟:《薛仁贵》,西安:西北大学出版社,1995年。
Hucker, Charles O. *A Dictionary of Official Titles in Imperial China*. Stanford,
　　California: Stanford University Press, 1985.
池内宏:《高句麗討滅の役に於ける唐軍の行動》,《満鮮史研究》第2卷,
　　1979年,267—318页。
池内宏:《公孫氏の帶方郡設置と曹魏の樂浪帶方二郡》,《滿鮮史研究》上世
　　第1册,京都:祖國社,1951年,237—250页。
任大熙:《唐代太宗・高宗期の政治史への一視角——对外政策の諸对立を糸
　　口にして》,《人文学科論集》第22号,1989年,17—46页。
井上秀雄:《古代朝鮮》,東京:講談社,2004年。
井上秀雄訳注:《三国史記》,東京:平凡社,1980年。
井上和人:《渤海上京龍泉府形制の再檢討——古代都城造営と国際関係》,
　　《東アジアの古代文化》第125号,2005年,37—55页。
井上和人:《日本古代都城制の研究:藤原京・平城京の史的意義》,東京:
　　吉川弘文館,2008年。
伊瀬仙太郎:《中国西域経営史研究》,東京:巖南堂書店,1968年。
伊瀬仙太郎:《塞外系内徙民に對する唐朝の基本的態度》,《歷史教育》第
　　15卷,1967年。
石井正敏:《張九齡作「勅渤海国王大武芸書」について》,《朝鮮学報》第

112号，1984年，65—105页。

石井正敏：《東アジア世界と古代の日本》，東京：山川出版社，2003年。

石井正敏：《日本渤海関係史の研究》，東京：吉川弘文館，2001年。

石井正敏：《日本通交初期における渤海の情勢について——渤海武・文両王交替期を中心として》，《法政史学》第25号，1973年，52—65页。

石井正敏：《初期日渤交渉における一問題——新羅征討計劃中止との関連をめぐって》，載森克己博士古稀記念会编：《対外関係と政治文化——史学論集1》，東京：吉川弘文館，1974年，79—112页。

石見清裕：《唐の突厥遺民に對する措置をめぐつて》，載日野開三郎博士頌壽記念論文刊行会编：《論集中国社会・制度・文化史の諸問題》，福岡：中国書店，1987年，109—147页。

石見清裕：《突厥の楊正道擁立と第一帝国の解体》，載《早稲田大学大学院文学研究科紀要》別冊第10集，1983年，135—144页，137—140页。

石見清裕：《突厥執失氏墓誌と太宗昭陵》，載福井重雅先生古稀・退職記念論集《古代東アジアの社会と文化》，东京：汲古書院，2007年，363—379页。

Jagchid, Sechin. "The Uighur Horse Trade during the T'ang Period." In *Gedanke und Wirkung: Festschrift zum 90. Geburtstag von Nikilaus Poppe*, ed. Walther Heissig and Klaus Sagaster, pp. 174—188. Wiesbaden: Otto Harrassowitz, 1989.

Jagchid, Sechin and Symons, Van Jay. *Peace, War, and Trade along the Great Wall: Nomadic-Chinese Interaction through Two Millennia*. Bloomington and Indianapolis, Indiana: Indiana University Press, 1989.

Jamieson, John C. *The Manchurian Kingdom of Po-hai*. Paper Prepared for the Regional Conference on Korean Studies, University of British Columbia, 1978.

Jamieson, John C. The *Samguk sagi* and the Unification Wars. Ph. D dissertation. University of California at Berkeley, 1969.

全榮來：《百済滅亡と古代日本》，東京：雄山閣，2004年。

金文经:《唐代新罗侨民的活动》,载林天蔚、黄约瑟编:《古代中韩日关系研究》,香港:香港大学亚洲研究中心,1987年,27—38页。

金贞姬:《渤海史的归属问题与唐代羁縻府州制度》,载韩国东北亚历史财团编、中国延边大学译:《东北工程相关韩国学者论文选》,首尔:韩国东北亚历史财团,2007年,137—179页。

Johnson, Wallace. *The T'ang Code*. Princeton, New Jersey: Princeton University Press, 1979—1997.

Johnston, Alastair Iain. *Cultural Realism: Strategic Culture and Grand Strategy in Chinese History*. Princeton, New Jersey: Princeton University Press, 1995.

Kamalov, Ablet. "Turks and Uighurs during the Rebellion of An Lu-shan Shih Ch'ao-yi (755—762)." *Central Asiatic Journal*, 45:2 (2001), pp. 243—253.

金子修一:《東アジア世界論と冊封体制論》,载田中良之、川本芳昭编:《東アジア古代国家論》,東京:すいれん舎,2006年,324—336页。

金子修一:《則天武后治政下の国際関係に関する覚書》,《唐代史研究》第6号,2003年,17—27页。

金子修一:《唐朝より見た渤海の名分的位置》,载唐代史研究会编:《東アジア史における国家と地域》,1999年;重载《隋唐の国際秩序と東アジア》,東京:名著刊行会,2001年,265—296页。

金子修一:《隋唐交代と東アジア》,载池田温编:《古代を考える唐と日本》,東京:吉川弘文館,1992年,15—41页。

川本芳昭:《五胡十六国・北朝期における胡漢融合と華夷観》,《佐賀大学教養部研究紀要》第16号,1984年,1—24页。

川本芳昭:《五胡における中華意識の形成と『部』の制の伝播》,《古代文化》第50卷第9号,1998年,4—13页。

川本芳昭:《漢唐間における「新」中華意識の形成——古代日本・朝鮮と中国との関連をめぐって》,《九州大学東洋史論集》第30号,2002年,1—26页。

川本芳昭:《四—五世纪中国政治思想在东亚的传播与世界秩序》,《中华文史论丛》第3辑,2007年,179—200页。

川本芳昭:《四—五世紀東アジアにおける天下意識》,載田中良之、川本芳昭编:《東アジア古代国家論》,東京:すいれん舍,2006年,277—297頁。

氣賀澤保規:《〈大唐創業起居注〉の性格特點》,《鷹陵史学》第8号,1982年,55—88页。

木村誠:《古代朝鮮の国家と社会》,東京:吉川弘文館,2004年。

鬼頭清明:《白村江》,東京:教育社,1981年。

小林惠子:《白村江の戦いと壬申の乱——唐初期の朝鮮三国と日本》,東京:現代思潮社,1987年。

胡口靖夫:《百濟豊璋王について——所謂『人質』生活を中心に》,《國學院雜誌》第80号,1979年,36—50页

Kolmaš, Josef. "Four Letters of Po Chü-i to the Tibetan Authorities (808—810 AD)." *Archiv Orientální*, 34 (1966), pp. 375—410.

小南一郎:《古代中国天命と青銅器》,京都:京都大学学術出版会,2006年。

小南一郎:《天命と徳》,《東方学報》第64号,1992年,1—59页。

栗原朋信:《中華世界の成立》,《史滴》第1卷,1980年,1—15页。

Lagerwey, John. "Taoist Ritual Space and Dynastic Legitimacy." *Cahiers d'Extrême-Asie*, 8 (1995), pp. 87—94.

Lattimore, Owen. *Inner Asian Frontiers of China*, Boston, Mass.: Beacon Press, 1962.

Lattimore, Owen. *Studies in Frontier History: Collected Papers, 1928—1958*. Oxford: Oxford University Press, 1962.

Lau, D. C. (trans.). *Tao Te Ching*. Hong Kong: The Chinese University Press, 1963.

Ledyard, Gari. "Yin and Yang in the China-Manchuria-Korea Triangle." In *China among Equals*, ed. Morris Rossabi, pp. 313—353. Berkeley, California: University of California Press, 1983.

Lee, Don Y. *The History of Early Relations between China and Tibet: From*

Chiu T'ang-shu, a Documentary Survey. Bloomington, Indiana: Eastern Press, 1981.

Lee, Ki-baik (trans. Edward W. Wagner). *A New History of Korea*. Cambridge, Mass.: Harvard University Press, 1984.

Lee, Peter H. and De Bary, Wm. Theodore ed. *Sources of Korean Tradition*. New York, NY: Columbia University Press, 1997.

Legge, James. *The Chinese Classics*. 7 vols. Oxford: Clarendon Press, 1893. rpt., Hong Kong: Hong Kong University Press, 1960.

Levy, Howard S. *Biography of An Lu-shan*. Berkely and Los Angeles, California: University of California, Chinese Dynastic Histories Translation, no. 8, 1960.

Lewis, Mark Edward. *China's Cosmopolitan Empire: The Tang Dynasty*. Cambridge: The Belknap Press of Harvard University Press, 2009.

李大华等著:《隋唐道家与道教》,广州:广东人民出版社,2003年。

李大龙:《都护制度研究》,哈尔滨:黑龙江教育出版社,2003年。

李德超:《从新罗真德王〈太平颂〉与崔致远诗文看唐代与新罗之关系》,载朱雷主编:《唐代的历史与社会——中国唐史学会第六届年会暨国际唐史学术研讨会论文选集》,武汉:武汉大学出版社,1997年,173—185页。

李德山:《唐朝对高丽政策的形成、嬗变及其原因》,《中国边疆史地研究》2006年第4期,23—29页。

李鸿宾:《唐朝中央集权与民族关系》,北京:民族出版社,2003年。

黎虎:《汉唐外交制度史》,兰州:兰州大学出版社,1998年。

李锦绣:《唐代财政史稿(上)》,北京:北京大学出版社,1995年。

李锦绣、余太山:《〈通典·边防七·西戎三〉要注(上)》,《文史》第1期,2006年,139—160页。

李锦绣、余太山:《通典西域文献要注》,上海:上海人民出版社,2009年。

李树桐:《读〈李卫公问对〉书后》,《食货月刊》第16卷第3—4期,1986年,13—18页。

李树桐:《唐高祖称臣于突厥考辨》,《唐史考辨》,台北:台湾中华书局,1965年,240页。

李树桐：《唐太宗渭水之耻及其影响》，载林天蔚、黄约瑟编：《唐宋史研究》，香港：香港大学亚洲研究中心，1987年，1—8页。

李云泉：《朝贡制度史论》，北京：新华出版社，2005年。

林聪明：《唐杜正伦及其百行章》，台北：东吴大学中国文学研究所，1979年。

林恩显：《唐朝对回鹘的和亲政策研究》，《边政研究所年报》第1期，1970年，259—290页。

林恩显：《突厥对隋唐两代的分化政策研究》，《政治大学民族社会学报》第17期，1979年，1—17页。

林冠群：《论唐代吐蕃史及其史料》，《唐代吐蕃历史与文化论集》，北京：中国藏学出版社，2007年，1—41页。

林冠群：《论唐代吐蕃之对外扩张》，《唐代吐蕃史论集》，北京：中国藏学出版社，2006年，220—263页。

林冠群：《唐代前期唐蕃竞逐青海地区之研究》，《唐代吐蕃史论集》，北京：中国藏学出版社，2006年，264—295页。

林冠群：《唐代吐蕃对外联姻之研究》，《唐研究》第8卷，2002年，175—204页。

林冠群：《唐代吐蕃的"女主"——墀玛蕾（Krimalod）》，《唐代吐蕃历史与文化论集》，北京：中国藏学出版社，2007年，246—279页。

林冠群：《吐蕃赞普墀松德赞研究》，台北：商务印书馆，1989年。

林冠群：《吐蕃政治统合之方法》，《唐代吐蕃史论集》，北京：中国藏学出版社，2006年，90—114页。

林冠群：《文成公主事迹考辨》，《唐代吐蕃历史与文化论集》，北京：中国藏学出版社，2007年，280—290页。

林冠群：《由地理环境论析唐代吐蕃向外发展与对外关系》，《唐代吐蕃历史与文化论集》，北京：中国藏学出版社，2007年，182—209页。

林旅芝：《南诏大理国史（上）》，香港：大同印务有限公司，1982年。

林梅村：《洛阳出土唐代犹太侨民阿罗憾墓志跋》，《西域文明——考古、民族、语言和宗教新论》，北京：东方出版社，1995，94—110页。

Ling, L. H. M. "Borders of Our Minds: Territories, Boundaries, and Power in the Confucian Tradition." In Margaret Moore & Allen Buchanan ed., *State, Nations, and Borders: The Ethics of Making Boundaries*, pp. 86—102. New York, New York: Cambridge University Press, 2003.

刘恒:《关于商代纳贡的几个问题》,《文史》2004年第4辑,5—25页。

刘后滨:《唐代中书门下体制研究》,济南:齐鲁出版社,2004年。

刘健明:《隋代政治与对外政策》,台北:文津出版社,1999年。

刘俊文:《敦煌吐鲁番唐代法制文书考释》,北京:中华书局,1989年。

Liu Mau-tsai. *Die Chinesischen Nachrichten zur Geschichte der Ost-Türken (T'u-küe) I—II.* Wiesbaden: Otto Harrassowitz, 1958.

刘统:《唐代羁縻府州研究》,西安:西北大学出版社,1998年。

刘晓东等:《渤海勃州考》,《北方文物》1987年第1期,43页。

Loewe, Michael." China's Sense of Unity as Seen in the Early Empires." *T'oung Pao*, 80, nos. 1—3 (1994), pp. 6—26.

Loewe, Michael." The Heritage Left to the Empires." In *The Cambridge History of Ancient China: From the Origins of Civilization to 221 B.C.*, eds. Michael Loewe and Edward L. Shaughnessy, pp. 967—1032. Cambridge: Cambridge University Press, 1999.

吕锡琛:《道家道教与中国古代政治》,长沙:湖南人民出版社,2002年。

Luce, G. H. and Ch'en Yee Sein (trans). *The Man Shu (Book of the Southern Barbarians) Translated from Chinese.* Ithaca, New York: Southeast Asia Program, Department of Far Eastern Studies, Cornell University, 1961.

Ludden, David." Presidential Address: Maps in the Mind and the Mobility of Asia." *The Journal of Asian Studies*, 62, no. 4 (2003), pp. 1057—78.

罗国威:《日藏弘仁本文馆词林校证》,北京:中华书局,2001年。

罗香林:《〈大唐创业起居注〉考证》,《唐代文化史研究》,上海:商务印书馆,1946年,15—46页。

马长寿:《南诏国内的部族组成和奴隶制度》,上海:上海人民出版社,1961年。

马长寿:《突厥人和突厥汗国》,桂林:广西师范大学出版社,2006年。

马驰:《李谨行家世和生平事迹考》,载朱雷主编:《唐代的历史与社会——中国唐史学会第六届年会暨国际唐史学术研讨会论文选集》，武汉：武汉大学出版社，1997年，30—44页。

马俊民：《唐德宗割地与吐蕃考论》，《茨城キリスト教大学紀要》第30号，1996年，49—57页。

马俊民、王世平：《唐代馬政》，西安：西北大学出版社，1995年。

马其昶：《韩昌黎文集校注》，上海：上海古籍出版社，1986年。

马小鹤：《唐代波斯国大酋长阿罗憾墓志考》，载荣新江、李孝聪主编：《中外关系史——新史料与新问题》，北京：科学出版社，2004年，99—127页。

Macartney, C. A. "On the Greek Sources for the History of the Turks in the Sixth Century." *Bulletin of the School of Oriental and African Studies*, 11 (1943—46), pp. 266—275.

Mackerras, Colin. "Sino-Uighur Diplomatic and Trade Contacts (744—840)" *Central Asiatic Journal*, 13 (1969), pp. 215—240.

Mackerras, Colin. "The Uighurs." In *The Cambridge History of Early Inner Asia*. Ed. Denis Sinor, pp. 317—342. Cambridge: Cambridge University Press, 1990.

Mackerras, Colin. trans. and ed. *The Uighur Empire according to the T'ang Dynastic Histories: A Study in Sino-Uighur Relations, 744—840*. Columbia, South Carolina: University of South Carolina Press, 1972.

Mair, Victor H. *The Art of War: Sun Zi's Military Methods*. New York: Columbia University Press, 2007.

Mair, Victor H. "Horse Sacrificies and Sacred Groves among the North(west)ern Peoples of East Asia." *Oya xuekan*, 6 (2007), pp. 22—53.

松田壽男：《古代天山の歴史地理學的研究》，東京：早稲田大学出版部，1970年。

松本保宣：《唐の代宗朝における臣僚の上奏過程と枢密使の登場——唐代宮城における情報伝達の一齣》，《立命館東洋史學》29号，2006年，1—42页。

松本保宣：《唐王朝の宮城と御前会議——唐代聴政制度の展開》，京都：晃洋書房，2006年。

松本保宣：《唐朝御史對仗彈奏小考》，《立命館文學》598号，2007年，770—776页。

松本保宣：《唐代常朝制度試論——吉田歓氏『日中宮城の比較研究』によせて》，《立命館東洋史學》26，2003年，43—86页。

松波宏隆：《高句麗山城城壁の女墻後接方孔（柱洞）の構造と機能》，载徐光輝编：《東北アジア古代文化論叢》，北九州：中国書店，2008年，237—269页。

Minorsky, V. "Tamīm ibn Bahr's Journey to the Uyghurs." *Bulletin of the School of Oriental and African Studies*, 12:1（1947），pp. 275—305.

Molè, Gabriella. *The T'u-yü-hun from the Northern Wei to the Time of the Five Dynasties*. Rome：Instituto Italiano per il Medio ed Estremo Oriente，1970.

Morganthau, Hans J.（revised by Kenneth W. Thompson）*Politics among Nations: The Struggle for Power and Peace（brief edition）*. Boston, Mass.：MaGraw Hill，1993.

森公章：《朝鮮半島をめぐる唐と倭——白村江会戦前夜》，载池田温编：《唐と日本（古代を考える）》，東京：吉川弘文館，1992年，42—69页。

森公章：《古代日本の対外認識と通交》，東京：吉川弘文館，1998年。

護雅夫：《突厥と隋・唐兩王朝》，《古代トルコ民族史研究Ⅰ》，东京：山川出版社，1967年，161—223页。

Mori Masao "The T'u-chüeh Concept of Sovereign." *Acta Asiatica*，41（1981），pp. 47—75.

森安孝夫：《吐蕃の中央アジア進出》，《金沢大学文学部論集 史学科篇》第4号，1983年，1—85页。

森安孝夫：《ウィグルと吐蕃の北庭争奪戦及びその後の西域情勢について》，《東洋学報》第55卷第4号，1973年，60—87页。

Moses, Larry W. "T'ang Tribute Relations with the Inner Asian Barbarian." In *Essays on T'ang Society*, eds. John C. Perry and Barwell L. Smith, pp. 61—89. Leiden：E. J. Brill，1976.

木芹：《云南志补注》，昆明：云南人民出版社，1995年。

Mu Shun-ying and Wang Yao. "The Western Regions (His-yü) under the T'ang Empire and the kingdom of Tibet." In *The Crossroads of Civilization*, *A. D. 250—750*, vol. 3 of *History of Civilizations of Central Asia*. Eds., Litvinsky, Boris A. and Zhang Guang-da, pp. 349—366. Paris: UNESCO, 1992.

村尾次郎：《白村江の戦》，《軍事史学》第7巻第1号，1971年，2—23頁。

長沢和俊：《吐蕃の河西進出と東西交通》，《史観》第47号，1956年，71—81頁。

内藤みどり：《西突厥史の研究》，東京：早稲田大学出版部，1988年。

内藤みどり：《突厥カプガン可汗の北庭攻撃》，《東洋学報》第76巻第3—4号，1995年，27—57頁。

内藤みどり：《突厥による北庭のバスミル攻撃事件》，《東洋学報》第81巻第4号，2000年，1—31頁。

中村裕一：《唐代制敕研究》，東京：汲古書院，1991年。

仁井田陞：《唐令拾遺》，東京：東京大学出版會，1933年初版，1964年重印。

新妻利久：《渤海史及び日本との国交史の研究》，東京：東京電気大学出版局，1969年。

西嶋定生：《唐王朝と遣唐使》，載江上波夫：《遣唐使時代の日本と中国》，東京：小学館，1982年，41—62頁。

牛致功：《关于唐与突厥在渭水便桥议和罢兵的问题——读〈执失善光墓志铭〉》，《中国史研究》2001年第3期，55—62页。

牛致功：《唐高祖传》，北京：人民出版社，1998年。

牛致功：《唐初史学家的民族观》，《唐代史学与墓志研究》，西安：三秦出版社，2006年，24—39页。

Nivison, David S. "The Classical Philosophical Writings." In *The Cambridge History of Ancient China: From the Origins of Civilization to 221 B. C.*, eds. Michael Loewe and Edward L. Shaughnessy, pp. 745—814. Cambridge: Cambridge University Press, 1999.

Nivison, David S. "Royal Virtue in Shang Oracle Inscriptions." *Early China*, 4（1978—1979）, pp. 52—55.

Nye, Joseph S. Jr. *Soft Power: The Means to Success in World Politics*. New York, New York: Public Affairs, 2004.

王柯:《「天下」を目指して——中国多民族国家の歩み》,農山漁村文化協会,2007年。

小幡みちる:《唐代会盟儀礼にみえる宗教と国際関係——唐・南詔間の貞元会盟を中心として》,《早稲田大学大学院文学研究科紀要》第4分冊48,2002年,111—122页。

越智重明:《華夷思想の成立》,《久留米大学比較文化研究所紀要》第11号,1992年,43—137页。

越智重明:《華夷思想と天下》,《久留米大学論叢》第37卷第2号,1988年,1—40页。

Oey Giuk Po. *The Man Shu, Book of the Southern Barbarians*. Ithaca, New York: Southeast Asia Program, Department of Far Eastern Studies, Cornell University, 1961.

小倉芳彦:《中国古代政治思想研究——『左伝』研究ノート》,京都:青木書店,1970年。

大原良通:《八世紀中葉における吐蕃の対南詔國政策》,《日本西蔵学会会報》第48号,2002年,110—116页。

大原良通:《王権の確立と授受——唐・古代チベット帝国（吐蕃）・南詔国を中心として》,東京:汲古書院,2003年。

澤瀉久孝:《時代別國語大辭典（上代編）》,東京:三省堂,1968年。

小野澤精一:《德論》,載《中国文化叢書》第2卷,東京:大修館書店,1968年,151—184页。

Owen, Stephen (ed. & trans.). *An Anthology of Chinese Literature*. New York, New York: W. W. North & Company, 1996.

大澤勝茂:《吐蕃の諸"小邦"支配と国内体制の発展——その西域進出を可能にしたもの》,《アジア文化研究》第12号,2005年,52—66页。

大澤勝茂:《隋・唐初、西域少数民族の興亡——波斯・粟特・西突厥・大食の動向を中心として》,《アジア文化研究》第 14 号, 2007 年, 91—106 頁。

Pai Hyung Il, *Constructing "Korean" Origins: A Critical Review of Archaeology, Historiography, and Racial Myth in Korean State Formation Theories*. Cambridge Mass.: Harvard University Asia Center, 2000.

潘重規:《敦煌唐人陷蕃诗集残卷研究》,《敦煌学》第 13 期, 1988 年, 79—111 页。

Pan Yihong. "Early Chinese Settlement Policies towards the Nomads." *Asia Major* (third series), 5, no. 2 (1992), pp. 61—77.

Pan Yihong. "Marriage Alliances and Chinese Princesses in International Politics from Han through T'ang." *Asia Major* (third series), 10, nos. 1—2 (1997), pp. 95—131.

Pan Yihong. "Sino-Tibetan Treaties in the Tang Dynasty," *T'oung Pao*, 78 (1992), pp. 116—161.

Pan Yihong. *Son of Heaven and Heavenly Qaghan: Sui-Tang China and its Neighbors*. Bellingham, Washington: Center for Asian Studies, Western Washington University, 1997.

Pelliot, Paul. "Deux Itinéraires de Chine en Inde à la fin du VIII Siécle." *Bulletin de l'École française d'Extrême-Orient*, 4 (1904), pp. 131—143.

Pelliot, Paul. *Histoire Ancienne du Tibet*. Paris: Paris Librairie d'Amérique et d'Orient, 1961.

彭建英:《中国传统羁縻政策略论》,《西北大学学报》2004 年第 1 期, 104—106 页。

彭建英:《中国古代羁縻政策的演变》, 北京: 中国社会科学出版社, 2004 年。

Peterson, Charles A. "Court and Province in mid-and Late Tang." In *Sui and Tang China 589—906*, vol. 3, pt. 1 of *The Cambridge History of China*, ed. Denis C. Twitchett, pp. 464—560. Cambridge: Cambridge University Press, 1979.

Peterson, Charles A. "P'u-ku Huai-en and the Tang Court: The Limits of Loyalty."

Monumenta Serica, 29（1970—1971）, pp. 423—455.

Pines, Yuri. "Beasts or Humans: Pre-imperial Origins of the Sino-Barbarian Dichotomy." In *Mongols, Turks, and Others: Eurasian Nomads and the Sedentary World*, ed. Reuven Amitai and Michal Biran, pp. 59—102. Leiden: Brill, 2005.

Pines, Yuri. "Changing Views of *tianxia* in Pre-imperial Discourse." *Oriens Extremus*, 43:1—2（2002）, pp. 101—116.

Pines, Yuri. *Envisioning Eternal Empire: Chinese Political Thought of the Warring States Era*. Honolulu, Hawai'i: The University of Hawai'i Press, 2009.

Pines, Yuri. "'The One that Pervades All' in Ancient Political Thought: Origins of 'The Great Unity' Paradigm." *T'oung Pao*, 86:4—5（2000）, pp. 280—324.

Poo Mu-chou. *Enemies of Civilization: Attitudes toward Foreigners in Ancient Mesopotamia, Egypt, and China*. Albany, New York: State University of New York Press, 2005.

Pulleyblank, Edwin G. *The Background of the Rebellion of An Lu-shan*. London: Oxford University Press, 1955.

Pulleyblank, Edwin G. "The Name of the Kirghiz." *Central Asiatic Journal*, 34:1—2（1990）, pp. 98—108.

Pulleyblank, Edwin G. "A Sogdian colony in Inner Mongolia." *T'oung Pao*, 41（1952）, pp. 317—356.

冉光荣:《中国古代"大一统"国家观与民族关系》,《中华文化论坛》1994年第1期, 25—32页。

Reckel, Johannes. *Bohai: Geschichte und Kultur eines Mandschurisch-koreanischen Königreiches der T'ang-Zeit*. Wiesbadan: Harrassowitz Verlag, 1995.

Reischauer, Edwin O. *Ennin's Diary*. New York, New York: The Ronald Press Co., 1955.

Richardson, Hugh Edward. *Ancient Historical Edicts at Lhasa and the Mu*

Tsung/ Khri Gtsung Lde Brtsan Treaty of A. D. 821—822 from the Inscription at Lhasa. London: The Royal Asiatic Society of Great Britain and Ireland, 1952.

Rock, Joseph F. *The ancient Na-khi kingdom of Southwest China*. Cambridge, Mass.: Harvard University Press, 1947.

荣新江:《归义军史研究:唐宋时代敦煌历史考索》,上海:上海古籍出版社,1996年。

荣新江:《吐鲁番文书〈唐某人自书历官状〉所记西域史事钩沉》,《西北史地》第4期,1987年,54页。

荣新江:《于阗在唐朝安西四镇中的地位》,《西域研究》1992年第3期,56—64页。

Ross, E. Denison. "The Orkhon Inscriptions: Being a Translation of Professor Vilhelm Thomsen's Final Danish Rendering." *Bulletin of the School of Oriental and African Studies*, 5, no. 4 (1928—1930), pp. 861—876.

Rybatzki, Volker. "The Titles of Türk and Uigur Rulers in the Old Turkic Inscriptions." *Central Asiatic Journal*, 44:2 (2000), pp. 205—292.

梁正錫:《新羅・皇龍寺九重木塔の造成に関する比較史的検討》,《東北学院大学論集:歴史と文化》第40号,2006年,213—232頁。

Sailey, Jay. "A. C. Graham's *Disputers of the Tao* and Some Recent Works in English on Chinese Thought." *Journal of the American Oriental Society*, 112, no. 1 (1992), pp. 36—41.

Sainson, Camille A. J. (trans.), *Nan-Tchao Ye-che, Histoire Particuliere du Nan-Tchao, Tradition d'une Historie de l'ancient Yunnan*, Accompahnée d'une carte et d'un lexique géographique et historique. Paris: Imprimerie Nationale, E. Leroux, 1904.

酒寄雅志:《渤海の交易》,載佐藤信編:《日本と渤海の古代史》,東京:山川出版社,2003年,5—20頁。

酒寄雅志:《渤海国王権と新羅・黒水靺鞨・日本との関係》,《アジア遊学》第6号,1999年,35—44頁。

酒寄雅志:《渤海と古代の日本》,東京:校倉書房,2001年。

酒寄雅志:《古代東アジア諸国の国際意識》,《歷史學研究 別冊特集》,東京:青木書店,1983年。

酒寄雅志:《東北アジアの動向と古代日本》,載田村晃一、鈴木靖民編:《アジアからみた古代日本》,東京:角川書店,1992年,295—318页。

Samolin, William. *East Turkistan to the Twelfth Century: A Brief Political History*. London: Mouton, 1964.

佐藤長:《チベット歴史地理研究》,東京:岩波書店,1978年。

佐藤長:《古代チベット史研究 上卷》,京都:東洋史研究会,1958年。

佐藤長:《羊同国の所在について》,《鷹陵史学》第7卷,1981年,45—70页。

Sawyer, Ralph D. *The Seven Military Classics of Ancient China*. Boulder, Colorado: Westview Press, 1993.

関根秋雄:《カシュミールと唐・吐蕃抗争——とくに小勃律国をめぐって》,《中央大学文学部紀要》第88号,1978年,99—118页。

Sellman, James D. *Timing and Rulership in Master Lü's Spring and Autumn Annals (Lüshi chunqiu)*. Albany, New York: State University of New York, 2002.

Sen, Tansen. *Buddhism, Diplomacy, and Trade: The Realignment of Sino-Indian Relations, 600—1400*. Honolulu, Hawai'i: University of Hawai'i Press, 2003.

沈长云:《由史密簋铭文论及西周时期的华夷之辨》,《河北师院学报》1994年第3期,23—28页。

沈世培:《唐太宗政治思想探源》,《中国史研究》1995年第2期,103—110页。

柴田武:《オルホン碑文の発見と研究》,《東洋學報》第31卷第3号,1947年,79—103页。

嶋崎昌:《西突厥と唐朝の西方進出》,載江上波夫編:《中央アジア史(世界各国史)》,東京:山川出版社,1986年,386—408页。

白鳥芳郎:《烏蛮白蛮の住地と白子国及び南詔六詔との関係》,《民族學研究》第17卷第2号,1953年,127—146页。

Sinor, Denis. "The Establishment and Dissolution of the Türk Empire." In *The Cambridge History of Early Inner Asia*, ed. Denis Sinor, pp. 285—316. Cambridge: Cambridge University Press, 1990.

Sinor, Denis., Geng Shimin, and Kychanov, Y. I. "The Uighurs, the Kyrgyz and the Tangut (Eighth to the Thirteenth Centuries) ." In *History of Civilizations of Central Asia*, vol. 4, ed. M. S. Asimov and C. E. Bosworth, pp. 191—214. Paris: UNESCO Publishing, 1998.

Skaff, Jonathan Karam. "The Sogdian Trade Diaspora in East Turkestan during the Seventh and Eighth Centuries." *Journal of the economic History of the Orient*, 46:4 (2003), pp. 475—524.

Skaff, Jonathan Karam. "Survival in the Frontier Zone: Comparative Perspective on Identity and Political Allegiance in China's Inner Asia Borderlands during the Sui-Tang Dynastic Transition (617—630) ." *Journal of World History*, 15:2 (2004), pp. 117—153.

Skaff, Jonathan Karam. "Tang Military Culture and its Inner Asian Influence." In *Military Culture in Imperial China*, ed. Nicola Di Cosmos, pp. 165—191. Cambridge, Mass. : Harvard University Press, 2009.

Smith, John Masson Jr. "Áyu Jālūt: Mamlūk Success or Mongol Failure?" *Harvard Journal of Asiatic Studies*, 44, no. 2 (1984), pp. 307—345.

Sneath, David, *The Headless State: Aristocratic Orders, Kinship Society, and Misrepresentation of Nomadic Inner Asia*. New York, New York: Columbia University Press, 2007.

Snellen, J. B. (trans.) . "Shoku Nihongi." *The Transactions of the Asiatic Society of Japan* (2nd series), pt. 1, vol. xi (1934), pp. 151—239; pt. 2, vol. xiv (1937), pp. 11—278.

宋浣範:《七世紀の倭国と百済——百済王子豊璋の動向を中心に》,《日本歴史》第686号, 2005年, 1—16页。

Somers, Robert M. "Time, Space, and Structure in the Consolidation of the T'ang Dynasty (A. D. 617—700) ."*The Journal of Asian Studies*, 45, no.

5(1986), pp. 971—994.

宋钢、修远编撰:《帝范》,呼和浩特:内蒙古人民出版社,1999年。

Standen, Naomi. *Unbounded loyalty: Frontier Crossing in Liao China.* Honolulu, Hawai'i: University of Hawai'i Press, 2007.

苏晋仁:《蕃唐噶尔(论氏)世家(上)》,《中国藏学》1991年第01期,82—94页。

苏晋仁:《通鉴吐蕃史料》,拉萨:西藏人民出版社,1982年。

苏晋仁、萧鍊子:《〈册府元龟〉吐蕃史料校证》,成都:四川民族出版社,1981年。

Suematsu Yasukazu. "Japan's Relations with the Asian Continent and the Korean Peninsula(before 950 A. D.)." *Journal of World History*, 4(1958), pp. 671—687.

菅沼愛語:《唐玄宗「御制御書」闕特勤碑文考——唐・突厥・吐蕃をむぐる外交關係の推移》,《史窓》第58号,2001年,329—339页。

孙光圻:《中国古代航海史》,北京:海洋出版社,1989年初版,2005年重印。

孙晓辉:《两唐书乐志研究》,上海:上海音乐学院出版社,2005年。

鈴木英夫:《七世紀中葉における新羅の対倭外交》,《国学院雑誌》第81卷,1980年,9—25页。

鈴木宏節:《突厥阿史那思摩系譜考》,《東洋學報》第87卷1号,2005年,37—68页。

鈴木隆一:《吐谷渾と吐蕃の河西九曲》,《史観》第108号,1983年,47—59页。

鈴木俊:《南詔の意義及び六詔の住地に就いて》,《東洋学報》第19卷第2号,1931年,267—282页。

鈴木靖民:《渤海の首領に関する預備的考察》,載旗田巍先生古稀記念會編:《朝鮮歷史論集(上)》,東京:龍溪書舎,1979年,267—316页。

Takata Tokio, "A Note on the Lijiang Tibetan Inscription." *Asia Major* (3rd series), 19:1—2 (2006), pp. 161—170.

武田幸男:《高句麗史と東アジア》,東京:岩波書店,1989年。

瀧川政次郎：《日唐戰爭》，《皇學館論叢》4—3，1971年，1—52頁。

田村実造：《中国征服王朝の研究（上）》，京都：東洋史研究会，1964年。

谭立人、周原孙：《唐蕃交聘表》，《中国藏学》1990年第02期，150—156页。

谭立人、周原孙：《唐蕃交聘表（续）》，《中国藏学》1990年第03期，120—135页。

谭其骧：《唐代羁縻州述论》，《长水粹编》，石家庄：河北教育出版社，2000年，136—162页。

谭其骧主编：《中国历史地图集释文汇编·东北卷》，北京：中央民族学院出版社，1988年。

田中俊明：《高句麗の山城》，载森浩一编：《高句麗の歴史と遺跡》，東京：中央公論社，1995年，331—404頁。

汤麟：《中国历代绘画理论评注：隋唐五代卷》，武汉：湖北美术出版社，2009年。

立石謙次：《南詔国後半期の王権思想の研究——『南詔図伝』の再解釈》，《東洋学報》第85卷第2号，2003年，51—86頁。

立石謙次：《『南詔図伝』文字卷校注》，《東海史学》第37号，2002年，103—114頁。

Taylor, Keith Walker. *The Birth of Vietnam*. Berkeley, California: University of California Press, 1983.

Tekin, Talat. *A Grammar of Orkhon Turkic*. Bloomington, California: California University Press, 1968.

礪波護：《唐中期の政治と社会》，《岩波講座世界歴史》5，東京：岩波書店，1970年。

礪波護：《唐代政治社會史研究》，京都：同朋舍出版，1986年。

東野治之：《日唐間における渤海の中継貿易》，《日本歴史》第438号，1984年，80—85頁。

鳥山喜一：《渤海史上の諸問題》，東京：風間書房，1968年。

辻正博：《麴氏高昌国と中国王朝》，载夫馬進编：《中国東アジア外交交流史の研究》，京都：京都大学学術出版会，2007年，52—83頁。

Tucci, Giuseppe. "The Wives of Sron Btsan Sgam Po." *Oriens Extremus*, 9 (1962), pp. 121—126.

Twitchett, Denis C. *Financial Administration under the T'ang Dynasty* (Second edition). Cambridge: Cambridge University Press, 1970.

Twitchett, Denis C. "The Horse and the Tang State (Translation of Two Poems Entitled" The Road from Yinshan" by Bo Juyi and Yuan Zhen)." In *A Birthday Book for Brother Stone: For David Hawkes, at Eighty*. Eds. Rachel May & John Minford, pp. 327—331. Hong Kong: Chinese University Press, 2003.

Twitchett, Denis C. "How to Be an Emperor: T'ang T'ai-tsung's Vision of his Role." *Asia Major* (3rd series), 4, nos. 1—2, pp. 1—102.

Twitchett, Denis C. "Hsüan-tsung (reign 712—56)." In *Sui and T'ang China 589—906*, vol. 3, part 1 of *The Cambridge History of China*, ed. Denis C. Twitchett, pp. 333—463. Cambridge: Cambridge University Press, 1979.

Twitchett, Denis C. "Introduction." In *Sui and T'ang China 589—906*, vol. 3, part 1 of *The Cambridge History of China*, ed. Denis C. Twitchett, pp. 2—47. Cambridge: Cambridge University Press, 1979.

Twitchett, Denis C. "Sui and T'ang China and the Wider World." In *Sui and T'ang China 589—906*, vol. 3, pt. 1 of *The Cambridge History of China*, ed. Denis C. Twitchett, pp. 32—38. Cambridge: Cambridge University Press, 1979.

Twitchett, Denis C. "Tibet in Tang's Grand Strategy." In *Warfare in Chinese History*, ed. Hans van de Ven, pp. 106—179. Leiden: Brill, 2000.

Twitchett, Denis C. "Varied Patterns of Provincial Autonomy in the Tang Dynasty." In *Essays on T'ang Society*, eds. John Curtis Perry and Bardwell L. Smith, pp. 90—109. Leiden: E. J. Brill, 1976.

Twitchett, Denis C. *The Writing of Official History under the T'ang*. Cambridge: Cambridge University Press, 1992.

Twitchett, Denis C. and Tietze, Claus-Peter. "The Liao." In *Alien Regimes and Border States, 907—1368*, eds. Herbert Franke and Denis C. Twitchett, vol. 6 of *The Cambridge History of China*, ed. Denis C. Twitchett, pp. 43—153. Cambridge: Cambridge University Press, 1994.

Twitchett, Denis C. and Wechsler, Howard J. "Kao-tsung (reign 649—83) and the Empress Wu: the Inheritor and the Usurper." In *Sui and T'ang China 589—906*, vol. 3, part 1 of *The Cambridge History of China*, ed. Denis C. Twitchett, pp. 242—289. Cambridge: Cambridge University Press, 1979.

上田雄:《渤海——東アジア古代王国の使者たち》,東京:講談社,2004年。

上田雄、孫栄健:《日本渤海交渉史》,東京:彩流社,1994年。

Uray, Géza. "The Narrative of Legislation and Organization of the Mkhas'pai dga'-ston'." *Acta Orientalia Academiae Scientiarum Hungaricae*, 26 (1972), pp. 11—68.

Wakeman, Charles Bunnell. *Hsi Jung, the Western Barbarians: An Annoted Translation of the Five Chapters of the T'ung Tien on the Peoples and Countries of Pre-Islamic Central Asia* (PhD Thesis), University of California, Los Angeles, 1990. Ann Arbor, Mich.: UMI Dissertation Services, 1995.

Waley, Arthur. *The Analects of Confucius*. London: G. Allen and Unwin, 1938.

Waley, Arthur. *The Way and Its Power: A Study of the Tao Te Ching and its Place in Chinese Thought*. London: G. Allen and Unwin, 1934.

Walker, Richard Louis. *The Multi-state System of Ancient China*. Westport, Connecticut: Greenwood Press, 1953.

Wallacker, E. "Notes on the History of the Whistling Arrow." *Oriens*, 11, nos. 1—2 (1958), pp. 181—182.

Wang Gungwu. *Divided China: Preparing for Reunification 883—947* (second edition). Singapore: World Scientific Publishing Co. Pte. Ltd., 2007.

王健文:《有盛德者必有大业——"德"的古典义》,《大陆杂志》第1期,1992年,33—46页。

王吉林:《从大非川之役到中宗时代与吐蕃的关系》,《西藏研究论文集》第2辑,1989年,19—38页。

王吉林:《唐代南诏与李唐关系之研究》,台北:东吴大学中国学术著作奖助委员会，1967年，93—149页。

王利器：《盐铁论校注》，天津：天津古籍出版社，1983年。

王绵厚：《高句丽古城研究》，北京：文物出版社，2002年。

王绵厚、李健才：《东北古代交通》，沈阳：沈阳出版社，1990年。

王明荪：《论上古的夷夏观》，《边政研究所年报》第14期，1983年，1—30页。

王明荪：《中国北边政策之初期形成》，载林恩显编：《国际中国边疆学术会议论文集》，台北：政治大学，1985年，283—303页。

汪受宽：《谥法研究》，上海：上海古籍出版社，1995年。

王寿南：《唐代藩镇与中央关系之研究》，台北：大化书局，1969年。

王维坤：《唐章怀太子墓壁画"客使图"辨析》，《考古》1996年第1期，65—74页。

王维强：《吐蕃盟誓的形式演变及其作用》，《中国藏学》1992年第02期，87—97页。

王献唐：《人与夷》，《中华文史论丛》第1辑，1982年，203—226页。

王小甫：《白江口之战相关史地考论》，载王小甫编：《盛唐时代与东北亚政局》，上海：上海辞书出版社，2003年。

王小甫：《七、八世纪之交吐蕃入西域之路》，载田余庆主编：《庆祝邓广铭教授九十华诞论文集》，石家庄：河北教育出版社，1997年。

王小甫：《唐、吐蕃、大食政治关系史》，北京：北京大学出版社，1992年。

王小甫：《总论：隋唐五代东北亚政治关系大势》，载王小甫编：《盛唐时代与东北亚政局》，上海：上海辞书出版社，2003年，3—33页。

王尧：《吐蕃金石录》，北京：文物出版社，1982年。

王尧：《云南丽江吐蕃古碑释读札记》，《唐研究》第7卷，2001年，421—427页。

王尧、陈践：《敦煌本吐蕃历史文书》，北京：民族出版社，1980年。

王援朝：《唐初甲骑具装衰落与轻骑兵兴起之原因》，《历史研究》1996年第4期，50—58页。

王援朝：《唐代兵法形成新探》，《中国史研究》1996年第4期，104—114页。

王禹浪、魏国忠：《渤海号考》，《渤海史新考》，哈尔滨：哈尔滨出版社，2008

年,3—80 页。

王禹浪、王文轶:《辽东半岛地区的高句丽山城》,哈尔滨:哈尔滨出版社, 2008 年。

Wang Zhenping. *Ambassadors from the Islands of Immortals: China-Japan Relations in the Han-Tang Period*. Honolulu, Hawai`i: University of Hawai`i Press, 2005.

Wang Zhenping. "Ideas concerning Diplomacy and Foreign Policy under the Tang Emperors Gaozu and Taizong." *Asia Major* (3rd series), 22, part 1 (2009), pp. 239—285.

Wang Zhenping. "T'ang Maritime Trade Administration." *Asia Major* (3rd series), 4, part 1 (1991), pp. 7—38.

王忠:《新唐书吐蕃传笺证》,北京:科学出版社,1958 年。

渡邊信一郎:《中國古代の王權と天下秩序——日中比較史の視點から》,東京:校倉書房,2003 年。

Watson, Burton. *Courtier and Commoner in Ancient China: Selection from the History of the Former Han Dynasty by Pan Ku*. New York, New York: Columbia University Press, 1974.

Watson, Burton. (translation). *Records of the Grand Historian: Han Dynasty (I & II)* (revised edition). New York, New York: Columbia University Press, 1993.

Wechsler, Howard J. "The Founding of the T'ang Dynasty: Kao-tsu (reign 618—26)." In *Sui and T'ang China 589—906*, vol. 3, part 1 of *The Cambridge History of China*, ed. Denis C. Twitchett, pp. 150—187. Cambridge: Cambridge University Press, 1979.

Wechsler, Howard J. *Mirror to the Son of Heaven: Wei Cheng at the Court of T'ang T'ai-tsung*. New Haven, Connecticut: Yale University Press, 1974.

Wechsler, Howard J. *Offerings of Jade and Silk: Ritual and Symbol in the Legitimation of the T'ang Dynasty*. New Haven, Connecticut: Yale University Press, 1985.

Wechsler, Howard J. "T'ai-tsung (reign 626—49): the Consolidator." In *Sui and T'ang China 589—906*, vol. 3 part 1 of *The Cambridge History of China*, ed. Denis C. Twitchett, pp. 188—241. Cambridge: Cambridge University Press, 1979.

魏国忠、朱国忱、郝庆云:《渤海史》,北京:中国社会科学出版社,2006年。

Weinstein, Stanley. *Buddhism under the T'ang*. New York, New York: Cambridge University Press, 1987.

Wilhelm, Richard & Baynes, Cary F. (trans.) *The I Ching or the Book of Changes* (third edition). Princeton, New Jersey: Princton University Press, 1967. Reprint 1983.

Wittfogel, Karl A and Feng, Chia-sheng. *History of Chinese Society: Liao (907—1125)*. Philadelphia, Pennsylvania: American Philosophical Society, 1949.

Wriggins, Sally H. *Xuanzang: A Buddhist Pilgrim on the Silk Road*. Boulder, Colorado: Westview Press, 1996.

Wright, David. "Son of Heaven and Heavenly Qaghan: Sui-Tang China and its Neighbors" (bookreview), *The Journal of Asian Studies*, 4 (1999), pp. 1117—1118.

Wright, David. "The Northern Frontier." In *A Military History of China*, eds. David A. Graff and Robin Higham, 57—80. Boulder, Colorado: Westview Press, 2002.

吴玉贵:《〈旧唐书〉斠补举例》,《中国社会科学院历史研究所学刊》第2集,2004年。

吴玉贵:《〈旧唐书〉勘误》,《中国社会科学院历史研究所学刊》第3集,2006年。

吴玉贵:《凉州粟特胡人安氏家族研究》,《唐研究》第3卷,1997年,295—338页。

吴玉贵:《唐朝における東突厥の降衆の安置問題に関する一考察》,載村川行弘監修:《7·8世紀の東アジア——東アジアにおける文化交流の再検

討》，八尾：大阪経済法科大学出版部，2000年，49—100页。

吴玉贵:《〈通典·边防典〉证误》,《文史》2005年第1辑，149—184页。

吴玉贵:《突厥第二汗国汉文史料编年辑考》,北京:中华书局,2009年。

吴玉贵:《突厥汗国与隋唐关系史研究》,北京:中国社会科学出版社,1998年。

吴云、冀宇:《唐太宗全集校注》,天津:天津古籍出版社,2004年。

向达:《蛮书校注》,北京:中华书局,1962年。

向达:《南诏史略论》,《历史研究》1954年第2期,1—29页。

向达:《唐代纪载南诏诸书考略》,《周叔弢先生六十岁生日纪念论文集》,1950年。

萧启庆:《北亚游牧民族南侵各种原因的检讨》,《食货月刊》复刊第1卷第12期,1972年,1—11页。

谢保成:《贞观政要集校》,北京:中华书局,2003年。

谢元鲁:《唐代中央政权决策研究》,台北:文津出版社,1992年。

辛德勇:《〈宣和乙巳奉使金国行程录〉的一个被人忽略的抄本》,《古代交通与地理文献研究》,北京:中华书局,1996年,342—344页。

辛岩:《辽西朝阳唐墓的初步研究》,《辽海文物学刊》1994年第2期,385—386页。

Xiong, Victor. *Emperor Yang of the Sui Dynasty, his Life Times, and Legacy*. Albany, New York: State University of New York Press, 2006.

熊义民:《从平百济之役看唐初海军》,载王小甫编:《盛唐时代与东北亚政局》,上海:上海辞书出版社,2003年,79—93页。

徐秉琨:《鲜卑·三国·古坟——中国朝鲜日本古代的文化交流》,沈阳:辽宁古籍出版社,1996年。

徐作生:《古百济国400艘倭船遗踪查勘录》,《海交史研究》2000年第2期,114—119页。

薛宗正:《安西与北庭——唐代西陲边政研究》,哈尔滨:黑龙江教育出版社,1995年。

薛宗正:《吐蕃王国的兴衰》,北京:民族出版社,1997年。

薛宗正:《突厥史》,北京:中国社会科学出版社,1992年。

山田英雄:《日・唐・羅・渤間の国書について》,載伊東信雄教授還暦記念会編:《日本考古学・古代史論集》,東京:吉川弘文館,1974年,343—366頁。

Yamada Nobuo, "The Original Turkish Homeland." *Journal of Turkish Studies*, 9 (1985), pp. 243—246.

山内晋次:《延暦の遣唐使がもたらした唐・吐蕃情報——『日本後紀』所収「唐消息」の基礎的研究》,《史學雜誌》第 103 卷第 9 号,1994 年,1609—1628 頁。

山口瑞鳳:《チベット》,載江上波夫編:《中央アジア史》,東京:山川出版社,1987 年,546—549 頁。

山口瑞鳳:《古代チベット史考異(上)——吐蕃王朝と唐朝との姻戚関係》,《東洋学報》49:3,1967 年,1—39 頁。

Yamaguchi Shinji. "Matrimonial Relationship between the T'u-fan and T'ang Dynasty." *Memoirs of the Research Department of the Toyo Bunko*, 27 (1969), pp. 141—166; 28 (1970), pp. 59—100.

山口瑞鳳:《「吐蕃」の国号と「羊同」の位置——附国伝と大・小羊同の研究》,《東洋学報》第 58 卷第 3・4 号,313—353 頁。

山口瑞鳳:《吐蕃王国成立史研究》,東京:岩波書店,1983 年。

山下将司:《新出土史料より見た北朝末・唐初間ソグド人の存在形態——固原出土史氏墓誌を中心に》,《唐代史研究》第 7 号,2004 年,60—77 頁。

山下将司:《隋・唐初の河西ソグド人軍団——天理図書館蔵『文館詞林』「安修仁墓碑銘」残卷をめぐって》,《東方学》第 110 号,2005 年,65—78 頁。

严耕望:《唐通回鹘三道》,《大陆杂志》第 1 期,1985 年,1—15 页。

严耕望:《唐代成都清溪南诏道驿程考》,《唐史研究丛稿》,香港:新亚研究所,1969 年,323—366 页。

Yan Xuetong. "A Comparative Study of Pre-Qin Interstate Political Philosophy." In *Ancient Chinese Thought, Modern Chinese Power*, edited by Daniel A. Bell and Sun Zhe; translated by Edmund Ryden, pp. 21—69. Princeton: Princeton

University Press, 2011.

Yang Bin. *Between Winds and Clouds: The Making of Yunnan (Second Century BCE—Twentierth Century CE)*. New York, New York: Columbia University Press, 2009.

杨伯峻：《论语译注》，北京：中华书局，1980年。

杨国荣：《从"义利之辩"看儒家价值观》，《中国文化月刊》第152期，1992年，6—20页。

Yang Hong (ed.). *Weapons in Ancient China*. New York, New York, N.Y.: Science Press, 1992.

杨圣敏：《〈资治通鉴〉突厥回纥史料校注》，天津：天津古籍出版社，1992年。

杨廷福：《玄奘年谱》，北京：中华书局，1988年。

杨向奎：《大一统与儒家思想》，北京：中国友谊出版公司，1989年。

杨晓燕：《唐代平卢军与环渤海地域》，载王小甫编：《盛唐时代与东北亚政局》，上海：上海辞书出版社，2003年，161—250页。

Yates, Robin D. S. "Body, Space, Time, and Bureaucracy: Boundary Creation and Control Mechanism in Early China." In *Boundaries in China*, ed. John Hay, pp. 56—80. London: Reaktion Books, 1994.

李成市：《東アジア文化圏の形成》，東京：山川出版社，2000年。

李成市：《高句麗泉蓋蘇文の政変について》，《朝鮮史研究会論文集》31，1993年，189—202页。

尤中：《南诏疆域的发展和郡县的设置》，《历史地理》第6辑，1988年，126—130页。

尤中、苏建灵：《唐朝时期安南都护府北部地界的变迁》，《历史地理》第10辑，1992年，204—208页。

于赓哲：《疾病与唐蕃战争》，《历史研究》2004年第5期，39—52页。

于赓哲：《隋、唐两代伐高句丽比较研究》，载王小甫编：《盛唐时代与东北亚政局》，上海：上海辞书出版社，2003年，54—78页。

余昊奎：《中国学界的高句丽对外关系史研究状况》，载韩国东北亚历史财团编、中国延边大学译：《东北工程相关韩国学者论文选》，首尔：韩国东北亚历史财团，2007 年，37—43 页。

余太山：《西域通史》，郑州：中州古籍出版社，1996 年。

Yü Ying-shih. "Han Foreign Relations." In *The Ch'in and Han Empire*, 221B. C.—A. D. 220, vol. 1 of *The Cambridge History of China*, ed. Denis C. Twitchett, pp. 377—462. Cambridge: Cambridge University Press, 1986.

Zhang Guangda. "Kocho(Kao-ch'ang)." In The Crossroads of Civilization, A. D. 250—750, vol. 3 of History of Civilizations of Central Asia. Eds., Litvinsky, Boris A. and Zhang Guangda, pp. 303—314. Paris: UNESC, 1992.

张广达：《唐灭高昌国后西州的形势》，《东洋文化》第 68 号，1988 年，69—107 页。

张广达：《有关西州回鹘的一篇敦煌汉文文献》，《西域史地丛稿初编》，上海：上海古籍出版社，1995 年，217—248 页。

Zhang Guangda and Rong Xinjiang." A Concise History of the Turfan Oasis and its Exploration." *Asia Major*, 11, no. 2（1998）, pp. 13—36.

张群：《唐代蕃将研究》，台北：联经出版事业公司，1987 年。

张日铭：《唐代中国与大食穆斯林》，银川：宁夏人民出版社，2002 年。

张荣芳：《唐代史书对百济的记载与认识》，《唐史论丛》第 8 辑，2006 年，151—167 页。

张守军、冯郁：《儒家先义后利思想及其现实意义的再认识》，《齐鲁学刊》第 5 期，1995 年，28—35 页。

张星烺：《中西交通史料汇编》，北京：辅仁大学图书馆，1930 年初版；北京：中华书局，1977 年修订再版。

张元济等编撰：《四部丛刊》，上海：商务印书馆，1919 年。

赵鸿昌：《南诏编年史稿》，昆明：云南人民出版社，1994 年。

赵吕甫：《云南志校释》，北京：中国社会科学出版社，1985 年。

昭陵博物馆：《唐安元寿夫妇墓发掘简报》，《文物》1988 年第 12 期，37—49 页。

中华书局：《四部备要》，上海：中华书局，1931 年。

Zhou Jianguo.（Trans., Jonathan Pease）"Consider the Sun and Moon: Li Te-yü and the Written World." *T'ang Studies*, 10—11（1992—1993）, pp.

81—109.

周绍良:《唐代墓志汇编》,上海:上海古籍出版社,1992年。

周绍良、赵超:《唐代墓志汇编续集》,上海:上海古籍出版社,2001年。

周伟洲:《唐代党项》,西安:三秦出版社,1988年。

周伟洲:《唐代吐蕃与近代西藏史论稿》,北京:中国藏学出版社,2006年。

周伟洲:《吐谷浑史》,桂林:广西师范大学出版社,2006年。

周伟洲:《吐谷浑资料辑录》,西宁:青海人民出版社,1992年。

周伟洲:《中国中世西北民族关系研究》,西安:西北大学出版社,1992年。

周勋初:《唐语林校证》,北京:中华书局,1987年。

朱云影:《中国华夷观念对于日韩越的影响》,《中华文化复兴月刊》第8卷第11期,1975年,50—56页。

译后记

2012年冬天,王贞平教授赴北京讲学,我有幸现场聆听。王教授在讲座中谈到,他八十年代初到美国普林斯顿大学求学,在西方唐史研究巨擘崔瑞德(Denis C. Twitchett)教授严格的学术指导下,培养了西方史学所注重的理论框架和概念阐释能力。王教授的治学经历犹如一缕春风,吹动了我的海外求学梦。

2014年秋天,我来到南洋求学,贸然前去拜访王教授。虽然我和教授只有一面之缘,但受到了他的盛情款待。此后的三年中,王教授多次主动关怀,给我的学术研究课题提出很多中肯的建议和帮助。他的长者风范让我如沐春风,也使我更加深刻地理解到,王教授的学术乃是博采中西之长,而其驾驭史料之功底,与其自幼受到父亲国学大师王利器先生的熏陶不无关系。

王教授的治学之道,精彩地呈现在他的英文著作《多极亚洲中的唐朝》(*Tang China in Multi-Polar Asia: A History of Diplomacy and War*)(夏威夷大学出版社,2013年)之中。这部著作旁征博引,将"多极"亚洲中唐与突厥、回鹘、朝鲜、南诏、吐蕃的"互利"与"相互依存"的复杂多变的关系娓娓道来,并对唐朝对外关系的中央与地方双重管理体系,以及"德""义"在对外政策思想中的作用做了精辟独到的分析。

2016年初春,后浪出版公司独具慧眼,决定引进、翻译这部著作。王教授得知消息后，向出版社推荐我担任译者。正是他的信任和鼓励，使我有幸成为这部巨著的中译者。在翻译过程中，我更是被王教授严谨的治学精神所感染。在此，我想对王教授精益求精的审阅，表示诚挚的感谢。

译者在翻译时，考虑到英文原著语言凝练、优雅，而中、英两种语言在行文、语序、修辞等方面有诸多不同，因此，在尊重作者原意的前提下，对译文做了必要的增补、润色，适当使用成语、熟语，以适合中文读者的阅读习惯，帮助他们透彻把握作者的思路。在翻译原文中的引文时，如有增补字句，一律放入方括号之内，以示文责自负。

我还要感谢后浪出版公司的陈顺先生对翻译工作的重视和支持。本书翻译的顺利完成，离不开与陈顺先生快速、高效的沟通。

译者水平有限，译文中错误之处在所难免，敬请读者批评指正。

贾永会
2020 年 6 月

出版后记

王贞平教授是中国中古史领域的专家，在唐代外交制度史、中日关系史等方面有很高的造诣，《多极亚洲中的唐朝》是其关于唐代军事外交的专著。本书生动细致地描述了有唐一代重要的外交、军事活动，以"多极""相互的一己利益"等分析工具考察了唐与四邻的关系，从德、义、合宜、功效等概念入手探讨了唐朝的外交理念。在作者看来，对外频繁用兵和为维系朝贡体系耗费大量资源是唐朝由盛转衰的重要原因，而其背后是帝王的野心和边将、边吏的功名欲。本书不失为一部兼具学术性、可读性且具有现实意义的佳作。

服务热线：133-6631-2326　188-1142-1266
读者信箱：reader@hinabook.com

后浪出版公司
2020 年 6 月

图书在版编目（CIP）数据

多极亚洲中的唐朝 /（加）王贞平著；贾永会译 . -- 上海：上海文化出版社，2020.6（2024.5重印）
 ISBN 978-7-5535-1826-8

Ⅰ. ①多… Ⅱ. ①王… ②贾… Ⅲ. ①军事外交—研究—中国—唐代 Ⅳ. ①E0-053

中国版本图书馆CIP数据核字(2019)第240515号

TANG CHINA IN MULTI-POLAR ASIA: A HISTORY OF DIPLOMACY AND WAR By WANG ZHENPING
Copyright: © 2013 BY UNIVERSITY OF HAWAI'I PRESS
This edition arranged with University of Hawaii Press
Through BIG APPLE AGENCY, INC., LABUAN, MALAYSIA.
Simplified Chinese edition copyright:
2020 Ginkgo(Beijing)Book Co., Ltd.
All rights reserved.

图字：09-2019-502号

出 版 人	姜逸青
策　　划	后浪出版公司
责任编辑	任　战　葛秋菊
特约编辑	方　宇
版面设计	肖　霄
封面设计	陈文德

书　　名	多极亚洲中的唐朝
著　　者	[加]王贞平
译　　者	贾永会
出　　版	上海世纪出版集团　上海文化出版社
地　　址	上海市闵行区号景路159弄A座3楼　201101
发　　行	后浪出版公司
印　　刷	北京盛通印刷股份有限公司
开　　本	655×1000　1/16
印　　张	24
版　　次	2020年6月第一版　2024年5月第八次印刷
书　　号	ISBN 978-7-5535-1826-8/K.212
定　　价	84.00元

后浪出版咨询(北京)有限责任公司　版权所有，侵权必究
投诉信箱：editor@hinabook.com　fawu@hinabook.com
未经许可，不得以任何方式复制或者抄袭本书部分或全部内容
本书若有印、装质量问题，请与本公司联系调换，电话010-64072833